KB178643

나는 고발한다

드레퓌스사건과 집단히스테리

Captain Dreyfus
The Story of a Mass Hysteria
by Nicholas Halasz

Copyright © 1955 by Nicholas Halasz
Published by Simon and Schuster
Copyright © 1985 by Robert Halasz
Korean Translation Copyright © 2015 by Hangilsa Publishing Co., Ltd.
This Korean edition was published by arrangement with Robert Halasz
through EYA(Eric Yang Agency).

나는 고발한다

드레퓌스사건과 집단히스테리

니홀라스 할라스 지음 ｜ 황의방 옮김

한길사

알프레드 드레퓌스.
유대인, 바로 유대인이 범인이라는 단정하에
프랑스 군부는 드레퓌스 대위를 스파이로 점찍었다.

1898년 3월 나다르가 찍은 에밀 졸라의 사진.
졸라는 드레퓌스사건의 진실을 밝히기 위해 창작 활동을 통해
이룩한 자신의 모든 것을 걸었다.

1895년 1월 5일 사관학교
연병장에서 거행된
드레퓌스의 불명예 퇴역식.

메르시에 장군, 뒤파티 소령, 부아데프르 장군, 반역자 에스테라지 등
네 명이 춤추고 있는 풍자화.

알프레드 드레퓌스의 형
마티외 드레퓌스.

알제리 보병대의 장교복을
입고 있는 피카르.

드레퓌스사건을 프랑스혁명의
이상에 결부시키며 끈질기게
펜으로 투쟁한 조르주 클레망소.

「나는 고발한다!」가 실린
1898년 1월 13일자 『로로르』지.
드레퓌스의 무죄를 주장하기 위해
졸라가 대통령에게 쓴 이 공개장은
드레퓌스사건의 진실을 밝히는
결정적인 계기가 된다.

피카르의 체포 장면을 그린 우의화.
『르 프티 주르날』지 주간 부록 1면.

에스테라지가 석방되는 광경.
대중은 이 석방을 애국적인 개선으로
열렬히 환영했다. 1898년 1월 23일자
『르 프티 주르날』지.

졸라의 「나는 고발한다!」 이후 하원에서는
사회주의자 조레스만이 드레퓌스 지지
발언을 했다. 조레스가 연단에 서서
베르니스 백작과 언쟁을 벌이고 있다.
1898년 2월 6일자 『르 프티 주르날』지.

애인 마르그리트 페이를 동반한 채 세르슈-미디 가의 군사법정에서
무죄 석방되어 나오는 에스테라지.

1898년 2월 20일자 『르 프티 주르날』지에 실린 졸라사건.
문명 세계 전체가 우려와 혐오의 시선으로 졸라의 재판을 지켜보았다.

자신의 재판을
경청하고 있는 졸라.

졸라의 재판에서
증언하고 있는 앙리 중령.
1898년 2월 19일자
『릴뤼스트라시옹』지.

조레스가 하원에서 연설한 장면을 지프가 그린 풍자화.
"진실은 전진합니다. 진실은 스펙터클한 드라마입니다.
군대는 몰락하고 있습니다. 드레퓌스는 영원히 살아 있습니다.
졸라도 영원히 살아 있습니다."

1898년 10월 파리에서 벌어진 군국주의자들의 반드레퓌스 시위.

오늘날 파리 유대교역사미술박물관에 서 있는 드레퓌스 동상.
드레퓌스사건을 둘러싸고 전국이 재심요구파와 재심반대파로
나뉜 가운데 그는 프랑스혁명의 이념을 상징하는 인물이 되었다.

친구이며 안내자인 칼 폴라니에게 바친다

나는 고발한다

드레퓌스사건과 집단히스테리

"너희는 다수를 따라 악을 행하지 마라."

출애굽기 23장 2절

1

1894년 7월 20일, 파리 주재 독일대사관의 무관(武官) 막스 슈바르츠코펜 대령에게 한 방문객이 찾아왔다. 대령은 그의 집무실에서 몇 계단 내려간 곳에 있는 로비로 나왔다. 그는 키가 크고 침착하며 지적인 풍모를 갖춘 장교였다. 그의 처신에는 프러시아 귀족의 엄격한 규범이 배어 있었다.

그와 마주 선 사람은 일그러진 얼굴에 빈약한 체격의 신사였다. 움푹 들어간 조그만 눈과 축 처진 턱을 가리고 있는 더부룩한 콧수염이 먼저 눈에 들어왔다. 40대 초반쯤 되어 보였고, 레지옹 도뇌르(나폴레옹 1세가 제정한 프랑스 최고의 훈장)의 빨간 리본이 검은 오버코트 깃을 장식하고 있었다. 그 역시 자기대로 몸에 밴 어떤 규범에 따라 행동하고 있었다. 사복 차림이었지만 프랑스 장교인 것이 분명했다.

프랑스 장교는 스파이로 일할 것을 자원했다. 아내가 병으로 앓아누워 어쩔 수 없이 스파이를 자원하게 되었노라는 설명이었다. 그는 알제리와 이탈리아 접경에서 복무한 경력이 있으며 지금은 국방부의 정보국에서 일하고 있다고 했다. 따라서 그는 정보국장 장 상데르 대령과 접촉이 잦으며 장 카지미르-페리에 대통령과는 동창이라고 했다. 이와 같이 훌륭한 배경을 가지고 있으므로 스파이 역할을 훌륭히 해낼 수 있을 거라는 설명이었다. 자신의 능력을 입증하려는 듯 그는 주머니 속에서 비밀 문서 하나를 꺼내 슈바르츠코펜 대령에게 넘겨주려고까지 했다.

놀라움에서 깨어난 프러시아의 대령이 손을 들어 그를 제지했다. 대령은 그 문서를 보려고조차 하지 않았다. 대령은 한 장교가 자기 조국을 배반하는 데 쉽게 협력하고 싶지 않았다. 돈을 구하는 다른 방법을 찾아보라고 진지하게 충고할 뿐이었다. 그렇다면 남은 길이라곤 자살뿐이라고 사복의 프랑스 장교는 암시했다.

대령은 이 암시를 무시해버리고 그런 반역 행위를 해서는 안 된다고 간곡히 타이르고는 어수선한 마음으로 집무실로 돌아와버렸다. 창백하고 빈약한 체격의 프랑스인은 어디론지 사라져버렸다.

전해에 프랑스는 러시아와 동맹을 맺었다. 이 동맹이 체결됨에 따라 프랑스의 참모본부는 숙적 독일에 초점을 맞춰 전략을 재정비해야 했다. 새로운 동원 계획이 수립되었다. 동원 계획은 국민 생활의 구석구석까지 영향을 미치는 매우 방대한 것이었다. 동원 대상은 사람에만 국한되는 것이 아니라 무기까지도 포함되는 것이었다. 새로운 총포가 고안되었고 그것의 성능 시험이 바로 그해, 즉 1894년에 있었다. 새로운 폭발물도 계속 만들어냈다. 독일도 이런 사정을 잘 알고 있었으므로 많은 독일 스파이들이 프랑스에 잠입해서 활약하고 있었다.

슈바르츠코펜 대령의 전임자만 해도 스파이사건에 연루되어 프랑스를 떠났다. 구식 스타일의 외교관인 독일대사 뮌스터 백작은 이와 같은 스캔들에 흥분한 나머지, 자기는 대사관원과 첩보원 간의 어떤 관계도 결코 용납하지 않겠다고 약속했다. 그러나 이 점잖은 늙은 백작은 새로 부임한 무관 역시 파리로 부임하기 전 베를린에서 앞으로 독일 참모본부의 직접 명령을 받으라는 비밀 지시를 받았다는 사실을 까맣게 모르고 있었다.

따라서 슈바르츠코펜 대령이 사복을 입고 찾아온 프랑스 장교의 제안을 거부한 데는 도덕적인 이유보다는 실제적인 이유가 있었다고 보아야 할 것이다. 아무리 사정이 절박하다 하더라도 아닌 밤중에 홍두깨처럼 찾아와서 물건을 팔겠다고 하는 사람을 어떻게 신임할 수 있겠는가? 그가 프랑스군에서 파견한 밀정이 아니라고 누가 보장할 수 있겠는가?

대령은 군인이었고 따라서 이러한 문제에 대한 판단을 독자적으로 내릴 입장이 아니었다. 그는 이 이상한 방문객에 관해 베를린에 보고했고 즉각 회답이 왔다. 협상을 시도해보라는 내용이었다.

대령은 다시 그 프랑스 장교를 찾아낼 방도가 없었다. 그러나 대령은 그에게 떨어진 명령을 오래지 않아 실행할 수 있었다. 이틀 후에 그 사복 차림의 프랑스 장교가 다시 그의 사무실로 걸어 들어왔던 것이다. 이번 대화는 로비에서 진행되지 않았다. 사복 차림의 프랑스 장교는 대령의 집무실로 안내되었고 자신의 이름까지 밝혔다. 페르디낭 왈생 에스테라지 소령(백작)으로 루앙에 배치된 프랑스군 대대의 지휘관이라는 것이었다. 그는 자기가 할 수 있는 일을 입증하는 자료로서 최근에 받은 '동원명령서'를 내놓았다. 그는 한 달에 2,000프랑(당시 환율로 약 400달러)의 월급을 요구했다.

슈바르츠코펜은 그에게 베를린과 직접 접촉해볼 것을 제의했다. 그러나 이 프랑스 소령은 이를 거부했다. 그는 다시 사라졌다.

슈바르츠코펜 대령은 곧 기차에 몸을 싣고 베를린으로 향했다.

스파이를 다루는 사람들은 스파이들이 기분 나쁜 부류라는 것, 그들이 도둑과 비슷한 기질을 가졌다는 것을 잘 알고 있다. 따라서 그들은 스파이에게 돈을 줄 때도, 도둑이 훔친 물건에 따라 수입을 올리듯 그들이 빼내는 정보에 따라 지불하는 게 보통이다. 베를린에서 슈바르츠코펜은, 정기적인 월급을 약속하지는 말고 그가 가져온 정보의 가치에 따라 그때그때 현금으로 대가를 지불하라는 지시를 받았다.

이렇게 해서 근대국가의 역사에서 그 유례를 찾기 어려울 만큼 장대한, 프랑스로 하여금 흥분과 두려움 속에서 민주주의의 기반을 전면 재검토하도록 만든 엄청난 드라마가 개막되었던 것이다. 개인의 존엄성은 좋다. 틀림없이 그건 고귀한 이상이다. 그러나 현실적으로 소(小)를 위해 대(大)가 희생되어야만 할까? 단 한 사람을 위한 도덕적 옹호로 인해 프랑스 모든 국민의 안전이 위협받아도 좋단 말인가? 이와 같은 문제를 놓고, 이성의 나라 프랑스는 제정신을 잃고 말았다. 일상의 삶이 정지되었다.

소수의 사람들만이 민주주의가 모든 사람의 안전을 도모해줄 능력이 있다는 믿음을 포기하지 않았다. 압도적 다수는 국가와 군대만을 믿었고, 민주주의가 안전을 보장할 능력이 있다는 믿음에서 출발한 행동에 대해 발작을 일으키곤 했다. 당시를 경험했던 한 작가는 이렇게 말했다.

"정의란 말을 입 밖에 내는 데도 영웅적인 용기가 필요했다. 권리의 침해에 대한 항의는 범죄 행위였으며 군법회의의 무과실성에 대한 의혹은 반역 행위로 간주되었다."

정부가 섰다가는 쓰러지고 다시 섰다가는 쓰러졌다. 마침내 법정, 아니 최고법정까지도 믿을 수 없게 되었다. 하원은 프랑스 최고 형사법정이 이 문제를 더 이상 심의하지 못하게 하는 법률을 통과시켰다. 법정이 법률에 따라 판결할 수 없게 되고, 프랑스는 무정부 상태의 문턱에까지 다다랐다. 프랑스가 거짓을 진실이라고 받아들이고 난 직후 진실이 드러났지만 거짓이 여전히 진실로 통용되었다. 그것을 거부하는 것은 독일에 대한 방패로서 군대라는 실질적 힘을 거부하고 그 대신 난폭한 폭력으로부터의 피난처로서 추상적 이상을 받아들이는 것으로 간주되었다. 프랑스는 거짓의 편을 들어 그것이 유일한 진실이라고 선언했다.

심지어 자기가 돈을 지불한 스파이가 프랑스인들이 주장하는 드레퓌스가 아니라 에스테라지라는 이름을 가진 사람이라는 것을 알고 있던 독일 황제까지도 드레퓌스가 스파이인 것은 분명하다고 믿었다. 프랑스인들이 잘못 알고 있는 것은 다만 그의 반역으로 혜택을 입은 나라가 어느 나라냐 하는 점이라고 그는 생각했다.

프랑스와 접경한 어느 작은 나라의 왕자가 유럽 각국의 원수들을 만나 드레퓌스사건의 진상을 알아보기 위해 비밀 여행을 하기에 이르렀다. 그가 마지막으로 만난 원수가 프랑스 공화국의 대통령이었다.

두 사람은 유쾌한 오후 시간을 보냈다. 왕자는 말솜씨가 좋고 외교 수완도 뛰어난 사람이었다. 왕자는 아주 재치 있게, 드레퓌스에게 죄가 없음을 입증하는 증거를 넌지시 제시했다. 그러나 그의 노력은 안 한 것만 못한 것이 되어버렸다. 재치 있는 언변도 소용없었다. 사실과 증거를 제시해도 막무가내였다. 어느 것도 대통령의 생각을 바꾸지는 못했다. 대통령은 거짓을 진실이라고 굳게 고집하고 있었다. 유쾌하게 시작한 저녁의 대좌(對坐)는 언성이 높아진 불쾌한 분위기로 끝이 나고 말았다.

그날 밤 대통령은 심장마비를 일으켰고 이튿날 새벽 사망했다. 그는 전부터 심장병을 앓았던 것으로 알려졌다. 그러나 파리를 비롯한 프랑스 전역에 여행 중인 왕자가 독을 넣은 담배로 대통령을 살해했다는 소문이 들끓었다.

이성의 회복이야말로 그 어떤 군대보다 강한 보루라는 신념 아래 진실을 위해 싸우고 있던 몇 명 안 되는 사람들은 모욕과 저주를 받았으며 경멸과 때로는 육체적 테러까지도 감수해야 했다. 그들의 명예가 손상되었고 사무실이 파괴되는가 하면 투옥되거나 추방을 당하기도 했다.

'정신과 영혼의 거인'들이 이 싸움을 이끌고 나갔다. 이들은 하나씩 하나씩 자기네 편을 늘려갔다. 이들의 편에 가담한 사람 중에는 체포와 생명의 위협 그리고 수많은 동료 장교들의 멸시에도 끄떡하지 않고 진실을 진실이라고 그리고 진실만이 모든 사람의 안전을 도모해줄 수 있다고 주장함으로써 고결하고 아름다운 인격을 전 세계에 과시한 젊은 고위 장교도 한 사람 있었다.

결국 그들은 그들의 의지를 폭도화해버린 전 국민을 납득시켰으며 그럼으로써 프랑스를 법의 통치로 되돌릴 수 있었다. 그러나 이렇게 되기까지 그들은 길이길이 기억될 공포와 영광의 참담한 몇 년을 견뎌내지 않으면 안 되었다.

나는 고발한다

2

　프랑스 참모본부의 정보국은 '제2국'이라는 이름으로 불리고 있었고 방첩 업무는 제2국의 통계부에서 관장하고 있었다. 통계부의 책임자는 장 상데르 대령이었다.

　어떤 군대이건 간에 정보 분야에서는 출세를 하거나 상상력과 독창력을 발휘할 기회가 드물었다. 따라서 정보 업무는 작전, 통신, 보급 등 경쟁이 심한 분야에서 탈락한 사람들이 담당하는 게 보통이었다.

　그러나 1870년 독일군에 패배한 책임을 묻고자 희생양을 선정하는 과정에서 프랑스인들은 '반역 행위'에 패배의 책임이 있다는 결론을 내리고 있었다(그리고 이 결론은 전혀 근거가 없는 것도 아니었다). 그 결과 제2국은 자금과 병력을 충분히 지원받게 되었다. 그렇다고는 해도 우수한 두뇌와 고결한 인격을 갖춘 군인들로 보강되었다고 말할 수는 없는 형편이었다.

　에스테라지 백작이 슈바르츠코펜 대령과 협상을 시작하던 무렵, 제2국은 프랑스와 러시아의 동맹이 체결됨으로써 독일 정보당국이 프랑스의 작전 계획과 전비체제(戰備體制)에 어떤 변화가 일어나고 있는가를 탐지하기 위해 혈안이 되어 있다는 것을 충분히 눈치채고 있었다. 상데르 대령 휘하의 통계부는 방첩 활동에 열을 올리고 있었고, 그 결과 큰 전과를 올린 참이었다. 즉 파리에 주재하고 있는 슈바르츠코펜이 브뤼셀, 스트라스부르, 스위스 등에 산재한 첩자들의 스파이망을 지휘하고 있다는 사실을 탐지해낸 것이다.

　브뤼셀에 있는 독일 첩자 리샤르 퀴에르와는 이미 접촉이 이루어져 있었다. 라주라는 프랑스의 첩자가 제2국에서 준비해주는 비밀 문서를 퀴에르에게 제공하고 있었다. 이들 문서들은 물론 매우 신경을 써서 준비되고 있었다. 대단하지 않은 문서들은 진짜였고 중요한 문서들은 가짜였다. 독일인들에게 가짜 정보를 흘려주는 것이 아무 정보도 주지 않는 것보다 프랑스에 더 유리했기 때문이었다.

프랑스는 스트라스부르와 스위스에서도 비슷한 성공을 거두고 있었다. 이와 같은 일을 알게 되자 독일은 첩자들을 해고해버리고 첩보망을 새로 조직해야만 했다.

첩보의 세계가 으레 그렇듯 프랑스 역시 자기네 첩자들을 전적으로 신임할 수 없었다. 독일에서 활동하던 프랑스 첩자 몇 명이 체포된 일이 있었다. 그들은 프랑스 첩자로 남아 있으면서 독일을 위해 활동하겠다고 동의함으로써 겨우 독일인의 손아귀에서 벗어날 수 있었다고 제2국에 보고해왔다. 그들이 독일인에게 한 약속은 물론 거짓이라고 주장했다.

그러나 어느 것이 정말이고 어느 것이 거짓인지 어떻게 확신할 수 있겠는가? 처벌이 두려워 독일인들에게 거짓말을 했을 수도 있지만 독일인이 제의한 두둑한 보수 때문에 프랑스에 와서 거짓말을 하고 있을 수도 있다. 체포된 일이 없는 첩자라 하더라도 프랑스에서도 돈을 받고 독일로부터도 돈을 받는 이중첩자가 나오지 말라는 법은 없는 일이다.

이것은 정보부에게 영원한 딜레마였다. 이 딜레마를 해결하기 위해 제2국은 한 가지 묘안을 짜냈다. 제2국은 그 산하에 있는 모든 첩자에게 비밀 지시문을 발송했다. 이 지시문을 통해 독일인들에게 흘려줄 진짜 정보와 가짜 정보(진짜 정보를 반쯤 왜곡시킨 것)를 알려주고 이와 아울러 독일인에게 절대 알려서는 안 될 잡다한 '비밀 정보'를 알려주었다. 이 비밀 정보라는 것도 실은 날조된 허위 정보였다. 그런 다음 이 비밀 정보 중 어느 것이 독일인에게 흘러 들어가는가를 베를린에 침투해 있는 첩자들로 하여금 탐지하게 했다. 한 무리의 스파이들이 다른 한 무리의 스파이들을 내사하도록 하는 것이었다.

이 작전을 수행하면서 제2국의 정보철은 그야말로 가짜 문서와 허위 문서의 정글이 되고 말았다. 이러다가 언젠가는 진짜 문서와 가짜 문서를 아무도 구별할 수 없는 날이 오게 될 거라는 말을 정보장교들까지 주고받는 실정이었다. 사실 누가 누구를 속이고 있는지도 분명하지 않았다. 프랑스의 국방 평론가들은 지금까지도 당시 제2국의 그와 같은 위조 문서 작전의 가치에 대해 회의를 나타내고 있다. 반대로 독일인들은 독일의 참모본부가 이들 위조 문서 때문에 사태를 잘못 판단했다고 비난했다.

그런데 우연히 한 독일 첩자의 꼬리가 잡혔다. 부르주에서 새로 개발된 폭약, 흑석류석(melanite) 제조에 관계한 토마스란 기술자가 이 폭약의 견본을 얻어내려는 독일인의 노력에 관련된 혐의로 체포되었던 것이다. 또 다른 독일 스파이 그라이너가 프랑스 해군본부의 서기로 일하다가 발각되기도 했다. 또 성 토마스 아퀴나스 교회의 사서인 부토네란 사람이 독일대사관과 독일대사관에서 보수를 지급받고 있는 첩자들 간의 연락책으로 활약하고 있음이 드러났다.

첩자가 발각될 때마다 나라 안이 공포에 휩싸이곤 했다. 극좌와

극우의 정파들이 다투어 이런 사건을 정치적으로 이용하려고 발버둥을 쳤다. 그들은 정부를 사정없이 공격했다. 공격의 화살은 당시의 국방부 장관 오귀스트 메르시에 장군에게로 향했다. 메르시에 장군은 풍자 만화가들의 놀림감으로 안성맞춤이었다. 꼿꼿한 자세에 체격은 면도날을 연상시킬 만큼 가늘었고 가느다란 눈은 모든 사람을 못 믿겠다는 듯한 시선으로 쏘아보고 있으며 핏기 없는 윗입술이 날카롭게 똑바로 일직선을 이루며 아랫입술과 맞닿아 있었다. 그것은 창꼬치(물고기의 일종)의 입이었다.

그의 인간성 역시 그 용모와 크게 다르지 않았다. 그는 정치적인 재능이라고는 통 없는 사람이었다. 그가 현재의 지위에 오른 것은 어렵고 영광스러운 방법을 통해서였다. 그는 그 지위에 적합한 사람도 아니었고 그에 대한 준비도 그다지 없었다. 그의 학교는 전쟁터였다. 그는 가톨릭 신자였지만 당시 우파를 지배하고 있던 사제(司祭) 및 왕당파들과는 거리를 유지하고 있었다. 우파측 정치인들에게 그는 어차피 쓸모가 없는 존재였다. 그의 아내가 영국인 출신으로 신교도였기 때문이다.

스파이사건들은 복잡하게 뒤얽혀 있었다. 여러 사람이 연루되어 혐의를 받았고 끝끝내 그 혐의가 풀리지 않은 사람도 있었다. 그 가운데 비교적 덜 복잡한 사건을 하나 예로 들어보자.

독일인들이 어떤 폭발물의 제조법을 탐지해낸 것으로 알려졌다. 제2국의 수사관들은 당초 이 제조법을 개발해낸 연구소를 내사했다. 이 연구소의 조수 한 사람은 애국심이 대단히 강한 사람으로 보였다. 이 조수는 제조법의 발견자인 튀르팽을 의심했다. 튀르팽은 체포되어 재판을 받았고 유죄가 선고되었다. 그러나 후에 밝혀진 바로는 그 애국심 많아 보이던 조수가 스파이였고 튀르팽에게는 아무런 죄도 없었다.

제2국에는 더욱 직접적인 스파이사건의 억울한 희생자가 아직 혐의를 벗지 못하고 계류되어 있었다. 그의 이름은 브뤼커였다.

브뤼커는 제2국의 통계부를 위해 일할 아주 쓸모 있는 첩자를 발굴하는 데 성공한 사람이었다. 그가 발굴한 첩자는 독일대사관 잡역부인 바스티앙 부인이었다. 그녀는 외견상 바보같이 보임으로써 첩자로서 성공을 거둔 경우였다. 너무나 완벽하게 연기를 해냈으므로 대사관 직원들에게 의심을 받는 일이라곤 전혀 없었다. 대사의 딸인 마리 폰 뮌스터 백작 부인까지 바람둥이들에게 쪽지를 전해주고 또 답장을 받아오는 일을 바스티앙 부인에게 시켰다.

바스티앙 부인은 백작 부인의 심부름을 하는 틈을 이용, 프랑스 참모본부의 방첩 요원에게 쪽지를 전해주곤 했다. 어리숙해 보이는 이 부인은 젊은 백작 부인의 심부름을 한다는 핑계로 같은 건물 안에 있는 대사의 거실과 집무실을 수시로 드나들었다. 그녀는 규칙적으로 휴지통을 비워내고 그 내용물을 브뤼커에게 전했다.

그런데 어느 날 제2국에 브뤼커를 감시해야 된다는 투서가 들어왔다. 브뤼커는 애국자가 아니며 돈을 더 많이 주면 누구를 위해서도 스파이 노릇을 해줄 장사꾼이라는 것이었다.

이 투서를 보낸 사람은 밀캉이라는 가명으로만 알려져 있는 여자였다. 그녀는 브뤼커와 연애 중이었는데 브뤼커가 자기와 밀회하는 도중에 그와 같은 욕심을 드러냈다고 주장했다.

스파이가 돈에 관심을 갖는 것을 정보국에서 놀라운 일로 받아들이지는 않을 것이라고 브뤼커는 생각했을 것이다. 그러나 그는 노발대발했다. 그가 그와 같이 화를 낸 것은 자기가 스파이로 의심을 받았다는 것보다 연인에게 배반을 당했기 때문이었을 것이다. 어쨌든 그는 그녀가 자기에게게서 비밀 문서를 훔쳐내어 독일인에게 팔아넘겼다고 비난했다. 그는 그 증거까지 제시했다. 그녀는 체포되어 유죄 판결을 받았고 5년형에 처해졌다.

이렇게 사랑까지 희생했는데도 프랑스 장교들은 여전히 브뤼커에 대한 의혹을 풀지 않았다. 바스티앙 부인은 훔친 독일대사관의 휴지를 브뤼커에게 배달하지 말고 직접 제2국의 참모장교에게 넘기라는 지시를 받았다. 이 참모장교는 위베르 앙리 소령으로 군에 대한 충성심이 남다른 사람으로 알려져 있으며 또 사실 그는 죽을 때까지 프랑스군에 대한 충성이 조금도 흔들리지 않았던 사람이었다.

군에 대한 충성이란 무엇인가? 군의 이상에 대한 충성인가? 군의 명령에 대한 충성인가? 또 그 군의 명령은 과연 명예스러운 것인가? 앙리 소령은 이런 질문에 대해 아주 단순한 해답을 가지고 있었다. 그는 이상을 추구하는 인간형이라기보다는 구체적이고 실제적인 사실을 신봉하는 사람이었다. 그는 군에 충성을 다하고 있었고 그것으로 만족했다. 그 충성이 그에게 직위를 주고 또 그 직위를 유지시켜주고 있었다. 그는 전쟁터에서 군을 위해서라면 기꺼이 죽겠다는 의지를 뚜렷이 나타낸 바 있었다. 그는 평생 군을 위해서 죽을 용의가 되어 있었으며, 실제로 군에 대한 충성만으로 직위를 보

나는 고발한다

존할 수 없게 되었을 때 그는 군을 위해 죽었다. 그는 그에게는 너무 복잡한 세상, 이상을 실현하는 과업을 위임받은 기관에 대한 충성보다는 이상 그 자체에 대한 충성을 요구하는 세상에 살아남아 있기를 원하지 않았다.

아무튼 1894년 7월, 즉 에스테라지 소령이 슈바르츠코펜 대령의 책상 위에 자기 대대의 동원명령서를 남겨놓고 떠나던 무렵의 상황이 이러했다는 사실만은 알아야 할 것이다. 만약 이 문서가 슈바르츠코펜의 휴지통으로 들어간다면 그것은 다시 바스티앙 부인의 앞치마 속으로 들어갔을 것이다. 그녀는 그것을 접선 장소로 선택된 파리의 어느 교회로 가져갈 것이며 거기서 그 문서는 위베르 앙리 소령의 손에 들어가게 될 것이다.

3

그러나 에스테라지의 비밀 문서는 슈바르츠코펜의 휴지통으로 들어가지 않았다. 대령은 그것을 들고 베를린으로 갔다.

3주 후인 8월 13일, 에스테라지가 세 번째로 독일대사관에 나타났다. 그의 태도는 상냥했고 처음보다 안정되어 있었다. 고객에게 아주 귀한 물건을 넘겨주기 전에 값을 흥정하는 세일즈맨 같았다. 8월 15일, 그는 그 귀한 '상품'을 배달했다. 유사시의 포병부대에 대한 일반 작전명령서였다. 이 상품은 측정하기 어려울 정도의 가치를 갖는 것이었다. 슈바르츠코펜은 1,000프랑(200달러)을 현금으로 내주었다.

9월 1일, 에스테라지는 또 한 뭉치의 서류를 가져왔다. 그는 이 서류와 함께 손수 작성한 명세서도 전할 작정이었다. 서류 뭉치의 내역을 조목조목 밝힌 메모였다. 슈바르츠코펜은 서류들만 받았지 명세서는 받지 못했다. 이 명세서는 그 후 세계적으로 유명한 문서가 된 바로 그것이었다. 명세서는 크림 색깔의 두툼한 종이 양면에 쓰여 있었다. 가로세로로 줄이 쳐 있는 것으로 보아 그 종이는 그래프 용지인 듯했다. 명세서의 내용은 다음과 같았다.

귀하가 부탁한 정보는 얻지 못했습니다. 그러나 몇 가지 흥미로운 정보를 전해드립니다.

1. 120mm포의 수압식 제동기와 그 작동 방식에 대한 정보.
2. 지원 부대에 대한 정보. 새 작전 계획에 따라 약간의 변동 사항이 있음.
3. 포병 편제 변경에 대한 정보.
4. 마다가스카르에 대한 정보.
5. 야전 포병부대 임시 포격 편람(1894. 3. 14).

이 마지막 서류는 특히 빼내기가 곤란합니다. 나도 단 며칠간만 가지고 있을 예정입니다. 국방부에서 한정 부수만을 발간해서 각 부대에 하달했으며 각 부대에 그 보관 책임을 지우고 있습니다. 이 사본을 가진 장교는 작전이 끝나면 그것을 반납하게 되어 있습니다. 필요한 부분을 메모하고 되돌려 주시기 바랍니다. 그래야 부대에 반납할 수 있습니다. 그것을 모두 복사해서 귀하에게 보내는 게 좋다면 그것은 별문제이겠지만 말입니다. 나는 곧 작전을 수행하러 떠납니다.

이들 서류나 그 내역을 밝힌 명세서는 슈바르츠코펜의 휴지통 속으로 들어가지 않았다. 드라마의 결정적 시점에 '제3의 인물'이 끼어들었다. 밀캉 양과의 연애로 큰 타격을 입고 신임을 회복하지 못한 스파이 브뤼커가 다시 제2국의 눈에 들기 위해 필사적인 노력을 쏟기 시작했던 것이다.

이보다 3년 전에 이미 제2국은 프랑스 참모본부가 보유하고 있는 서류에 접근할 수 있는 스파이를 독일대사관이 거느리고 있다는 사실을 눈치챘다. 독일과 이탈리아 접경 지대의 새로 발간된 작전 지도가 감쪽같이 없어지곤 했던 것이다. 위베르 앙리 소령이 이 사건의 진상을 규명하려고 나섰다.

식민지에서 그리고 유럽 대륙에서 여러 전쟁터를 누비며 용감한 군인으로 활약했던 앙리 소령은 참모본부 안에서는 사병에서부터 진급해 올라온 유일한 장교였다. 전임 국방부 장관이 군내 민주주의를 실현한다는 취지에서 그를 참모본부에 배치했던 것이다. 군내 민주주의라는 이념은 병사마다 자기 배낭 안에 원수(元首)의 지휘봉을 넣고 다녔다는 나폴레옹 1세 시대 이후 퇴색한 이념이었다.

앙리 소령이 배치된 곳은 고작 정보국이었다. 그러나 정보국 역시 참모본부인 것만은 틀림없었다. 정부가 몰락하자 민주주의 이념에 제스처를 보냈던 국방부 장관 역시 자리를 물러났다. 정보국은 기다리고 있었다는 듯이 앙리 소령을 몰아내버렸다. 앙리 소령은 아프리카로 전속되었으나 그는 이 보직을 불평 없이 받아들였다. 그는 묵묵히 임무에 최선을 다했다. 아프리카에서의 임기가 끝났을 때 그는 훌륭한 복무 기록을 갖고 다시 참모총장 부아데프르 장군 앞에 설 수 있었다. 그가 외부 정치인들과의 교섭보다는 자기 자리를 굳히기 위해 군내에서의 승진운동만을 고집했다는 점이 부아데프르 장군의 마음을 움직였는지도 모른다. 어쨌든 그는 다시 참모본부의 소령으로 보직을 받았다. 이번에도 역시 제2국 근무였다.

앙리는 평균의 프랑스인들보다는 훨씬 키가 크고 체격이 건장했다. 그에게는 어딘가 특무상사 같은 풍모가 있었다. 위엄 있는 콧수염이라든지 목적을 향해 돌진하는 퉁명스럽고 거의 난폭하기까지 한 태도라든지 또 상관에 대한 철저한 복종 등등……. 상관에 대한 이와 같은 태도는 출신 성분이 천하다고 그를 싫어하는 다른 장교들을 다소 무마시키는 역할을 했다. 충견(忠犬) 같은 그였지만 때론 사태를 꿰뚫어보는 농부의 본능적인 통찰력을 보였다. 그는 이런 통찰력만으로 자기가 귀족 출신의 장교들과 대등하게 자리 잡기는 어렵다고 생각했다. 그들이 자기를 필요로 하는 것은 궂은일을 시킬 때뿐이라는 것을 그는 알고 있었다.

앙리 소령은 제2국의 방첩 기관을 운영하고 있던 장 상데르 대령과 그의 부관 알베르 코르디에 중령의 지시를 받고 있었다. 이 두 사람 역시 업무상 접촉을 갖는 것 말고는 될수록 이 사병 출신의 천민과 가까이하기를 꺼리는 터였다. 교육을 못 받고 외국어 실력도 없는 앙리는 다른 두 장교, 즉 로트 대위와 문서 담당인 그리블랭에게 크게 의존하지 않을 수 없었다. 이 두 장교는 계급은 그보다 아래였지만 사회적 신분은 그보다 높았다.

앙리는 자기가 보이지 않는 벽에 둘러싸여 있다는 사실을 느끼지 않을 수 없었다. 다른 가문에 다시 태어나기 전에는 영영 이 벽을 뚫을 수 없다고 그는 느끼고 있었다. 근무 시간에는 모두 그에게 동료의식을 보이곤 했다. 그러나 일단 집무실 밖으로 나오면 그들은 앙리가 한 번도 초대되어보지 못한 세계로 사라져버리는 것이었다.

그러나 앙리 소령은 어린애가 과자로 가득 찬 방의 유리창에 코를 납작하게 붙이고 들여다보듯이 그 세계를 선망의 눈초리로 마냥 부럽게만 보지는 않았다. 아무튼 에스테라지 소령이 제2국에 친구를 하나 만들어보려고 나섰을 때 앙리는 가장 넘어가기 쉬운 대상이었다.

에스테라지는 여러모로 앙리와는 정반대의 인물이었다. 앙리가 비천한 가문 출신인 데 반해 그는 귀족 출신이었고 복무 기록이 우수했던 앙리에 비해 그의 복무 기록은 낙제감이었다. 에스테라지는 헝가리의 귀족 출신으로 파리에서 태어났다. 그의 아버지는 크리미아 전쟁에서 큰 활약을 보인 프랑스군 사단의 사령관이었다. 그는 어린 나이에 고아가 되었으며 어린 시절과 청년 시절을 오스트리아의 군사학교를 전전하며 보냈다.

그의 군사 경력은 매우 다채로웠다. 그는 1866년 오스트리아군의 일원으로 프러시아군에 대항해서 싸웠다. 그 후 로마 교황군에서 복무한 일도 있었다. 1870년에 프랑스군의 장교가 되었고 다시 프러시아군과 싸워 훈장을 타기도 했다. 그러나 그는 구제불능의 불한당이었다. 프랑스 귀족 출신의 여성과 결혼한 그는 얼마 되지 않아 아내의 꽤 많은 지참금을 탕진해버렸다. 그 후로는 평생 궁핍에서 헤어날 수 없었다. 그런 데다 이 여자 저 여자와 추문을 불러일으키며 허송세월을 보내고 있었다. 금융회사의 사장이라고 명함을 돌리는가 하면 유명한 사창(私娼)의 공동 경영자라고 자신을 소개하기도 했다.

반유대 신문인 『라 리브르 파롤』지가 초기에 인기를 모으던 시절, 턱수염이 더부룩한 이 신문의 편집장 에두아르 드뤼몽이 한 유대인 장교의 결투 신청을 받아들였을 때 에스테라지는 그 유대인 장교의 후견인 노릇을 해주고 그것을 이용해서 돈을 벌기도 했다. 당시의 결투는 매우 상징적인 것으로 실제로 피를 흘리는 일은 매우 드물었다. 피를 흘리는 경우란 가끔 결투하는 사람들이 너무 흥분한 나머지 상대방을 찌르지 말라는 주의사항을 무시해버리거나 명예롭게 결투하고자 하는 생각보다 이기고자 하는 생각이 더 강할때 일어나는 예외적인 현상이었다.

에스테라지가 후견인이 되었던 결투에서는 그런 일은 일어나지 않았다. 그는 유대인 장교의 후견인 노릇을 해줬다는 사실을 유대인 재벌 로스차일드 남작에게 편지로 알리고 아울러 경제적인 어려움을 극복하기 위해 돈이 필요하다는 사실도 밝혔다. 그는 또 파리의 유대인 교회 우두머리인 자도크 칸에게도 비슷한 내용의 편지를보냈다. 그러고서도 그는 난폭하고 어리석은 텁석부리 드뤼몽과는여전히 좋은 친구로서 관계를 유지했다. 그런 자기 중심적 인간이과연 좋은 친구가 될 수 있는지는 매우 의심스러운 일이지만, 드뤼몽은 유대인들을 속여먹는 사기꾼이라면 사귈 만한 가치가 있다고 믿은 모양이었다.

에스테라지의 이와 같은 사기 행각은 동료 장교들 사이에도 잘 알려져 있었다. 하지만 앙리 소령은 에스테라지의 이런 단점에는 눈을 감았다. 앙리에게는 에스테라지가 가진 것만 눈에 들어왔던 것이다. 7개 국어를 구사하는 데다 독일의 사정을 환히 꿰뚫고 있었다. 그리고 오스트리아와 이탈리아의 사정에 대해서도 상당한 지식을 갖고 있었다. 국제 문제에 문외한인 앙리에게 번역이나 관련 지식에 관한 그의 도움은 무한한 가치를 갖는 것이었다. 그의 도움을 받음으로써 앙리는 건방진 로트 대위의 도움을 받지 않고도 업무를 처리할 수 있고 문서 담당인 그리블랭에게 큰소리도 칠 수 있었다. 에스테라지는 앙리와 술도 함께 마시고 식사도 함께 하곤 했다. 그러면서 위트와 해박한 지식 그리고 흥청망청한 씀씀이로 앙리의 마음을 사로잡았다. 돈을 물 쓰듯한 나머지 앙리에게 상당한 돈을 꾸어 쓰기까지 했다.

에스테라지로서는 다 생각이 있어서 하는 일이었다. 그것은 그가 슈바르츠코펜에게 자신을 팔기 전의 일이었다. 제2국으로의 전속운동을 벌이면서 그는 참모본부에서 자신의 전속을 후원해줄 만한 사람이 앙리 소령을 빼고는 아무도 없다는 것을 알게 되었다. 앙리 역시 자기가 백작의 신분을 가진 에스테라지를 후원할 수 있다는 데서 으쓱한 기분이 들었다. 에스테라지처럼 코즈모폴리턴적 배경을 가진 인물이 평범한 군대 생활에 만족을 느끼지 못하리라는 것은 누구나 이해가 가는 일이었다. 넓은 안면, 해박한 외국어 실력, 국제적인 인척 관계 등을 고려할 때 그는 앙리 휘하의 방첩 요원으로서 적격자였다.

그러나 상데르 대령을 움직인다는 것은 앙리 소령의 힘을 벗어나는 일이었다. 로렌 지방 출신인 상데르 대령은 대체로 외국인들을 불신했고 독일에 관계되는 것이면 무엇이든 미워했다. 이 증오심이 너무나 심했던 나머지 원래 신교도였던 그는 가톨릭으로 개종까지 했다. 신교(新敎)는 너무 프러시아와 가깝다는 것이었다. 에스테라지의 사기 행각이 상데르 대령의 미움을 샀는지 어떤지는 잘 알려져 있지 않지만 백작의 출신 성분이 너무 국제적이라는 이유로 대령이 그를 달가워하지 않았다는 것은 알려진 사실이었다. 그러나 대령은 병약한 사람이었다. 따라서 조만간 은퇴하거나 죽을 사람이라고 생각되었다. 그래서 앙리의 건의가 처음엔 실패로 끝났지만 에스테라지는 그와 교제를 계속했다. 그는 앙리를 자신의 훌륭한 친구, 즉 『라 리브르 파롤』지의 드뤼몽 편집장에게 소개해주었다.

짐작할 수 있는 일이지만 반유대주의에 앙리는 매력을 느꼈다. 그러나 그는 교활하고 조심성 많은 사람이었다. 비천한 출신에서 프티부르주아에 오른 다른 사람들과 마찬가지로 그 역시 위험한 일에 함부로 나서는 사람은 아니었다. 그는 드뤼몽과 공공연히 사귀는 것은 억제하면서 에스테라지를 통해 은밀한 접촉을 유지하고 있었다.

앙리는 에스테라지가 독일인들과 뒷거래를 하고 있을지도 모른다는 의혹을 한 번도 품어본 적이 없었다. 상관을 기쁘게 하려는 일념에서 앙리는 참모본부에 침투한 독일 첩자를 색출하기 위해 온갖 노력을 기울여오고 있는 터였다. 그는 슈바르츠코펜의 우편물을 비밀리에 가로채서 조사했으며 그의 움직임 하나하나를 감시했다.

슈바르츠코펜이 이탈리아대사관의 무관인 파니차르디 중령과 긴밀한 연락하에 활동하고 있다는 것이 알려졌다. 그러나 누가 어떤 일을 하고 있느냐를 알아내기는 무척 어려웠다. 그들 상호간의 통신문은 모두 같은 가명으로 서명되어 있을 뿐 아니라 때로 그 가명조차 바뀌고 있었다. 프랑스 외무부에서 이들 두 사람의 필적 견본을 입수해서 그것을 가로챈 편지와 대조해보아야만 제2국은 비로소 그 편지를 파니차르디가 썼는지 아니면 슈바르츠코펜이 썼는지를 알아낼 수 있었다.

이탈리아대사관에는 파니차르디의 휴지통을 뒤져서 가져올 바스티앙 부인이 없었다. 그러나 제2국은 결국 파니차르디의 비밀을 탐지해낼 수 있는 방법을 찾아냈다. 코르넹주라는 프랑스 스파이가 이탈리아대사관 무관에게 접근할 수 있었던 것이다. 코르넹주는 파니차르디를 위해 첩자 노릇을 하겠다고 제의했고 파니차르디는 그의 제의를 진실한 것으로 받아들였다.

독일대사관 맞은편에 있는 아파트가 제2국의 주의를 끌었다. 대사관 직원들이 이 아파트를 세내서 잠시 업무상의 긴장을 푸는 장소로 이용하고 있었다. 바쁜 업무 중에 잠시 기분 전환하는 곳으로 또는 유식한 잡담을 늘어놓는 곳으로, 또 잠시 눈을 붙이는 장소로 이용하고 있었다. 당시에도 벌써 도청 장치가 있었다. 전화가 발명되고 바로 뒤를 이어 도청 장치가 고안되었던 것이다. 제2국은 이 아파트의 노변에 도청 장치를 설치하는 데 성공했다. 독일대사관이 빌린 아파트의 바로 위층을 제2국에서 세를 냈고 그곳에 사람을 배치해서 아래층에서 주고받는 이야기를 도청했다.

이와 같이 해서 제2국은 없어지고 있는 변경 지방의 작전지도의 최종 행방을 알아냈다. 없어진 지도의 배후에 슈바르츠코펜과 파니 차르디가 있음이 판명되었다. 에스테라지가 독일대사관에 나타나서 자살을 하겠다고 위협하던 때보다 6개월 전인 1893년 12월 29일, 슈바르츠코펜은 베를린을 방문하기 위해 파리를 떠났다. 기차를 타기 전에 그는 그의 무관에게 메시지 한 장을 전달했다. "'뫼즈 요새의 사람'이나 또는 그 사람의 어머니에게 300프랑을 주고 더 이상 변경 지방의 작전지도를 반출하지 말도록 하라"는 메시지였다. 제2국은 이 메시지를 입수했고 나머지 지도들이 더 이상 반출되지 않았음을 입증하는 통신문도 손에 넣었다.

300프랑, '뫼즈 요새의 사람'과 그의 어머니는 그리 대단한 인물은 못 되는 게 분명해도 이들의 행위는 반역 행위임에 틀림없었다. 창꼬치 입을 한 국방부 장관 메르시에 장군은 이 사실을 알고 크게 흥분했다. 대사관원들의 스파이 행위는 결코 용인하지 않겠다던 독일대사의 말이 새빨간 거짓말이든지 아니면 그의 명령이 제대로 지켜지고 있지 않든지 둘 중 하나였다.

메르시에 장군은 이에 대해 공공연한 조치를 취할 수는 없었다. 의회 내에는 좌파든 우파든 그의 정적들이 도사리고 있었다. 참모본부에서 서류가 도난당했다는 사실을 알면 그들이 정부를 쓰러뜨릴지도 모르는 일이었다. 서류 도난 사실이 알려지면 그의 정치 생명이 끝장나리라는 것은 명약관화했다. 그는 상데르 대령에게 반역자를 색출하기 위해 모든 노력을 아끼지 말라고 명령했다. 사건이 일반에게 알려지기 전에 훌륭하게 사건을 처리해놓는 길만이 앞으로 일어날 소동을 억누르는 유일한 길이었다.

앙리는 열심히 통신문을 가로채는 일을 계속했다. 당시 파니차르디와 슈바르츠코펜은 통신문에 '알렉산드린'이라는 이름으로 서명하고 있었다. '알렉산드린'이라고 서명된 편지 중에는 다음과 같은 내용도 있었다.

무뢰한 D가 귀하에게 전하라고 준 열두 장의 니스 지방 지도가 동봉되어 있습니다. 귀하가 그와 다시 관계를 맺을 의향이 없음은 말해주었습니다. 그는 무슨 오해가 있는 모양이라며 자기는 귀하를 만족시키기 위해 최선을 다할 것이라고 말했습니다. 자기는 자신의 주장만을 고집했을 뿐이며 따라서 귀하는 화를 내서는 안 될 것이라고 말했습니다. 나는 그가 어리석었으며 귀하가 그와 다시 관계를 맺으리라고는 믿지 않는다고 대답했습니다.

필적 감정 결과 이 편지의 '알렉산드린'은 슈바르츠코펜임이 입증되었다. 물론 앙리도 여기에 쓰인 D라는 이니셜이 '무뢰한'의 진짜 이름과는 무관하기 때문에 이들이 이렇게 사용하고 있으리라는 것쯤은 생각할 수 있었다. 그러나 그다음은 아무리 머리를 짜봐도 도무지 생각나는 게 없었다. 앙리는 제2국 안을 샅샅이 뒤지며 용의자를 찾으려 했다. 변경 지방의 작전지도를 제작한 지도제작소의 어느 서기는 그 이름이 뒤부아(Dubois)이고 또 어머니가 있다는 이유로 의심을 받았다. 그러나 그 밖의 증거는 없었다.

1893년 크리스마스, 그러니까 파리를 떠나기 나흘 전, 슈바르츠코펜은 베를린으로부터 전보를 받았다. 갈갈이 찢긴 이 전문이 제2국의 수중에 들어왔다. 모든 참모진이 찢어진 조각을 꿰어 맞춰 말을 만들어보았다. 겨우 만들어낼 수 있었던 내용은 이러했다. "……에 관하여……참모본부의 흔적은 없음." 며칠 후 바스티앙 부인이 슈바르츠코펜 필적의 찢어진 종잇조각들을 모아 왔다. 머리를 짜내며 주워 맞춘 내용은 다음과 같았다.

> 의심……증거……장교……프랑스 장교와 나 사이의 위험한 상황……직접 협상하지 말 것……그가 누구인지……절대적……정보국……군대와는 무관……중요하기만 하다면……국방부에서 나오는……이미 어딘가에…….

제2국이 겨우 생각할 수 있는 것은 이것이 찢어진 전문(電文)에 대한 회답의 초안일 거라는 짐작 정도였다. 그러나 이 전문의 빈칸을 메울 수 없었고, 또 무엇에 관한 얘기인지 그 단서를 찾아낼 수 없었다. 다만 분명한 것은 스파이에 관한 내용이라는 것이었다. 슈바르츠코펜은 보잘것없는 '뫼즈 요새의 사람'이나 '무뢰한 D'가 아닌, 자기가 매우 중요하다고 생각하는 어떤 장교와 뒷거래를 하고 있음이 분명했다.

독일대사관에 24시간 감시를 세웠다. 물론 6개월 후에 에스테라지가 들어왔다 나가는 것도 감시자의 눈에 띄었다. 그러나 프랑스인—설사 그가 군의 장교라 하더라도—이 독일대사관을 찾는다 해서 곧바로 반역 행위의 증거가 되는 것은 아니었다. 그것을 의심받을 만한 행동이라고 보기도 어려웠다. 독일이 1870년 전쟁에서 프랑스의 알자스와 로렌 지방을 병합했기 때문이었다. 상데르 대령까지도 그 지방에 사는 친지를 방문하려면 독일대사관에 가서 통행증을 얻어야만 했다.

참모본부에 뻗친 독일 스파이망은 여전히 밝혀지지 않은 채로 남아 있었다. 메르시에 장군 입장에서는 절대 비밀에 부쳐두는 것이 바람직하겠지만 독일 스파이의 손길이 참모본부에까지 뻗치고 있다는 사실이 그렇게 오랫동안 비밀로 남아 있을 수는 없는 노릇이었다. 파리 주재 에스파냐대사관의 전(前) 무관 발 카를로스 후작(이 역시 좀 수상한 인물이었다)까지도 그 사실을 알고 있었다. "양 우리 안에 한두 마리 늑대가 들어 있지" 하고 그가 프랑수아 게네라는 제2국의 첩자에게 말한 일이 있었다.

이 뉴스가 브뤼커에게 흘러 들어가게 된 것도 아마 이런 경로를 통해서였을 것이다. 매우 늦게서야 브뤼커는 이 사실을 알았다. 그것은 에스테라지가 슈바르츠코펜과 뒷거래를 시작하고 3개월이 되었을 때였다. 앙리 소령부터 상데르 대령 그리고 화가 머리끝까지 올라 있는 메르시에 장군까지도 관련이 되어 있는 이 상황은 연애사건으로 상처를 입고 재기의 기회를 노리고 있던 브뤼커에게는 제2국의 신임을 다시 획득할 수 있는 절호의 기회였다.

브뤼커는 필사적으로 행동을 개시했다. 바스티앙 부인에게 호소도 해보았지만 그녀는 이미 앙리 소령에게 직접 지시를 받고 있는 몸이었다. 브뤼커는 직접 행동에 나섰다. 독일대사관 로비로 걸어

들어가서 슈바르츠코펜의 우편함을 뒤져 서류 하나를 빼낸 후 대사관 밖으로 걸어 나왔던 것이다.

이 서류는 바로 에스테라지가 친필로 적은 명세서였다. 그가 슈바르츠코펜에게 넘겨준 서류의 내역을 적은 문서였다. 어떻게 이것이 우편함 속에 들어 있었는지는 지금까지도 알려져 있지 않다. 에스테라지가 덤벙대다가 명세서를 제때 넘겨주지 못했는지도 모른다. 나중에 그것이 자기 주머니에 있는 것을 발견하고는 대사관으로 들어가 슈바르츠코펜의 우편함 속에 던져놓은 것인지도 모른다. 아무튼 그것은 우편함 속에 있었고 의기양양한 브뤼커에 의해 9월 26일 정보국 통계부로 넘겨졌다.

앙리 소령은 당시 휴가 중이었고 따라서 이 서류는 직접 책임자인 상데르 대령에게 전달되었다. 깜짝 놀란 그는 동료들, 즉 코르디에 중령, 로트 대위, 그리블랭 대위 등을 불렀다. 그 자리에 모인 사람들은 우선 이 서류를 제2국 밖의 사람에게 보이기 전에 이것을 독일대사관에서 훔쳐 왔다는 사실이 알려지지 않도록 조치를 취해야 한다는 데 합의했다. 그들은 이 서류를 갈기갈기 찢은 후 다시 풀로 붙였다. 이렇게 해야 이 서류가 통상적인 방법—공식적으로는 바스티앙 부인의 휴지 절취를 이렇게 불렀다—으로 입수된 것처럼 보일 수 있었던 것이다.

명세서를 작성한 사람은 참모본부 안에 있거나 또는 참모본부 안에 있는 누군가와 밀접한 관련을 가지고 있는 게 틀림없었다. 그렇지 않다면 그가 어떻게 군의 여러 가지 활동—새로운 야전용 무기, 지원 보병부대의 편제, 그 무기의 실험 결과, 포격 편람, 포대 배치의 변경 사항, 마다가스카르 원정 등 — 에 관한 비밀 정보를 알고 있단 말인가? 이것은 틀림없이 오래전부터 그들을 괴롭혀온 유령, 즉 뒤부아가 아님이 판명된 '무뢰한 D', 슈바르츠코펜의 수수께끼 같은 메모 속에 등장한 '장교'의 짓임이 틀림없다고 상데르 대령은 결론을 내렸다.

상데르는 이 서류를 부대의 운송을 담당하고 있는 제4국으로 가지고 갔다. 명세서에 날짜가 적혀 있지는 않았지만 "나는 곧 작전을 수행하러 떠납니다"라고 쓰여 있는 것으로 보아 이것은 최근에 보내진 것임이 분명했다. 상데르가 제4국의 책임자인 피에르-엘리 파브르 대령의 집무실에 도착했을 때 그는 반역자가 참모본부 안에 근무하고 있는 자임에 틀림없다는 심증을 굳히고 있었다.

파브르 대령도 곧 그 견해에 동의했다. 어쨌든 상데르는 이 방면의 전문가가 아닌가? 파브르는 그의 부관 다보빌 대령과 함께 명세서를 자세히 뜯어보았다. 다보빌은 명세서를 쓴 사람은 다른 부서와 접촉을 갖고 있는 포병장교임에 틀림없다는 결론을 내렸다. 그는 자신의 추리가 탁월하다는 데 스스로 도취되어 "수습참모로군!" 하고 고함을 질렀다.

숨 쉴 틈도 없이 그들은 수습참모들의 기록 카드철을 내왔다. 수습참모란 참모본부의 어느 부서에도 아직 배치되지 않고 이 부서 저 부서를 돌며 업무를 익히고 있는 갓 들어온 젊은 장교들을 가리키는 말이었다. 그들은 D자를 쭉 훑어 내려가다가 '드레퓌스'란 이름에서 시선을 멈췄다.

마침내 범인을 찾아냈다는 큰 안도감에 그들은 할 말을 찾지 못했다. 그들은 서로 이심전심의 눈길을 교환했다.

"바로 유대인이었군!"

4

정치가 개인의 생활을 망칠 수 있다는 것을 알프레드 드레퓌스가
처음으로 뼈저리게 경험한 것은 1870년의 일이었다. 또한 불의가
정의를 누를 수도 있다는 것을 그때 처음 알았다. 당시 그의 나이는
열한 살이었다.

그해는 바로 프랑스가 독일과의 전격전에서 비참한 패퇴를 맛본
해였다. 드레퓌스 가(家)는 독일 국경에 가까운 알자스 지방 뮐루즈
에서 살고 있었다. 알프레드의 아버지 라파엘은 방직공장을 경영하
고 있었는데 사업은 꽤 융성했다. 따라서 드레퓌스 일가는 알자스
고도(古都)의 훌륭한 저택에서 남부럽지 않은 생활을 할 수 있었다.
독일군이 쳐들어오자 그들은 카르팡트라에 있는 알프레드의 큰누
이 앙리에트의 집으로 피란을 갔다.

평화조약이 체결되어 드레퓌스 가는 뮐루즈로 되돌아왔지만 알
자스는 이미 독일 땅이 되어 있었다. 그러나 라파엘 드레퓌스는 프
랑스인이었다. 드레퓌스 가문은 누구나 프랑스인으로 독일 도시에
서는 마음 편하게 살 수 없는 사람들이었다. 맏아들 자크에게 공장
의 경영을 맡기고 나머지 가족들은 프랑스로 이사를 했다. 아버지
는 사업을 포기했던 것이다. 독일의 프랑스 정복이 그의 생활을 파

멸시켜버린 셈이었다.

알프레드는 큰누이 앙리에트의 집에 머물게 되었다. 결혼으로 잠시 끊어졌던 남매간의 정이 되살아났다. 알프레드는 그의 어머니가 늘그막에 낳은 아들이었다. 그를 낳고 난 후 어머니는 건강이 좋지 않아 정력적이고 영리하며 또 여자다운 큰누이 앙리에트가 알프레드에게 어머니 노릇을 대신했다. 이 과묵한 소년은 큰누이에게만 마음을 털어놓았다. 그는 그녀에게 자기 마음속 깊이 간직한 야망을 얘기해주었다. 장교가 되는 것이 그의 소원이었다.

앙리에트가 찬성하지 않았어도 알프레드는 소원을 이루었을 것이다. 그는 자신의 뜻을 굽히지 않는 매우 고집 센 소년이었다. 앙리에트도 그의 뜻에 찬의를 표했고 그래서 그는 좀더 쉽사리 소망을 이룰 수 있었다. 그러나 그는 다른 가족들과 다투지 않을 수 없었다. 그는 그르노블에서 고등학교를 졸업하고 형들이 다닌 생트 바르브 콜레주에 입학했다. 그의 학업 성적은 매우 우수했다. 뛰어난 두뇌와 열성은 그를 돋보이게 했다. 그러나 그는 말이 없고 친구를 사귀지 않는 학생이었다. 그리고 항상 깊은 향수 때문에 괴로워하곤 했다. 그의 글로 미루어, 그는 고대 그리스 시대 이후 문학에서 흔히 나타나는 인간형이었던 것 같다. 깊은 내면세계를 들여다볼 때, 자기 자신을 바쳐온 사명을 이루기까지 항상 고향을 잃은 사람으로 남아 있는 인간형이었던 듯하다.

이 무렵 알자스와 로렌 지방에도 상당한 변화가 일어나고 있었다. 독일과 프랑스의 대립 감정이 다소 완화되어 이 지방에서 프랑스인이 프랑스 시민으로서 살아갈 수 있게끔 되었다. 알프레드의 형제들도 다시 이곳으로 돌아와 자크와 함께 가업을 운영해가고 있었다. 알프레드를 그곳으로 불러들인 형제들은 군인이 되겠다는 알프레드의 야망을 포기하도록 설득했다.

독일인들 역시 알프레드의 군인이 되겠다는 야망을 알아차린 듯했다. 독일인들은 알프레드가 뮐루즈에 머무는 것을 허락하지 않았다. 그는 카르팡트라에 있는 누이의 집으로 되돌아왔고, 다시 폴리테크니크 입학 시험을 준비하기 위해 파리의 학교로 돌아갔다. 폴리테크니크는 수많은 직업 군인들을 길러낸 학교였다.

그의 나이는 열아홉 살이었다. 당시 그의 외모에는 다른 사람의 눈길을 끌 만한 특별한 게 없었다. 연한 푸른빛이 도는 눈과 굳게 다문 입술에 숨겨져 있는 의지가 특이하다면 특이한 외모였다. 그는 학생들 사이에 인기 있는 존재가 아니었다. 공부에만 열중했고 교사들에 대한 숭배 역시 지나쳤다. 그는 매우 재미없는 아이로 취급되었다. 그는 이런 평판에도 그다지 신경 쓰지 않았다. 그가 관심을 가진 것은 오로지 학과 성적뿐이었다.

알프레드가 폴리테크니크에 들어간 것은 1878년이었다. 이때쯤 그는 경제적으로 꽤 풍족했다. 아버지가 재산을 형제들에게 분배해주었던 것이다. 자크, 마티외, 레옹 등 세 형이 공장의 경영권을 물려받았다. 누이와 알프레드에게는 각각 6만 달러에 해당하는 주식이 배당되었다. 이 주식에서 매년 5,000달러의 수익금이 그에게 돌아오게 되어 있었다.

이런 소득이 있다고 해서 동료 학생들 사이에서 그의 인기가 나아지지는 않았다. 학생들 대부분은 옛 귀족이나 공무원들의 자제였다. 가난하지 않은 집안의 자제들은 그들의 부(富)를 대수롭지 않게 생각하며 자라게 마련이었다. 그들의 대다수는 폴리테크니크 입시 준비를 전문으로 하는 제수이트학교 출신이었다. 그들은 그들끼리 똘똘 뭉쳐 그룹을 형성하고 있었다. 이들이 바로 군(軍)에서 우대를 받고, 참모본부의 요직으로 승진될 후보자들이었다.

참모본부에서 보직을 결정하는 것은 군내의 이른바 '포스트 패'라고 알려진 파벌의 영향 아래 놓여 있는 인사위원회의 장교들이었다. '포스트 패'라는 이름은 그들이 포스트 가(街)에 있는 제수이트학교 출신이라는 데서 유래한 이름이었다.

제수이트교단의 우두머리는 뒤라크 신부였는데, 그는 참모총장 부아데프르 장군의 대부였다. 우연의 일치인지는 모르지만 러시아 황제를 직접 만나, 프랑스군의 우수함을 설명하고 독일의 야망에 대항해서 프랑스와 동맹을 맺는 것이 유리하다고 설득한 사람이 바로 부아데프르 장군이었다. 그가 러시아 황제를 설득하는 데 성공함으로써 현재 무성하게 진행되고 있는 치열한 스파이전(戰)에 불씨를 던진 셈이 되었다.

부아데프르 장군은 중요한 일을 결정하기 전에 언제나 대부인 뒤라크 신부를 찾았다. 그리고 이 제수이트교단의 신부는 장군을 기꺼이 돌봐줌으로써 다른 장교들에게 출세의 사다리를 오르는 방법을 알려주려는 듯했다. 가문이 신교도 또는 유대인이기 때문에, 또는 부모들이 제수이트학교에 넣어주지 않았기 때문에 '포스트 패'가 되지 못한 사람들에게 승진의 희망은 오로지 그들의 행실과 학업 성적에 달려 있었다. 물론 포스트 패들은 신교도, 유대인, 가톨릭의 아웃사이더들에게 드러내놓고 차별을 두는 것 같지는 않았다. 그들은 이 세 부류를 모두 자기들 패가 아니라는 점에서 동등하게 취급했고 자기들 패거리가 아닌 이들과는 사귀는 일조차 드물었지만 공공연하게 이들을 멸시하거나 모욕하는 일은 없었다. 그들은 가정에서부터 훌륭한 매너를 교육받은 젊은 신사들이었고 될수록 상대방의 감정을 상하지 않도록 하는 것이 그들의 공식적인 방침이었다. 예를 들면 이런 식이었다. 어떤 아웃사이더가 이들 패거리가 모여 있는 장소로 들어올 경우 면전에서 문을 탁 닫아버리지는 않았다. 그러나 그에게 또 오라는 말은 하지 않았다.

폴리테크니크에는 알프레드 외에도 유대인 학생이 몇 명 있었다. 당시 프랑스 거주 유대인들은, 반유대주의 풍조를 없애는 길은 프랑스인 속에 그들이 동화되는 길밖에 없다고 믿었다. 이방인 기질이 남아 있는 한, 다른 사람들이 그런 기질을 의식하지 않을 수는 없는 노릇이라는 게 그들의 논리였다.

동화가 눈에 띄게 진행되고 있었다. 프랑스는 유럽에서 가장 먼저 유대인들에게 완전한 시민권을 준 나라였다. 19세기는 사람들이 점점 종교에 무관심해지고 종교 기관들의 조직력이 점점 쇠퇴한 세기였다. 이런 사정이 가톨릭교도, 신교도, 유대인들이 서로 섞이는 것을 용이하게 했다.

하지만 이런 경향은 여성들이 지키고 있는 현관에서부터 차단당하곤 했다. 여자들은 외부 세계의 힘의 변화에 둔감했다. 그들의 영역은 가정과 자녀들이었다. 유명한 성직자나 정치 반대론자나 자칭 무신론자의 딸들까지도 계속 미사에 참여했고 교회에서 결혼식을 올리겠다고 고집했다. 하지만 여성들의 이러한 태도가 산업혁명의 진로를 바꾸거나 교회에 중세적 권력을 회복시켜주지는 못했다.

아무튼 내부 세계에서는 그들의 그러한 태도가 가톨릭, 신교도, 유대인들을 막론하고 상호간의 경계를 유지시켜주었다. 이 경계선은 결혼 문제에서 가장 뚜렷하게 드러났다. 프랑스인들은 무슨 종교를 믿든 간에 결혼 문제에서는 항상 감정보다는 이성에 따르고 싶어 하는 사람들이지만 이 경계선만은 뚜렷하게 지켜지고 있었다. 또한 이 경계선은 드레퓌스사건이 전국을 휘몰아쳤을 때 다시 한번 뚜렷하게 부각되었다.

알프레드가 폴리테크니크에 들어가기 3년 전, 프랑스 하원은 새로운 헌법을 채택함으로써 군주제를 공식적으로 그리고 합법적으로 철폐했다. 헌법 개정안은 단 한 번의 투표로 통과되었다. 그러나 개정안 초안에 '공화국'이라는 말은 들어 있지 않았다. 다만 마지막 순간에 '국가의 원수는 공화국의 대통령으로 한다'는 조항이 삽입되었을 뿐이었다. 그래서 공화국이 수립되긴 했지만 선포되지는 않았다고 말하는 사람들도 있었다.

새 헌법 아래 실시된 첫 선거에서 국민들이 공화국을 선포한 셈이 되었다. 이 선거에서 공화파가 다시 다수 의석을 차지했으며 이렇게 해서 소위 제3공화국이 출범하게 된 것이다. 제3공화국은 1945년까지 지속되었다. 그러나 공화국 초창기만 하더라도 고위 장교들은 군주제를 적극 지지하고 있었다. 폴리테크니크의 교수들은, 물론 정부의 지시에 따라 그렇게 한 것이지만, 공화국이라는 정체를 참고 견디는 것이 훈련의 요점이었다. 군이 당파보다 위에 있다는 사고에 기초해서 군인의 정당 편향은 억제되었다. 포스트 패가 아닌 사람들에게는 이런 변화가 승진의 차별 대우를 줄여주는 작용까지 했다.

앙리 소령이 처음 짧은 기간 동안 참모본부에 배치되었던 것도 이런 흐름을 탄 것이었다. 이 시기는 정치적 격동기였다. 알프레드 드레퓌스의 군인 생활에는 이런 정치적 격동이 오히려 도움이 되었다. 그는 대담한 기수(騎手)로서 명성을 얻고 있었으며, 펜싱도 꽤 잘했다. 그는 제복과 그 제복이 요구하는 생활에 깊이 빠져 있었다. 그는 매몰스러운 무안을 두려워하지 않는 사람이 아니고는 함부로 말을 걸 수 없는 젊은이였다. 민간인 중에는 그를 군 계급 사회의 캐리커처라고 손가락질하는 사람들도 있었다. 그들은 어떻게 저런 젊은 나이에 그런 사고방식에 깊이 빠져들었을까 의아해하며 머리를 내젓곤 했다.

1880년 그는 폴리테크니크를 졸업하고 소위로 퐁텐블로에 있는 포병학교에 입교했다. 2년 후 그는 포병 중위로 진급되었고 르망에 있는 연대에 배속되었다.

다시 1년 후에는 파리에 주둔한 연대에 배속되는 행운을 얻었다. 그에게 이 행운의 의미는 다른 사람의 경우와는 달랐다. 그에게는 군이 세계의 전부였다. 따라서 부대 주위에 무엇이 있느냐에 대해서는 전혀 무관심했다. 물론 그도 파리를 좋아했지만 그것은 파리가 프랑스군의 수도이기 때문이었다. 공장일로 여행을 자주 하던 그의 형 마티외가 파리에 왔을 때 파리의 밤의 구경거리, 즉 음악회, 연극, 카바레 등을 동생에게 구경시켜주려 했지만 알프레드는 그런

데는 전혀 관심이 없었다. 마티외는 동생을 불쌍하게 생각했다. 그는 엉뚱한 야망 때문에 동생이 훌륭한 생활을 하지 못하고 있다고 생각했다.

1889년에 알프레드 드레퓌스는 대위가 되었고 부르주에 있는 폭약전문학교에서 복무하고 있었다. 이어 그는 전술학교에 입학원서를 냈다. 전술학교는 참모본부의 참모가 될 만한 재목이라는 부대장의 추천을 얻은 장교들만이 들어갈 수 있는 학교였다.

그때 드레퓌스의 나이는 서른 살이었다. 부르주에서 그는 뤼시 아다마르라는 여성을 알게 되었다. 뤼시를 알게 된 것도 자상한 그의 형 마티외 덕분이었다. 마티외에게는 아다마르 가(家)에 오랜 친구가 있었다. 프랑스의 유명한 유대인 가문인 이 가문은 유명한 수학자를 두 사람 배출한 바 있었다. 마티외는 자기 친구에게 머리 좋은 동생에 관한 얘기를 즐겨 하곤 했다. 그 친구가 두 젊은 남녀가 만나는 계기를 마련해주었다. 이 두 남녀는 완전무결한 한 쌍이 될 것이라고 그는 믿었다.

소녀 시절의 뤼시는 프랑스인이 흔히 말하는 '너무 깜찍한' 타입의 소녀였다. 너무 말을 잘 듣고 어른들에게 고분고분해서 지각 있는 어른이라면 어떤 연민의 정을 느끼게 되는 그런 소녀였다. 파리의 번화가에서 보석상을 경영하고 있는 부유한 집안의 딸로 당연히 사교적인 생활을 하리라는 기대를 받았고 그녀 역시 그것이 자신의 의무라고 느꼈다. 체구가 작고 가냘픈 여자였다. 크고 검은 눈과 조그만 코가 그녀의 얼굴을 새의 얼굴처럼 새침하면서도 다정하게 보이게끔 했다. 그녀에게서 느끼는 첫인상은 거의 동양적인 복종과

온순함이었다. 그러나 후에 세상에 널리 알려졌듯이 그녀의 내면에는 강철 같은 강인함이 숨어 있었다. 굳게 다문 엷은 입술은 무엇이 옳고 무엇이 그르다는 것을 일찍이 알아차렸으면서도 쓸데없는 말은 늘어놓지 않는 여자임을 드러내고 있었다.

이 진지한 두 젊은이—한쪽은 사교적 기쁨에 대해 진지했고 또 한쪽은 자기 일에 대해 진지했다—는 곧 서로를 이해하게 되었고 결혼을 약속했다. 알프레드의 어머니의 죽음이(그의 기억에 어머니가 건강이 좋았던 적은 한 번도 없었다) 두 사람의 결혼을 거의 1년간 연기시켰다. 그들이 결혼한 것은 1890년 4월 21일이었다. 이날 알프레드는 또한 전술학교의 입교가 허가되었다는 통지를 받았다. 신혼여행을 마친 알프레드와 뤼시는 파리 파시 구(區) 트로카데로 가(街)에 거처를 마련했다.

대학원 과정에 해당하는 전술학교는 에펠탑 근처 샹-드-마르스에 있는 육군사관학교 구내에 있었다. 매일 아침 드레퓌스는 불로뉴 숲에 나가 승마를 했다. 신체를 단련하고 하루 일과를 위해 정신을 가다듬으려는 것이었다. 그가 그날 할 일을 얘기하면 뤼시는 아침 식사를 하면서 귀를 기울였다. 식사를 마치고 트로카데로 거리를 걷다 보면 그의 시선은 샹-드-마르스 위를 방황하다가 곧 자신의 전쟁터인 전술학교에 고정되는 것이었다. 그의 주위에는 위대한 빛의 도시 파리가 아침 안개에 묻힌 채 아직도 반쯤 잠들어 있었다. 그렇게 걷다 보면 그의 얼굴은 이 도시를 보호하고 지키는 소명을 받은 사람처럼 보이곤 했다.

교실은 전쟁터였다. 81명의 학급에서 그의 입교 순위는 67등이었다. 정말 보잘것없는 성적이었다. 졸업을 한다고 해서 자동적으로 참모본부로 배속되는 것은 아니었다. 졸업하기 전에 순위를 앞으로 당겨놓지 않는 한 드레퓌스가 참모본부에 배속될 가능성은 없었다. 그는 포스트 패가 아니었다. 그는 군의 엘리트, 자기 세대의 가장 뛰어난 장교들과 불공평한 조건 아래 경쟁했다. 경쟁자들은 대부분 가족 관계나 동창 관계로 고위층의 보살핌이 뒷받침되고 있었다. 드레퓌스를 뒷받침해줄 수 있는 것이라곤 두뇌와 어려운 일을 참아내는 무서운 인내력밖에 없었다. 그러나 포스트 패들 역시 그 못지않은 명석한 두뇌를 갖고 있었고 그들은 그들의 재능을 쉽사리 그리고 매력 있게 드러낼 수 있는 장점을 갖고 있었다. 그들 역시 드레퓌스 못지않은 야망을 품고 있었다. 그러나 드레퓌스같이 필사적이지는 않았다. 그들은 마티외가 생각한 이른바 훌륭한 생활을 즐길 만한 여유를 갖고 있었다.

이러한 타입의 대표적인 예가 마리-조르주 피카르였다. 그는 드레퓌스가 그를 처음 만날 당시 전술학교의 교관이었으며 군에서 가장 나이 어린 소령이었다. 피카르를 돌보아 군인으로 길러낸 제수이트교단에서는 그에게 큰 기대를 걸고 있었다. 그는 호리호리한 체격이었다. 머리 좋은 몽상가형으로 군인보다는 예술가 타입이었다. 음악을 좋아했고 독일어, 영어, 에스파냐어를 유창하게 할 줄 알았으며 수학과 전술학에도 뛰어났다. 드레퓌스는 이 젊은 소령의 환심을 사려고 애썼으나 성공하지는 못했다. 피카르는 드레퓌스에 대해서 다른 사람들과 다름없는 견해를 갖고 있는 듯했다. 즉 이 친구는 공부만 지독스레 파는 친구다, 멋대가리 없는 친구다, 이것이 드레퓌스에게 내려진 판정이었다. 피카르는 다른 교관들과는 달리 드레퓌스의 지능에 대해서도 별 인상을 받지 못하고 있었다.

그러나 공교롭게도 후에 드레퓌스가 목숨을 건질 수 있었던 것은 그 많은 동료 장교 중에 오직 피카르, 그 사람 덕분이었다. 피카르는 드레퓌스의 생명을 구하는 과정에서 자신의 목숨을 걸었다. 친구를 위해서 목숨을 내놓는다는 것, 이보다 더 위대한 사랑은 없을 것이다. 그렇지만 피카르가 목숨을 내놓은 것은 자기가 신봉하는 어떤 이념을 위해서였다.

드레퓌스는 집에 오면 자신이 처한 어려운 문제를 아내와 즐겨 상의하곤 했다. 뤼시는 곧 남편의 생활 방식에 무엇인가가 결핍되어 있다는 것을 알게 되었다. 그것은 인간성에 대한 무관심이었다. 남편은 교관이나 동료들의 개성에 대해서는 거의 모르고 있었고 알려고 하지도 않았다. 그의 관심은 오로지 군이라는 주제에 국한되어 있었다. 그는 동료들을 오로지 그들의 정신이 정확하냐 부정확하냐, 문제를 풀거나 과업을 수행하는 데 명석하냐 우둔하냐로 판단했다.

뤼시는 남편을 변화시키려는 그런 여자는 아니었다. 그녀는 그를 편안하게 해주는 데만 온 힘을 기울였다. 그렇게 하는 것이 가장 현명한 길이라고 생각했다. 그녀는 남편이 품은 야망의 성취를 위해 헌신적인 조력을 아끼지 않았다. 알프레드가 지금까지 군에서 거둔 성공은, 그녀로 하여금 없는 것을 얻으려고 노력하느니보다 있는 것을 믿고 살아가는 것이 더 바람직하다고 믿게끔 해주었다. 한때는 사교 생활의 기쁨에 대해 그렇게도 진지했던 이 여인은 이제 사교계를 될수록 멀리했다. 그것이 남편의 마음을 편안하게 해주는 길이었다. 알프레드에게 아무런 의미도 갖지 않는 사람들과 사귄다는 것은 불필요한 시간 낭비였다.

1891년에 아들 피에르가 태어났고 1893년에는 딸 잔을 보았다. 이제 알프레드가 의미를 부여하는 세계에 두 사람이 새로 뛰어든 셈이었다. 그의 형 마티외는 이 조그만 새 가족이 알프레드의 긴장을 완화해주는 것을 만족스레 지켜보았다. 생활에 다소 미소가 감도는 듯싶었다. '차렷' 자세로 얼어붙었던 얼굴이 이제 편안한 '쉬어' 자세로 돌아간 듯싶었다.

그러나 그것은 집 안에서만 국한된 것이었다. 군사 문제에 대한 그의 두 편의 논문—하나는 동원에 수반되는 재정적 문제에 관한 것이었고 또 하나는 병력 수의 오류에 관한 것이었다—은 극찬을 받았다. 그러나 논문에 관한 토론 과정에서 그가 보인 지나친 아집 때문에 교관들은 좋은 인상을 받지 못했다. 그렇지만 남들이 자기를 싫어한다는 것은 드레퓌스에게는 전혀 관심의 대상이 되지 않았다. 문제는 자신의 정신적 산물을 사람들이 좋아하느냐 싫어하느냐 하는 점이었다.

언젠가 전술학교에서 야외 실습이 실시된 적이 있었다. 주어진 과제는 샤르프 근교에서 작전을 할 경우 포대 위치를 잡아보라는 것이었다. 실습을 마친 후 각자가 의견을 발표하고 상대의 의견을 비판하는 토론회를 가졌다. 토론이 한창일 때, 예고도 없이 참모총장 부아데프르 장군이 몸소 토론장에 나타났다.

드레퓌스가 발표할 차례가 되었을 때, 부아데프르 장군은 매우 관심 있게 그의 말에 귀를 기울였다. 점심은 야외에서 함께 들었다. 참모총장은 젊은 드레퓌스 대위를 자기 옆으로 불러 더 자세한 질문을 던졌다. 그 후 그는 드레퓌스와 단둘이 모젤 강 다리 쪽으로 산책을 하면서 그의 전술에 관한 얘기에 귀를 기울였다. 교육생과 교관들은 외경심과 시기심을 느끼며 그 광경을 바라보았다.

이 사건은 너무나 뜻밖에 거둔 개인적 성공이었으므로 그의 마음 속에 깊은 감동을 주었다. 드레퓌스는 이 일을 평생 잊지 못했다. 당시 가장 영광스럽고 높은 지위에 있던 군인에 대한 감사의 마음이 평생토록 사라지지 않았던 것이다. 그 후 그가 깊은 고통의 심연 속에 빠져 있던 시절에도 그는 부아데프르 장군이 그를 구해줄 것이라는 실낱 같은 믿음을 버리지 않았다.

아무튼 드레퓌스는, 동료들과 자연스레 어울리지 못하는 사람이 누구나 그렇듯이, 융통성 없고 소박한 사람이었다.

에스테라지 백작의 친구이며 또 그를 통해서 앙리 소령과도 친구가 된 드뤼몽이 『라 리브르 파롤』지를 창간한 것은 드레퓌스가 전술학교에서 교육을 받고 있던 시절이었다. 이 신문은 그때까지 프랑스에서 발간된 어떤 출판물보다도 더욱 격렬한 반유대주의적 논조를 펴고 있었다.

이 충격적인 신문은 저명한 가톨릭 교도인 드모레스 후작 같은 사람들의 공공연한 지원을 받고 있었다. 군내 포스트 패들에게 절대적 영향력을 행사하고 있는 제수이트교단이 이 신문에 자금을 공급하고 있다는 소문도 돌았다. 놀랍게도 많은 시민들이 『라 리브르 파롤』지를 구독했다. 이 사실은 많은 프랑스인들의 의식 속에, 보이지 않고 의식하지 않는 가운데 큰 변화가 이미 일어났음을 시사해주는 첫 번째 경고였다. 19세기 내내 의식을 지배해온 기준은 '만인이 권리 앞에 평등하다'는 민주주의의 신조였다. 그런데 19세기가 저물어가는 이 무렵 이 신조는 놀랄 만큼 많은 사람들의 마음속에서 시들어가고 있었던 것이다.

드뤼몽의 첫 번째 캠페인은 군내 유대인 장교들에 대한 맹렬한 공격이었다. 이 문제를 다루는 특별 칼럼이 매일같이 신문을 장식했다.

어떤 기사에는 라마즈라고 서명이 되어 있었다. 또 어떤 기사들은 무기명이었다. 이 기사는 모두 드모레스 후작이 쓴 것이라고 사람들은 생각했다. 장교 출신인 드모레스 후작은, 교회가 사회의 최상층에 자리 잡고 있었으며, 모든 사람이 사다리의 각 계단에 자기 자리를 고정적으로 갖고 있었고, 이 사다리를 기어오르려고 안간힘을 쓰는 일이 없었던 산업혁명 이전의 그리스도교 사회를 다시 건설하겠다는 엉뚱한 꿈을 갖고 있는 사람이었다.

『라 리브르 파롤』지는 '잠재적 반역자'들로서 군내 유대인 장교들의 명단을 신문에 게재했다. 여기저기서 결투가 벌어졌다. 유대인 기병 대위 크레미외-포아가 신문의 발행인 겸 편집인인 드뤼몽에게 결투를 신청했다. 이 유대인 장교의 결투 후견인 가운데 한 사람이 바로 문제의 인물 에스테라지 소령이었다. 그는, 반역자라는 억울한 누명을 생명을 내걸고 벗으려는 행위는 아주 적절한 것이라고 생각한다면서 유대인 장교의 후견인으로 나섰던 것이다. 이 결투는 피를 흘리지 않고 유대인 장교의 승리로 끝났다.

크레미외-포아 대위는 다시 드모레스 후작이 썼다고 믿어지는 기사의 필자로 기명된 라마즈라는 언론인에게 결투를 신청했다. 후견인 간에 서로 비밀을 지키자는 합의가 성립되었다. 라마즈의 후견인은 드모레스 후작이었고 크레미외-포아의 후견인은 또 다른 유대인 대위 아르망 메예르였다. 후작과 아주 가까운 사이였던 『라 리브르 파롤』지는 물론 이 비밀을 지키겠다는 서약을 준수했다. 그러나 에스테라지 소령이 이 뉴스를 『르 마탱』지의 친구에게 흘렸고, 『르 마탱』지는 이 소식을 신문에 실었다. 그러자 후작은 메예르 대위가 명예로운 약속을 깨뜨렸다고 비난했다. 여기서 세 번째 결투가 벌어졌다. 이 결투는 피를 흘리고야 말았다. 후작은 당시의 결투에서 지켜지던 훌륭한 불문율을 지키지 않고, 메예르 대위에게 치명상을 입혔다.

메예르 대위의 죽음은 여론을 불러일으켰다. 의회에서까지도 반유대주의의 부당성과 난폭성에 항의하는 성명을 발표했다. 『라 리브르 파롤』지는 낙인이 찍혔고, 머지않아 파산할 것처럼 보였다. 그러나 의외로 그 판매 부수는 늘어났다. 하룻밤 사이에 이 신문은 프랑스에서 가장 널리 읽히는 신문의 하나가 되었다.

동료들이 『라 리브르 파롤』지를 공공연히 읽는데도, 교관들까지도 아무런 제재도 가하지 않는 것을 보면서 드레퓌스는 견디기 힘든 고통을 느꼈다. 전술학교에는 드레퓌스 외에 또 한 명의 유대인 장교가 교육을 받고 있었다. 교관의 한 사람인 본퐁 장군은 이 두 사람에게 나쁜 점수를 주었다. 이들이 따지자 본퐁 장군은 여러 사람 앞에서 태연하게 "나는 유대인이 참모본부에 들어가는 것을 바라지 않는다"고 말했다. 사정위원회에서 이의를 제기했지만 결국 이 문제는 시정되지 않았다.

이것은 장래의 군인 생활의 성패가 좌우되는 최종 졸업성적에 지대한 악영향을 끼치는 것이었다. 드레퓌스로서는 참을 수 없는 일이었다. 유대인 동료는 잊어버리는 게 상책이라고 생각했지만 드레퓌스는 학교장에게 항의했다. 르블랭 드 디온 장군이 진상을 조사한 후 점수가 부당하게 주어졌음을 시인하고 유감의 뜻을 표했다. 그러나 시정 조치는 취해지지 않았다.

모든 알자스 사람이 그렇듯 알프레드의 형 마티외와 자크는 어느 누구보다도 애국심이 강한 프랑스 사람이었다. 그들 역시 반유대주의자들의 공격에 분개하고 있었다. 그들은 한 번 더 알프레드에게 군을 떠나는 게 좋겠다고 설득해보았다. 알프레드는 말을 듣지 않았다. 그때까지의 그의 복무 기록은 매우 훌륭했다. 본퐁 장군의 과목에서 부당한 점수를 받았지만 입학할 때의 석차 67등에서, 졸업할 때는 9등으로 뛰어올랐다. 참모본부로 가는 길은 열려 있었다. 그는 일시적인 정치 상황 때문에 자신의 뜻을 포기할 생각이 없었다.

『라 리브르 파롤』지가 창간되고 1년 후인 1863년(이해는 또한 에스테라지가 무분별하게 명세서를 쓰기 1년 전이기도 하다) 드레퓌스 대위는 수습참모로 배속되었다. 군의 핵심 부서에 유대인이 한 명 끼어들었다는 사실은 포스트 패들이 절대다수를 점하고 있는 참모장교들 사이에는 하나의 충격이었다.

드레퓌스를 참모본부에서 밀어내려는 마지막 노력이 시도되었다. 제2국의 방첩 책임자인 장 상데르 대령이 공식적으로 드레퓌스를 참모본부에 배속하는 것은 '안보상 모험'이라고 주장했다. 참모본부 밖에서라면 이러한 주장은 터무니없는 주장이라는 지탄을 면치 못했을 것이다. 제2국장인 샤를-아르튀르 공스 장군은 이 항의를 국방부 장관인 메르시에 장군에게 전달하지 않았지만 이 문제를 조르주 피카르 소령과 상의했다. 피카르 소령은 참모본부에서 수습참모들을 관장하는 책임자였다. 공스 장군은 드레퓌스를 작전을 담당하고 있는 제1국에 배치하는 것이 좋을 것이라고 시사했다. 제1국이라면 제1급 군사비밀은 취급하지 않을 뿐 아니라 제1국 담당 장군은 유대인에 대한 편견이 심하지 않은 것으로 알려져 있었다.

반유대주의자들과 그에 아첨하는 자들이 할 수 있는 일이라고는 아무것도 없었다. 드레퓌스 대위의 복무 기록은 군인으로서의 훌륭한 능력과 흠잡을 데 없는 처신을 입증해주고 있었다. 그의 상관 중단 한 사람, 피에르-엘리 파브르 대령만이 그에 대해 좋지 않은 평정(評定)을 내린 바 있었다. 그의 판단 역시 드레퓌스가 좀 지나치게 자만심이 강하고 잘난 체한다는 정도였다. 누군가를 매장시키기에는 충분하지 못한 것이었다. 따라서 에스테라지의 명세서가 상데르 대령의 책상 위에서 폭풍을 일으켰을 때 드레퓌스는 참모본부에서 평상대로 근무하고 있었다. 그런데 참모본부 제4국의 책임자 파브르 대령이 드레퓌스를 범인으로 점찍고 말았던 것이다.

5

유대인, 바로 유대인이 범인이라는 단정이 파브르 대령과 그의 부관 다보빌 대령으로부터 상데르 대령에게로 일사천리로 전해졌다.

상데르 대령은 왜 자기가 진작부터 드레퓌스를 의심하지 않았을까 의아해했다. 그가 1년 전에 유대인을 '안보상 모험'이라고 주장했던 것은 바로 이런 경우를 우려했던 게 아닌가. 죄를 입증하는 문제가 남았다.

"필적을 대조해보았소?"

파브르와 다보빌은 자기네들의 추리가 훌륭하다는 데 도취되어 이런 구체적인 문제는 생각조차 하지 못하고 있었다. 드레퓌스의 서류철을 가져다가 에스테라지의 필적인 명세서와 나란히 놓았다. 세 장교가 여기 매달려서 두 개의 필적을 비교해보기 시작했다. 그들은 비슷하다고 생각했다. 그리고 그것만으로 충분하다고 생각했다. 상데르는 공스 장군에게 이 사실을 보고했다. 이때 공스 장군은 참모본부의 참모 차장이 되어 있었다. 그도 이미 유대인이 범인이라는 소문을 듣고 있던 참이었다.

몇 달 동안 억눌려 있던 반유대 감정이 서서히 고개를 들기 시작했다.

'드레퓌스라는 그 친구 어딘지 별난 데가 있었지. 호기심이 많고 무분별한 것 같았지…….'

다보빌은 회상했다. 파브르 대령은 드레퓌스의 상관 중에 오직 자기만이 그의 본성을 알아보았다는 듯이 어깨를 으쓱했다. 드레퓌스를 자만심이 강하고 잘난 체하는 놈이라고 부정적인 근무 평정을 내렸던 사람은 오직 파브르 한 사람뿐이었던 것이다.

공스 장군은 부아데프르 장군에게 보고하기 전에 전문가를 시켜 필적을 다시 비교했다. 그는 참모본부 내의 소령인 뒤파티 드클랑 후작을 불러들였다. 이 사람 역시 드레퓌스사건에 등장하는 많은 특이한 성격의 소유자 중 한 사람이다.

뒤파티 드클랑 후작은 프랑스 역사에 이름을 남긴 명문의 후예였다. 그는 명문 집안 출신치고는 매우 특이한 존재였다. 후작은 외알 안경을 쓴 채 공스 장군의 집무실에 나타났다. 그는 필적 전문가였으며 지독한 근시였다. 필적을 보고 운수와 성격을 말하는 그런 종류의 필적 감정가였다. 심한 근시라 안경 없이는 제대로 걸음도 못 걸으면서도 허영심이 많아 안경 따위는 쓰고 다니지 않으려 했다. 그는 외알 안경을 벗어놓고 두 서류를 눈 가까이 갖다 대고 보았다. 물론 하나는 에스테라지 소령이 손수 쓴 명세서였고 또 하나는 드레퓌스의 필적 견본이었다. 둘을 비교해보고 난 그는 둘은 같은 형(型)이지만 서로 다른 데도 있다고 선언했다.

장군은 이것이 매우 중대한 사안이 걸려 있는 문제라고 그에게 경고했다. 후작은 머뭇머뭇했다. 그러고는 시간을 달라고 요구했다.

공스 장군은 이 사건을 상급자들에게 더 이상 비밀로 할 수는 없었다. 그는 부아데프르 장군에게 보고했고 부아데프르 장군은 다시 이 소식을 국방부 장관 메르시에 장군에게 알렸다.

좌우파 정객들에게 시달리던 메르시에는, 정객들이 참모본부 안에서 스파이가 활개를 치고 있다는 사실을 알면 어쩌나 하고 두려움에 휩싸여 있던 차에 범인을 잡을 단서가 잡혔다는 소식에 귀가 번쩍 뜨였다. 그는 서둘러 이 소식을 대통령 장 카지미르-페리에에게 알렸다. 이어 샤를 뒤퓌 총리와도 장시간의 밀담을 나누었다.

이 두 사람은 자기들이 다루고 있는 사건이 다이너마이트처럼 위험한 사건이라는 것을 알고 있었다. 정부의 운명이 이 사건에 달려 있었다. 스파이가 잡혔다는 사실을 공표한다면 그것은 불가피하게 지금까지 스파이가 활약했다는 것을 드러내는 일이었다. 야당에서 이 범죄 사실을 알기 전에 기필코 범인의 신병을 확보해놓아야만 했다. 총리와 참모총장 두 사람은 모든 사실을 절대 비밀에 부치고 어떤 조치를 취할 필요가 있는 내각의 장관들에게만 사건의 진전을 통보해주기로 했다.

사실을 통보받은 장관 중에는 외무부 장관 가브리엘 아노토도 끼어 있었다. 그는 명세서를 기록으로 남기는 어떤 사법 절차도 취해서는 안 된다고 주장했다. 명세서는 그때까지 수집된 이 사건의 유일한 증거 자료였다. 그는 프랑스가 이 서류를 외국 대사관으로부터 훔쳤다는 사실이 알려지면('통상적인 방법'으로 훔쳤다고 해도 마찬가지다) 중대한 국제 문제를 불러일으킬 것이며 독일과 외교 관계가 단절되고 심지어는 전쟁이 발발할 가능성도 없지 않다고 주장했다. 그런 문제를 야기하지 않는 다른 증거물이 수집될 때까지 명세서는 불문에 부쳐야 한다는 것이었다.

메르시에는 계속 불문에 부칠 경우, 이야기가 새어나가는 것을 막는 것은 불가능하다는 것을 알고 있었다. 야당지에 이 사건이 새어나간다면 그는 끝장이었다. 여당지들까지도 최근 조직력과 행정력이 부족하다고 그를 꼬집고 있었다. 그가 반역 행위를 처벌하지 않고 놓아두기로 동의했다는 사실이 알려진다면 그 자신까지도 종범(從犯)으로 의심받을 가능성마저 있었다. 그는 필요한 절차를 밟기로 결심했다.

집무실로 돌아온 메르시에 장군은 사태가 빠른 속도로 진행되고 있음을 발견했다. 관료 조직에 근무한 경험이 있는 사람이라면 그 이유를 이해할 것이다. 승진이 바로 이런 사건의 처리에 걸려 있는 변수다. 상관은 결과를 원한다. 상관이 원하는 것을 주지 못하는 사람은 결코 능력을 인정받을 수 없다. 물론 그 결과는 올바른 것이어야 하며 얼마나 빨리 그것을 얻느냐 역시 중요하다.

뒤파티 드클랑이 아직 감정을 끝내지 않고 있는 동안 공스 장군은 프랑스 은행의 필적 전문가 알프레드 고베르를 불러들였다. 고베르는 위엄 있고 정확한 사람이었다. 그에게는 명세서의 필적과 대조되고 있는 필적의 임자가 누구라는 것을 알리지 않았다. 이와 같은 일은 그에게는 매우 이례적인 일이었다. 또한 그는 일을 서두르라는 심한 독촉을 매우 못마땅하게 생각했다. 마침내 그는 은행이 신임하는 전문가다운 정확하고 현학적인 어투로 결론을 내렸다. 명세서는 주어진 필적 견본의 임자가 쓴 것이 아닐 수도 있다는 것이었다. 공스 장군은 이 의견을 애매한 의견이라고 분류했다.

공스 장군은 또 알퐁스 베르티용을 불러들였다. 베르티용은 통계학자로서 경찰의 소위 인체측정부 책임자였다. 인체측정부란 베르티용이 범인을 식별해내는 방식에 기초해서 생겨난 부서였다. 베르티용은 두개골의 222개 뼈를 가지고 인간을 분류하고 그 성격까지 추정했다. 그에 따르면 어떤 두 사람도 두개골이 똑같은 모양일 수는 없으며 또 두개골의 11가지 특징은 20세에서 60세 사이에는 절대로 변하지 않는다는 것이었다.

이 무렵부터 경찰에서는 체포된 범죄자들의 사진을 찍어두기 시작하고 있었다. 체포자들의 사진철이 급속도로 불어났다. 그러나 사진은 면도를 했느냐 하지 않았느냐, 둥근 얼굴이냐 긴 얼굴이냐를 뚜렷이 구분해줄 뿐, 사진을 보고 어떤 혐의자가 전에 체포된 일이 있는가를 알아내기는 매우 어려운 형편이었다. 혐의자는 전과 사실을 감추기 위해서 턱수염을 기르거나 사팔뜨기 흉내를 내거나 살을 찌우거나 빼거나 하면 되었다. 그러니 경찰의 카메라에 찍힌 후 2, 3년만 일없이 지나가면 경찰에 보관된 사진은 별 쓸모가 없게 되었다.

그러나 베르티용의 방법을 쓰면 상당히 도움이 되었다. 그는 자신의 방법은 절대 틀림이 없다고 공언했고 그래서 그는 세계적으로 유명한 존재가 되어 있었다. 후에 사진보다는 훨씬 확실한 지문채취가 개발되었을 때도 그는 자신의 방법을 고집했다. 그의 명성 때문에 약 20년 동안이나 경찰에서 지문채취가 별로 통용되지 않았다.

그러자 미국 캔자스 주에 있는 레븐워스 형무소에서 이상한 일이 일어났다. 형무소에 들어온 어떤 죄수를 통상적인 방법으로 사진을 찍고 또 베르티용식 인체측정을 했다. 이 죄수의 이름은 윌리엄 웨스트였다. 형무소에 비치된 베르티용 서류철을 뒤져보니 전에 살인죄로 복역한 사실이 있는 사람이었다. 그러나 본인은 이 사실을 완강하게 부인했다. 11개의 두개골 특징 중 7개는 전에 살인죄로 복역한 윌리엄 웨스트와 똑같고 나머지 4개도 아주 미세한 부분만이

다를 뿐이라는 사실을 들이대도 그는 여전히 그런 사실이 없다는 것이었다. 누군가가 재소자의 서류철을 조사해보자는 생각을 할 때까지 모두 그가 거짓말을 하고 있다고 생각했다. 재소자의 서류철을 뒤져본 결과 살인죄로 유죄 판결을 받은 윌리엄 웨스트는 10년째 바로 그 형무소에서 복역 중이었다.

인체측정법은 심한 타격을 받았고 그 후에도 이 타격에서 회복되지 못했다. 베르티용은 지문채취법으로 재빨리 전환함으로써 명성을 회복했다. 하지만 그의 인체측정법은 현재까지도 경찰에서 사용되고 있다. 즉 지문을 채취하지 못했거나 지문이 별 도움이 안 될 때 단서를 잡는 수단으로 이용되는 것이다.

아무튼 1894년 당시는 그의 명성이 절정에 달했던 시절이었다. 윌리엄 웨스트가 살인죄를 범하기 전이었고 그와 인체측정학적 쌍둥이인 또 하나의 윌리엄 웨스트는 순진무구한 어린애였던 때였다. 베르티용은 좀 이상한 탐정이었다. 그의 아버지와 형은 매우 유능한 통계학자였다. 그는 집안의 말썽꾸러기였고 굉장한 반유대주의자였으나 아버지나 형처럼 수(數)에 대한 열정과 세상 모든 일이 수의 이치에 따라 결정된다는 확신을 갖고 있었다. 게다가 다른 공인된 필적 전문가들을 불신하고 있었다. 수의 이치를 충분히 이용하지 않는다는 것이 불신의 이유였다. 그는 필적 감정에 관한 독특한 이론을 만들어냈지만 그 방법은 매우 복잡한 수의 이치를 사용하고 있었으므로 그 외에는 사용할 만한 사람이 없었다. 법정에 모인 사람들은 그의 증언을 존경하는 태도로 경청했지만 그의 감정 이론을 이해하는 것 같지는 않았다.

나는 고발한다

매우 안면이 넓었던 뒤파티 드클랑은 물론 베르티용을 알고 있었다. 그는 베르티용을 만나서 명세서를 쓴 사람에게 엄청난 유죄의 증거가 있다는 사실을 넌지시 알려주었다. 베르티용은 필적을 감정한 후 다음과 같은 의견을 제시했다.

"명세서를 쓴 사람이 다른 사람의 필적을 흉내 낸 것이 아니라면 두 필적은 같은 사람에 의해 쓰인 것으로 사료됨."

제2국의 장교들은 어떻게 해서 그런 결론을 내리게 되었는가를 설명할 때, 베르티용의 얘기가 무슨 얘긴지 잘 알아들을 수도 없었다. 그러나 그의 견해는 그들이 바라던 것이었다. 그것은 드레퓌스의 유죄를 입증하는 증거로 채택되었고 국방부 장관 메르시에는 곧 행동을 개시했다. 그는 이 사건의 조사를 뒤파티 드클랑에게 일임하고 코슈포르라는 경찰 간부를 불러서 드레퓌스의 체포 영장에 서명해주었으며 셰르슈-미디 형무소의 책임자인 페르디낭 포르지네티 소령에게는 고위 장교가 극비 사항을 상의하기 위해서 방문할 것이라고 통보해주었다.

필적만으로 충분한 증거가 될 수는 없었다. 그러나 더 조사해보면 확실한 증거가 잡힐 것이라고 참모본부 요원들은 믿었다. 그들 가운데서 한 사람을 잡아냄으로써 참모본부를 뒤덮고 있던 의혹의 구름은 걷힐 것이며 범인이 유대인이라는 사실은 참모본부에 던져질 나쁜 인상을 크게 완화해줄 것이라고 그들은 생각했다. 유대인이란 한 우리에 있어도 언제나 아웃사이더였다. 이건 확실히 가장 바람직한 해결책이었다. 상관이 흡족하게 여길 결과를 상관에게 갖다 바치고자 열망하는 사람들은 이제 이 해결책을 빈틈없이 밀고 나가는 것이 자신들의 책무라고 굳게 믿었다.

그러나 지금까지 수집된 유일한 증거에 단 한 가지 잘 들어맞지 않는 것이 있었다. 명세서를 쓴 사람은 곧 '작전에 나간다'고 밝히고 있다. 그러나 수습참모들은 이미 5월경에 그해에는 작전에 참가하지 않을 것이라는 통보를 받은 바 있었다. 에스테라지가 슈바르츠코펜에게 명세서를 넘겨준 것은 9월 1일이었다. 작전 훈련도 그 무렵에 시작되게끔 되어 있었다. 상데르 대령이 명세서를 입수해서 조심스레 찢었다가 다시 붙인 것은 9월 26일이었다. 이 기간 동안 드레퓌스는 파리를 떠난 적이 없었고 또 조사 및 체포 명령이 내려졌을 때도 아내 뤼시 그리고 두 자녀와 함께 집에 있었다.

그러나 명세서에는 쓴 날짜가 적혀 있지 않았고 파브르 대령은 이것을 다음과 같이 설명했다. 즉 드레퓌스는 6월에 자기를 수행해서 부대 시찰을 나간 적이 있다는 것이었다. 그것을 그가 '작전에 나간다'고 표현했으리라는 추론이었다. 뒤파티는 후에 또 다른 해석을 내놓았다. 즉 명세서는 5월 이전에 쓰였을지도 모른다는 해석이었다. 그때라면 수습참모들에게 그들이 작전 훈련에 참가하지 않으리라는 통보가 있기 전이다. 왜 9월에나 시작되는 작전을 5월도 되기 전에 언급했는가에 대해서는 아무런 설명도 하지 않았다. 명세서가 독일식 문체로 쓰였다는 데 주목하는 사람은 한 사람도 없었다. 프랑스어에서 독일식 문체는 언제나 뚜렷하게 드러나는 법인데도 아무도 여기에 주목하지 않았다. 드레퓌스로 말하자면 티 없이 완전한 프랑스어를 말하고 쓸 수 있는 사람이었다.

흥분이 한창 고조되었을 때, 앙리 소령이 휴가를 마치고 돌아왔다. 명세서를 보았을 때 과연 자기 친구 에스테라지의 필적을 알아보았을까? 만약 알아보았다면 그는 알고도 입을 다물어버린 것이 된다. 여느 때와 마찬가지로 농부의 아들 앙리 소령에게는 궂은일이 돌아왔다. 그가 받은 명령은 드레퓌스를 감옥으로 연행하라는 것이었다.

셰르슈-미디 형무소 책임자 포르지네티 소령을 방문한 고위 장교는 다보빌 대령이었다. 그는 손수 드레퓌스에게 적합하다고 생각되는 감방을 골랐고 포르지네티 소령에게 이곳에 감금될 사람의 정체를 그의 상관인 파리 지역 사령관에게도 비밀에 부치라고 엄중히 지시했다. 비밀에 부치는 것은 물론 정치적인 배려 때문이었다. 유죄가 입증될 때까지는 비밀이 지켜져야 했다. 체포 사실을 공표함으로써 범죄를 일반에게 알렸다가 후에 범인이 아니라고 다시 드러날 경우 그것은 중대한 문제를 야기하게 될 게 분명했다. 그것은 용납될 수 없는 어리석음이었다. 그다음부터 조사는 조사관들을 처단하라는 야당 정객들의 아우성 속에서 진행될 게 뻔했다. 그러나 다보빌은 비밀을 지켜야 하는 정당한 이유를 포르지네티에게 설명하지 않았다. 다만 뉴스가 새어나가면 형무소장이 임무를 수행하기가 어려워질 것이라고 말해주었다.

"유대인들이 드레퓌스가 어디 있는가 찾아내려고 야단법석을 떨 테니까 말일세."

포르지네티는 비밀에 부쳐야 한다는 데 반대했을 뿐더러 고위층에서 자신의 고유 업무를 간섭하는 것에도 반감을 품고 있었다. 그러나 다보빌은 국방부 장관의 명령을 전하고 있는 것이었다.

반역자

그 무렵 뒤파티 소령도 비슷한 명령을 받았고 또 그 명령을 성실히 수행하고 있었다. 체포를 사고 없이 수행하기 위해 그는 계획을 세웠다. 공스 장군이 드레퓌스 대위는 참모총장실에서 실시되는 참모본부 수습참모 면담에 출두하라는 명령서에 서명했다. 출두 시간은 10월 15일 오전 9시였고 복장은 사복 차림이었다.

드레퓌스는 시간에 맞춰 출두했다. 그는 뒤파티 소령과 참모장교가 아닌 사복 차림의 사람 셋만 나와 있는 것을 보고 의아해했다. 사복 차림의 세 사람은 무관심을 가장한 채 서 있었다. 그중 한 사람은 경찰 간부 코슈포르였고 나머지 두 사람은 그의 부관이었다. 그러나 외알 안경을 쓴 작은 체구의 후작은 그들이 왜 와 있는지 설명해주지 않았다. 그는 드레퓌스에게 공스 장군이 곧 도착할 것이라고 말하면서 기다리는 동안에 자기 편지를 대필해줄 수 없겠느냐고 물었다. 자기는 손가락을 다쳐서 펜을 잡을 수 없다는 것이었다.

창가에 있는 조그만 책상 앞에 드레퓌스가 앉았다. 뒤파티는 편지의 내용을 부르기 시작했다. 그저 평범한 편지 같았지만 그 안에는 명세서에 나오는 구절들이 들어 있었다. 뒤파티가 후에 서술한 바에 따르면 그가 120mm포의 수압식 제동기라고 불렀을 때 드레퓌스는 갑자기 쓰던 손을 멈췄다. "왜 그러나? 자네 떨고 있군!" 하니까 "제가 떨고 있나요? 손가락이 얼었기 때문이겠죠" 하고 드레퓌스가 대답했다.

이렇게 함으로써 드레퓌스의 자백을 이끌어낼 수 있으리라고 생각했던 뒤파티에게 드레퓌스의 대답은 매우 건방진 대답이었다. 그는 얼굴을 찡그리며 경고했다.

"조심하게. 이건 매우 중대한 편지일세."

그는 다시 내용을 부르기 시작했고 드레퓌스는 다시 받아썼다.

'이 불한당은 신경도 없나 보군' 하고 뒤파티는 생각했다. 명세서의 구절구절을 불러대도 드레퓌스는 여전히 침착하게 사무적으로 받아쓸 뿐이었다. 뒤파티는 중간쯤에서 이 방법을 포기해버렸다. 그는 이렇게 외쳤다.

"법률에 따라 나는 귀관을 체포한다."

그는 목청을 한껏 높여서 말을 이었다.

"귀관은 반역죄의 혐의를 받고 있다."

코슈포르가 드레퓌스에게로 다가섰다. 드레퓌스는 벌떡 일어났다. 그가 코슈포르에게 말했다.

"여기 우리 집 열쇠가 있습니다. 집을 수색해보십시오. 나에게는 아무 죄도 없습니다."

갑자기 얼굴이 상기되면서 그는 뒤파티 소령에게로 향했다.

"내가 범했다고 주장하는 반역죄의 증거를 보여주십시오."

그는 분노로 부르르 떨며 소리쳤다.

"증거는 얼마든지 있네."

뒤파티는 퉁명스럽게 대답했다. 그는 권총을 자기 주머니에서 꺼내 드레퓌스 앞 책상 위에 놓았다. 그러고는 아무 말도 없이 그것을 바라보았다.

드레퓌스도 권총을 바라보았다. 무서운 순간이었다. 상관들이 자기가 죄인임을 확신하고 있다는 사실을 드레퓌스가 처음으로 실감하는 순간이었다. 그는 마침내 입을 열었다.

"나는 아무 죄도 없습니다. 자살하지 않겠습니다. 나는 살아서 무죄를 입증하겠습니다. 이런 모욕은 반드시 벗어던져야 합니다."

옆방에서 대기 중이던 앙리 소령이 마침내 거칠고 힘찬 발걸음으로 들어왔다. 드레퓌스를 셰르슈-미디 형무소로 연행해 가는 차 안에서 앙리는 교활하게도 사건의 내막을 모르는 체 가장하고 대체 무슨 일이냐고 드레퓌스에게 물었다.

"글쎄 나도 전혀 모르겠습니다."

드레퓌스가 대답했다.

그동안 뒤파티와 문서 담당 그리블랭은 트로카데로 가(街)로 달려가 뤼시 드레퓌스를 깜짝 놀라게 했다. 또 다른 두 명의 장교가 드레퓌스의 장인, 즉 보석상 아다마르의 집을 수색하도록 파견되었다.

드레퓌스 부인은 사태의 심각성을 직감했다. 뒤파티는 정중했지만 매우 엄격한 태도로 임하고 있었다.

"나쁜 소식을 갖고 와서 죄송합니다."

뤼시의 얼굴이 새파래졌다.

"그가 죽었나요?"

뒤파티는 고개를 흔들었다.

"그럼 말을 타다 떨어졌나요?"

"그보다도 훨씬 나쁜 일입니다. 남편은 형무소에 수감됐습니다."

작고 가냘픈 여인은 몸을 곧추세웠다. 그녀는 두 장교에게 적대적인 시선을 보냈다. 그들은 이 시선을 오랫동안 잊을 수 없었다. 남편은 나쁜 짓을 할 사람이 아니었다. 무슨 오해가 있는 게 틀림없다고 그녀는 생각했다.

"그이는 어디 있나요? 제가 지금 그이에게로 가야겠어요."

"안 됩니다."

뒤파티가 대답했다.

"남편을 돕고 싶다면 그를 만나지도 말고 지금 어디 있는가를 알려고 해서도 안 됩니다. 부인께서는 절대 비밀을 지키셔야 합니다. 누구에게도 이 얘기를 해서는 안 됩니다."

그는 부인의 애국심에 호소했다. 혀를 한번 잘못 놀림으로써 전쟁이 일어날 수도 있다고 위협했다. 뤼시는 그 말을 믿었을 것이다. 그녀는 일단 남편이 체포되었다는 사실이 세상에 알려지면 남편의 상관들은 정치적인 이유에서 남편의 유죄를 입증하는 데 필사적인 노력을 기울이게 될 것이라는 점을 이해했는지도 모른다. 아무튼 그녀는 뮐루즈에 있는 남편의 형제에게도 그 사실을 알리지 않았다.

이것은 결국 그녀의 실수였다. 더 많은 증거가 날조되기 전에 외부에서 적극적으로 사건에 개입했더라면 드레퓌스가 석방될 가능성이 전혀 없었던 것도 아니었다. 이 무렵에는 군의 명예가 이 사건과 직접적으로 연관되어 있지 않았고, 오직 군 최고사령부의 효율성만이 거론되고 있었다. 따라서 이 무렵이라면 여론을 드레퓌스의 편으로 이끌 만한 정치가들이 상당수 있었을 것이다.

뒤파티는 수색 영장을 꺼내 보였다.

"도대체 뭘 찾고 있는 거죠?"

뤼시가 물었다.

"뭐든 증거가 될 만한 것을 찾아야 합니다."

뒤파티가 응답했다.

두 장교는 두 시간 동안 집 안을 뒤졌다. 서랍, 다락, 책장을 샅샅이 뒤졌고 종이 쪽지 하나하나도 자세히 살폈다. 어떤 게 암호이고 어떤 게 암호가 아닌지 누가 알겠는가? 그들은 뤼시와 알프레드가 약혼 기간 동안 주고받은 연애편지까지 살폈다. 그러나 유죄의 증거가 될 만한 문서는 발견할 수가 없었다. 그들은 명세서가 쓰인 가로세로 줄이 쳐진 크림색 그래프 용지 쪼가리도 찾아내지 못했다. 아다마르의 집을 수색한 장교들 역시 아무런 소득도 거두지 못했다.

감방에 홀로 갇힌 드레퓌스의 심정이 어떠했으리라는 것은 구태여 말하지 않겠다. 그는 제정신이 아니었다. 냉정하고 금욕적인 한 사나이 속에 감춰진 화산이 폭발한 것이었다. 그는 돌과 쇠를 주먹으로 마구 내려쳤다. 그의 입술에서는 독을 뿜는 욕설이 마구 쏟아져 나왔다. 하늘을 향해 분노의 고함을 외쳐댔다. 경비병들은 겁을 먹고 형무소장을 불러왔다. 포르지네티 소령은 그를 진정시키려고 온갖 노력을 했지만 소용이 없었다. 반평생 억제되었던 격정의 둑이 터진 것이었다. 포르지네티는 이 사실을 국방부 장관에게 보고했다. 그는 드레퓌스가 미칠까 봐 두려웠다.

메르시에 장군은 이 문제를 직접 상의하기 위해 형무소장을 집무실로 불렀다. 부아데프르 장군도 이 회견에 참석했다. 비밀 조사는 아무런 소득도 올리지 못하고 있었다. 잠시 동안 희망의 서광이 반짝인 적은 있었다. 파리의 첩자들이 드레퓌스가 수상한 카페에 드나들었고 또 노름꾼이라고 보고를 했던 것이다. 그러나 그것은 다른 드레퓌스임이 판명되었다. 그는 막스 드레퓌스라는 사람으로 경찰에 전과가 기록된 인물이었다. 치안국장 루이 레핀이 직접 조사해보았지만, 역시 허탕이었다. 알프레드 드레퓌스는 경제적으로 넉넉한 사람으로 두세 명 아주 친한 친구 말고는 친구가 없을 정도로 교제 범위가 국한되어 있고 항상 자기 집과 가족에만 충실할 뿐 그럴듯한 범죄 동기가 발견되지 않았던 것이다. 비관적인 수사 실적이었다.

부아데프르는 드레퓌스가 미칠지도 모른다는 포르지네티 소령의 얘기를 조용히 듣고 있었다. 그는 앞으로 몸을 기울인 채 귀를 기울였다. 포르지네티는 수천 명의 수감자들을 보아온 사람이었다. 상대가 죄가 있느냐 없느냐를 직감으로 느낄 수 있는 사람이었다.

"저는 이런 말씀을 드리고 싶진 않습니다……."

포르지네티가 입을 열었다.

"하지만 각하께서 묻기에 대답드립니다. 이 사람은 절대 무죄라고 단언할 수 있습니다."

두 장군은 아무 말도 없이 포르지네티 소령을 돌려보냈다. 드레퓌스에게 제정신을 찾게 해준 사람은 뒤파티였는지도 모른다. 뒤파티는 미친 듯이 움직이고 있었다. 그는 셰르슈-미디 형무소로 가서 플래시를 하나 달라고 요청했다. 그는 불시에 드레퓌스 앞에 나타나기로 계획을 짠 것이었다. 포르지네티는 이 일에 찬성하지 않았다. 그러나 뒤파티는 막무가내였다. 경찰이 파리 곳곳을 누비며 드레퓌스의 어렸을 때부터의 전력을 하나하나 캐내고 있었고 프랑스의 모든 스파이망이 총동원되어 각국에서 드레퓌스에게 불리한 증거를 하나하나 모아들이고 있는 동안 뒤파티는 몇 시간째 드레퓌스가 갇힌 감방 안에 있었다.

그는 드레퓌스로 하여금 여러 가지 자세에서 명세서의 원본을 베끼도록 했다. 뒤파티는 베르티용의 판정만으로 만족할 수 없는 듯했다. 그는 베르티용의 그 복잡한 수식을 재판관들이 이해할 수 없으리라는 것을 알고 있었다. 그래서 뒤파티는 세 명의 다른 필적 전문가를 불러들였다. 이들은 각각 에스테라지가 쓴 명세서와 드레퓌스의 필적 견본을 조심스레 대조했다. 뒤파티는 이들 각자에게 몰래 드레퓌스가 범인이라는 다른 증거가 있다고 알려주었다. 그럼에도 불구하고 전문가들의 의견은 만족할 만한 것이 못 되었다. 이중 첫 번째 사람인 피에르 테죤니에르는 두 필적은 같은 사람의 것이라고 단언했다. 두 번째 사람인 에티엔 샤라베는 좀 머뭇거리기는 했지만 대체로 테죤니에르와 의견을 같이했다. 세 번째인 펠르티에는 명세서의 필적이 드레퓌스의 것이 아닌 것같이 느껴진다고 말했다. 그리고 앞의 두 사람들까지도 두 필적에는 다른 점이 있음을 인정했다.

뒤파티는 다시 드레퓌스로 하여금 갖가지 자세로 명세서의 원문을 쓰게 했다. 드레퓌스는 앉아서도 썼고 서서도 썼다. 벽에 기대어 썼고 마룻바닥에 꾸부린 자세로도 썼으며 꼿꼿이 앉은 자세로, 등을 굽히고 앉은 자세로, 꼿꼿이 선 자세로, 또 등을 굽히고 선 자세로도 썼다. 물 속에서 쓰는 것 말고는 온갖 자세로 썼다. 뒤파티는 이제 드레퓌스의 필적이 명세서의 필적과 똑같은 자세를 틀림없이 발견할 수 있으리라고 확신했다.

그러나 역시 별 소득이 없었다. 다시 똑같은 놀음이 계속되었다. 그래도 드레퓌스는 항의하지 않았다. 캄캄한 감방에 혼자 앉아 암흑과 싸우느니보다는 차라리 이 짓이라도 하고 있는 게 나았다. 뒤파티는 명세서를 사진으로 찍고 여러 벌 복사해서 그것을 갈기갈기 찢었다. 그는 드레퓌스가 쓴 견본들도 똑같이 했다. 그는 이 찢어진 종잇조각을 모자에 담아 가지고 드레퓌스에게로 가져왔다. 그리고 드레퓌스에게 그중 자기가 쓴 필적과 다른 사람의 필적을 골라내라고 했다. 드레퓌스는 단 하나도 틀리지 않았다. 그가 자신의 필적이라고 골라낸 조각은 모두 그의 필적이었고 그가 자신의 필적이 아니라고 골라놓은 것은 모두 자기가 쓴 것이 아니었다.

일주일이 흘렀고 두 번째 주일로 접어들었다. 드레퓌스는 아직도 자기가 무슨 혐의를 받고 있는지 몰랐다. 끊임없이 그 죄목을 말해 달라고 요구했지만 뒤파티는 군사 기밀을 외국에 판 사건에 관련되어 있다는 사실만을 밝혔다. 드레퓌스는 사람을 잘못 짚은 것임을 뒤파티에게 확신시키려고 애썼다. 후작은 교활하게도 자기는 전혀 사심이 없다고 그를 안심시켰다. 자기는 바로 뒤파티 드클랑 후작, 그러니까 100년 전 엉터리 재판에 희생된 세 피고인의 무죄를 용감하게 주장하고 나섰던 유명한 정의의 투사 메르시에 뒤파티의 손자라는 것이었다. 무죄한 피고들을 변호하는 메르시에 뒤파티의 서한이 공개적으로 불태워진 적도 있었다. 그러나 메르시에 뒤파티 후작의 입장은 후에 이미 죽어버린 세 피고인의 무죄가 입증됨으로써 정당함이 만천하에 드러났었다.

"나를 믿으시오. 우리 가문을 믿으시오. 그리고 나에게 진실을 말해주시오."

드레퓌스는 후작에게 진실을 호소했지만 후작은 귀를 기울이지 않았다. 경찰 수사 역시 소득이 없었다. 매우 신빙성이 부족한 명세서와의 필적 대조에서 얻은 증거를 뒷받침할 만한 증거가 나타나지 않았다. 드레퓌스는 결국 '증거 불충분'으로 풀려날 듯싶었다. 그런데 10월 28일 『라 리브르 파롤』지의 드뤼몽에게 다음과 같은 쪽지가 전달되었다.

드레퓌스는 현재 셰르슈-미디에 있다. 그는 여행 중이라고 알려져 있지만 그것은 사실이 아니다. 그들은 이 사건을 유야무야하려고 한다. 이스라엘이 무장하고 일어섰다.

이 쪽지에는 '앙리'라는 이름이 서명되어 있었다. 이튿날 다음과 같은 내용의 칼럼이 이 '인기 높은' 반유대 신문에 게재되었다.

군 당국의 명령으로 매우 중요한 인물이 체포되었다는 게 사실인가? 수감자는 대반역죄의 혐의를 받고 있다고 한다. 이 뉴스가 사실이라면 왜 발표하지 않는가? 이에 대한 즉각적인 해명을 요구한다.

결국 뉴스가 터지고 만 것이었다. 앙리가 비밀의 뚜껑을 연 장본인이었다. 그렇지만 그가 혼자의 생각으로 그렇게 했을까? 또는 그의 친구 에스테라지의 꼬임에 넘어간 것이었을까? 공교롭게도 일이 그의 휴가 중에 시작되었던 탓으로 그는 이 중대한 사건의 외곽으로 밀려나 있었다. 뒤파티가 상데르, 파브르, 다보빌, 공스 등과 함께 수사의 주역을 맡고 있었다. 따라서 '결과'가 얻어진다 해도 메르시에와 부아데프르는 자기에게 감사하지 않을 것이 뻔했다.

한편 에스테라지는 앙리를 그렇게 하도록 꾈 충분한 이유를 갖고 있었다. 드레퓌스를 억지로 범인으로 몰아붙인다 해도 그가 손해 볼 것은 아무것도 없었다. 한껏 잘못된다 해도 여론이 양분되어 서로 큰소리로 싸우는 것이었다. 이렇게 되면 이 소란 속에 그의 범죄 사실은 영원히 감춰질 가능성이 많았다. 또 드레퓌스의 유죄가 입증되지 않는다고 누가 장담할 수 있단 말인가?

앙리 스스로 비밀의 뚜껑을 열어버렸든지 또는 에스테라지의 사주를 받아 그렇게 했든지 간에 아무튼 이제 비밀의 뚜껑은 엄연히 열렸고 법정의 재판 결과가 이제는 가장 중요한 문제로 부각된 셈이었다. 뒤파티는 별 소득 없이 수사를 종결했고 그때까지의 서류철을 국방부 장관에게 넘겨주었다. 각의(閣議)가 열렸고 메르시에 장군은 공식 채널을 통해 다음과 같이 발표했다.

중대한 범죄 혐의로 군(軍) 장교 한 사람을 임시로 감금했다. 그는 별로 중요한 것은 못 되지만 어쨌든 군의 기밀을 외국인에게 전달한 혐의를 받고 있다. 이런 사건에 요구되는 분별 있는 수사가 현재 진행 중이다. 곧 수사 결론이 나오게 될 것으로 믿는다.

『라 리브르 파롤』지가 때를 놓치지 않고 공격에 나섰다. 에스테라지가 슈바르츠코펜에게 넘긴 정보가 그다지 중요하지 않은 것은 진실이었다. 그러나 진실이란 항상 미치광이들에게는 붉은 헝겊 조각처럼 자극적인 법이다. 미치광이들은 거짓을 받아들임으로써 진실의 두려움으로부터 도피한 사람들인데, 진실은 그들을 다시 이성의 세계로 끌어들이는 힘이 있기 때문이다. 『라 리브르 파롤』지는 그 서류가 별로 중요한 것이 아니라는 메르시에의 성명을 공격하고 나섰다. 이 신문의 사설은 국방부 장관을 신랄하게 비난했다.

> 국방부 장관인 그가, 애국심의 권화요 수호자이어야 할 그가 자기 부서를 어떻게 이끌어가고 있는가? 아우게이아스 왕의 마구간(그리스 신화에 나오는 에리스 왕 아우게이아스의 마구간. 30년간 한 번도 청소를 안 한 것을 헤라클레스가 강물을 끌어들여 하루 만에 말끔히 청소했다고 함—옮긴이)보다 더 엉망진창이 아닌가? 여기에는 청소할 헤라클레스마저 발견되지 않기 때문이다. 다른 나라에서라면 이런 장관은 목덜미를 낚아채서 쫓아내버릴 것이다. 그는 반역자의 죄를 오히려 옹호하고 있지 않은가?

다른 신문들 역시 가만히 있지 않았다. 『랭트랑시장』지는 국방부의 한 보좌관과의 인터뷰를 대서특필했다. 이 보좌관은 메르시에 장군이 드레퓌스사건에 대해 애매한 태도를 취함으로써 그의 휘하에 있는 막료들을 난처한 상황에 빠뜨리고 있다고 말했다. 항상 참모본부의 의견을 대변해오던 『레클레르』지는 어느 정도 사실을 반영하고 있었다. 이 신문은 군내의 누군가가 이 사실을 신문에 알림으로써 스캔들을 감추려 하던 국방부로 하여금 어쩔 수 없이 이 사건을 발표하게 했다는 것을 시사했다.

이런 사태 진전의 와중에서 각의가 또 한 번 열렸다. 드레퓌스사건을 유야무야할 경우 내각이 살아남을 수 없으리라는 것이 각의의 결론이었다. 드레퓌스를 법정에 세우는 수밖에 별도리가 없었다.

소문과 비난이 도하의 각 신문을 장식했다. 『라 리브르 파롤』지는 외무부 장관 아노토가 독일대사 뮌스터 백작을 방문했다고 보도했다. 어떤 뒷거래가 이뤄지고 있는 것인가? 이 신문은 드레퓌스를 공개 재판에 회부할 것을 요구했다. 사건이 복잡해지는 것을 피하기 위해 혐의 사실이 경감되고, 따라서 드레퓌스가 사형 대신 징역형 정도로 모면할까 두렵다고 『라 리브르 파롤』지는 논평했다.

이튿날 이 신문은 강대국과 연관된 소식통에 따르면 드레퓌스가 유죄임을 입증하는 결정적 증거가 있다고 보도하면서, 프랑스 내각은 겁쟁이들로 구성되어 있다고 꼬집었다. 그리고 다시 그 주요한 서류는 서류철에서 사라져버렸다고 목소리를 높였다. 그러나 "천만다행으로 사진 복사판은 남아 있다"는 것이었다. 그러나 사흘 후에 이 신문은 간교하게도 복사판도 없어졌다고 보도를 뒤엎었다. 그러고는 유대인들이 서류가 없어진 것과 관련이 있다고 주장하고 나섰다. 이 신문은 다음과 같은 두 문장으로 이 궤변을 그럴듯하게 보이게 하는 데 성공하고 있었다. 첫째 문장은 메르시에 장군이 그 서류의 복사판을 가지고 있다는 사실에 '유대인 서클'이 크게 흥분했다고 보도했고, 그러나 다음 문장은 그 서류가 없어졌건 없어지지 않았건 간에 그것을 다시 만들 수 있으리라는 것은 틀림없는 사실이라고 주장했다.

이것은 이 신문이 처음으로 그 서류가 아예 사라지지 않았을지도 모른다고 진부하게 암시한 것이었다. 그리고 메르시에에 대한 태도가 급작스레 변했다. 틀림없이 드뤼몽은 앙리 소령을 통해 각의에서 기소를 강력히 주장한 사람이 메르시에라는 사실을 알아냈을 것이다. '메르시에에게 축하를 보낸다'는 말로 이 신문은 기사를 끝내고 있었다. 유대인들은 마침내 임자를 만났던 것이다. 하지만 이 사건이 진행되는 동안 『라 리브르 파롤』지는 사실과 너무 동떨어진 보도로 때로는 웃음거리가 되었다. 이 신문은 유대인들이 죄인 드레퓌스를 석방시키려고 음모를 꾸미고 있으며 메르시에가 이들을 상대로 혼자 외롭게 싸우고 있는 것으로 묘사했다. 물론 당시에는 진실을 알고 있는 사람은 극소수였고 언론인은 한 사람도 이 극소수에 끼어 있지 않았다.

이때 파리에서 가장 부수가 많던 일간지 『르 마탱』이 파리 주재 독일대사관을 공격하고 나섰다. 이 신문은 독일대사관을 스파이의 소굴로, 그리고 슈바르츠코펜을 스파이의 우두머리로 보도했다. 독일대사 뮌스터 백작은 즉각 프랑스 대통령과 총리를 방문하고 자기 대사관과 무관에 대한 이와 같은 공격을 중지하도록 조처해줄 것을 요구했다. 프랑스 정부는 외국 대사관 안에 무관을 두도록 하는 허가를 취소할 의도가 없으며 어떤 무관의 활동에 대한 일부 신문의 보도는 몇 가지 점에서 오류를 범하고 있다는 짤막한 성명을 발표했다.

이 미지근한 성명은 독일대사관도 독일 정부도 만족시킬 수가 없었다. 뮌스터 백작은 다시 항의했다. 이번에는 한층 강경했다. 그러자 프랑스 정부는 외국 대사관이 현재 문제 되고 있는 스파이사건에 관련되었다는 보도는 사실이 아니라고 해명했다.

그러나 언론의 기세는 좀처럼 수그러들지 않았다. 권위 있는 일간지 『르 피가로』는 메르시에 장군과의 인터뷰 비슷한 기사를 실었다. 이 신문은, 메르시에 장군이 드레퓌스는 3년 동안 외국 정부와 관련을 맺어왔는데 그 정부는 이탈리아도 오스트리아 정부도 아니라고 말한 것으로 인용 보도했다. 그러나 그는 그 일을 돈을 바라고 한 것은 아니라는 것이었다. 이튿날 『르 탕』지는, 장군이 자기는 『르 피가로』지와 그런 인터뷰를 가진 사실이 없다고 말한 것으로 보도했다. 그러나 『르 피가로』지는 장군과 틀림없이 인터뷰를 했다고 주장했다. 참모본부의 포스트 패들의 견해를 반영하고 있는 것으로 알려진 가톨릭계 신문 『라 크루아』는 만약 재판이 공개로 열린다면 전쟁을 유발할 수도 있는 사실이 백일하에 드러날 것이라고 보도했다.

남편 이름이 일반에게 공표되자 뤼시 드레퓌스는 뮐루즈에 있는 시아주버니 마티외에게 전보를 쳤다. 마티외는 알프레드와 가장 가까운 사람이었다. 그는 파리로 달려왔다. 기차 안에서 그는 알프레드에 관한 파리 신문들의 기사를 읽고 악몽 속을 헤매는 것 같았고 파리에 도착했을 때는 제정신이 아니었다.

그는 뒤파티 소령과 그리블랭 대위에게 동생을 만나게 해달라고 간청했다. 마티외는 소령이 커튼 뒤나 문 뒤에 숨어서 자신의 질문에 대답하는 알프레드의 말이나 몸짓을 지켜보아도 좋다고 말했다. 마티외는 동생이 제정신이 아닌 상태에서 또는 무슨 이유에서건 반역죄를 범한 일이 있다고 고백한다면 자기는 동생에게 권총을 주어 그 자리에서 바로 자살하도록 요구하겠다고 명예를 걸고 약속했다.

"내게만은 무엇이든 사실대로 말할 것입니다."

마티외는 울면서 애원했다. 그러나 뒤파티와 그리블랭은 형의 간절한 소원을 들어주지 않았다. 이제 드레퓌스가 유죄냐 무죄냐도 따지고 싶어 하지 않았다. 벌써 드레퓌스사건에 넌더리가 나 있었던 것이다.

12월 4일, 벡송 도르므슈빌 검사가 기소문을 작성했다. 기소문의 핵심 사안은 명세서였다. 명세서 말고 다른 증거는 없었으니까. 명세서는 반역 행위가 저질러졌다는 사실을 분명히 드러내주는 증거였지만 반역자가 드레퓌스라는 것을 뚜렷이 입증해주는 증거는 아니었다.

오늘날에도 위조되거나 가장한 필적을 감정하는 것은 수사과학에서 가장 어려운 문제 중 하나다. 그 당시에는 필적 대조도 매우 어려운 일이었다. 전문가들은 순전히 필법(筆法), 즉 글자의 외형을 비교하는 데 그치고 있었다. 앨버트 오스본, 한스 슈나이케르트 같은 사람들이 나와서 필적 감정법을 확립하기까지 아직 10여 년의 세월이 남아 있던 때였다. 오늘날의 필적 전문가라면 누구라도 쉽사리 에스테라지와 드레퓌스의 필적을 구분해냈을 것이다. 에스테라지의 필적 견본과 굳이 대조하지 않아도 명세서를 드레퓌스가 쓴 것이 아니라는 것은 쉽사리 알아냈을 것이다. 전문가라면 두 필적을 구분하는 데 어려움을 느끼지 않는다. 당시 검사는 다섯 명의 필적 전문가들의 의견에 전적으로 의존했는데 이 중에 뚜렷한 결론을 내린 사람은 소수에 불과했다. 그뿐만이 아니었다. 뚜렷한 결론도 서로 모순되고 있었다.

도르므슈빌 검사가 이른바 이들 전문가에 의존한다는 것은 한 양동이의 뱀장어에 의존하는 격이었다. 그 이외에 그가 논거로 삼은 것은 자신의 논리였다. 드레퓌스의 필적과 명세서의 필적에 차이가 있는 것은 '매우 치밀한' 드레퓌스가 다른 필적을 가장했기 때문이라는 논리였다. 드레퓌스의 집을 뒤지고 그의 전력을 샅샅이 조사했는데도 별다른 증거가 나오지 않은 것은 드레퓌스가 범죄를 은폐하는 데 천재적인 조심성을 발휘했기 때문이라는 것이었다. 또한 그 지루한 심문 과정에서 단 한 번도 실수를 하지 않았다는 사실이 바로 그가 영리할 뿐 아니라 초범죄자적 정신 구조를 지닌 증거라고 검사는 주장했다. 보통의 범죄자라면 심문을 당하면 양심이 되살아나는 법인데 드레퓌스는 이런 양심이 결핍돼 있는 도덕적 불구자라는 것이었다.

도르므슈빌 검사는 자신이 맡게 된 사건이 달갑지 않았다. '제2국'에서 입수한 또 다른 증거 서류라는 것이 특히 못마땅했다. 그 서류는 방첩 요원들이 드레퓌스와 자기네들이 감시하고 있는 사람들 간의 어떤 연관을 발견하려고 노력한 결과 입수된 문서일 뿐 이 서류가 입증하고 있는 것은 다만 그 양자 사이에 아무런 연관도 없다는 사실뿐이었다.

이탈리아대사관 무관 파니차르디 중령은 신문에서 드레퓌스가 체포되었다는 보도를 읽고 드레퓌스가 과연 독일대사관의 끄나풀로 고용된 적이 있는가를 알아보려고 독일대사관의 슈바르츠코펜을 방문했던 것처럼 보인다. 그가 관심을 보인 것은 이해할 수 있는 일이다. 그와 슈바르츠코펜은 상호간에 오가는 메시지에 '알렉산드린'이라는 같은 이름으로 서명하면서 밀접한 관련을 맺으며 첩보 활동을 하고 있었기 때문이었다.

슈바르츠코펜은 물론 완강하게 자기는 드레퓌스를 모른다고 말했다. 파니차르디는 이탈리아대사관으로 돌아와서 로마로 다음과 같은 암호 전문을 보냈다.

"D대위가 당신네들과 관계가 없다면 신문의 코멘트를 피하기 위해서 부인을 해두는 게 좋을 듯."

이것은 11월 2일의 일이었다. 이 암호 전문을 프랑스 외무부에서 해독했다. 뒤파티 소령은 이 전문을 '멋대로 번역해서' 제2국에 제출했다.

"D가 체포됐음. 비상경계가 취해지고 외교 사절들은 경고를 받았음."

소령이 이른바 증거 자료를 다루는 식은 이와 같았다. 그러나 검사는 프랑스의 형법을 알고 있었다. 형법 제101조는 다음과 같이 규정하고 있었다.

"유죄의 증거로 사용되는 모든 서류는 피고인에게도 보여 피고인이 그 서류를 인지하는가의 여부를 물어야 한다."

원문을 요구해서 볼 권리를 법으로 보장받고 있는 변호사에게 과연 뒤파티의 이 '멋대로 번역'이 통할 수 있겠는가? 더욱이 이런 증거의 제시는 프랑스가 파니차르디의 집무실에 끄나풀을 가지고 있다는 사실 그리고 이탈리아대사관의 암호를 해독했다는 사실만을 드러내게 될 것이었다. 정부에서 과연 이 보잘것없는 증거 자료 때문에 그런 희생을 감수하려 할 것인가?

그러나 이 사건을 둘러싼 여론의 압력은 계속되고 있었다. 언론은 이 사건을 제멋대로 과장해서 보도했다. 『르 프티 주르날』지는 정치적 편향을 보이지 않는 신문이었고 대체로 그런 이유 때문에 300만의 독자를 가진 신문이었지만 이렇게 선언했다.

"만약 전쟁이 일어났더라면 드레퓌스는 국방부가 신임하는 인물이 되었을 것이다. 그는 자기 동료들을 자신의 묵인하에 놓인 덫에 걸리게 해서 죽음으로 몰아넣었을는지도 모른다."

『레코 드 파리』 같은 보수적인 신문은 아무런 인용 없이 드레퓌스가 병력 동원의 규모, 시간, 밀집 지역에 대한 정보를 적에게 팔아넘겼다고 보도했다. "병력 동원 시간표를 다시 작성하는 데만도 3년이 걸릴 것"이라고 이 신문은 주장했다.

최근에 일어났던 해결되지 않은 일련의 반역 행위의 책임까지 드레퓌스에게 돌려졌다. 드레퓌스는 러시아를 방문한 적이 없었는데도 어떤 신문은 그가 독일 귀족들과 함께 페테르부르크에 있는 것이 목격된 적이 있다고 보도하며 그가 묵은 것으로 '알려진' 호텔의 이름과 객실의 번호까지 밝혔다.

중요 일간지인 『르 탕』지와 『르 마탱』지는 드레퓌스가 어떤 연애 사건과 연루되어 있다고 보도했다. 이들 신문에 따르면 드레퓌스는 니스에 사는 귀족 출신의 이탈리아 미녀를 애인으로 갖고 있었다. 그를 유혹해서 반역 행위를 하게 만든 것은 바로 이 여자였다고 이두 신문은 공언했다.

"드레퓌스는 프랑스 국민을 파멸시키고 프랑스 영토를 차지하려고 획책해온 국제적 유대인 조직의 스파이"라고 가톨릭계 신문인 『라 크루아』지는 썼다. 『라 리브르 파롤』『라 코카르드』『라 파트리』 등의 신문은 모두 입을 모아 드레퓌스를 사형에 처하라고 요구했다.

참모본부는 드레퓌스의 유죄를 입증하지 못할 경우 어떤 일이 뒤따를 것인지 명백히 내다볼 수 있었다. 메르시에는 사직하게 될 것이며 아마 내각 자체도 무너지게 될 것이었다. 새로 취임할 국방부장관은 반역자를 색출하는 데 무능했다는 이유로 제2국의 요원들을 사직시킬지도 모를 일이었다. 또는 참모본부 전체가 교체될지도 모르는 일이었다. 아무튼 반역자가 아직 그들 속에 있는 것으로 생각될 것만은 틀림없는 사실이었다.

이 위험한 시기에, 제2국의 상데르 대령이 한 가지 제안을 했다. 뒤파티 소령이 그에게 건의한 이 제안은 "제2국이 이 사건에 관해 작성한 서류들을 법원에 제출하고 기밀이라고 분류함으로써 피고 측 변호사가 그것을 면밀히 검토하지 못하게 방해하고 그것을 곧 찢어 없애자"는 것이었다.

제2국의 장교들은 이런 식으로 범죄를 은폐하는 데 익숙하게 훈련된 사람들이다. 이런 행동은 역공작원들, 이름도 얼굴도 없는 인간 사냥꾼들이 통상 의존하는 무기였다. 이들 역공작원들의 활동은 법의 간섭을 받지 않았다. 그들은 '국가안보'라는 이름으로 귀찮은 간섭을 떨쳐버리고 있었다. 그러나 이 제안은 직접적이고 공공연한 법의 침해였다.

메르시에 장군은 드레퓌스가 실제로 유죄라는 사실을 추호도 의심하지 않았다. 참모본부 장교들 가운데에도 그 사실을 의심하는 사람은 없었다. 예외가 있었다면 앙리 소령과 뒤파티 소령 정도였을 것이다. 앙리는 틀림없이 자기가 후에 말한 것 이상으로 드레퓌스가 과연 범인인가에 대해 의심을 품고 있었다. 그러나 에스테라지는 그에게 고마운 사람일 뿐 아니라 자신과는 여러 가지 일로 밀접히 관련되어 있는 처지였다. 에스테라지가 범인으로 지목된다면 자신의 출세에도 막대한 지장이 초래될 게 틀림없었다.

뒤파티의 경우는 그와 전혀 사정이 달랐다. 그는 의외로운 일에 호기심을 보이는 사람이었다. 그는 혼돈된 상황을 조성하고 터무니없는 일을 조작하는 데서 묘한 기쁨을 느꼈다. 그리고 결국에는 자기가 조작한 그 사실을 미친 듯이 믿어버리는 게 그의 성격이었다. 그에게서 발견되는 가장 큰 죄악은 권태였다.

상데르 대령의 경우는, 유대인의 유죄를 의심하리라고 거의 기대할 수 없는 사람이었다. 언젠가 시가행진이 진행되는 도중 그는 프랑스의 삼색기가 올라가는 것을 보고 알자스 지방의 어느 유대인의 눈에 눈물이 고이는 것이 눈에 띄자 "나는 이런 위선자들을 싫어한다"고 큰 소리로 외쳤다.

한편 국방부 장관으로서 법을 무시한다는 것은 큰 위험이 따르는 행위였다. 내각의 직위를 맡은 군인이라면 그에 따른 경쟁자와 적이 있는 법이다. 그의 친구들까지도 정치적 열풍에 따라 흔들리며 이 정치적 열풍이란 사람들끼리 수근거리는 작은 소리에 의해 일어나는 것이었다. 소문은 비난으로 변한다. 지위가 굳건할 때야 별문제가 안 되겠지만 일단 지위가 흔들리게 되면 비난이 소나기처럼 쏟아진다. 그리고 내각의 직위를 맡은 군인의 지위가 불안정해지면 친구들은 모두 그를 저버린다.

이와 같은 사건에서 형법 제101조를 무시해버린다는 것은 애국적인 행위로 간주될 가능성이 전혀 없는 것은 아니었다. 그러나 현재의 열풍이 가라앉고 난 후에 그것이 과연 비난을 모면할 수 있겠는가? 메르시에는 이런 것이 걱정스러웠다. 국가의 법을 무시하는 행위는 쉽사리 잊히지 않는 행위로 평생 그의 정치 생활에 지워지지 않는 오점으로 기록될 것이며 그의 정적들은 기회만 있으면 이 문제를 들고나올 것이다.

그는 상데르 대령의 제안에 대해 좀 생각해볼 여유를 갖겠다고 했다. 그러고는 사흘 동안 침묵을 지켰다.

12월 15일, 드뤼몽이 참모본부 내의 소식통을 인용, 『라 리브르 파롤』지에 다음과 같은 기사를 실었다.

"드레퓌스는 12월 20일에 군법회의에 회부된다. 메르시에는 그 열렬한 애국심으로 어둠 속에서 음모를 꾸며온 적들을 분쇄했다."

날짜가 틀린 보도였지만, 아무튼 주사위는 던져진 것이었다. '인간에 의한 정부'가 아니라, '법에 의한 정부'라는 이상이 위기에 놓이게 된 것이었다.

6

드레퓌스 가(家)는 알프레드를 위한 변호사로 에드가르 드망주를 선임했다. 형법 전문가로 명망이 높던 드망주는 나이가 지긋한 독실한 가톨릭 신자였다. 그는 아무리 거액이라도 사례금에 매력을 느끼거나 신문에 이름이 나는 데 매력을 느낄 만한 사람은 아니었다. 그의 이름은 여러 번 신문을 장식한 적이 있었다. 일찍이 링컨은 법률가의 생애를 'on, onner, onnest'라는 세 단어로 상징한 바 있다. 법률가는 그의 초기에는 그럭저럭 꾸려가기에 바쁘다(get on = on). 그다음에는 명예(honor = onner)를 얻게 되며, 마지막으로 정직 (honest = onnest)해진다는 것이다. 이미 드망주가 정직성을 의심받을 수 없는 단계에 도달했다는 것은 분명한 사실이었다.

드망주는 피고인의 무죄를 의심하지 않았다. 적어도 이 사건에 한해서만은 그는 추호도 피고인의 무죄를 의심하지 않았다. 그는 드레퓌스의 가족들에게 이렇게 말했다.

"무죄를 의심할 만한 조그만 이유라도 발견된다면 나는 변호를 거부하겠습니다. 이 점은 분명히 해둬야 할 것입니다. 사실상 나는 그를 맨 먼저 재판하는 사람이 될 것입니다."

드망주는 드레퓌스의 지금까지의 생애에 대해 가족들이 수집한 증거를 면밀히 검토한 후 형법 제101조에 의거해서 정부 쪽의 증거를 제출해달라고 요구했다. 도르므슈빌의 서류철이 그에게 전달되었다. 그는 깜짝 놀랐다. 이것이 전부란 말인가? 명세서와 필적 전문가들의 엇갈린 견해, 검사의 자의적인 가설과 논리, 이것이 정부

쪽 증거의 전부였다. 제2국의 서류철을 사용한다는 결정은 아직 취해지지 않고 있었다.

늙은 변호사는 감방으로 드레퓌스를 찾았다. 그는 이렇게 말했다. "나는 당신의 무죄를 확신하오."

재판에 회부된다는 결정이 내려졌고 드레퓌스에게는 아내 뤼시에게 편지 쓰는 것이 허락되었다. 그는 이렇게 썼다.

"나의 심판관들은 나처럼 충성스럽고 정직한 군인들이오. 그들은 지금까지 저질러진 잘못을 알아차릴 것이오……. 그들은 내 말을 주의 깊게 들을 것이며 만사는 분명해지리라 생각되오."

12월 18일, 그는 뤼시에게 다시 편지를 썼다.

"나는 내일 평온한 마음으로 떳떳하게 심판관들 앞에 설 것이오. 나는 두려워할 게 없소."

7

재판은 1894년 12월 19일 형무소 근처인 셰르슈-미디 가(街)의 한 궁전 건물에서 시작되었다. 18세기의 옛 궁전이 군사법정으로 사용되고 있었던 것이다. 두툼한 돌벽에 조그만 창문이 나 있었고 창문 밖으로 형무소의 뜰이 내다보였다.

군사재판이 공개리에 열릴 것인지 또는 비밀리에 열릴 것인지에 관한 보도는 갈팡질팡했다. 그래서 일반 방청객의 수는 매우 적었다. 『라 리브르 파롤』지는 방청객 중에는 "매부리코를 한 사람들(유

대인들—옮긴이)도 보였다"고 보도했다. 그러나 다른 신문들은 이
상하게도 유대인들이 눈에 띄지 않았다고 보도했다. 어쨌거나 재판
정의 방청석은 텅 비다시피 했다.

일곱 명의 장교가 군법회의의 심판관으로 선임되어 있었다. 그들
의 구성을 보면 프랑스의 단면을 나타내고 있다고 할 만큼 다양했
다. 심판관 중 가장 낮은 계급이 대위였고 가장 높은 심판장은 모렐
대령이었다. 세 명의 보조 심판관이 심판관들이 앉은 긴 테이블 뒤
에 앉아 있었다. 명세서에는 포병부대에 관한 기밀이 많이 언급되
어 있는데도 심판관이나 보조 심판관 중에는 포병장교가 한 사람도
끼어 있지 않았다.

검찰측의 소환을 받은 두 명의 필적 전문가가 나와 있었다. 그들
중 가장 중요한 인물은 알퐁스 베르티용이었다. 뒤파티 소령이 공
스 장군의 뒷전에서 자기가 마치 이 연주의 책임을 지고 있는 제작
자인 양 뭔가 열심히 떠들어대고 있었다. 앙리 소령은 마치 치안국
장이나 되는 듯 방청석을 쏘아보고 있었다. 방청객의 대부분은 신
문 기자들이었다. 정작 치안국장인 루이 레핀도 나와 있었고 조르
주 피카르 소령도 나와 있었다. 메르시에 장군은 드레퓌스의 교관
이었고 현재는 수습참모 담당 책임자로서 그의 직속 상관인 피카
르 소령을 국방부를 대표해서 법정에 나가는 옵서버로 임명했던 것
이다.

심판장 모렐 대령이 피고를 호송해 들여보내라고 명령했다. 드
레퓌스가 굳은 걸음걸이로 법정에 들어왔다. 머리숱은 적고 안경을
썼으며 날카로운 코 밑에 수염이 조금 나 있는 피부는 팽팽하고 윤

기가 돌았다. 참모본부 장교 유니폼을 단정하게 입고 있었다. 굳은 자세로 주위를 힐끗 둘러보고는 안심하는 표정이었다.

법정에 출석한 장교들이 그를 내려다보고 있었다. 그는 동료들, 그가 잘 아는 여러 부류의 사람들, 그와 똑같은 주형(鑄型)에 의해 주조된 사람들의 한가운데로 돌아온 셈이었다. 그러나 그의 이름, 주소, 계급 등에 관한 형식적인 질문에 대답하는 목소리는 단호하고 의도적으로 감정을 배제시킨 어조여서 어떤 인위적인 요소가 작용하고 있음을 알 수 있었다. 이런 억양은 그가 자신을 억제하기 위해 애쓸 때 나타나는 억양이었다. 그는 오래전부터 이런 억양이 다른 사람에게 좋지 않은 인상을 준다는 것을 알고 있었으나 그럴수록 고치기가 더 어려웠다.

정부를 대표한 검찰관 브리세 대위가 일어섰고 재판 절차가 공식적으로 시작되었다. 우선 이 재판을 공개로 열 것이냐에 대한 논쟁부터 시작되었다. 검찰측은 비공개를 원했고 변호인측은 공개 재판을 원했다.

드망주는 유죄의 증거로 내세운 서류가 단 한 건뿐이며 이 서류마저 드레퓌스의 유죄를 입증할 만한 것이 못 된다는 사실을 알고 있는 반면, 일반 대중은 신문 보도 때문에 굉장히 많은 증거가 있는 것으로 알고 있었다. 이미 언론은 드레퓌스를 공개적으로 비난해왔고 대반역죄에 대한 사형 제도를 부활시키려는 캠페인을 시작한 터였다. 사람들은 반역자에 대한 사형 제도가 폐지되어버렸기 때문에 드레퓌스가 기요틴(단두대)은 면할 것임을 알고 있었다.

드망주의 전략은 재판이 비밀 재판으로 선언되기 전에 논전을 개시함으로써 일반에게 검찰측의 증거 자료는 명세서 한 건뿐이라는 사실을 알리고 또 이 사실을 공식 기록에 올리는 것이었다. 그러나 검찰관 역시 이와 같은 사태에 대비하고 있었다. 심판장은 그가 중요한 말을 입 밖에 내기 전에 그의 발언을 중단시켜버렸다. 검찰관도 그의 말을 가로채고 나섰다. 늙은 변호사는 단 한마디도 제대로 끝낼 수가 없었다. 마침내 재판은 비밀리에 진행된다고 선포되었다.

이것은 변호인측의 패배를 의미하는 것이었다. 드망주도 이 사실을 알고 있었다. 그러나 재판정은 신성한 장소였다. 이 순간이야말로 그가 변호인을 사임한다며 재판을 연기시킴으로써 센세이션을 일으킬 수 있었던 순간이었다. 그렇게 되면 그는 사임 이유를 설명할 수 있을 것이다. 그러나 그는 재판정을 재판관들의 권위를 짓밟고 일반에게 호소하는 연단으로 이용하고 싶은 생각은 추호도 없었다. 그는 군중심리를 신봉하지 않았다. 그는 약한 인간에 의해 저질러질 수도 있는 불의를 바로잡는 장치로서 법률적 절차에 대한 절대적 믿음을 간직한 사람이었다. 그래서 그는 재판정의 결정에 대해 법 절차에 따른 항의를 제출하는 데 그치고 말았다.

법률가는 아니었지만 드레퓌스도 이 패배의 의미를 알게 되었다. 갑자기 조용해진 법정 안을 울리던 검찰관의 기분 나쁜 목소리가 아직도 귓가에 쟁쟁했다.

"이 사건에는 변호인이나 검찰의 이해보다 높은 차원의 이해가 걸려 있습니다."

신문들은 대문짝만 한 제목으로 보도했다. 그의 명예가 손상될

대로 손상된 이 마당에 무죄 판결을 받은들 그게 무슨 위안이 될 것인가? 드레퓌스는 피가 머리로 솟구쳐 얼굴이 빨갛게 상기되었다. 마티외와 자크는 수심에 가득 찬 얼굴로 법정을 나섰다. 증인과 전문가, 치안국장, 피카르 소령만이 법정에 남도록 허용되었고 다른 사람들은 법정 밖으로 내쫓겼다.

증언이 시작되자 드레퓌스는 다시 냉정을 되찾았다. 그는 명세서에 나열된 몇 가지 정보를 자신도 통보받은 일이 있노라고 했다. 평상시 얘기를 하는 듯한, 그래서 약간 산만한 어조였다. 그러나 그는 자기가 120mm 포와 그 지원부대에 관한 정보 그리고 마다가스카르 원정에 관한 정보를 얻는 것이 왜 불가능한가와 '나는 작전에 나간다'고 쓰는 것이 왜 불가능한지 그 이유를 설명했다. 그의 어조는 점점 높아졌고 목이 메었다. 부와 평안을 마다하고 병영을 택한 자기가, 좋은 대학에 들어갈 수 있는 기회를 완강히 거부하고 군인으로서 한평생을 보내기로 결심한 자기가, 그래서 군인으로서 밝은 앞날을 열었고 가정 생활에서 완전한 행복을 누리는 자기가 왜 반역 행위를 했겠는가, 발작하듯 이런 말이 터져 나왔고 어느 틈엔가 나쁜 인상을 주는 그의 부자연스러운 억양이 또다시 되살아나고 있었다.

또 한 사람의 증인이 열변을 토했다. 뒤파티 드클랑 소령, 바로 그 사람이었다. 외알 안경을 낀 이 작은 사내는 말끔한 정장에 거만한 태도였다. 그는 자기가 명세서에 나오는 구절이 포함되어 있는 편지를 받아쓰라고 불러주었을 때, 드레퓌스가 마구 떨더라고 말했다. 어느 구절에서 피고가 떨기 시작했느냐고 드망주가 물었다. 그러자 뒤파티는 아주 거만한 태도로 돌변하여 변호사가 자기를 조롱하고 있다고 호통쳤다. 그는 질문에 대한 답변을 거부하고 씨근덕거리며 자리에 앉아버렸다.

다음 순간 그는 재판장의 허가도 받지 않고 다시 자리에서 벌떡일어났다. 그는 드레퓌스가 반역 행위의 보상으로 독일인들에게서 무엇을 받았는지를 알아냈다고 주장했다. 드레퓌스 가(家)가 경영하는 뮐루즈의 공장 일부가 불탄 적이 있는데 이 공장은 독일의 모 보험회사와 계약을 맺고 있었다는 것이었다. 아마 피해액보다 더많은 보상을 받았을 거라고 그는 말했다. 과연 공장이 피해 보상을 규정보다 더 많이 받았던가? 뒤파티도 그것은 잘 모르고 있었다. 그러나 그렇게 생각할 수 있다는 것이었다. 그는 씨근덕거리며 다시자리에 주저앉았다.

격정에 휘말렸던 드레퓌스는 그러나 정상을 되찾아 계속 또렷또렷한 어조로 정확하게 대답했다. 그의 기억은 항상 정확했고 대답에 머뭇거리는 일도 별로 없었다. 그가 머뭇거릴 때는 재판정에 사실을 완전하고 간략하게 알리는 데 대한 걱정 때문이 아니라 자기가 사실을 잘못 드러낼지도 모른다는 걱정 때문인 듯 보였다.

단 하루로 그에 대한 심문은 끝났다. 그러나 드레퓌스는 심문 과정에서 매우 좋은 인상을 남겼다. 피카르 소령도 메르시에 장군에게 그렇게 보고했다. 공식적인 옵서버인 피카르는 국방부 장관에게 재판이 무죄로 끝날 가능성이 많다고 보고했던 것이다.

이 보고를 받은 국방부는 부산한 하룻밤을 보냈다. 고위 관리들의 방에는 밤늦게까지 불이 켜져 있었다. 메르시에 장군은 이미 뒤파티에게 제2국이 드레퓌스에 관해 조사한 결과에 대한 의견서를 제출하도록 명령한 바 있었다. 뒤파티는 일종의 범죄인 전기 비슷한 것을 만들어 올렸었다. 프랑스군에 들어가겠다는 드레퓌스의 야망부터 그가 군내에서 출세하려고 온갖 노력을 아끼지 않은 배후에는 군내의 각 분야를 샅샅이 알아내려는 독일인들에게서 사주받은 욕망이 숨어 있었다고 그는 썼다. 그는 또 전에 해결되지 않은 스파이사건을 저지른 범인이 드레퓌스인 것처럼 꾸몄다. '뫼즈 요새의 사람'과 그의 어머니라는 문구의 그 '사람'도 드레퓌스라는 것이었다. 사실 이 '사람'에 관해 제2국이 슈바르츠코펜의 메모를 통해 알았을 때는 드레퓌스의 어머니가 죽고 난 때로부터 4년 이상이 지난 때였는데도 뒤파티는 드레퓌스가 바로 그 '사람'이라고 억지 주장을 했다. 그리고 뒤부아가 아닌 것으로 판명된 'D'라는 머리글자를 가진 사람도 바로 드레퓌스라고 썼다. 그는 또 부르주에서 있었던 흑석류석 제조법 도난도 드레퓌스의 혐의 사실에 포함시켰다. 드레퓌스가 부르주에서 근무한 기간은 제조법이 독일인들의 손에 들어가고 난 후에 시작됐다는 사실은 언급되지 않았다.

이 의견서에는 제2국의 문서철에서 나온 다른 자료들도 포함되어 있었다. 메르시에 장군이 보기에 이 의견서는 너무 산만하고 복잡했다. 그는 그날 밤 상데르 대령과 상의한 후 드레퓌스에 관한 두 쪽 분량의 짧은 의견서를 직접 쓰기로 결심했다.

메르시에 장군과 상데르 대령은 제2국의 문서철을 하나하나 검토하며 국방부의 의견서에 들어갈 만한 증거 문서를 찾았다. 의견서가 완성되자 그들은 그것을 봉투에 넣고 봉했다. 그리고 그 봉투를 다시 더 큰 봉투에 넣고 봉인한 후 이것을 뒤파티에게 주어 증언 청취가 끝난 다음 재판정에 제출토록 했다. 심판관들로 하여금 자기들끼리 심의할 때 참고자료로 삼도록 하자는 것이었다.

이틀째 날은 드레퓌스의 동료 장교들이 증언을 시작했다. 드레퓌스에게는 가장 괴로운 시간이었을 것이다. 그가 감옥에 있는 동안에는 낯선 두 사람이 자기 고통을 마음대로 표현할 수 없는 그의 처지를 동정했다. 친절한 두 사람은 포르지네티 소령과 변호사 드망주였다. 드레퓌스는 뤼시에게 보내는 편지에서 자신의 고통을 이렇게 표현한 바 있다.

> 나의 거만하고 뚱한 성격, 판단과 말을 내 멋대로 하는 버릇, 너그럽지 못한 마음씨 등이 지금의 나에게는 가장 고통스럽소. 나는 고분고분하고 영리한 아첨자로 태어나지를 못했소. 우리는 항상 우리끼리만 지냈고 다른 사람들을 멀리했소. 우리는 우리 가정 안에 틀어박힌 채 우리만의 고독한 행복에 만족했었소.

드레퓌스는 평생 처음으로 자기를 둘러싸고 있었던 적의의 강도를 뚜렷이 인식할 수 있었다. 그때까지 그는 이 적의를 인식하지도 못했고 그것을 바로잡기 위한 아무런 노력도 기울이지 않았던 것이다.

동료 장교들은 오래전부터 드레퓌스를 의심해왔다고 증언했다. 그가 뭐든 알려고 애쓰는 게 이상했다는 것이었다. 어떤 장교들은 드레퓌스가 여자들에 관련된 질투심이 남달리 강했다고 증언하기도 했다. 그들은 드레퓌스가 여자들의 환심을 사려는 경쟁에서 정

정당당하지 못했다는 불평도 했다. 여자들에게 돈을 쓰는 데 드레퓌스는 조금도 망설임이 없었다는 것이었다. 정직하게 증언하는 사람도 몇몇 있었다. 그러나 그 숫자는 극히 적었다. 누가 구태여 스파이에게 유리한 증언을 하려고 애쓰겠는가.

이 증언이 드레퓌스에게 고통스러운 것이긴 했지만 오히려 이 사건에 임하는 정부의 입장, 즉 그를 범인으로 만들기 위한 정부의 필사적인 노력을 드러내주는 것이기도 했다. 다음에는 필적 전문가들이 나와 애매모호한 이야기를 늘어놓았다. 베르티용은 드레퓌스의 필적이 명세서의 필적과 다르다는 사실이 바로 그가 명세서를 쓸 때 남의 필적을 가장했다는 것을 입증한다는 점을, 고도로 '과학적'인 그의 수식으로 설명하여 법정에 모인 사람들을 혼란시켰다. 아무도 그의 설명을 알아들을 수가 없었다. 나중에는 모두들 그의 설명은 들으려고도 하지 않았다.

다음은 앙리 소령의 차례였다. 그는 그의 외모처럼 정신도 거친 사람이었다. 심판관 중 한 사람은 그가 아는 사람이었다. 그는 그 아는 심판관에게 자기를 증인으로 불러내서 자기에게 드레퓌스가 스파이라는 사전 경고를 받은 적이 있느냐고 물어달라고 요청했다.

앙리 소령은 증인으로 채택되었고 증언대에 선 그는 천둥 치듯 요란한 목소리로 질문에 대답했다. 그 인격을 의심할 수 없는 어느 신사가 지난 3월경에 자기에게 국방부 내에 반역자가 있다고 경고했다는 것이었다. 이 신사는 또 6월에도 한차례 같은 경고를 되풀이했다는 것이었다. 육중한 체구의 앙리는 잠시 말을 멈추더니 갑자기 드레퓌스 쪽으로 몸을 돌렸다. 그는 손가락으로 드레퓌스를 꿰뚫기라도 하려는 듯한 동작을 취했다.

"바로 그 반역자가 저 사람입니다."

그는 벽력같이 고함을 질렀다.

드레퓌스는 분노에 몸을 떨며 벌떡 일어섰다. 그의 변호사도 벌떡 일어났다. 두 사람은 앙리에게 그 경고를 한 사람의 이름을 대라고 요구했다. 앙리는 거절했다. 피고인측은 형법 제101조와 기타 형법 조항에 의거해서 "피고인은 자기를 비난하는 사람과 대면할 권리를 갖는다"고 주장했다. 그러자 앙리는 군모를 만지면서 이렇게 말했다.

"장교의 머릿속에는 절대로 발설해서는 안 될 비밀이 들어 있는 법입니다."

심판장이 끼어들었다.

"귀관에게 그 사람의 이름을 대야 할 의무는 없소. 다만 귀관의 명예를 걸고 그 사람이 반역자가 드레퓌스라고 당신에게 말했다는 것을 증언하면 충분할 것이오."

앙리 소령은 십자가에 손을 대고 법정 안을 뒤흔드는 쩌렁쩌렁한 목소리로 계속 소리를 질러댔다.

"나는 십자가에 걸고 그 사실을 증언합니다."

재판 나흘째인 12월 22일 증거 채택이 종결되었고 심판관들이 판결을 논의하기 위해 퇴정하려 하자 법정 안은 술렁거렸다. 무관(武官)들과 부관(副官)들이 일어났다. 사람들은 서로 귓속말을 주고받았다. 뒤파티 소령이 심판관들 쪽으로 다가갔다. 그는 심판장 모렐 대령에게 메르시에 장군에게서 받은 봉투를 슬쩍 건네주었다.

다른 사람들의 눈에는 별다른 일로 보이지 않았다. 모렐 대령이 봉투를 뜯었다. 봉투 속에 작은 봉투가 들어 있었고 작은 봉투에는 메모가 붙어 있었다.

"판결을 심의하는 동안 작은 봉투 안에 든 내용을 심판관들에게 읽어주고 읽은 다음에는 다시 봉인해서 그 봉투를 전한 장교에게 되돌려 줄 것."

모렐 대령은 봉투를 들고 심판관들이 회의를 여는 방으로 들어가서 그 내용을 동료들에게 읽어주었다.

메르시에 장군이 제2국장 상데르 대령의 도움을 얻어 준비한 봉투에 든 서류의 내용은 대략 다음과 같았다.

1. 뒤파티가 작성하고 메르시에 장군이 수정·보완한 드레퓌스의 전기(傳記). 이 전기는 부르주에서 근무하는 동안 드레퓌스가 흑석류석 폭약의 비밀을 독일인들에게 팔아넘겼다고 분명히 말하는 한편 독일인들이 이 폭약의 비밀을 손에 넣은 것은 드레퓌스가 부르주에 도착하기 전의 일이라는 '제2국'이 보유하고 있는 정보는 전혀 언급하지 않았다. 이 전기는 또한 드레퓌스가 전술학교에 있는 동안 병력 동원에 관한 비밀 강의의 세부 내용을 누설한 일이 있다고 선언하고 있었다.
2. 슈바르츠코펜이 파니차르디에게 보낸 '알렉산드린'이라 서명한 편지는 니스 지방의 군사지도와 '무뢰한 D'에 관해 언급하고 있다. 이 편지에 '무뢰한 D'는 스스로 자기가 '고집이 세다'고 인정했으며 또 '어리석은' 것으로 언급되어 있다.

3. 바스티앙 부인이 1893년 말 슈바르츠코펜의 휴지통에서 훔쳐 온 종잇조각에 나타난 말. 제2국은 이 말을 완전히 해독하지는 못했지만 이것 역시 어느 '프랑스 장교'에 대해 언급하고 있다.

4. 1894년 1월 파니차르디가 슈바르츠코펜에게 보낸 편지. "나는 다비뇽에게 다시 편지를 보냈습니다. 그러나 귀하가 이 문제를 귀하의 친구와 다시 상의해야 한다면 다비뇽이 모르도록 은밀하게 하십시오."(다비뇽 중령은 외국 대사관 무관들에게 제2국의 대변인 노릇을 하는 인물로서 주어도 좋은 정보를 그들에게 제공하고 있었다. 이 편지가 봉투 속에 포함된 것은 '친구'라는 말 때문이었다.)

5. 파니차르디가 본국 정부에 보낸 전문. 이 전문에서 그는 드레퓌스에 관해 묻고 그와의 관계를 공식적으로 부인할 것을 암시했다. 원문은 제시하지 않고 뒤파티의 다음과 같은 '멋대로 번역'을 넣었다. "D가 체포됐음. 비상경계가 취해지고 외교 사절들은 경고를 받았음."

6. 에스파냐대사관 전 무관(武官)의 말에 대한 메모. "당신의 양 우리에 한두 마리의 이리가 들어 있소."

이들 서류들과 함께 다음과 같은 짧은 노트가 동봉되어 있었다.

1. 이 니스 지방의 작전지도를 넘겨준 장교(또는 사람)는 축성부(築城部) 소속이었을 가능성이 높다. 지도가 축성부에 보관되어 있었기 때문이다.

2. 반역자의 이름은 D로 시작된다.

3. 당시 이 사람은 폰 슈바르츠코펜의 신임을 잃고 있었다. 그는 신임을 되찾기 위해서 애쓰고 있었다.

일반적 추론 : 위의 사실들은 드레퓌스와 관련된 것일 가능성이 있다. 그럴 경우 다비뇽의 집무실에 있는 폰 슈바르츠코펜의 첩자, 니스 지방의 지도를 넘겨준 'D'라는 자, 명세서를 쓴 사람, 드레퓌스 대위는 모두 동일 인물일 가능성이 짙다.

노트의 결론이 비록 논리적이지 않다 하더라도 그것은 권위에 의해 논증되고 있었다. 이 노트에는 메르시에 장군의 서명이 있었기 때문이다. 영리한 변호사가 아니더라도 이 노트쯤 무용지물로 만드는 것은 쉬운 일이었을 것이다. 그러나 회의장에 변호사는 없었고 메르시에 장군의 부하들뿐이었다. 한 시간 후에 그들은 논고와 최후변론을 듣기 위해 다시 개정을 선언했다.

드망주는 3시간 동안 변론했다. 그는 명세서를 집중적으로 언급했다. 명세서가 검찰측이 내놓은 증거의 전부였기 때문이다. 검사의 논고는 간략했다. 그는 심판관들이 확대경을 들고 직접 명세서를 조사해볼 것을 암시했다. 그다음에 드레퓌스가 일어섰다.

"나는 무죄입니다."

그는 이 한마디만 했다.

심판관들이 퇴장했고 드레퓌스도 호송되어 나갔다. 피고인은 판결문 낭독에 출석하는 것이 허락되지 않았다.

그러나 일반인들의 입장은 허락되었다. 몇 사람이 들어와서 자리를 잡았다. 질서가 다시 회복되자 심판관들이 재판정에 다시 나타났다. 모렐 대령이 판결문을 낭독했다. 만장일치의 판결이었다.

"반역죄를 인정해서 드레퓌스를 군(軍)으로부터 불명예 제대시키며 아울러 프랑스로부터 추방, 종신유폐형에 처한다."

법정 안에서 낙담한 사람은 드망주 한 사람뿐이었다. 늙은 변호사는 통곡을 터뜨렸다.

8

드레퓌스에게 판결이 전해진 것은 그날 저녁이었다. 그는 감방에서 호송되어 나와 텅 빈 법정 안으로 인도되었다. 경비병이 "받들어 총"을 했다. 법정 안의 큰 촛대에 불이 밝혀져 있었다. 서기가 촛불에 의지해서 선고 내용을 읽었다.

드레퓌스는 부동자세로 귀를 기울였다. 다 듣고 난 다음 그는 절도 있게 뒤로돌아를 한 후 감방으로 돌아왔다. 감방에 혼자 앉아 그는 자살을 결심했다. 그는 벽을 향해 달려가 머리를 부딪쳤다. 형무소 책임자 포르지네티 소령에게 사람이 달려갔다. 소령이 달려와서 자살은 세상 사람들의 눈에 죄를 확인해주는 것이며 가족들에게 지울 수 없는 오명을 남길 것이라고 드레퓌스를 설득했다. 얼마 후 뤼시가 찾아왔다. 그녀는 앞으로 전망이 밝다고 그를 위로했다.

그러는 동안 심판장은 그 문제의 봉투와 내용물을 뒤파티 소령에게 반환했다. 그는 서둘러서 그것을 메르시에 장군에게 가져갔다.

장군은 자신의 의견서를 없애버리라고 명하고 상데르 대령에게 증거로 제시했던 서류들을 원래 있던 자리로 되돌려놓으라고 지시했다. 드레퓌스사건의 문서철은 이제 없어지고 그 표지들만 남아 있었다.

상데르 대령은 국방부 장관의 진의가 무엇인지 잘 알고 있었다. 장관 스스로 형사소송법을 위반한 흔적을 말끔히 없애버리려는 것이었다. 그러나 국방부 장관은 수시로 경질되지만 참모장교들은 처신하기에 따라서 오랜 기간 그 자리를 유지할 수도 있는 법이다. 상데르 대령은 앙리 소령과 상의했다. 그들은 자기네들이 빠져나갈 구멍을 마련하기로 합의했다. 그들은 어느 한 사람의 국방부 장관을 위해 자신의 목을 걸 생각은 없었다. 그들은 비밀 서류철을 만들었다. 메르시에 장군의 의견서도 폐기하지 않았다. 그것 역시 비밀 서류철에 끼워놓았다. 그와 함께 뒤파티가 쓴 드레퓌스 전기의 원문과 이탈리아대사관 무관이 본국 정부에 보냈던 전문(電文)의 원문도 함께 철했다. 그러나 뒤파티의 잘못된 번역은 여기 포함시키지 않고 정확한 번역문을 철해놓았다. 전체를 봉인한 다음 앙리 소령은 그 위에다 '극비'라고 표시해 금고 속에 깊이 간직했다. 그들의 이런 행동은 제2국의 법률 위반 책임을 경감시키고 메르시에 장군과 뒤파티 후작이 한 역할의 증거를 보존하려는 것이었다.

군사법정의 판결이 공표된 후에도 메르시에 장군은 이 사건의 신빙성 있는 증거를 찾으려는 노력을 멈추지 않았다. 그는 뒤파티 소령을 불러서 감방 안에 있는 드레퓌스를 몰래 만나 다음과 같은 제의를 해보도록 했다. 이를테면 유형 생활을 견딜 만하게 해줄 수 있는 여러 가지 편법이 있다는 것이었다. 우선 유형 장소를 황량한 바닷가의 깎아지른 절벽이 아니라 녹음이 우거진 쾌적한 장소로 잡아주고 가족들과 함께 살게 해줄 수도 있다는 것이었다. 그 밖에도 여러 가지 특전을 마련해줄 수 있으니 범죄 사실을 자백해달라는 것이었다. 그것도 한때 비정상적인 정신 상태에서 또는 부주의로 그런 일을 저질렀다고만 하면 족하다는 것이었다.

뒤파티의 이런 제의를 받은 드레퓌스는 즉각 메르시에 장군에게 서한을 보냈다.

"본인이 원하는 단 한 가지 특전은 반역자에 대한 수사를 계속해서 올바른 재판을 해달라는 것입니다."

메르시에 장군은 반역죄를 정치적 범죄 항목에서 제외하여 사형에 처할 수 있는, '인민에 반역하는 범죄'로 하자는 법안을 의회에 제출했다.

드레퓌스가 앞날에 다가올 갖가지 시련 중에서도 가장 두려워한 것은 공식적으로 불명예 퇴역식을 치러야 한다는 것이었다. 1월 4일 그는 뤼시에게 다음과 같은 편지를 썼다.

"내일 나는 당신과 우리 아이들을 위해 가장 큰 시련을 견뎌내야 할 것이오."

다음 날인 1월 5일, 샹-드-마르스에 수많은 군중이 모인 가운데 사관학교 연병장에서 그의 불명예 퇴역식이 거행되었다.

군중은 폭도나 다름없이 드레퓌스에게 린치를 가하고 싶은 충동에 들떠 있었다.

"유대인을 죽여라!"

고함소리가 사방에서 튀어나왔다. 삼엄한 경비대가 이들을 막고 있었다. 두 줄로 늘어선 경비병들은 퇴역식이 거행되는 연병장 주위의 철책을 둘러싸고 있어야 했다. 퇴역식은 마치 형의 집행처럼 형식을 갖춰 진행되었다. 군중은 경비병들의 어깨 너머로 퇴역식 광경을 지켜보았다.

파리에 주둔한 각 연대에서 한 개 부대씩을 대표로 퇴역식에 파견하고 있었다. 트럼펫이 울리고 "차렷!" 하는 구령이 떨어지자 조그만 문이 활짝 열렸다. 그 문에서 공화국 근위대의 체구가 큰 상사한 명이 걸어 나왔다. 그의 뒤에 칼을 빼어 든 네 명의 병사가 따랐고 그 한가운데에 드레퓌스 대위가 끼어 있었다. 그들은 말을 타고 그들을 기다리고 있는 다라 장군에게로 행진해 갔다.

연병장을 둘러싸고 있는 수많은 군중은 쥐 죽은 듯 조용했다. 이 정적 속에서 여섯 명의 발자국 소리만 저벅저벅 들렸다. 그들은 다라 장군 앞에 멈춰 섰다. 장군은 자신의 칼을 뽑았다.

"알프레드 드레퓌스, 귀관은 무기를 들 자격이 없다. 따라서 우리는 프랑스 국민의 이름으로 귀관의 지위를 박탈한다."

드레퓌스는 움찔했다. 긴장된 자세로 서 있던 그는 고개를 들고 외쳤다.

"병사들이여! 무고한 자가 불명예를 당하고 있다. 프랑스 만세!"

연병장이 너무 넓어 그의 목소리는 조그맣게 들렸다. 그러나 그 소리는 철책 밖의 군중에게까지 들렸다. 군중에게서 포효하는 듯한 함성이 일어났다.

"유대인을 죽여라!"

나는 고발한다

함성은 창공을 뒤흔들었다. 거구의 상사가 드레퓌스에게 달려갔다. 그는 대위의 어깨에서 견장을 마구 찢어냈고 대위의 바지에서 참모본부의 장교임을 상징하는 붉은 줄을 죽죽 뜯어냈다. 드레퓌스가 차고 있던 칼도 두 동강 났다. 상사는 동강 난 칼을 땅 위에 내팽개쳤다. 땅에 떨어진 견장과 바지의 붉은 줄 그리고 동강 난 칼이 조그만 쓰레기 더미를 이루었다.

드레퓌스는 연병장에 늘어선 병사들의 열 앞을 지나가도록 강요당했다. 그는 시찰 나온 참모장교 같은 꼿꼿하고 정확한 걸음걸이로 걸었다. 그러나 견장과 마크를 떼어낸 기분은 정말 고약했다. 갑자기 발가벗겨진 듯한 느낌이었다.

얼굴은 잔인하게 일그러졌다. 그는 일정한 간격으로 거의 미친 사람같이 소리쳤다.

"나는 아무 죄도 없다. 프랑스 만세!"

병사들은 잠잠했다. 병사들은 부동자세로 서 있었다.

"유대인을 죽여라!"

군중의 함성이 다시 울렸다. 그러나 분노의 함성을 지르는 사람의 수는 아까보다 줄어들어 있었다. 꼿꼿한 자세로 걸으며 기계적으로 두 팔을 번쩍번쩍 들어 올리며 외치는 드레퓌스, 실을 잡아당기면 소리를 내는 마네킹처럼 절망적으로 외치는 그의 모습이 군중의 마음을 움직이고 있었다.

이 가슴 저미는 의식이 끝났을 때 드레퓌스는 꼼짝 않고, 한때 세상에서 그의 지위를 안정하게 지켜주던 작은 '쓰레기 더미'를 뚫어져라 바라보았다. 조르주 피카르 소령의 입가에 조소가 떠올랐다.

국방부를 대신하는 옵서버로서 참석한 그는 역시 자기 의무를 충실히 수행하고 있었다.

"역시 유대인답게 이런 순간에도 반역자가 됨으로써 얼마를 손해 보았는가를 계산하고 있군."

그러나 돌아가는 군중은 올 때보다 훨씬 조용해져 있었다. 『라브니르 밀리테르』지는 이렇게 보도했다.

"1월 5일의 불명예 퇴역식은 그것을 결정한 사람들의 의도와는 정반대의 효과를 빚었다. 이 퇴역식으로 야기된 나쁜 결과는 두고두고 그 영향을 미칠 것이다."

보수적인 신문인 『레코 드 파리』지는 다음과 같이 논평했다.

"다라 장군의 주재 아래 거행된 그 음울하고 무용한 의식보다는 차라리 린치를 가하는 편이 목적에 더욱 부합했을 것이다…… 드레퓌스는 일부 군중의 마음속에 의혹을 불러일으키는 데 성공했다. 그는 복수를 한 것이다."

저 유명한 작가 알퐁스 도데의 아들이며 왕당파인 레옹 도데는 이렇게 썼다.

"고통은 이 악한에게 아무런 의미도 갖지 못한다. 그 퇴역식은 그보다는 우리에게 더 큰 고통을 주었다."

다음은 가톨릭계 신문 『라 크루아』지의 평이다.

"프랑스 만세!' 하는 그의 외침은 가룟 유다의 키스였다."

『라 리브르 파롤』은 "한 개인이 개인적인 범죄의 대가로 지위를 박탈당한 것이 아니다. 그 종족 전체의 수치가 적나라하게 드러난 것이다"라고 평했다.

그러나 어떤 연민의 안개, 모든 인간의 판단은 결국 부질없는 것이란 느낌이 완전히 사라지지는 않았다. 신문들은 재판을 비밀리에 진행한 것이 실수였다고 지적하고 나섰다. 각 신문은 군중의 열띤 적의가 금세 식어버린 책임을 비밀 재판에 돌렸다. 그것은 독일의 음모였다고 『라 리브르 파롤』과 『랭트랑시장』은 선언했다.

"메르시에는 사형이 선고되기를 바랐다. 그러나 독일대사가 반역죄에 대한 최고형으로 종신유형을 규정하고 있는 규약을 지적하고 나섰다. 그는 자신의 주장을 고집하면서 주장이 관철되지 않으면 곧 귀국하겠다는 듯이 손에 든 여권을 내보이기까지 했다."

느닷없이 드레퓌스가 자백을 했다는 소문이 파리 시내를 휩쓸었다. 퇴역식 직전에 드레퓌스를 감시하고 있었던 근위대의 한 대위가 이 소문의 진원이었다. 이 소문은 번개같이 참모본부에까지 전달되었다. 메르시에는 사정을 잘 알고 있었지만 참모총장 부아데프르 장군은 그렇지 못했다. 메르시에는 모든 유혹을 뿌리친 드레퓌스의 편지를 아무에게도 보이지 않고 있었다. 그는 자기가 법정의 판결을 뒷받침하는 자백이 필요하다고 느끼고 있다는 사실이 일반에 알려지는 것을 원하지 않았다. 그러나 사정을 모르는 부아데프르는 이 소문의 진원을 추적해서 소문을 퍼뜨린 사람을 자기 앞에 데려오라는 명령을 내렸다.

근위대의 대위가 참모총장, 국방부 장관, 대통령이 함께 있는 자리로 불려 왔다. 그는 겁에 질려 제정신이 아닌 듯했다. 바쁜 스케줄에 쫓기는 이 세 사람이 시간을 냈다는 것은 그들이 재판의 공정성에 대해 스스로 품고 있는 의혹을 어떻게 해서든 없애보려고 얼마나 고심하고 있는가를 잘 반영해주는 실례였다. 그러나 그 대위는 그들에게 아무런 위안도 주지 못했다. 그는 술을 많이 마시고 허튼 소리를 했을 뿐이라고 실토했다.

드레퓌스가 자백을 했다는 소문은 너무나 널리 퍼져 있었으므로 공식적인 부인 성명을 내지 않으면 안 되었다. 그러나 공식적인 부인 성명이 나갔는데도 사람들은 이 성명을 믿으려 하지 않았다. 사람들은 이 부인 성명은 독일인들을 회유하기 위해서 발표된 것이라고 믿었다. 그래서 뮌스터 백작의 독일대사관이 다시 보도의 열화(熱火) 속에 휩싸이게 되었다.

이번 열화는 너무 뜨거웠다. 급기야 독일 황제까지도 그것을 눈치채게 되었다. 독일 황제는 총리에게, 뮌스터 백작으로 하여금 프랑스 대통령을 만나서 독일 황제 폐하는 프랑스 정부가 가능하다면 독일대사관은 드레퓌스사건과 무관하다는 사실을 공식적으로 확인해주기를 기대한다는 말을 전하도록 지시하라고 명령했다. 만약 이런 조치가 취해지지 않는다면 신문이 날조·유포하는 허위 사실로 인해 파리에 주재한 독일 황제 폐하의 대리인의 명예가 크게 손상될 것이 분명하다는 것이었다.

뮌스터 백작이 카지미르-페리에 대통령에게 그와 같은 요구를 하자 대통령은 사실을 솔직히 털어놓았다. 그는 독일대사에게 명세서가 있다는 사실을 밝혔다. 뮌스터 백작은 깜짝 놀랐다. 물론 페리에는 뮌스터에게 대사관이 그곳으로 들어오는 우편물에 대해 책임을 질 수는 없을 것이라는 점을 분명히 했다. 대사관으로 돌아온 뮌스터 백작은 다시 한 번 놀랐다. 슈바르츠코펜이 명세서에 대해 전혀 모르고 있었던 것이다. 슈바르츠코펜이 모른다는 것은 당연한 사실이었다. 명세서는 그가 보기도 전에 도난당했기 때문이다. 그러나 명세서가 있다는 대통령의 말은 의심할 여지가 없었다.

뮌스터 백작은 이제 이 문제는 과거지사가 돼버렸다고 생각했다. 프랑스 신문들도 비슷하게 느끼기 시작했다. 드망주는 여전히 드레퓌스의 무죄를 확신하고 있었고, 사석에서 이러한 확신을 서슴지 않고 드러내곤 했다.『르 프티 주르날』지는 이렇게 경고했다.

"드망주는 적지 않은 사례금으로 만족해야 할 것이다. 그 사례금이 그가 반역자의 변호를 자청했다는 사실을 정당화해주도록 하라. 판결이 내려진 후에도 반역자를 계속 옹호한다면 그 역시 반역의 종범(從犯)이라고 할 수밖에……."

지친 여론의 마지막 불평이었다. 그 후론 오랜 침묵이 내리눌렀다.

그러는 동안 드레퓌스는 자신의 할 말을 글로 썼다. 그의 사랑하는 누님 앙리에트에게 그는 다음과 같이 썼다.

누님, 매부 보십시오.

슬픔으로 나는 심신이 부서져 내립니다. 아무 죄도 없는데 이런 불운을 당하다니 도저히 참을 수 없는 일입니다. 내 힘과 용기가 나를 저버린다면…….

내 아내를 돌봐주십시오. 그녀는 훌륭한 여자입니다. 그녀의 영웅적 용기는 찬양할 만합니다. 그녀를 친구로 삼아주십시오. 누님, 나는 항상 누님이 알고 있는 옛날의 나입니다. 선량하고 용감하고 정직합니다. 운명이 나를 덮쳐 이와 같은 처지로 몰아넣은 것입니다. 육체적인 고통을 참는 데는 내가 용감하다는 것을 누님도 알고 계실 겁니다. 그러나 반역자라는 낙인이 찍힌다는 것, 이것은 정말 참기 어려운 고통입니다. 어떤 일이 있더라도, 내가 살아 있건 죽건 진실을 밝히기 위한 노력을 계속해서 정직한 사람이라는 내 명예를 회복시켜주십시오. 곧 진범이 발견되기를 기원합니다. 사랑하는 누님께 포옹을 보냅니다.

이 편지는 판결 직후, 그러니까 드레퓌스가 자살하려는 흥분에 휩싸여 있을 무렵에 쓰인 것이다. 그의 칼과 장교 견장에 대한 공식적인 장례식이 거행되고 닷새 후인 1895년 1월 10일 그는 뤼시에게 다음과 같은 편지를 썼다.

어떤 악마가 정직한 우리 가정에 이런 불운과 불명예를 던져놓았을까? ……그러나 내 용기는 아직 꺾이지 않고 있소. 나는 장래를 생각하면서 힘을 돋우곤 하오. 의지는 강력한 지렛대라오. 나는 항상 명예와 정의를 지켜왔으며 의무를 다른 무엇보다도 앞세워왔다는 것을 당신도 알 거요……. 당신은 내 고통이 얼마나 크리란 것을 짐작할 수 있을 거요. 그러나 이것이 바로 내가 살기를 원하는 이유요. 나는 온 세상을 향해 내 무죄를 외치고 싶소. 내 숨이 끊어질 때까지, 내 피의 마지막 한 방울이 남을 때까지 나는 쉬지 않고 매일 무죄임을 외치겠소.

그는 곧 다시 그렇게 외칠 기회를 갖게 되었다. 그는 기차를 채울 만큼 유형수가 모일 때까지 세르슈-미디 형무소에 수감되었다가 유형수들이 충분히 모이자 한밤중에 화물역으로 끌려 나와서 기차에 실린 후 라로셸로 달렸다. 라로셸에서 그는 페리 편으로 레 도(島)도 옮겨지고 거기서 악마도(惡魔島)로 가는 죄수 호송선을 타게 되어 있었다. 기차는 이른 새벽에 라로셸에 도착했다. 거기서 있었던 일은 드레퓌스 자신이 가장 잘 묘사하고 있다.

"우리의 파리 출발은 한밤중에 있었던 관계로 사람들의 눈에 띄지 않았다. 라로셸에 도착해서도 당국에서 나를 즉시 레 도로 가는 배에 태웠더라면 나는 사람들 눈에 띄지 않은 채 그곳을 지나쳤을 것이다."

라로셸에는 다른 역보다 유난히 많은 사람들이 서성거리고 있었다. 아마 죄인들이 도착하는 광경을 구경하러 나온 것 같았다.

드레퓌스는 다음과 같이 썼다.

경비병들은 구경꾼이 가버릴 때까지 기다리는 게 좋겠다고 생각했다. 그러나 경비대장은 자주 내무부 파견관의 호출로 기차 밖으로 불려 나가곤 했다. 밖에서 돌아온 그는 경비병들에게 뭔가 지시를 내렸고 차례차례 밖으로 나간 경비병들은 부랴부랴 돌아와서는 기차의 쇠창살을 하나씩 하나씩 닫으며 계속 귓속말을 주고받았다. 이런 행동이 호기심 많은 구경꾼들의 주의를 더욱 집중시켰다. 구경꾼들은 기차 안에 어떤 중요한 죄수가 있다는 것을 눈치챘으며 그 죄수가 끌려 나오지 않는 한 자리를 뜨지 않을 게 뻔했다.

그러다가 문득 경비병들과 내무부 파견관 중 누군가가 경솔하게도 내 이름을 입 밖에 낸 것 같았다. 이 뉴스가 기차 밖으로 퍼져 나갔고 군중은 급작스레 불어났다. 나는 기차 안 감방에서 웅크린 채 하루해를 보내야만 했다. 시간이 갈수록 밖의 군중은 더욱 걷잡을 수 없이 되어갔다.

마침내 밤이 되자 나는 밖으로 끌려 나왔다. 내가 나타나자 군중의 고함소리가 다시 요란해졌다. 노한 군중은 미친 듯이 나에게로 돌진해 와서 마구 주먹세례를 퍼부었다. 나는 잠시 폭도들의 한복판에 무방비 상태로 서 있었다. 차라리 폭도들에게 몸을 던지고 싶었다. 그래도 내 영혼은 내 것이다. 나는 오도된 이 가련한 군중의 노한 감정을 너무나 잘 이해하고 있었다. 나는 소리를 쳐서 그들이 범하고 있는 불쌍한 오류를 지적했다. 나는 나를 도우러 온 경비병들에게 물러나라는 손짓을 했다. 그러나 경비병들은 자기네들은 나를 보호할 책임이 있다고 대답했다……. 경비병들을 떨쳐버리고 이 아무것도 모르는 군중에게 내 가슴속을 헤쳐 보이며 이렇게 말하고 싶었다. "나를 모욕하지 마시오. 당신들이 꿰뚫어보지 못하는 이 가슴속의 심장은 깨끗하며 아무런 오점도 없습니다. 그러나 만약 당신들이 내가 죄가 있다고 믿는다면 자, 내 몸뚱이를 마음대로 하십시오. 나는 내 몸을 아무런 후회 없이 당신들에게 바치겠소."

그가 회고록에 쓴 것이다. 그러나 이것은 그가 꾸며낸 말이 아니다. 그는 뼛속 깊이 군인이었다. 국민의 군에 대한 신임을 지키는 것이 그에게 부과된 신성한 책무였다. 그는 이것을 이해하고 있었고

나는 고발한다

또 그것을 옳다고 생각했다. 그는 그 무렵 뤼시에게 보낸 편지에 이렇게 썼다.

"나는 내가 현재 대신하고 있는 비열한 무뢰한이라면 당연히 그렇게 수송되어야 할 그런 방식으로 수송되었소. 내가 그런 짐승 같은 자의 역할을 대신하고 있는 한 이것은 어쩔 수 없는 일이라고 생각하오."

경비병들이 몽둥이로 군중을 쫓았다. 그는 안전하게 라로셸에서 페리로 한 시간 걸리는 레 도로 호송되었다. 1월 12일이었다. 아내와 친척들은 그곳으로 그를 찾아가는 것이 허용되었다. 그러나 쇠창살이 그들 사이를 가로지르고 있었다. 뤼시까지도 쇠창살 너머의 그와 손을 맞잡는 것이 허용되지 않았다. 그런데도 그는 면회를 하고 난 다음이면 반드시 옷을 모두 벗고 철저한 몸수색을 받았다.

1895년 2월 21일, 그는 아내의 면회를 기다리고 있는 중이었는데 아무 예고도 없이 급작스레 성 나사렛 호(號)에 태워져 기아나의 적도 해안으로 가는 오랜 항해에 오르게 되었다. 이 항해가 끝나는 날, 그는 악마도에 상륙할 예정이었다. 그는 배 안 감방의 좌석에 쇠사슬로 묶였다. 당국은 바다 한복판에서 배가 습격당할 경우에 대비한 만반의 준비를 갖췄다. 유대인들이 자체 해군을 보유하고 있다고 생각했던 것일까. 이 점에 관해서 역사는 아무 말도 없다. 역사는 다만 드레퓌스의 간수들이 모든 경우에 철저히 대비했다는 것만을 기록하고 있을 뿐이다.

9

"나는 군인의 용기는 가지고 있지만 순교자의 영혼은 갖고 있지 못하오."

드레퓌스는 뤼시에게 이렇게 썼다.

마침내 당신의 편지를 받았어요⋯⋯. 사랑하는 당신의 필적을 다시 대하니 참으로 반가웠어요.

뤼시는 알프레드에게 이렇게 썼다. 그녀의 편지는 다음과 같이 계속되고 있다.

당신의 아내임이 자랑스러워요⋯⋯. 참을 수 없이 외로울 때면, 우리가 이렇게 서로 떨어져 있다는 사실이 참을 수 없이 잔인하게 느껴질 때면, 내게 소중한 옛날 기억들을 되살리곤 해요. 당신이 나를 이 세상에서 가장 행복한 여자로 만들어주었던 그 몇 년간을 회상한답니다. 비록 우리가 겪은 고통을 우리 외에는 아무도 겪은 사람이 없다고 할지라도 이 무서운 불운이 우리를 덮치기까지 우리가 누렸던 그 완전하고 깨끗한 기쁨을 맛본 사람도 몇 명 없을 거라고 생각합니다. 그 행복한 생활을 되찾느냐 못 찾느냐는 우리에게 달려 있습니다. 그 행복한 생활을 되찾으려면 이 무서운 수수께끼를 밝히는 길밖에는 다른 길이 없겠지요⋯⋯. 나는 절대로 믿어요. 그리고 내 믿음은 절대로 흔들리지 않아요.

그녀의 믿음은 그녀가 알프레드의 사람됨을 알고 있다는 데서 그리고 여기저기서 들은 몇 마디 말에서 연유된 것이었다. 드망주는 드레퓌스 부인과 그의 형 마티외에게 "참고 기다리십시오. 이제부터 1, 2년쯤 지나면 반유대주의 감정이 수그러질 겁니다……"라고 늘 말하곤 했다. 누군가가 달려와서 뤼시나 마티외에게 드레퓌스의 유죄를 의심하는 또 다른 사람이 나타났다고 알려주기도 했다. 그들은 이런 얘기들을 들을 때마다 그 사람을 찾아가 만나, 그때그때 들은 얘기를 낱낱이 기록해두었다.

뤼시는 남편의 유형 생활에 합류하는 것을 허락해달라고 청원했다. 법이 유형수의 아내에게 베푸는 은전이었다. 그러나 뤼시에게는 이 청원마저 거부되었다. 그녀는 뒤파티와 국방부 장관에게 청원서를 냈지만 회답이 없었다. 인내, 인내, 이것이 그녀에게 위안을 주는 오직 한마디 말이었다.

"나는 이제 우리가 '진짜 반역자를 찾아내는 데' 성공하리라는 것을 조금도 의심하지 않아요."

뤼시는 알프레드에게 이렇게 써 보냈다.

뒷날, 드레퓌스는 악마도의 유폐 상황을 다음과 같이 기록했다.

살뤼 군도는 세 개의 섬으로 이루어져 있다. 제왕도, 이곳은 형무소 사령관의 사령부와 거처가 있는 곳이며 그 밖의 섬은 성 요셉 도(島)와 악마도이다.

……내가 쓰도록 지정된 집은 돌로 지어져 있었고 넓이는 약 17평방 야드쯤 되었다. 창문은 쇠창살로 되어 있었고 문도 쇠로 되어 있

었다. 문으로 들어가면 6평방 피트쯤 되는 조그만 대기실이 있었고, 대기실 안쪽 벽에 단단한 나무 문이 나 있었다. 이 대기실에는 경비병이 배치되어 있었다. 경비병은 두 시간마다 교대되었다. 경비병은 밤낮없이 나에게서 시선을 떼지 않도록 되어 있었다. 나를 경비하도록 배치된 경비병은 모두 다섯 명이었다.

밤이 되면 쇠창살 문에는 안팎으로 자물쇠가 채워졌다. 따라서 두 시간마다 경비병이 교대될 때면 열쇠로 문을 따는 소리, 쇠창살과 쇠빗장이 덜그럭거리는 소리가 매우 시끄러웠다.

인간이 살기에 적합하지 않아 유형 장소로도 쓰지 않기로 한 섬이었다. 그 후 한때는 나병 환자들이 이 섬에 격리 수용된 적도 있었다. 그러나 그들까지도 다른 곳으로 옮겨 갔다. 끊일 줄 모르고 퍼부어대는 강한 열기가 육체를 말리고 신진대사를 느리게 함으로써 소화되는 음식의 섭취를 곤란하게 했다.

드레퓌스는 작업을 배당해달라고 청원했으나 이것마저도 거부되었다. 프랑스에서는 드레퓌스라는 이름이 공개적으로 언급되는 일조차 없었다. 의회에서는 어느 의원이 내무부 장관에게 국가안보상 유대인들을 프랑스의 중심부에 이주시켜 모여 살게 하는 것이 좋지 않겠느냐고 묻기까지 하는 판이었다. 악마도에서는 드레퓌스에게 바다를 향하고 앉는 것도 허락되지 않았다. 바다를 향해서 어떤 신호를 보낼지도 모른다는 우려 때문이었다.

사건에 관한 말을 조금이라도 암시한 편지는 전달되지 않았다. 그늘도 없는 바위 위를 산책하는 것이 겨우 허락될 때에도 아무와도 얘기를 주고받지 못하게 했다. 경비병들은 그의 질문에 대답하는 것이 허용되지 않았다. 그래도 드레퓌스는 단정한 몸가짐과 군인다운 침착성을 유지했다.

심한 신경통이 머리를 괴롭히기 시작했다. 폭풍우가 바다를 뒤덮고 파도가 바위를 요란하게 때릴 때면 그는 이 소음과 함께 절망의 고함을 지르곤 했다. 그는 다른 사람이 자신의 고함을 듣지 못하게 하려고 폭풍우가 일어나기를 기다리곤 했다. 아무도 그의 고함을 들을 수 없었다. 그와 그의 사건은 침묵 속으로 빠져들고 있었다. 얼마 후 드레퓌스는 폭풍우 속에 자신의 고함소리를 묻어버리는 일조차 그만두어야 했다. 그는 이렇게 썼다.

1896년 9월 4일, 간수들은 다른 지시가 있을 때까지 나를 24시간 감금하라는 지시를 받았다. 밤에는 나에게 이중 버클이 채워졌다.

이중 버클이란 청교도 개척민들이 불량배를 여러 사람이 볼 수 있는 장소에 감금할 때 쓰던 것과 비슷한 발목에 채우는 족쇄다. 이 이중 버클은 쇠로 된 것으로 취침시에 발목에 채우도록 되어 있었다. 쇠막대기가 침대 밑을 가로지르고 있었고 거기에 두 개의 쇠줄이 매여 있었는데 드레퓌스가 잠자리에 들면 이 쇠줄로 두 발목을 채웠다. 이것도 모자라 이중 담을 쌓는 공사가 시작되었다. 드레퓌스는 이렇게 썼다.

오두막은 높이가 8피트가 넘는 담으로 둘러싸여 있었고, 건물에서 담까지의 거리는 5피트가 채 못 됐다. 담은 오두막의 쇠창살이 달린 조그만 창문보다 훨씬 높았다. 창문의 높이는 땅에서 3.5피트가 채 못 됐다. 방어용 담인 첫 번째 담 밖으로 또 하나의 담이 같은 높이로 올려져 이 두 개의 담이 내 시야에서 모든 것을 차단시켰다.

드레퓌스는 왜 이런 일이 일어나고 있는지 짐작조차 할 수 없었다. 외부 세계에서 오는 모든 편지와 소포가 갑자기 단절되었다. 모든 배달이 보류된 것이었다. 또한 그의 편지도 그의 필적 그대로 섬 밖으로 나가는 것이 허락되지 않았다. 편지는 모두 형무소 당국에서 다시 필사하여 본국으로 송달했다.

이것은 마티외가 어떤 움직임을 보였기 때문에 일어난 일이었다. 동생의 사건이 고요한 침묵 속에 잠긴다는 것은 치명적이라는 것을 그는 잘 알고 있었다. 침묵은 죽음을 의미하는 것이었다. 그는 속임수를 써서라도 이 침묵을 깨버려야 한다고 생각했다.

그는 어느 친구를 통해서 영국의 뉴포트에서 발간되는 『사우스 웨일스 아르거스』지에 드레퓌스가 악마도를 탈출했다는 날조된 기사를 싣는 데 성공했다. '농 파레유' 호라는 배 이름도 날조되었고 '헌터'라는 상징적인 이름의 가상 선장도 등장했다. 이 웨일스 신문은 농 파레유 호가 프랑스령 기아나로부터 곧장 뉴포트 항에 입항했으며, 이 배의 헌터 선장이 그 유명한 프랑스의 반역자가 간수들의 눈을 피해 도망쳤다는 말을 전했다고 보도했다.

런던의 『데일리 크로니클』지가 이 기사를 받았고 마티외가 예상했던 대로 파리의 모든 신문이 그 뒤를 따랐다. 헌터 선장은 이 세상에 존재하지 않는 인물인데도 『라 리브르 파롤』지는 특파원의 인터뷰 기사를 싣기까지 했다. 식민상(植民相)은 초조한 가운데 악마도로부터의 공식 보고를 기다렸다. 드레퓌스는 이렇게 썼다.

9월 6일부터 밤이면 이중 버클이 채워졌다……. 족쇄가 채워지고 나면 나는 돌아다닐 수가 없다. 침대에서 돌아눕는 것조차 불가능했다. 찌는 듯한 더위 속에서 그것은 참을 수 없는 고문이었다. 시간이 흐를수록 족쇄가 내 발목을 파고들었다.

이런 고문은 오두막 주위에 이중 담이 완성되기까지 두 달 동안 계속되었다. 밤낮 교대로 그를 감시하는 사람의 수가 하나에서 둘로 늘어났다.

나를 감시하는 경비병들은 내 몸짓 하나하나, 심지어 내 얼굴에 나타나는 표정의 변화까지도 모두 보고하라는 지시를 받고 있었다.

어느 날 밤 그는 고함소리, 총소리, 달리는 발자국소리에 놀라 잠에서 깨어났다. 섬 근처에 외국 군함이 나타났다는 소문이 형무소 사령관에게 전달되었던 것이었다. 모두 손가락을 방아쇠에 대고 있었다. 그들은 여차하면 드레퓌스를 사살하라는 명령을 받고 있었던 것이다.

그는 꼼짝하지 않고 있었다. 그는 무감각의 상태로 누워 있었다. 광대무변한 바다의 끝 바위 위에, 이중 담으로 세계와 차단된 돌무

덤 속에 그 몸뚱이만 살아 누워 있었다.

10

"선생님, 저는 선생님이 그 문제에 관해 전날 저에게 준 설명보다 더 자세한 설명을 기다리겠습니다. 그것을 저에게 서면으로 제출해 주십시오. 그것을 보고 제가 R. C——T 가(家)와 관계를 계속할 것인지 여부를 판단할 수 있도록 말입니다."

그것은 프랑스 우체국에서 파는 특별배달 우편엽서였다. 색깔이 파란 탓으로 흔히 '파랑 엽서'라고 부르는 엽서였다. 이 엽서에는 페르디낭 왈생 에스테라지 소령의 주소가 적혀 있었다. 엽서를 쓴 사람은 독일대사관 무관의 여자 친구였고 무슨 이유인지는 모르지만 우편으로 부치도록 엽서를 그에게 주었다. 아마 그녀는 대사관의 무관 집무실에서 이 엽서를 썼을 것이다.

슈바르츠코펜은 이 엽서를 우편으로 보내는 데 성공하지 못했다. 엽서는 아마 우체통에서 가로채였을 것이다. 프랑스 정보당국은 독일의 방첩당국이 독일대사관에 한 명 이상의 프랑스 첩자가 드나들고 있다는 것을 눈치채기를 원하지 않았다. 따라서 '파랑 엽서' 도 명세서나 마찬가지로 슈바르츠코펜의 휴지통에서 '통상적인 방법으로' 얻은 것처럼 보이게 하기 위해서 서른여섯 조각으로 갈기갈기 찢었다. 독일인들이 만약 바스티앙 부인을 발견하는 일이 생긴다면(실제로 그들은 끝까지 바스티앙 부인의 존재를 발견하지 못했

다) 그들은 그 후로는 마음을 놓게 될 것이다. 어쨌든 '파랑 엽서'는 매우 귀중한 문서의 하나로 제2국에 전달되었다.

이것은 1896년 3월, 그러니까 군법회의의 판결에 따라 공식적으로 드레퓌스사건이 종결되고 15개월 후에 일어난 사건이었다. 이 무렵 제2국도, 군 최고지휘부도 많이 변해 있었다. 철도 부설권을 둘러싼 싸움으로 대통령이 사임했다. 새 내각을 구성해야 했다. 연립내각을 구성하기 위한 정당 간 협상에서 한 사람의 이름이 내각 명단에서 제외되었다. 그것은 다름 아닌 메르시에 장군의 이름이었다. 드레퓌스사건이 치명상을 주었던 것이었다. 장 비요 장군이 그의 뒤를 이어 국방부 장관에 취임했다.

상데르 대령 역시 현역에서 물러나고 없었다. 그는 중풍을 앓고 있었다. 위베르 앙리 소령은 자기가 상데르 대령의 뒤를 이어 제2국 방첩 책임자로 임명될 것을 은근히 기대했다. 그러나 그렇게 되지는 않았다. 중령으로 승진한 조르주 피카르가 그 자리에 앉았다. 그는 취임하자 제2국에 생기를 불어넣었다. 피카르는 교양 있는 사람이었으며 또한 날카로운 두뇌의 소유자였다.

에스테라지의 주소가 적힌 '파랑 엽서'는 제2국 쥘-막시밀리앵 로트 대위의 책상으로 전달되었다. 앙리에 대한 로트 대위의 멸시는 이때까지도 여전했다. 그는 서른여섯 조각을 풀로 다시 붙인 다음 피카르 중령에게 직접 전달했다.

"뭐야, 또 스파이란 말인가?"

피카르가 물었다.

정보장교들은 이것이 슈바르츠코펜의 필적이 아니고 그의 여자 친구 필적이라는 것을 알아냈다. 그리고 이 메시지에는 어떤 범죄 행위도 암시되어 있지 않았다. 그렇다면 도대체 에스테라지는 어떤 사람이며 그는 무엇 때문에 독일대사관을 경유하는 '파랑 엽서'를 받고 있는 것인가? 피카르는 이런 방향의 조사를 해보라고 지시했다.

에스테라지에 관한 보고는 자극적이었다.

"루앙에 주둔한 보병대대의 지휘관, 용감한 장교이지만 노름꾼. 자기 아내의 지참금을 탕진했음. 좋지 않은 돈벌이 사업에 관여하고 있음. 항상 빚투성이임."

피카르는 그를 감시하라고 지시했다.

6월에 베를린에 있는 프랑스 첩자 리샤르 퀴에르가 그곳의 프랑스대사관 무관에게 프랑스군의 대대장 한 사람이 군사 정보를 독일 참모본부에 팔아먹고 있다고 알렸다. 이것은 때늦은 뉴스였다. 그러나 뉴스인 것만은 분명했다. 피카르는 이 뉴스를 즉각 참모총장 부아데프르 장군에게 보고했다. 피카르는 이 대대장이 누구인지 궁금했다.

퀴에르는 스위스로 가라는 지시를 받았다. 그곳에서 그를 만나는 것이 덜 위험하기 때문이었다. 피카르는 원래 자기가 직접 퀴에르를 만날 예정이었지만 다른 업무로 바빴다. 앙리 소령이 자기가 가겠다고 자원했다. 피카르는 앙리와 에스테라지가 친하다는 사실을 모르고 있었고 앙리를 아주 신임하고 있었다. 그는 앙리를 '인민의 거친 아들'이라고 생각하고 있었다. 결국 앙리가 퀴에르를 만나기 위해 스위스로 갔다.

후에 퀴에르는 베를린의 프랑스 무관에게 앙리가 자기를 위협하고 마구 고함을 질러댔으며 그가 이와 같이 자기에게 적의를 갖는 바람에 얘기를 제대로 할 수 없었다고 불평했다. 앙리는 피카르에게 회견은 실망스러웠다고 보고했다. 그 첩자는 자신의 원래의 보고에 첨가할 만한 아무런 중요한 사실도 말하지 못하더라는 것이었다.

한편 에스테라지는 참모본부에 끼어들려는 야심을 여전히 포기하지 않고 있었다. 앙리 소령이 그때 진행되고 있던 사실을 에스테라지에게 알리지 않았던 것인지 또는 에스테라지가 그 사실을 알고도 뻔뻔스럽게 야망을 포기하지 않은 것인지는 분명하지 않다. 아무튼 그는 바로 그 무렵에 참모본부에 배속되기를 원한다는 신청서를 군 당국에 제출했다. 이 신청서가 피카르 중령의 책상에 전달되어 왔다.

직위를 넘겨주면서 상데르 대령은 피카르에게 드레퓌스사건에 관한 '극비 서류철'이 보관된 금고를 일러주었다. 그 서류는 그대로 자게 내버려두는 게 현명할 거라고 그는 말했다. 그러나 부아데프르 장군은 생각이 좀 달랐다. 그는 피카르에게 그 서류철을 들추어 보라고 충고했다. 드레퓌스는 유능한 장교였다고 그는 말했다. 부아데프르는 드레퓌스가 전술학교 재학 시절에 그와 가졌던 대화를 기억하고 있었다. 장군은 그렇게 재능 있는 장교가 어떤 동기를 가지고 반역 행위를 저지를 수 있는가를 알아두는 것이 정보 업무를 수행하는 피카르에게 크게 도움이 될 거라고 생각했다.

피카르는 물론 옵서버로 재판에 참석했지만 증거를 검토할 기회는 없었다. 그것은 '국가 기밀'이었다. 심판관들까지도 밀실에서 한 번 훑어보았을 뿐이었다. 이제야 그가 그 서류철을 본 것이었다. 그는 왜 드레퓌스가 자기 자신을 망쳐버렸는지 그 이유를 발견할 수 없었다. 그러나 그는 명세서를 보았다.

피카르는 드레퓌스의 유죄를 입증할 만한 증거가 매우 빈약하다는 사실에 깜짝 놀랐다. 의구심이 그의 뇌리 속에서 좀처럼 지워지지 않았다. 그가 에스테라지의 신청서를 받을 때까지 그 의구심은 그의 머릿속에 남아 있었다. 필적이 어딘지 낯익은 것 같았다. 그는 곧장 금고로 달려가서 명세서를 꺼낸 다음 그 필적을 에스테라지의 필적과 비교해보았다. 즉시 그는 베르티용을 그의 집무실로 불렀다. 숫자 놀음을 좋아하는 이 필적 전문가도 이번만은 애매한 말을 하지 않았다. 그는 명세서를 다시 자세히 검토하고 다음에는 에스테라지의 신청서를 조사했다.

"이 사람이 바로 명세서를 쓴 사람입니다."

피카르는 이 사실을 부아데프르 장군에게 알렸다. 장군은 무겁게 입을 열었다.

"음, 그렇다면 우리가 잘못 알았단 말이지?"

그의 부관인 공스 장군이 이 사건의 내막을 그보다 자세히 알고 있었다. 부아데프르는 피카르에게 이 문제를 공스와 상의해보라고 말했다.

공스는 휴가 중이었다. 피카르는 그가 돌아오기를 기다렸다. 이 뉴스는 제2국 내의 신임받는 장교들에게도 알려졌다. 제2국 내에는 어떤 분노의 감정이 퍼져 있었다. 신성한 상데르 대령의 유산에 새

파란 신임자가 감히 의심을 품다니 말이나 되는가? 그러나 피카르는 물러서지 않았다. 그는 필적 감정에 일가견이 있다고 자처하는 뒤파티 소령으로 하여금 에스테라지의 필적과 명세서를 비교해보도록 했다. 그는 외알 안경을 벗고 서류를 코앞에 갖다 댄 채 난시 안으로 필적을 들여다보았다. 그는 외쳤다.

"이건 틀림없이 같은 필적입니다."

앙리 소령은 분노와 흥분을 억누를 수 없었다. 그뿐만이 아니라 제2국 안의 여러 장교가 같은 느낌을 갖고 있었다. 피카르라는 이 새파란 애송이가 상데르 대령의 기억에 먹칠을 하려 들다니…….

공스 장군이 휴가를 마치고 돌아오자 피카르는 그의 집무실로 달려갔다. 그들의 대화는 후에 법정에서 있었던 증언을 통해 알려지게 되었다. 장군은 피카르에게 이렇게 말했다.

"자네는 두 사건을 별개로 취급해야 하네. 드레퓌스사건은 이미 종결되었어."

피카르는 드레퓌스의 가족들은 그렇게 생각하지 않는다는 사실을 상기시켰다. 그들은 이 사건의 재심을 끈질기게 주장하고 있으며 만약 이 사건이 재심에 올려진다면, 그리고 재심을 하자는 제의가 참모본부 외의 다른 부서에서 나온다면 군에 심각한 결과가 초래될 것이라고 설명했다. 공스 장군은 화를 버럭 냈다.

"도대체 자네는 이 유대인을 위해 왜 그렇게 애를 쓰나?"

"그는 무죄이니까요."

피카르는 조용하게 대답했다.

"메르시에 장군과 부아데프르 장군이 몸소 이 사건은 종결되었

다고 선언했는데, 그래 자네는 이 사건의 재판을 다시 열자고 제의
하는 건가?"

"장군, 그는 무죄입니다."

피카르가 다시 말했다.

피카르 중령은 그것이 왜 재판을 다시 열 수 있는 이유가 못 되는
지 이해할 수 없었다. 그러나 공스 장군은 그것을 이해하고 있었다.

"국방부 장관과 참모총장이 진실이라고 말하면 그건 나에게도
진실일세."

그리고 그는 이렇게 덧붙였다.

"자네만 입 다물면 아무도 모를 거야."

순간 피카르는 계급의 차이를 잊어버렸다. 그는 군대에서 장성의
위력이 어떠하다는 것까지 깜빡 잊고서 소리쳤다.

"장군! 장군이 말씀하시는 것을 들으니 정말 구역질이 납니다.
어떻게 해야 할지 아직 잘 모르겠습니다만 이 비밀을 나는 무덤까
지 가지고 가지는 않겠습니다."

장군은 침착했다. 고래고래 소리를 지르지도 않았다. 그는 피카
르에게 동부 국경의 정보부대를 시찰하라는 명령서에 서명했다. 그
러나 그는 이 명령서를 발부하지는 않았다. 그는 이 명령서를 미결
함에 넣어두었다. 그러면서 한편으로 에스테라지에게 반역의 증거
가 있다면 그를 재판에 회부하지 않아야 할 이유는 없다고 생각했
다. 그러나 명세서는 에스테라지의 유죄를 입증하는 증거는 아니었
다. 그것은 드레퓌스의 유죄를 입증하는 증거였고 드레퓌스사건은
이미 종결된 사건이었다.

나는 고발한다

그러나 명세서를 제외한다면 파랑 엽서는 에스테라지의 유죄를 입증하는 아무런 증거가 되지 못했다. 피카르는 기다리기로 했다. 에스테라지가 한발 잘못 내딛기를, 공스의 마음을 변화시킬 만한 어떤 일이 일어나기를 그는 기다렸다. 공스의 뜻을 거역한다는 것은 매우 어려운 일이었다. 그것은 곧 부아데프르 장군의 뜻을 거역하는 것과 같았다. 처음부터 부아데프르는 피카르에게 이 문제를 공스와 상의하라고 했으니만치 부아데프르가 그의 부관의 입장을 뒷받침할 것은 틀림없는 사실이라고 피카르는 생각했다. 부아데프르의 뜻을 거역한다는 것은 곧 군복을 벗는 것을 의미했다. 이것은 피카르로서는 생각할 수도 없는 일이었다. 군은 피카르의 어머니요, 아버지요, 아내요, 또 자녀들이었기 때문이다.

기다림으로 그해 여름이 지나갔다. 에스테라지는 실수를 하지 않았다. 그러나 마티외가 신문에 쓴 속임수는 헛된 것이 아니었다. 그 속임수로 인해 드레퓌스의 이름이 사람들 속에 되살아났던 것이다. 드레퓌스에 관한 얘기가 다시 시작되었다. 9월 14일, 참모본부의 입노릇을 하던 신문인 『레클레르』지가 드레퓌스사건에 관한 뜬소문, 억측, 그릇된 설명 등을 완전히 없애버릴 목적으로 다음과 같은 기사를 실었다.

정부는 외교적 배려에서 비롯된 신중성을 포기할 수 없을 것이다. 그러나 우리는 이제 더 침묵할 이유가 없다고 확신한다. 따라서 우리가 이제 당시에는 일반에게 밝힐 수 없었던 증거, 즉 뚜렷한 반역의 증거, 재판정의 장교들로 하여금 만장일치로 유죄 판결을 내리게

끔 한 증거를 밝힌다 해도 무분별한 행동은 아닐 것이라고 확신한다……. 9월에 독일대사관의 무관이 이탈리아대사관의 그의 동료에게 편지를 보냈다. 이 편지는 법정에 증거로 제시되지는 않았다. 대신 심판회의를 열기 직전에 비밀리에 심판관들에게 전달되었다. 피고인측 변호사도 이 사실은 모르고 있었다. 이 편지는 파리에서의 스파이 행위에 대해 언급하고 있었는데 다음과 같은 문장이 포함되어 있었다. "결정적으로 드레퓌스라는 이 악당은 계속 요구해오고 있다." 따라서 명세서―이것은 드레퓌스가 썼지만 서명은 하지 않았다―는 이 사건의 보조적 증거에 불과한 것이다.

이 기사는 다른 모든 신문에도 실렸다. 이 기사는 대다수의 사람들에게 드레퓌스가 유죄라는 그들의 믿음을 재확인해주었다.

몇몇 사람들만이 이 기사를 읽고 어리둥절해지기 시작했다. 정보장교들은 불가피한 경우가 아니면 아무리 하잘것없는 첩자라도 통신문이나 대화에서 그 이름을 직접 언급하는 법이 없다. 외국 대사관의 무관들이 참모본부 내의 장교와 같은 귀중한 정보원의 이름을 그대로 드러냈다니 이상한 일이 아닐 수 없다.

정말 믿기 어려운 얘기였다. 이 편지는 처음부터 끝까지 꾸며낸 것 같지는 않지만 어딘가에서 그 일부가 변조된 것만은 분명했다. 그것도 매우 조심성 없게 변조된 것이었다.

이 기사가 내포한 가장 중요한 의미를 알아챈 사람은 거의 없었다. 그 중요한 의미란 드레퓌스를 재판하면서 군이 법을 무시했다는 사실이었다. 드망주만이 이것을 알아챘다. 마티외도 이것을 알아챘다. 그 밖에 또 얼마 안 되는 사람들이 이 의미를 알고 있었다.

피카르는 그런 사람들 중 하나는 아니었다. 당시의 그에게 형법 제101조는 대단하지 않은 법률적 절차 조항에 불과했다. 국가가 어떤 증거를 공개하는 것이 외국과의 관계에 곤란을 일으킬 것이라고 느끼면 물론 공개하지 않을 수도 있다고 그는 생각했다. 그렇다고 해서 죄인을 처벌할 수 없는 것은 아니라고 믿었던 것이다. 국가는 비밀을 지킬 권한이 있으며 또 죄인을 처벌할 권한을 가지고 있다고 그는 생각했다. 이 조항이 그렇게 중대한 의미를 갖는다고는 생각하지 않고 있었다. 그러나 이 조항이 그로 하여금 공스 장군과 다시 상의하게 하는 기회를 만들어주었다.

또 하나의 사태 발전이 있었다. 뤼시가 "프랑스의 한 장교가 그가 모르는 사이에 심판관들에게 제출된 서류에 의해 그 서류에 대해 진술할 기회도 얻지 못한 채 유죄 판결을 받았다"는 사실이 진실인가의 여부를 조사해달라는 청원서를 의회에 제출했던 것이다. 또한 그녀는 남편의 억울함을 밝히는 데 도와달라는 탄원서를 교황에게 보냈다. 교황에게서는 아무런 회답도 없었다. 의회 역시 감감무소식이었다. 그러나 신문들은 이 사실을 보도했고 피카르는 공스에게 자기가 전에 한 경고를 상기시켰다. 이 사건은 결코 끝난 것이 아니라고, 적들이 나서기 전에 참모본부가 선수를 치는 게 훨씬 좋을 것이라고 그는 주장했다.

그러나 피카르의 노력은 아무런 성과도 거두지 못했다. 카스틀랭이라는 의원이 드레퓌스사건에 대한 정보를 요청하겠다고 선언했다. 그러자 총리의 입 노릇을 하던 신문인 『라 레퓌블리크 프랑세즈』는 재빨리 "이 반역자(드레퓌스)에 대해서는 두 번 다시 논의할 필요 없이, 죽은 대로 내버려두는 게 좋다"는 논평을 실었다. 그러나 앙리 소령은 그렇게 생각하지 않았다. 그는 매우 긴급한 과제를 앞에 놓고 있었다.

그는 바스티앙 부인을 통한 '통상적인 방법으로' 이탈리아대사관 무관이 슈바르츠코펜에게 보낸 만찬 초대장을 입수했다. 한번 보고 내던져버릴 만한 대수롭지 않은 초대장이었다. 그러나 앙리는 이것을 특별한 용도에 사용하고 있었다. 그는 최근에 고용된 첩자 르메르시에-피카르를 시켜 초대장이 쓰인 종이와 똑같은 백지를 입수했다. 입수된 백지를 초대장과 똑같이 꾸긴 다음 갈기갈기 찢었다. 그 위에다 르메르시에-피카르가 파니차르디의 필적을 흉내 낸 글씨로 앙리가 부르는 대로 편지를 썼다. 앙리는 원래의 초대장을 참고로 해서 자기 자신의 생각을 편지 내용으로 불렀다. 그런 다음 그 조각들을 다시 풀로 붙였다. 앙리가 부른 편지의 내용은 다음과 같았다.

친애하는 친구에게

어느 의원이 드레퓌스에 관해 장관에게 질의할 것이라는 기사를 읽었습니다. 나는 물론 로마에서 설명을 요청하면 그 유대인과 아무런 거래도 없었다고 대답하겠습니다. 그런 질문을 받거든 나와 똑같이 대답하십시오. 누가 그와 관련이 있는지를 아무에게도 알려서는 안 됩니다.

그럴듯한 이탈리아대사관의 문장이 찍혔고 파니차르디의 서명도 만들어 넣었다. 앙리는 필요할 때 쓰려고 이 편지를 간수해두었다.

한편 그는 자기 상사인 피카르 중령을 모함하는 작업을 진행 중이었다. 『레클레르』지가 어떤 소스를 통해 그 기사를 취재했는지는 지금까지도 밝혀지지 않았다. 참모본부의 많은 장교들은 이런 기사를 제공할 만큼 무식했다. 직업적인 장교가 군이 법보다 위에 있으며 또 그래야 한다고 느끼는 것은 특별한 일이 못 된다. 그러나 앙리는 여기서 한술 더 떴다. 그는 자기 목적을 위해서는 거짓말과 사실의 날조를 서슴지 않는 인물이었다. 그는 교활하면서도 그다지 영리하지는 못했다. 따라서 그 역시 그 문제의 기사를 흘린 장본인일지도 모른다는 의심에서 벗어날 수 없는 처지였다. 그러나 그는 그 기사를 흘린 장본인이 피카르라는 소문을 퍼뜨리기 시작했다. 이것은 상사 피카르를 실각시키기 위한 필사적인 노력의 첫 단계였다. 그가 에스테라지를 의심하는 한 피카르는 그에게 매우 위험한 존재이기 때문이었다.

그다음 단계는 공스 장군이 미결함에 유보해두었던 피카르에 대한 명령서를 사용하기로 작정한 이후에 취해졌다. 11월 16일, 피카르는 동부 국경을 시찰하기 위해서 파리를 떠났다. 피카르가 설사 이 시찰 명령을 의심했다 하더라도 장군이 보낸 친절한 편지가 그의 마음을 진정시켜주었을 것이다. 그러나 동부 국경에서 임무를 마치자마자, 그는 파리로 돌아오지 말고 다시 이탈리아 접경으로 가서 그곳의 정보부대를 시찰하라는 명령을 받았다. 이탈리아 접경에서 그는 또 긴급히 알제로 파견되었고 또 알제에서 튀니지로 보내졌다. 시찰 장소를 새로 시달할 때마다 공스 장군은 그에게 임무를 훌륭히 수행했다는 치하의 편지를 보냈다.

피카르가 없는 동안에 앙리 소령이 제2국 방첩 책임자 대행이 되어 제2국을 멋대로 운영했다. 제2국으로 들어오는 피카르의 우편물은 먼저 앙리의 책상으로 전달되었다. 앙리는 봉투에 김을 쏘여 편지를 열어보기 시작했다. 피카르에 관한 서류철이 작성되기 시작했다. 좀 이상하다고 생각되는 자료는 모두 이 서류철 속으로 들어갔고 그런 자료가 발견되지 않으면 만들어서 집어넣었다. 뒤파티도 이 장난을 한몫 거들었다. 어느 날, 피카르에게 온 다음과 같은 쪽지가 제2국에 전달되었다.

"매일 반신(半神)이 당신을 만나고 싶어 합니다."

이 쪽지에는 '스페란사'라고 서명이 되어 있었다. '스페란사'는 오스카 와일드의 어머니이며 그 자신도 유명한 시인이었던 제인 프란시스카 엘지의 필명이었다. 물론 이 쪽지는 오스카 와일드의 어머니가 피카르에게 보낸 것이 아니고 코맹주 양이 보낸 것이었다. 뒤파티는 이 사실을 잘 알고 있었다. 뒤파티는 코맹주 가(家)의 살롱을 자주 드나들고 있었고 따라서 '반신'(半神)이란 역시 그 집에 자주 드나드는 어느 대위의 별명이라는 것을 알고 있었다. 왜 요즘은 들르지 않느냐는 말을 간단하면서도 친절하고 좀 애교스럽게 전하는 쪽지였다. 그러나 뒤파티와 앙리 소령은 이것을 무시무시한 비밀 통신문으로 뒤바꿔버렸다.

"당신이 갑자기 떠나버린 탓으로 우리는 당황하고 있습니다. 일은 다 됐습니다. 명령만 내리십시오. 그러면 반신(半神)이 행동을 개시할 것입니다. 스페란사."

뒤파티 소령이 지어내고 앙리 소령이 그 위에 피카르 중령의 주소를 적은 편지였다. 앙리가 이것을 부쳤으며 앙리가 다시 이것을 가로채서 그의 상관의 서류철에 끼워놓았다.

피카르는 여행 중인 그에게 우편물이 불규칙하게 전해지고 있다는 사실을 눈치챘다. 누군가가 우편물에 손을 대고 있다는 생각이 들었다. 1897년 1월 그는 자기가 실질적으로 추방되었다는 것을 실감하게 하는 편지를 받았다. 어느 친구가 보낸 편지였는데 그 친구가 문의할 때마다 제2국에서는 피카르는 곧 돌아오게 될 거라고 대답하더라는 것이었다. 그런데 '곧'이라는 게 왜 그렇게 오래가느냐고 그 친구는 묻고 있었다. 피카르는 분노에 찬 편지를 앙리 소령에게 보냈다. 그는 참모본부에서 물러나고 싶었다.

앙리 역시 똑같이 분노에 찬 회답을 보내왔다. 하급자가 상급자에게 보낸 편지치고는 매우 이례적이었다. 그는 피카르가 제2국의 일을 엉망으로 처리했다고 비난했다. 피카르가 에스테라지 소령에게 가는 편지를 허가도 없이 개봉했으며 슈바르츠코펜의 여자 친구가 에스테라지에게 쓴 '파랑 엽서'를 슈바르츠코펜이 직접 쓴 것이라고 로트 대위와 펠릭스 그리블랭이 믿게끔 하려 했고, 또 업무와는 관련도 없는 불순한 동기에서 분명한 극비 문서철을 개봉했다고 비난했다.

피카르는 날조된 사실과 오류로 가득찬 이 불순한 편지를 받고 노발대발했을 게 분명하다. 그러나 그는 공스 장군의 명령을 받고 있는 몸이었고 따라서 아프리카에 머물러 있지 않을 수 없었다.

피카르는 퍼뜩 자신의 생명이 위협당하고 있을지도 모른다는 생각이 들었다. 전시도 아닌데 젊은 장교가 이런 위협을 느낀다는 것은 믿기 어려운 일이었으나 그럴 만한 일이 실제로 일어났던 것이다. 그는 말에서 떨어졌다. 부상을 입지는 않았으나 하마터면 생명을 잃을 뻔했던 아찔한 일이었다. 공스 장군에게 자기는 이 비밀을 무덤으로 가지고 가지는 않겠다고 말했던 것이 기억났다. 그는 1897년 4월 12일자로 편지를 썼다. 이 편지의 서두는 다음과 같았다.

아래 서명한 전 국방부 정보국 방첩 책임자 마리-조르주 피카르 중령은 그의 명예를 걸고 다음의 사실을 밝히는 바입니다. 일부 인사들이 이 사실을 은폐하려고 하고 있으나 이 사실은 반드시 세상에 알려져야 한다고 본인은 생각하는 바입니다.

이 편지는 계속해서 피카르가 명세서를 쓴 진짜 범인을 발견하게 된 경위를 설명하고 다음과 같이 끝맺고 있었다.

1. 왈생 에스테라지는 독일의 첩자입니다.
2. 드레퓌스가 했다고 알려진 행위는 에스테라지가 한 행위입니다.
3. 드레퓌스사건은 드레퓌스가 유죄라는 선입관 속에서 법을 무시한 채 매우 경솔하게 처리되었습니다.

피카르는 이 편지를 사신(私信)으로 써서 프랑스 대통령 앞으로 주소를 적었다. 그러나 그는 이 편지를 부치지 않았다.
두 달 후 그는 마침내 휴가를 얻어 파리로 돌아왔다. 파리에서 그

나는 고발한다

는 옛 친구를 방문했다. 독일에 합병된 알자스-로렌 지방에서 피난 온 변호사 루이 르블루아였다. 변호사와 고객 간의 밀담 형식으로 피카르는 르블루아에게 속내를 털어놓고 편지를 맡긴 다음 자기가 불의의 사고를 당할 경우 편지를 대통령에게 보내달라고 부탁했다.

르블루아는 피카르가 털어놓는 얘기를 듣고 어안이 벙벙했다. 그는 피카르가 일을 그런 식으로 처리해서는 안 된다고 생각했다. 결국 피카르는 르블루아에게 이 비밀을 잘 이용할 수 있는 믿을 만한 친구에게 말해도 좋다고 허락했다. 그러나 르블루아는 피카르의 동의가 있기까지는 피카르의 이름만은 밝히지 않기로 약속했다.

르블루아는 피카르의 이름을 밝히지 않고도 이 비밀을 전할 수 있을 거라고 생각했다. 그는 알자스 출신의 상원의원 오귀스트 쇠레르-케스트네르와 만나기로 했다. 알자스 출신 상원의원으로 유일한 생존 인물인 쇠레르는 훌륭한 가문 출신의 저명한 사업가였다. 그는 상원의 부의장이었고 국민들 간에 명망도 높았다. 그는 이 뉴스를 전혀 준비가 없는 가운데 맞은 것은 아니었다. 알자스 출신인 그는 이미 드레퓌스 가를 알고 있었고 또 그 집안을 존경하고 있었다. 자기 사업을 모두 내던지고 알프레드의 명예를 회복시키는 데만 전념하고 있던 마티외는 이미 쇠레르를 만나 증거보다는 반유대주의가 드레퓌스에게 유죄를 선고했다고 누누이 설명한 바 있었다.

아무리 상원의원이라 해도 정보 제공자의 이름도 알려지지 않은 근거 없는 말을 기초로 어떤 행동을 취할 수는 없는 일이었다. 르블루아는 피카르의 이름을 밝히거나 그 편지를 대통령에게 전달해도 좋다는 허락은 받지 못한 터였다.

FAURE

Républque

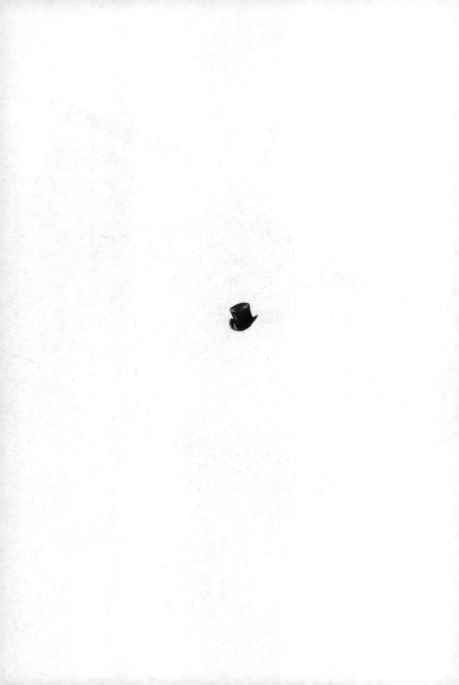

1789년, 프랑스대혁명이 시작되었다. 프랑스인들은 예부터 전해 오던 지방 간의 경계를 무너뜨리고 대동단결하여 다음과 같은 서약을 채택했다.

공익을 위해 형제애로 뭉친 우리는, 영원히 단결을 유지할 것을 조 국 방위에 헌신해온 우리의 가슴과 우리의 무기에 걸고 하느님 앞에 맹세한다. 우리는 지방 간의 구분을 철폐하고 우리의 무기와 재산을 전체 조국을 위해 바치며 의회에서 제정되는 법률을 지지할 것이며, 이 성스러운 의무를 수행하도록 서로에게 가능한 한 모든 도움을 제 공하고 자유가 위협받는 곳이면 그곳이 파리이든 프랑스 내의 어떤 마을이든 지체 없이 달려가서 형제들을 도울 것을 맹세한다.

혁명 1주년 기념일인 1790년 7월 14일, 파리는 전국을 대신해서 이 서약을 다시 한 번 확인했다. 샹-드-마르스에 차려놓은 국민제 단 앞에서 5만여 명의 전국 대표들이 모든 국민이 형제라는 서약을 다시 올렸다. 200명의 사제가 1,200명의 악사들이 연주하는 음악에 맞춰 이 장엄한 미사를 집행했다.

이 서약은 그때까지 전통, 관습, 법률, 언어에 의해 분열되어 있던 프랑스의 각 지방을 하나의 국가로 통합시키는 서약이었다. 이런 정신을 담은 헌법이 그로부터 1년 이내에 공포되었다. 이 헌법 전문에는 앞으로 있을 모든 헌법 개정에 적용될 '영구 규정'이 들어 있었다. 이 '영구 규정'은 인권 및 시민권의 선언으로서 다음과 같은 내용이었다.

"법은 일반 의지의 표현이다. 법은 만인에게 평등하여야 한다. 만인은 법의 동등한 보호나 처벌을 받아야 한다."

이로써 이전까지 군주의 신성한 권리라는 미명 아래 자행되던 특권에 종지부를 찍으며 정부 또한 앞으로 그런 자의적인 특권을 행사할 수 없다고 명시한 것이었다. 샹-드-마르스에 차려놓은 국민제단 앞에서 수많은 군중이 열광하는 가운데 '인권 및 시민권 선언'은 공포되었다. 이 선언은 근 한 세기 이상 흔들림 없이 종교적 박해와 인종적 편견을 막는 보루로서 역할을 수행할 수 있었다.

그러나 이제 드레퓌스에게 유죄를 판결한 재판 과정은 사라졌던 자의적 특권의 지배가 되살아났음을 확인시키는 실례였다. 이제 그 특권이 국가 이익이라는 미명하에 되살아난 것이었다. 이와 같은 일이 행해졌다는 사실을 신문이 공공연히 인정했는데도 일반은 거의 아무런 반응도 보이지 않았다.

프랑스로 하여금 이 원칙을 포기, 또는 그 원칙으로부터 도피하도록 몰고 간 추진력은 무엇이었던가? 그것은 1870년 스당에서의 패전 이래 프랑스인들의 마음속 깊이 작용해온 이웃 강대국에 대한 공포심이었다. 새로 등장한 강대 세력 프러시아가 전격전에서 나폴레옹 3세에게 비참한 패배를 안겨주었다. 나폴레옹 3세는 스당 전투에서 포위되었고 급기야 독일군의 포로가 되었다. 파리 시민들이 시청으로 몰려가서 제3공화국을 선포하고 전투를 계속하겠다고 선언했다. 제노바에서 남부 프랑스로 이주해서 그곳에서 식료품상을 하던 사람의 아들인 레옹 강베타가 고무풍선을 타고 적군의 포위망을 넘어 투르로 도망쳤다. 거기서 그는 1인 정부로 활약하면서 삼군(三軍)을 조직하고 유능한 장군들을 고용했다. 검은 머리, 검은 수염의 정력 넘치는 이 사나이는 뉴욕의 모건 가(家)에서 차관을 얻어낸 후 독일인들에 저항하는 새로운 프랑스를 선언했다. 그러나 메스에 있는 17만의 프랑스군 주력은 바젠 원수 휘하에 있었다. 바젠 원수는 공화주의자들을 독일인들보다 더 큰 적으로 생각하는 사람이었다. 그는 총 한 방 쏘지 않고 항복해버리고 말았다.

파리 시민들은 아직도 공화국의 정통성을 신봉하고 있었다. 그러나 지방민들은 외국 군대의 침략을 두려워했다. 공화국을 고집하는 파리 코뮌과 평화와 질서를 갈망하는 지방 간에 피비린내 나는 내전이 일어났다. 결국 임시정부는 비스마르크가 내건 조건에 따라 휴전조약에 서명했다. 이 짧은 전쟁은 단순한 패전 이상의 것이었다. 이 전쟁으로 인해 유럽의 힘의 균형이 결정적으로 바뀌었다. 지난 수세기 동안 유럽의 최강국이었던 프랑스가 보잘것없는 세력으로 전락할 위기에 직면한 것이었다.

강력한 군사력만이 프랑스를 이 위협에서 벗어나게 해줄 수 있었다. 궁극적인 파멸의 두려움과 복수심 사이에서 갈팡질팡하던 프랑스 국민들은 평화와 질서를 주장하는 정당, 즉 왕당파와 가톨릭 교도들에게 표를 던졌다. 그러나 국민들은 한편으로 강베타의 마력적인 연설에 매혹되기도 했다.

그는 프랑스의 위대성을 다시 강조했다. 연단에서 강베타가 열변을 토하면 청중뿐만 아니라 산천초목까지도 움직이는 듯싶었다. 그는 '복수'라는 말을 직접 쓰지는 않았지만 그가 일으키는 감정은 바로 '복수심'이었다. 그는 농부나 장인(匠人)의 자제들에게 그들의 장래를 공화국에 투자하라고 촉구했다. 그들에게 군의 장교나 공직의 관리 특히 교사가 되어 공화주의의 이념을 시골 구석구석까지 전파하는 데 이바지하라고 열변을 토했다.

"이것이 프랑스를 다시 강국으로 만드는 길이다."

군의 입장에서 보면 이런 그의 연설은 반란군을 모집하는 연설쯤으로 들렸다. 왕당파나 가톨릭 교도들에게는 그의 연설이 대혁명의 평등주의로 복귀하자는 말로, 따라서 다시 무정부 상태를 몰고 올 위험한 말로 들렸다.

1881년의 선거에서 공화주의 정당들이 다시 다수 의석을 되찾았다. 대혁명의 이념이 다시 강한 위치를 차지하게 되었다. 다시 한번 과학에 대한 낙관적인 믿음이 일어났다. 과학이 미신과 편견을 타파하고 만인의 복지를 보장해줄 것 같았다. 프랑스인들은 이성을 다시 이야기하기 시작했다. 의회는 군을 민주화하는 법률을 통과시켰다.

그러나 한편에서는 수도사와 수녀들이 학교에서 아직도 낡은 교과서대로 모든 기독교도는 군주에 복종하고 교황의 세속적인 권력을 회복시키는 데 조력하는 의무를 갖는다고 가르치고 있었다. 공화주의 정당들은 교육을 교회의 영향권에서 해방시키려고 투쟁하고 있었다. 초등학교 교육은 무료로, 종파나 신분의 구별 없이 실시되도록 개혁되었다. 가톨릭계 대학으로부터 학위를 수여하는 권한

이 박탈되고 허가받지 못한 교단은 해체되었다.

그러나 우파는 별로 겁낼 것이 없었다. 대통령 쥘 그레비를 우두머리로 한 중상류 계급의 대표들은 성직자들의 세력을 제거한 공화국이 어떤 군주국 못지않게 보수적일 수 있다는 것을 입증해보기로 작심한 사람들이었기 때문이다. 따라서 이들은 군주주의자 및 가톨릭 교도들과 연합하여 공화국은 중단됐던 대혁명의 과업을 완성해야 한다고 주장하는 급진주의자들에 대항했다.

강베타는 널리 알려진 지도자였다. 그러나 총리로 몇 개월 재직한 것을 제외하고는 그는 그레비 일파에 밀려 입각하지 못했다. 그레비의 견해로는 강베타는 극단주의자요, 전쟁 주창자였다.

새로 확립된 의회 체제는 프랑스 국민의 정신을 정확하게 반영하고 있지는 않았다. 타산적인 보수주의 색채가 각 정당을 좀먹고 있었다. 그러나 국민의 마음속에는 아직도 세계 속에서의 프랑스의 장래 역할에 대한 관심이 지대했다. 재정, 금융 또는 식민지를 둘러싼 어떤 문제가 일어나더라도 사람들은 그 문제가 독일이라는 강대국에 위협당하고 있는 국가안보에 어떤 의미를 갖느냐 하는 관점에서 바라보았다. 공화국과 의회가 과연 이 경직된 상황을 견뎌낼 수 있을 것인지 매우 의심스러웠다. 이런 경직된 분위기에서 불랑제사건이 일어났다.

강베타는 짧은 기간 총리로 재직하다 물러난 후 오래 살지 못했다. 그는 1883년, 44세의 젊은 나이로 죽었다. 신형 권총을 시험해보다가 오발되는 바람에 손바닥에 화상을 입었는데 덴 상처에 균이 침입했다. 의사들은 손의 상처를 치료하는 데 열중한 나머지 맹장

염을 제때에 발견하지 못했다. 그 결과 맹장이 터져 복막염으로 악화되었다. 전 국민이 그의 장례식에 참가했다.

강베타가 죽자 그와는 매우 대조적인 사람이 그를 대신해서 공화주의자들의 지도자 자리를 차지했다. 그는 방데 지방 대지주의 아들이었다. 방데 지방은 대혁명 당시 혁명군이 교회와 대립하자 혁명에 반대해서 봉기했던 지방이었다. 그러나 조르주 클레망소는 아버지 방자맹이나 마찬가지로 무신론자였다. 방자맹 클레망소는 루이 보나파르트가 자신의 잠재적 적을 숙청하는 과정에서 체포되었던 의사다. 당시 조르주의 나이는 열여섯 살밖에 안 되었었다. 방자맹은 쇠사슬에 묶인 채 감옥으로 끌려갔다. 그러나 마을 사람들이 애쓴 덕분에 추방만은 모면할 수 있었다. 클레망소 가는 매우 오래된 존경받는 가문이었고 방자맹은 평생 의사로서 병든 사람들을 무료로 치료해주었다.

조르주 역시 의사로서 사회생활을 시작했다. 그러나 그는 일찍부터 정치에 매력을 느끼고 있었으며 존경하는 아버지가 쇠사슬에 묶여 끌려가던 장면이 그의 일생을 지배한 열정을 불러일으켰다. 그러나 그것은 차가운 열정이었다. 급진주의자인 그는 대혁명의 유산을 자랑스럽게 여기는 정당의 일원이 되었다. 그는 유약한 인간을 멸시했다. 그는 사람을 사랑하지 않고 인류를 사랑하는 사람들 중 하나였다. 그는 여러 사람 앞에서 지지를 호소하는 것을 멸시했다. 격정을 느끼는 일이 있어도 그것을 여러 사람 앞에 드러내려 하지 않았다. 논리와 힘으로 권력을 잡으려고 노력했고 정부를 전복시키는 데는 열심이었지만 정부의 우두머리가 되려고는 하지 않았다.

작달막한 키, 단단한 체구, 깔끔한 옷차림의 그는 좀 기묘한 인상을 주었다. 몽골인을 연상시키는 머리가 벗겨진 둥근 두골, 윤기 있는 얼굴, 비스듬하게 째진 새까만 눈, 축 처진 콧수염이 그를 말해 주었다. 그는 의식적으로 연설을 잘하려 하지 않았다. 웅변을 국가적 악덕이라고 생각했다. 그의 연설은 그 논리성으로 인해 무게가 있었고 기관총처럼 딱딱거리는 짧은 문장으로 인해 껄끄러운 인상을 주었다. 격투가 횡행하던 당시, 뛰어난 그의 권총 솜씨와 칼 솜씨역시 정적을 공격하는 신랄한 그의 말 못지않게 두려움의 대상이었다.

클레망소는 대혁명을 전폭적으로 받아들이고 있었다. 세계 각국의 상류 계급 간에 악명 높은 공포정치까지도 자랑스러운 유산으로 받아들이고 있었다. 그는 혁명의 완수를 주창하면서도 사회주의나 극좌파에서 내세우고 있는 공장 입법에는 반대했다. 서유럽의 다른 나라에서는 정부가 8시간 노동제나 기타 사회적 입법을 요구하는 국민의 소리에 귀를 기울이고 있던 당시에, 그가 노동자들이 사는 구역의 유세장에 나타난 일이 있었다. 당시 프랑스는 11시간 노동제를 실시하고 있었고 아이들의 노동도 제한하지 않고 있었다. 그는 모자를 뒤로 젖혀 쓰고 입에는 시가를 문 채 청중들에게 자기는 사회를 '승원'(僧院)으로 만들려는 생각에는 찬성할 수 없다고 말했다.

조르주 에르네스트 장 마리 불랑제가 혜성처럼 나타나게 된 데는 클레망소에게 일말의 책임이 있다고 해야 할 것이다. 미모에, 아름다운 머리와 수염을 가진 공화주의자 불랑제 장군은 위풍 있는 콧수염과 우뚝한 코, 힘찬 턱과 꿈꾸는 듯한 푸른 눈의 소유자였다.

어린 시절에 불랑제는 낭트에서 클레망소와 같은 중학교에 다녔다. 따라서 '호랑이'(후에 클레망소에게 붙은 별명)는 그때부터 불랑제를 알고 있었다.

불랑제의 아버지는 보험업을 하다 실패한 탓으로 아들에게 남겨준 것이라곤 빚더미뿐이었다. 그러나 불랑제는 미천한 출신 성분과 어머니에게서 물려받은 미모를 자산으로 만드는 데 성공했다. 그의 어머니는 스코틀랜드 애버딘 출신이었다. 공화국은 민중의 아들들을 높이 평가했다.

군에 투신한 불랑제는 크리미아, 아프리카, 인도차이나 등지에서, 그리고 프러시아와의 전쟁에서 공을 세워 훈장을 받았고 또 승진했다. 전투에서 부상을 입기도 했다. 그러나 그의 명성이 크게 떨친 것은 1881년에 와서였다.

당시 불랑제는 대령이었는데 미국 독립전쟁 당시 영국군 사령관 콘월리스가 요크타운에서 항복한 100주년 기념식에 참석할 프랑스 대표로 선발되었다. 강베타는 그가 선발되었다는 소식을 듣고 얼굴을 찌푸렸다. 강베타는 어렸을 때의 사고로 한쪽 눈의 시력을 잃고 있었다. 그는 말하기를 이 젊은 대령은 두 눈을 가지고 있지만 다른 사람의 얼굴을 쳐다보는 일이 없으며 간혹 쳐다보더라도 한 눈으로만 쳐다본다고 했다. 그러나 강베타도 결국 동의했고 불랑제는 '캐나다' 호를 타고 아메리카로 향했다.

그가 미국에 도착하자 21발의 예포가 울렸다. 그는 진홍빛 바지, 황금색 가발과 견장 그리고 노란 수염을 날리며 육지로 호위되어 올라갔다. 10월 15일 국무장관 제임스 G. 블레인이 외국 귀빈들을 '시티 오브 캣스킬' 호에 태우고 요크타운으로 향했다. 불랑제는 배 위에 성조기와 삼색기가 독일 국기와 나란히 게양되어 있는 것을 보았다. 그는 독일기를 끌어내릴 때까지는 배에 타지 않겠다고 고집했다.

'시티 오브 캣스킬' 호가 요크타운에 도착했을 때는 짙은 안개가 해안을 덮고 있었다. 안개가 걷혔을 때 불랑제는 스토이벤과 기타 미국혁명을 도왔던 독일인 영웅들을 추념하는 뜻으로 그리고 수백만 명의 독일계 미국인들에 대한 양보의 뜻으로 항구에 정박해 있는 미국 군함들이 성조기, 삼색기와 나란히 독일 국기를 게양하고 있는 것을 보았다. 불랑제는 '시티 오브 캣스킬' 호에서 내리지 않겠다고 고집했다.

블레인이 여러 가지 말로 달래고 한편에서는 정장한 독일 장교들이 화를 내며 서성거렸다. 그러나 젊은 대령은 요지부동이었다. 마침내 타협이 성립되었다. 해가 질 때 모든 국기를 내렸고 이튿날 아침에는 미국 국기만을 게양했다. 불랑제의 이런 행동이 다른 나라에 어떤 영향력을 가졌든지 간에 그는 프랑스에서는 영웅이 되었다.

불랑제의 모든 행동은 국민의 찬양을 염두에 두고 한 것이었다. 그가 군사령관이 되었을 당시, 튀니지가 새로 프랑스의 보호령이 되었다. 튀니지에는 이탈리아인들이 많이 살고 있었고 또 상당한 영향력을 행사하고 있었다. 어느 날 밤, 이탈리아의 한 여배우가 공연을 끝내고 갈채를 받는 자리에서 두 개의 꽃다발을 받았다. 하나는 프랑스 장교가 주는 것이었고 또 하나는 이탈리아인이 주는 것이었다. 청중이 보는 무대 위에서 여배우는 프랑스 장교가 주는 꽃다발은 받지 않고 이탈리아인이 주는 꽃다발을 품에 안았다.

대소동이 뒤따랐다. 이 문제는 법정으로까지 비화되었다. 판사는 관대한 처분을 내림으로써 프랑스군 파견대를 분노케 했다. 불랑제는 즉시 튀니지에 주둔한 장병들에게 모욕이 가해질 경우 칼로 응징하라는 명령을 내렸다.

새로 편입된 보호령에 대한 이탈리아 거주민들의 지지를 획득하려고 회유책을 쓰고 있던 프랑스 총독은 이 명령에 대해 파리 본국 정부에 항의했다. 본국 정부는 불랑제에게 총독의 지시를 따르라고 명했다. 그러자 불랑제는 즉시 파견군 사령관직을 사임하고 가족을 데리고 파리로 향했다. 불랑제와 그의 가족은 루브르 호텔에 투숙했다. 이 호텔로 중요한 손님이 찾아왔다. 바로 클레망소였다.

중도파와 급진파가 마침내 연합해서 공화주의자 일색의 내각을 조직하게 되었다. 클레망소는 국방부 장관 자리를 자기와 같은 급진파가 차지하기를 바랐다. 그는 적당한 장군이 없을까 하고 생각해보았다. 잠깐 만나본 후에 그는 불랑제가 적당하다고 결정해버렸다. 당시 불랑제는 겨우 48세밖에 안 되었지만 대중에게 인기가 매우 높았고 또 공화주의자였다. 『라 프랑스 밀리테르』지는 이렇게 논평했다.

"15년 동안 우리는 그와 같은 인물을 기다려왔다. 그야말로 프랑스를 다시 열강의 자리에 올려놓을 수 있는 인물이다."

클레망소 외에 불랑제는 또 한 사람의 강력한 지지자를 확보하고 있었다. 그는 앙리 드 로슈포르였다. 귀족 출신인 로슈포르는 지난 30년 동안 파리 혁명 서클의 우상이었으며 위트가 넘치는 팸플릿 논설가였다. 그의 풍자적 논설은 나폴레옹 3세와 그의 제2제정을 비난하는 데 야당 전체를 합친 것만큼이나 큰 역할을 했다. 한때 그는 외국으로 망명하지 않으면 안 되었었다. 그가 발간한 주간지 『랑테른』이 벨기에로부터 프랑스로 몰래 반입되었다. 그는 프랑스로 돌아오자 일간지 『랭트랑시장』을 통해 부르주아지를 경멸하고 독일에 '복수'해야 한다는 열렬한 주장을 폈으며 중도파를 매도하고 급진파를 옹호했다. 물론 그는 급진파보다도 훨씬 더 좌파로 기울어져 있었다.

불랑제가 집무를 시작했다. 그는 국방부의 참모로 젊은이들을 기용했다. 그는 군에 대한 국민의 신임을 강화하는 것이 자신의 사명이라고 생각했다. 군복무 기간을 5년에서 3년으로 단축시키는 일에 착수했고 사제(司祭) 후보생들도 예외 없이 징집하도록 조처했다. 군의 각종 교육을 현대화하고 그 질을 높였다. 그는 또 병사들에게 새로운 스타일의 군복을 만들어주었고 병영에 식탁과 접시를 비치함으로써 병사들이 종래와 같이 간이 침대에서 식사하지 않도록 했다. 그 밖에도 수확기에는 농촌 출신 병사들에게 휴가를 주었고 일요일은 쉬게 했다. 또한 병사들이 턱수염을 길러도 좋도록 조처했다. 크고 작은 개혁이 박력 있게 진행되었으며 국민들은 열정적으로 환영했다. 얼마 안 되어 그는 파리 사람들의 거의 유일한 얘깃거리가 되었다.

기병연대의 장교들이 어느 귀족의 살롱에서 공화국을 모독하는 발언을 하자 그는 그 연대를 다른 곳으로 이동시켜버렸다. 어느 우파 하원의원이 의회에서 그를 비난하고 나섰다. 그 의원은 '공포정치혐의자규제법'을 다시 소생시켜야 한다고 주장했다.

급진파들의 환호 속에 불랑제가 이렇게 반박했다.

"프랑스는 공화국입니까? 공화국이 아닙니까?"

그 의원이 대답했다.

"좋소. 그렇다면 군이 이 문제를 심판하도록 합시다."

불랑제가 노기 띤 목소리로 소리쳤다.

"내가 지휘자로 있는 한 군은 심판하지 않을 것이오. 군은 다만 복종할 뿐이오."

군을 민간인이 통제해야 된다는 이 주장에 중도파까지도 벌떡 일어나 급진파와 합세했다.

그에게 노동자들과 가까이할 수 있는 기회를 준 보다 중대한 사건이 있었다. 광부들이 데카즈빌에서 파업을 했다. 광부들은 광업회사의 경영 간부 한 사람을 사무실 창문 밖으로 내던졌다. 정부에서는 군대를 파견했다. 좌파에서 이 조처에 항의했다.

불랑제는 이렇게 말했다.

"병사들은 그곳에 가서 만일의 사태에 대비하고 있습니다. 그들은 어느 편도 들지 않습니다. 그들이 그곳에 가 있다고 불평하지 마십시오. 아마 지금 이 순간에 병사들 중 하나가 광부와 자신의 식사를 나눠 먹고 있을지도 모릅니다."

프랑스 국경일인 7월 14일, 대통령, 내각의 각료, 의원, 외교 사절들이 스탠드에 앉아 병사들의 행진을 관람하고 있었다. 그러나 이들은 젊은 불랑제 장군의 들러리에 불과했다. 그가 화려한 제복의 알제리 기병들에게 둘러싸인 채 흑마(黑馬) 위에서 300명의 장성을 거느리고 행진하는 모습은 참으로 위풍당당했다. 그가 나타나자 수많은 군중이 환호성을 울렸다. 바로 그날 밤, 폴뤼라는 가곡 작곡가가 「행렬을 보고 와서」라는 노래를 지었다. 이 노래는 그 후 불랑제주의라고 알려진 운동의 주제가가 되었다.

중도파들은 이제 불랑제의 인기를 경계하기 시작했다. 그들은 이미 말 탄 영웅주의자들에게 숱하게 시달려왔던 것이다. 그들이 총리에게 압력을 넣어 불랑제를 사임시키려고 했으나 그를 사임시키는 대신 총리가 사임하고 말았다. 그의 뒤를 이은 후임자는 급진파와 일반 민중을 자극하는 조처를 거부했다. 불랑제는 새 내각에서도 국방부 장관으로 유임하게 되었다.

1887년 4월 독일 경비병들이, 국경을 넘어와서 교통 정리에 관한 회의에 참석하라고 프랑스의 세관 관리 한 사람을 초청했다. 슈네블레라는 세관 관리가 이 일로 국경을 넘어갔는데 그는 곧바로 체포되고 말았다. 두 명의 독일 사복 경찰이 국경에서 기다리고 있다가 그를 덮쳤던 것이다. 그러나 엎치락뒤치락 하다가 그들이 슈네블레의 손목에 수갑을 채우고 그를 꼼짝 못 하게 했을 때는 사실상 슈네블레는 프랑스 땅에 서 있었다.

내각은 비상 각의를 열었다. 대통령 쥘 그레비가 각의를 주재했다. 말 한마디 없이 불랑제는 그 앞에 동원명령서를 내밀고 서명을 요구했다. 그레비와 중도파들은 대경실색했다. 그의 행동이 매우 무책임하게 보였던 것이다. 뜻밖에도 우파 군주주의자들과 가톨릭

측도 중도파의 편을 들었다. 그들은 은밀하게 자기네들이 의회에서 평화를 유지하려는 총리의 노력을 지지하겠다고 알렸다. 이것은 그 레비에게 다수 의원의 지지를 확보해주었다. 최후통첩 대신 항의문이 베를린에 전달되었고 독일측은 슈네블레를 석방했다.

막후에서 어떤 일이 진행되었는가를 모르는 일반 대중은 불랑제 장군이 독일의 철혈재상의 손을 비틀어 슈네블레를 석방시킨 것이라고 믿었다. 하룻밤 사이에 그는 '복수의 장군'으로 통하게 되었다.

중도파는 불랑제를 이대로 내버려둔다는 것은 매우 위험하다는 결론을 내렸다. 그들은 내각의 위기를 조성함으로써 그를 제거하기로 작정했다. 새 내각을 조각하면서 그를 국방부 장관으로 기용하지 않으려는 계산이었다.

이 계획에 따라 내각이 총사퇴했다. 그러나 이 계획이 밖으로 새어나갔다. 로슈포르는 『랭트랑시장』의 독자들에게 파리 보궐선거의 투표지에다 불랑제 장군의 이름을 써넣으라고 촉구했다. 불랑제는 후보자가 아니었다. 현역 군인은 후보자가 될 수 없었다. 그러나 단일 선거구에서 4만 명의 투표자가 그의 이름을 투표지에 적어 넣었고 전국은 그를 내각에 유임시켜야 한다는 결의와 요구로 들끓기 시작했다. 일반 민중 사이에서 유행하는 불랑제를 찬양하는 노래는 100여 곡에 이르렀다. 장사꾼들은 불랑제의 이름이 찍힌 흉상, 파이프, 비누, 핀 등을 만들어 팔았다.

내각은 그를 유임시킬 수도 제거할 수도 없는 난처한 처지였다. 정치적 위기가 지속되었다. 불랑제는 루브르 호텔에 공작사령부를 설치했다. 나날이 그를 찾는 방문객들이 불어났고 비중 있는 인사들이 너나없이 그를 찾았다. 『라 프랑스 밀리테르』지는 불랑제를 수반으로 군사독재를 확립하는 것이 이 정치적 위기를 수습하는 유일한 길이라고 주장했다. 그러나 정치가들은 다른 길을 택했다. 1887년 5월, 새 내각이 구성되었다. 모리스 루비에 총리는 불랑제 장군을 클레르몽-페랑에 있는 지방 파견부대에서 근무하도록 명령했다.

열띤 항의가 일어났다. 로슈포르는 불랑제가 이 명령에 복종하지 말 것을 요구했다. 그러나 불랑제는 때가 아직 오지 않았다는 결론을 내리고 7월 8일, 새 직책에 부임하기 위해 클레르몽-페랑으로 떠났다.

리옹 역에 너무나 많은 군중이 몰려들어 파리의 교통이 마비되었다. 그들은 불랑제를 찬양하는 노래를 불렀다. 3,000명의 군중이 철로를 가로막고 기차가 출발하지 못하게 했다. 마침내 경찰은 어둠을 이용해서 다른 선로 위에 놓인 기관차에 그를 태우고 파리를 빠져나갔다.

그러나 그는 오래 떠나 있지 않았다. 그해 가을, 대통령의 친척인 하원의원 다니엘 윌송이 군의 훈장을 돈을 받고 판 사실이 적발되었다. 그레비 대통령은 자기가 이 사건에 관련되어 있지 않다는 것을 입증할 수 있었다. 그러나 그를 몰아내려고 벼르고 있던 클레망소와 급진파들이 가만히 있을 리 없었다. 그레비가 슈네블레사건에서 군주주의자들과 손을 잡았다는 사실이 클레망소의 경각심을 높여주었던 것이었다. 그는 우익과 중도파가 손을 잡는다면 공화국의 존립 자체가 위협당할 것이라고 판단했다.

그래서 다니엘의 비행은 급기야 내각을 위기로 몰고 갔다. 클레망소와 급진파들은 카페에 모여 작전 계획을 세웠다. 그레비의 사퇴는 기정사실이었으나 그의 후임자로 누구를 뽑아야 할 것인가? 중도파와 우익에서는 쥘 페리를 내세울 가능성이 많았다. 페리는 존경받는 정치가였지만 식민지에 대한 그의 입장 때문에 급진파로부터 배척받고 있었다. 급진파는 왕당파들이 미는 대통령 후보에 맞설 후보를 찾아야만 했다.

　그들이 숙의하는 도중 불랑제 장군이 슬며시 끼어들었다. 그는 클레르몽-페랑에서 내각의 위기에 관한 기사를 읽었다. 그는 자신의 인기를 급진파가 후원하는 정부를 위해서 바치겠다고 제의했다. 클레망소가 이 제의를 받아들였다. 그러나 그는 불랑제의 말을 받아들였을 뿐 그 이상의 행동은 취하지 않았다.

　그레비가 사임한 후 상·하원의원들은 헌법 절차에 따라 새 대통령을 뽑기 위해 베르사유에 모였다. 동시에 전통적인 혁명의 발상지인 시청에서는 하나의 위원회가 조직되었다. 데룰레드의 애국자 연맹과 수많은 노동자들이 거리를 메웠다. 그들은 중도파와 우파가 연합해서 쥘 페리를 대통령으로 뽑으면 곧 행동에 돌입할 태세였다. 클레망소는 불랑제를 후보로 내세우지 않고 프랑수아-마리 사디-카르노를 내세웠다. 사디-카르노는 한 세기 전 프랑스혁명군을 조직했던 라자르 카르노의 손자였다.

　카르노가 대통령에 당선되자 불랑제는 무서운 속도로 좌파에서 우파로 선회했다. 클레망소에게 했던 그의 제의가 공화주의자로서 취한 그의 마지막 제스처였다.

불랑제는 미국을 여행하는 도중 프랑스 국방대학 시절의 동창생을 만난 적이 있었다. 아르튀르 마리-디용이라는 이 사람은 맥케이 대서양횡단케이블 회사의 중요한 간부가 되어 있었다. 그런데 디용이 이 무렵 파리로 돌아왔다. 그는 자신의 장래를 불랑제에게 걸었다. 디용은 왕당파들에게 접근했다.

부르봉 왕가의 왕위 계승권자인 콩트 드 샹보르란 사람이 있었다. 1870년 패전 직후의 반동기에 왕당파가 하원의 다수 의석을 차지했었다. 그들은 샹보르를 왕위에 앉히려고 했다. 샹보르는 이렇게 선언했었다.

"하느님의 은총에 따라 왕인 나는 헌법을 받아들일 수 없다. 나는 나의 조상(루이 16세)처럼 혁명의 은총에 따른 왕은 되지 않을 것이다. 나의 조상은 자신의 어리석음의 대가로 목이 잘린 것이다."

그는 삼색기를 받아들일 것을 거부했다. 부르봉 왕가의 백색기를 가리키면서 그는 자신의 요람 위에 꽂혔던 깃발이 자신의 무덤 위에도 꽂히기를 바란다고 했다. 왕당파들은 그를 포기하는 수밖에 없었다. 그들은, 그가 죽고 나면 그의 후계자는 좀더 현실적일 거라고 생각했다.

디용은 콩트 드 샹보르의 측근을 수소문했다. 그가 찾아낸 사람이 뵈브-클리코 샴페인 회사의 상속인인 뒤제 백작 부인이었다. 뒤제 백작 부인은 자기가 받드는 '왕'이 인정받을 수만 있다면 자신의 큰 재산을 불랑제를 위해 바칠 각오가 되어 있었다. 마침내 불랑제는 모든 왕당파 지도자들을 만났다. 그들은 하나같이 자기네들이 협력할 테니 민중의 인기를 업고 권력을 잡아보라고 불랑제에게 제의했다. 군주주의 헌법을 기초하기 위한 위원회가 조직되었다. 불랑제가 이 새로 기초된 헌법을 국민투표에 부치기로 되어 있었다.

불랑제에게는 다른 조언자도 있었다. 나폴레옹 3세의 조카인 제롬 보나파르트의 동료들은 부르봉의 후예는 국민의 환영을 받지 못할 것이라고 주장했다. 그러나 보나파르트는 아직도 국민들의 귀에 영광의 이름으로 울린다는 것이었다. 불랑제는 조심스레 이 말에도 귀를 기울였다. 1888년 1월 1일 불랑제는 사복을 하고 몰래 스위스 국경을 넘어가 보나파르트 가의 영수인 제롬을 만났다. 제롬은 불랑제에게 나폴레옹 1세의 칼을 보여주었고 불랑제는 제롬에게 그가 그 칼을 차고 알자스-로렌 지방을 재탈환하는 싸움에 나설 수 있게 하겠다고 약속했다.

불랑제의 비밀 후원자들은 열정적이기는 했지만 매우 잡다한 집단의 복합체로 구성되어 있었다. 권위주의적 공화 체제를 주장하는 데룰레드와 그가 이끄는 애국자연맹이 있는가 하면 유화론자와 장사꾼들의 공화국을 파괴하겠다고 나선 로슈포르가 있었고, 제롬을 황제로 추대하고자 하는 보나파르트주의자들이 있는가 하면 부르봉의 후예를 왕으로 세우겠다는 군주주의자들이 있었다.

뒤제 백작 부인은 50만 달러 이상을 디용에게 내놓았다. 그러나 대서양횡단케이블 회사 간부 디용은 이 정도로 만족하지 않았다. 그는 이렇게 말했다.

"나는 800만 달러를 모아 대서양에 던진 사람입니다. 장군에게 기회를 주기 위해선 적어도 500만 달러는 모아야 합니다."

불랑제주의자들은 기관지로 일간지 『라 코카르드』를 창간했으며 수백만 장의 팸플릿을 발간했다. 그들은 의회를 해산하고 헌법을 개정할 것을 요구하는 운동을 전개했다.

정부는 이 운동에 제동을 걸려고 했다. 정부는 불랑제가 세 번 불법으로 파리를 방문했으며 그중 한 번은 사복을 입고 더욱이 검은 안경을 쓰고 절름발이로 가장한 채 파리에 왔다고 발표했다. 그리고 돌연 그를 퇴역시켜버렸다.

퇴역 장성들은 허울만 좋을 뿐 할 일 없는 사람들이었다. 그러나 불랑제의 경우는 사정이 좀 달랐다. 그는 비로소 자신의 모든 시간을 정치에 바칠 수 있게 되었다. 일주일 후에 북부 지방에서 하원의원 보궐선거가 예정되어 있었다. 그는 일주일밖에 선거운동을 할 여가가 없는 형편이었다. 그러나 그로서는 놓칠 수 없는 기회였다. 그는 이 선거에 도전하여 압도적인 승리를 거뒀다. 농부와 광부들은 급진파를 외면하고 17만 3,000표를 정치인들에 의해 군에서 쫓겨난 이 퇴역 장성에게 던졌다.

불랑제의 인기는 계속 높아갔다. 파리의 살롱들이 다투어 장군을 초청했다. 드카야베 부인의 살롱에서조차 장군을 초청했다. 드카야베 부인의 살롱은 문학하는 사람들과 예술가들이 모이는 곳이었다. 살롱의 한 귀부인이 장군의 손이 예쁘다는 것을 발견하고 "손이 정말 예쁘군요" 하고 감탄했다. 어리둥절한 불랑제는 이렇게 대답했다.

"아, 그럼 내 발도 보여드려야겠군요!"

이 말은 일반에게는 비밀에 부쳐졌지만 귀부인들은 불랑제에게 크게 실망했다. 그러나 위대한 예술가 중 일부는 여전히 그에게 이

끌렸다. 아나톨 프랑스와 소설가 모리스 바레스가 바로 그런 부류였다. 그러나 이때 살롱에서 가까워진 사람 중 뒤에 중요한 역할을 한 인물은 마르그리트 드 본느맹이라는 젊고 아름다운 이혼녀였다.

1888년 6월 4일, 불랑제는 연설을 통해 자신의 정책을 발표했다. 그가 의회로 갈 때, 그의 추종자들이 거리를 메운 채 그에게 환호를 보냈다. 의회에서 그는 이제 그의 측근이 된 정상배들이 그를 위해 기안한 계획의 개요를 설명했다. 그 계획은 하원을 철폐하고 대신 권위주의적인 공화국을 세운다는 것이었다. 연설의 나머지 부분은 의회 체제에 대한 공격이었다. 의회제도는 쓸데없는 토론만을 생산할 뿐이라고 그는 주장했다.

클레망소가 날카롭게 응수했다.

"이 토론이야말로 우리 모두를 영광스럽게 해주는 것입니다. 토론을 통해 우리가 옳다고 믿는 이념을 수호하려는 우리의 열정이 입증되는 것이죠……. 그렇습니다, 이견을 자유롭게 토론할 수 있는 나라야말로 영광스러운 나라입니다. 아무런 소리도 울리지 않는 곳이야말로 수치스럽겠죠."

그러나 불랑제를 가장 신랄하게 꼬집은 것은 총리 샤를 플로케의 위트 넘치는 말이었다.

"여보시오, 장군. 당신이 대체 무얼 했길래 나폴레옹 황제처럼 말하는 거요? 당신 나이에 나폴레옹은 이미 죽어 있었소."

불랑제는 플로케에게 결투를 신청했다. 총리는 당시 65세의 노인이었고 평생을 앉아서 법률만 다루며 지낸 사람이었다. 그런데도 이 위대한 병사 불랑제는 만반의 준비를 갖췄다. 아르튀르 디옹 역시 결투에 세심한 신경을 썼다.

"당신은 칼 쓰는 솜씨가 어떤 편이오?"

디용이 불랑제에게 물었다. 불랑제는 자신의 칼 솜씨를 자신할 수 없었다. 사관학교를 졸업한 이후로 32년 동안 칼이라곤 만져본 일도 없다고 대답했다. 디용은 유명한 검술가인 자비에 푀양을 불러 불랑제가 검술을 닦는 데 조력하도록 했다.

결투는 신청한 날로부터 6주나 지난 7월 13일에야 실행되었다. 결투 장소는 뇌이에 있는 디용의 사유지였다. 들판 한쪽 끝에서 우아한 마차가 기다리고 있었다. 마차 안에는 베일을 쓴 귀부인이 앉아 있었다. 마르그리트 드 본느맹이었다. 불랑제는 검술 연습을 하는 등 나름의 준비를 했는데도 플로케 총리와의 결투에서 1회전밖에 버티지 못했다. 늙은 총리는 2회전에서 그를 넉아웃시켜버렸다. 총리가 불랑제의 목을 10센티미터가량 꿰뚫었던 것이다. 프랑스의 영웅은 기진맥진한 채 우아한 마차로 옮겨져 귀부인의 품에 안겼다. 그녀는 베일을 약간 들어 올리고 자기 입술을 그의 얼굴에 누른 채 이렇게 속삭였다.

"날짜가 정해질 때부터 이렇게 될 줄 알았어요. 오늘이 13일의 금요일이잖아요."

이것은 마르그리트가 불랑제의 여인으로 일반에게 부각된 최초의 사건이었다. 그녀의 존재에도 불구하고 그의 명성은 여전했다. 그리고 놀랍게도 명예로운 결투에서 이 멋쟁이 장군이 비참하게 패배했다는 사실 역시 그의 명성에 별다른 타격을 주지 못했다. 이듬해 1월에는 불랑제의 공작사령부는 헌법을 무너뜨리고 권력을 잡기 위한 만반의 준비를 완료했다.

당시의 프랑스 법에는 한 사람이 원하는 바에 따라 얼마든지 동시에 여러 선거구에서 입후보할 수 있게 되어 있었다. 그러나 아무리 많은 선거구에서 당선되더라도 그는 한 사람의 의원으로밖에 행세할 수 없었다. 이것은 어떤 사람이 자기에 대한 전국적인 지지도를 과시할 수 있는 유일한 방법이었다. 1887년 1월 27일 파리에서 의원 한 명을 뽑는 보궐선거가 예정되어 있었다. 불랑제 일파는 이 선거를 자기네 세력권을 확인해보는 계기로 삼기로 했다. 세를 과시한 후 밀고 들어가서 의회를 휩쓸어버릴 계획이었다.

클레망소는 이 도전을 받아들였다. 그는 '독재와 반동에 대항해서 공화국을 마지막까지 수호하기 위해서' 인권협회를 창설했다. 그는 모든 정당이 단일 후보를 내서 힘을 분산하지 않고 불랑제와 대항하자고 제의했다. 파리 시민의 복수주의 및 좌파 성향에 영합하기 위해 단일 후보는 급진파 당원 중에서 택했다.

이렇게 해서 뚜렷한 전선이 형성되었다. 그러나 당시는 정객들이 승산 있는 쪽으로 기울던 시대였다. 불랑제가 우세하다는 기미가 나타나기만 하면 급진파 의원 중 절반은 클레망소를 저버리고 불랑제에게 달려갈 판이었다. 우파 진영 역시 기회주의적이기는 마찬가지였다. 교회도 불랑제의 승리에 확신이 서기까지는 공공연히 장군을 지지하는 것을 꺼리고 있었다. 불랑제는 교회의 지지를 얻기 위해 온갖 노력을 기울였다. 저명한 유대인들이 그의 편에서 활약하고 있었다. 그의 막료로 활동하는 유대인도 있었다. 그런데도 그는 "우리가 해야 할 첫 번째 과업은 프랑스에서 유대인을 제거하는 일"일 것이라고 말했다. 또 어느 가톨릭계 신문과의 인터뷰에서 그는 결코 '종교에 박해를 가하는' 편에는 가담하지 않을 것이라고 선언했다.

선거운동은 매우 치열했다. 디용은 막대한 돈을 뿌렸다. 수많은 시인·예술가·언론인·사진가들을 동원해서 파리뿐만 아니라 전국을 누비며 불랑제를 선전하도록 했다. 보궐선거에서 승리했다는 소식을 신호로 전국이 열광적으로 그의 당선을 축하하도록 준비했다.

선거가 실시된 날 밤, 개표가 진행되는 동안 파리의 거리는 군중으로 들끓었다. 대통령은 엘리제 궁에 앉은 채 불랑제가 그의 자리를 빼앗으러 들어올 때 그를 환영할 군중의 함성을 기다리고 있었다. 엘리제 궁에 배치된 경비병들조차도 불랑제주의 간행물을 읽고 있었고 불랑제 단추를 달고 있었다. 거리를 메운 군중은 빈부 격차를 떠나서 남녀노소 가릴 것 없이 불랑제를 찬양하는 노래를 합창하고 있었다.

"불랑제! 불랑제! 엘리제 궁으로!"

함성이 끊임없이 울렸다. 불랑제는 로얄 가(街)에 있는 뒤랑 식당에서 선거 결과를 기다리고 있었다. 작전상 엘리제 궁에서 얼마 안 되는 곳에 자리를 잡은 것이었다.

이때 마르그리트는 불랑제의 아파트에 있었던 것 같다. 그녀는 폐결핵에 걸려 있었고 겨울밤의 찬 공기를 쏘이면 위험했던 것이다. 마르그리트와 불랑제는 보통 사이가 아니었다. 50대 초반 생의 절정기에 오른 불랑제는 아내와 별거 중이었다(그의 아내는 그의 허영심을 참을 수 없었다고 말했다). 그는 일련의 사소하고 때로는 천박한 여자관계를 가졌다. 그러나 젊고 교양 있고 섬세한 마르그리트는 그의 명성이 아니라 인간 불랑제를 사랑한 첫 번째 여성이었다.

한 여인은 마르그리트를 이렇게 평했다.

"왕관을 쓴 여왕일지라도 그녀처럼 위엄 있는 아름다움을 갖지는 못할 거예요. 그녀는 불랑제를 자기가 원하는 사람으로 만들 거예요. 만약 그녀가 자기 자신보다도 불랑제를 더 사랑한다면 그녀는 그를 위대하게 만들 거예요. 그렇지 않으면 불랑제는 파멸할 거예요."

그날 밤 뒤랑 식당에 앉아 불랑제가 어떤 생각을 했는지는 짐작할 수만 있을 뿐 확실히 알 수는 없다.

그는 마르그리트가 폐결핵에 걸려 앞으로 몇 년밖에 살 수 없다는 것을 알고 있었다. 쿠데타가 성공한다면 그녀의 남은 생애를 그녀와 함께 지낼 수 없으리라는 것도 알고 있었다. 일에 쫓기며 군중 속에서 군중과 함께 지내야 할 테니까.

불랑제의 승리가 전해졌다. 거리거리에서 군중은 열광했다. 군중은 열광적으로 행동을 개시하라고 외쳤다. 불랑제의 측근들도 불랑제에게 간청했다.

"장군, 걸으십시오. 어서 나서십시오."

엘리제 궁은 불과 몇 발자국 안 되는 거리에 있었다.

"지금 행동하지 않으면 기회는 결코 다시 오지 않을 것입니다."

로슈포르가 간청했다.

"내일이면 이미 늦습니다."

　　　　　나는 고발한다

로슈포르는 자기 시계를 꺼내 손에 들고 있었다. 그는 15분 동안을 시계를 들여다보며 시간을 쟀다.

"자정이면 오늘은 끝납니다. 그리고 오늘은 다시 오지 않을 것입니다."

자정이 되자 거리의 군중은 서서히 줄어들기 시작했다. 뒤랑 식당도 텅 비었다. 엘리제 궁의 불빛도 꺼졌다. 불랑제는 마르그리트에게로 가버린 후 다시 나타나지 않았다.

레옹 블룸은 드레퓌스사건 회고록에서 불랑제 파동을 다음과 같이 분석했다.

정치운동의 결과를 항상 성공이냐 실패냐로 판단해서는 안 된다. 혁명이 성공하면 그것도 역사의 일부가 된다. 혁명이 실패할 경우 그것은 사람들의 기억 속에 희미한 조소의 자취를 남길 뿐이다. 그러나 성공과 실패는 머리카락 한 오라기의 차이에 불과하다.

오늘날 불랑제 파동은 한낱 실패한 소극(笑劇)으로 보일 뿐이지만 이 운동은 2년 동안이나 프랑스를 뒤흔들었고 프랑스 존립의 뿌리까지 위기에 몰아넣었다. 이 운동의 지도자들은 승리를 확신했고 또 사실 승리를 거의 손안에 넣었던 것이다. 그들이 승리하지 못한 것이 기적이었다.

만약 역사가 모험소설의 논리대로 진행됐더라면 불랑제는 1889년 1월 27일 센 보궐선거가 있던 날 밤, 엘리제 궁을 점령했을 것이다. 그 후 총선거가 실시됐을 것이고 총선거에서 불랑제 일파가 다수 의석을 차지했을 것이다. 루이 나폴레옹은 불랑제 일파에 비해 훨씬 성공 가능성이 희박했는데도 쿠데타에 성공했었다. 그러나 불랑제 일파의 운동은 이상하게도 종국에 가서 보잘것없이 끝나고 말았다.

블룸의 이 글은 불랑제 추대 운동이 실패한 후에 쓰인 것이다. 그러나 불랑제 파동이 완전히 사그라지기까지는 오랜 기간이 필요했다. 운동의 지도자는 상징에 불과한 것이다. 지도자가 사라진다고 해서 그 운동을 몰고 가던 세력이 저절로 사라지는 것은 아니다.

한편 불랑제가 행동의 호기를 그대로 흘려보낸 후 새로운 내각이 구성되었다. 새 내각은 공화주의에 동의한다는 단 한 가지 공통점을 가진 사람들로 구성되었다. 새 내각은 강력한 조치를 취하기로 결정했다. 폭력으로 정부를 전복하려 기도했다는 혐의로 불랑제와 그의 두 보좌관 데룰레드와 로슈포르를 체포, 기소하려는 계획을 세웠던 것이다.

그러나 한 경찰관이 이 뉴스를 마르그리트에게 몰래 전했다. 애인과 떨어지게 될 것을 두려워한 불랑제는 그녀와 함께 벨기에로 도망쳐버렸다. 그는 뉴스를 확인해볼 때까지 기다리지도 못했다. 경찰은 두 사람이 도망치는 것을 눈감아주었다. 국경 수비대에는 이 두 사람이 무사히 국경을 넘도록 해주라는 지시가 하달되었다.

4월 1일, 불랑제의 추종자들은 그들의 지도자가 기소에 항거해서 그들과 함께 싸우지 않고 도망쳐버렸다는 신문 보도를 읽고 충격을 받았다. 그러나 9월에 실시된 총선거에서 파리의 선거구 주민들은 그가 벨기에에 머물러 있는데도 그를 다시 하원의원으로 재선시켰다. 44명의 다른 불랑제 지지자 역시 하원의원으로 당선되었다.

그러나 불랑제는 귀국을 거부했다. 재판을 받을 위험을 감수할 용기가 없었던 것이다. 재판에 회부된다면 그 결과가 무죄가 된다 해도 그것은 그가 1월 27일 밤에 등을 돌렸다는 사실을 분명히 밝히는 것이 될 뿐이었다. 게다가 마르그리트는 사경을 헤매고 있었다. 그는 끝까지 그녀의 침대 곁을 떠나지 않았다.

마르그리트는 2년 후인 1891년에 브뤼셀에서 죽었다. 불랑제는 두 달 동안 그녀의 죽음을 애도했다. 그 후 그는 그녀의 무덤을 찾아가 그 위에서 자살했다. 그는 두 무덤에 하나의 묘비를 세우고 그 위에 다음과 같은 비명을 새겨달라고 유언을 남겼다.

"그대 없이 내가 어찌 두 달을 살 수 있었던가?"

불랑제가 죽었는데도 불랑제의 기억은 쉽게 사라지지 않았다. 블룸은 이렇게 쓰고 있다.

"드레퓌스사건을 이해하기 위해서는 그 사건이 이 돌풍 같은 혁명이 유산된 지 불과 8년도 안 돼서 일어났다는 사실을 잊지 말아야 한다."

혁명이 유산되었다 해도 그 폭발력이 완전히 제거된 것은 아니었다. 폭발력은 내면에 잠재한 채 새로운 기폭제를 기다리고 있던 것이다. 왕당파들도 때를 기다리고 있었으며 반유대주의자, 무뢰한과 모험가들, 열광자들, 기회주의자들도 그대로 남아 있었으며 점점 강대해지는 독일을 지켜보며 겁에 질려 있는 대다수의 국민도 그대로였다. 프러시아의 강대한 세력 앞에서 인권이 무엇이란 말인가? 그런 주장은 신교도나 유대인들의 음모가 아닐까? 아니면 그것은 철학적인 몽상에 불과한 것이 아닐까?

12

불랑제를 대중의 영웅으로 만든 정치적 혼란은 불랑제가 일으킨 것이 아니었다. 강한 감정의 저류(低流)가 프랑스 정치 구조의 밑바닥을 좀먹어가던 차에 미남 장군이 흑마를 타고 나타나 정치 기반을 무너뜨릴 뻔했던 것이다. 애국심이 송두리째 민족주의로 탈바꿈했던 것이었다.

애국심은 대혁명의 유산이었다. 애국심에는 군에 대한 숭배가 내포되어 있었다. 혁명군이야말로 1792년에 각국 군주의 연합군을 패주시키고 구질서를 깨뜨림으로써 다른 나라 국민들까지도 스스로의 굴레를 벗고 사해동포로서 프랑스인과 합류할 수 있게 길을 열어준 모체였기 때문이었다. 이 애국심은 나폴레옹에 의해서 왜곡되긴 했지만 자유와 인권의 정신을 다른 나라로 확산시키는 역할을 해왔으며, 혁명 초기에 전국을 풍미했던 관용의 정신을 완전히 잃어버린 적이 없었다.

저는 저 자신을 사랑합니다. 그러나 저는 저의 가족을 한층 더 사랑합니다. 그리고 저는 가족보다는 내 조국을 더 사랑하며 내 조국보다는 인류를 더 사랑합니다. 우리는 자신을 희생할 각오가 되어 있어야 합니다. 가족을 위해서 자기를, 조국을 위해서 가족을, 인류를 위해서 조국을 희생할 수 있어야 합니다.

이것은 프랑슈콩테 출신의 지원병 프랑수아 자비에-졸리클레르가 혁명 당시 어머니에게 보낸 편지의 일부다.

레옹 강베타는 스당의 패전 이래로 이런 혁명 당시의 애국심을 다시 불러일으키려고 갖은 노력을 아끼지 않았다. 그런데 그 결과가 프랑스와 프랑스가 대표하는 것에 대한 큰 재앙으로 나타났던 것이다. 필연적으로 그는 어떤 희생을 치르고라도 강력한 군을 육성하는 것을 첫 번째 과업으로 삼지 않을 수 없었다. 이 과정에서 군이 어떤 정신을 갖춰야 하는가에 대해서는 주의하지 않았다. 국방부의 우두머리로 장군을 임명할 때도 그는 제1급 군인을 택했지 혁명적 애국심의 불꽃이 아직도 살아 있는 다른 후보자들은 간과해버렸던 것이다. 결과적으로 그는 기회주의자라는 낙인이 찍히게 되었고 노동자 계급이 많은 자신의 선거구에서조차 낙선의 고배를 마시게 되었다.

강베타가 애지중지한 재향군인 조직인 애국자연맹은 좌파의 전통적 애국심으로부터 한 걸음 더 멀어져갔다. 병영 시인 폴 데룰레드(그는 외곬으로 독일에 대한 복수에만 헌신한 성실한 사람이었다)가 강베타의 고무 아래 이 전국적인 재향군인 조직을 창설했다. 강베타는 의회가 정파에 의해 분열되더라도 이 조직이 국가의 최대 이슈를 살아 움직이게 해줄 것으로 기대했다. 그러나 당초 강베타를 따르던 데룰레드가 종국에는 애국자연맹을 반유대주의 무뢰한들 쪽으로 몰고 가버렸던 것이다. 이 반유대주의 무뢰한들이야말로 후에 드레퓌스사건을 공화국 전복의 수단으로 사용하려 한 장본인들이다.

새로운 민족주의는 모든 문제를 국가 이익이라는 관점에서만 보왔다. 이들 국가주의자들은 인권, 자유, 평등 등 대혁명의 기본 이념까지도 국력 부강을 위해서는 희생할 용의가 있었다. 따라서 이들 새로운 민족주의자들의 진정한 성분은 우익이었다. 결국 '국가주의자'란 말은 우익, 즉 아직도 '앙시앵 레짐'(구정권)의 논리를 가지고 혁명과 싸우고 있던 가톨릭 교도 및 보수주의자를 가리키는 말이 되어버렸다.

드레퓌스사건은 이 새로운 민족주의에 새로운 반유대주의가 가미되는 하나의 계기가 되었다. 이 새로운 반유대주의는 19세기 전반에 프랑스에 잠재해 있던 반유대주의와는 성격이 달랐다. 종래의 반유대주의는 근대 상업, 철도업, 금융업이 생겨나면서 두각을 나타낸 부유한 유대인들을 상대로 간간이 폭발하던 반유대인 감정이었다. 이 종래의 반유대주의는 산업이 급속히 진보할 때면 언제나 급작스레 생겨났다가는 또 급작스레 사라져버리곤 했다.

대혁명 기간 중에도 에베르는 유대인과 대부호를 한꺼번에 비난했다. 또 1848년 2월혁명 전야에 나온 '유대인, 우리 시대의 제왕들'이라는 제목의 사회주의 팸플릿도 실업계와 부호들을 공격했다. 이 팸플릿의 필자는 "유대인, 대금업자, 상인들은 똑같다"고 썼다. 그는 또 신교 국민들은 육식조(肉食鳥)들이라고 낙인찍었다. 제2제정에 접어들어 나폴레옹 3세가 철도 부설권을 자기와 가까운 유대인 금융가들에게 넘기자 반유대주의는 특히 격렬해졌다. 철도산업은 부호 정치의 본거지가 되었다. 유대인 소유주들에 대한 반감은 자본주의가 급속도로 진전됨에 따라 점점 궁지에 몰리고 있던 농촌 사람들의 반(反)산업적 감정에 의해 더욱 가열되었다.

그 후 1870년에 코뮌 운동가들이 유대인 문제를 들고나왔다. 마르크스주의자 지도자였던 쥘 게드는 유대인 문제가 가장 큰 사회 문제라고 지적하기도 했다. 어떤 마르크스주의 신문은 유대인의 재산을 모두 몰수하라고 요구하기도 했다. 유대인들이 속임수와 착취로 지난 한 세기 동안 모은 재산을 사회에 되돌려 주어야 한다는 주장이었다. 자본주의의 해악과 유대인을 동일시하는 이와 같은 주장은 인구 3,900만의 나라에 유대인은 단 7만 명뿐이라는 사실 때문에 더욱 용이하게 주장될 수 있었다. 유대인들의 대부분은 파리나 기타 지방 대도시에 살고 있었다. 프랑스 사람들 대부분은 유대인을 본 적조차 없었다. 그들의 눈에는 '하느님의 아들'을 십자가에 단 사람들의 후예인 유대인이 악마처럼 비쳤다. 보이지는 않지만 유대인들은 어디에나 있는 것처럼 생각되었다. 보이지는 않지만 어디나 편재해 있는 금융 세력처럼 보였다.

에두아르 드뤼몽은 『유대인의 프랑스』라는 두툼하고 박식한 저작에서 아주 새로운 이론을 전개했다. 관리의 외아들로 태어난 그는 어려서 부모를 잃고 가난한 장인(匠人)인 외가 쪽 친척 손에서 자랐다. 그는 38세가 되어서야 결혼했는데 아내가 2년 만에 세상을 떠났다. 성경에 나오는 인물의 얼굴을 한, 불만에 가득 찬 이 격렬한 사나이는 더부룩한 검은 머리에 온 얼굴을 거의 덮어버린 수염을 달고 있었다. 신들린 듯한 검은 눈이 안경 속에서 반짝였으며 사람들은 흔히 그를 '반유대주의의 랍비(유대인 율법박사)'라고 불렀다.

드뤼몽은 옛 프랑스에 대한 향수에 사로잡혀 있었다. 그가 그리는 것은 기독교적 질서가 지배하는 사회였다. 특권에는 책임이 수

반되고, 일이 보장되고 또 고귀한 것으로 인정되는, 가장 비천한 노동이 사회에 필수적이라는 것이 인정되고 가장 고귀한 것으로 떠받들어지는 사회였다. 옛 프랑스—물론 이것은 실제로는 존재한 적이 없는 프랑스였다—는 드뤼몽의 견해로는 대혁명이 앗아갔다. 대혁명이 창조한 자유가 유대인들에게 가해지던 합법적·도덕적 억압을 풀어버렸고 혁명이 가져온 평등이 유대인들을 다른 사람들과 똑같은 개인으로 만들어버렸다. 프랑스인들은 유대인들이 프랑스 사회, 프랑스 재계, 문학계, 학계, 정계에 깊숙이 침투한 후에야 비로소 그들의 존재를 실감하게 되었다. 이것을 원상태로 되돌리기 위해서는 대혁명을 완전히 역전시키는 길밖에는 다른 길이 없다고 드뤼몽은 썼다.

1886년까지만 해도 이 책은 팔리지 않은 채 썩고 있었다. 1889년에 그는 반유대인연맹을 창설했다. 이 단체는 1년 만에 흐지부지되었다. 그러나 1892년에 드뤼몽의 노력이 결실을 맺었다. 제수이트 교단이 반유대계 신문 『라 리브르 파롤』지 재정을 뒷받침하기로 결정했던 것이다. 에두아르 드뤼몽이 이 신문의 발행인 겸 편집인이 되었다. 이 신문은 파나마 스캔들의 '도덕적 타락성'을 파헤침으로써 인기를 얻었고 전국적으로 영향력을 행사하게 되었다. 이 신문은 명망 있는 사람을 몰락시키고 무뢰한에게 명망을 안겨주는 등 막강한 필봉을 휘둘렀다. 드뤼몽의 말 한마디에 각료들의 운명이 결정되었고 내각이 뒤흔들렸으며 대통령이 벌벌 떨었다.

드뤼몽이 이와 같이 막강한 영향력을 갖게 된 것은 파나마사건 때문이었다. 파나마사건은 이 밖에도 여러 가지 파문을 일으켰다.

수에즈 운하 건설의 영웅인 페르디낭 드 레셉스에게 파나마 운하 건설의 과업이 떨어졌다. 레셉스는 대서양과 태평양을 잇는 파나마 운하의 건설을 제안한 사람이었다. 수에즈 운하는 제2제정의 영광이었다. 파나마 운하가 건설된다면 그것은 공화국의 영광이 될 것이었다. 이 운하로 인해 프랑스는 라틴아메리카에 큰 영향력을 갖게 되어 점점 커가는 독일의 세력에 대항할 수 있는 힘을 기를 수도 있을 것이었다. 프랑스의 부르주아지들은 열광적으로 이 운하 건설에 투자했다. 그들의 열광은 비스마르크가 프랑스에 부과한 엄청난 배상금(50억 프랑)을 다투어 낼 때의 열성과 비견할 만했다(비스마르크는 배상금의 지불이 기한보다 1년 전에 완결되자 독일군을 프랑스에서 철수시켰다).

그러나 레셉스는 기술상의 난관에 봉착했다. 더 많은 돈이 필요하게 되자 모금이 지지부진해지기 시작했다. 레셉스는 자금을 마련하기 위해서 이탈리아 왕에게서 남작 칭호를 받은 바 있는 자크 드 라이나흐에게 접근했다. 공사가 봉착한 기술상의 난관을 일반에게 자세히 알리는 것이 그다지 바람직하다고 생각되지 않았기 때문에 레셉스는 한층 더 난처한 입장에 처해 있었다. 마침내 라이나흐 남작은 내무부 장관에게 전국적인 복권 판매를 허가해줄 것을 탄원했다.

내무부 장관은 이 탄원을 거절했다. 남작은 다시 코닐리어스 헤르츠 박사에게 접근했다. 헤르츠는 프랑스에서 태어났지만 미국으로 이주해서 미국 시민이 되고 의학과 공학에서 박사 학위를 획득한 사람이었다. 프랑스로 돌아온 그는 급진파 정당을 지원했고 스스로 공화주의 신문을 발간했으며 클레망소의 신문을 후원했다. 1886년 그는 레지옹 도뇌르 2등 훈장을 받았다. 남작은 그에게 복권 발행 허가가 승인되기만 하면 1,000만 프랑을 주겠다고 제의했고 그중 60만 프랑은 선금으로 주었다.

이와 같은 뇌물 공세에 힘입어 언론이 정부에 압력을 가하기 시작했다. 파나마 운하 채권을 가진 15만 명 이상의 사람들이 복권 발행을 허가해달라고 청원했다. 이들 채권자들의 요구에 따라 의회는 운하의 건설 상황을 보고하라고 정부에 요구했다.

정부의 보고는 실망스러웠다. 그러나 라이나흐 남작은 농무성에 100만 프랑을 제공하고 농무성으로 하여금 복권 허가를 요구하는 법안을 의회에 제출하게 했다. 마침내 1888년 복권이 발행되었지만 그 결과는 시원찮았다. 레셉스는 사임했고 결국 운하 건설 사업은 파산하고 말았다. 약 50만 명에 달하는 소액 투자가들은 투자한 돈을 찾을 길이 없었다. 그때까지 운하 건설 계획에 투입된 것이 15억 프랑이었는데 이 돈의 반 이상이 뇌물, 커미션 등으로 쓰인 것이 드러났다.

전 국민의 분노가 끓어올랐다. 수에즈의 영웅과 그 아들은 사기죄로 기소되어 감옥에 들어갔다. 그러나 이들에 관한 판결은 시효 규정에 따라 무효가 되고 말았다. 여기서 이 문제는 일단락되는 듯싶었다. 그러나 한 가지 해결되지 않은 문제가 있었다. 헤르츠 박사는 아직 약속받은 1,000만 프랑을 받지 못했던 것이다.

그는 조속히 약속을 이행하지 않으면 비행을 폭로하겠다고 라이나흐 남작을 위협했다. 남작은 한 가지 꾀를 생각해냈다. 그는 에두아르 드뤼몽을 찾아갔다. 드뤼몽의 신문 『라 리브르 파롤』지는 이때 빛을 못 보고 있었다. 남작은 그에게 다음과 같은 제의를 했다. 드뤼몽이 만약 자기 이름만 보호해준다면 파나마 운하 스캔들의 내막을 알려주겠다는 것이었다. 헤르츠 박사가 이 소식을 전해 들었다. 그는 앞뒤 가릴 것 없이 보복 조치를 취했다. 그 역시 극우계 신문인 『라 코카르드』지로 달려가 자신이 알고 있는 내용을 폭로했다.

이 결과는 대량 살육으로 나타났다. 라이나흐 남작은 자살했으며, 헤르츠 박사는 영국으로 달아났다. 다섯 명의 전(前) 각료, 열두 명의 상·하원의원, 치안국장, 수많은 금융인들이 수사를 받았다. 그러나 그중 단 한 사람 바이오만이 사실을 자백했고, 그만이 유죄 판결을 받았다. 다른 사람들도 정치적으로는 큰 타격을 입었다. 이 사건을 계기로 『라 리브르 파롤』지는 일약 유명해졌다.

파나마 운하 스캔들을 둘러싼 소동에서 클레망소도 타격을 입었다. 모두가 모두를 물어뜯는 이 혼란기에 한 야당 하원의원이 의회에서 클레망소가 영국 정부에게서 돈을 받고 있는 첩자라고 말하면서 그 증거 서류를 제시했던 것이다. 증거 서류가 날조된 것임이 입증되고 이 발언을 한 의원은 공화파 의원들에 의해 의회 밖으로 쫓겨났지만 클레망소는 이 사건으로 공직에서 물러나야 했다. 불신받고 공격을 받는다는 사실만으로도 큰 타격을 입었던 것이다. 클레망소는 다음 선거에서 패배했고 스스로도 이제 정치 생명이 끝났다고 생각했다.

드뤼몽의 이론은 아주 간단했다. 이 스캔들의 주역은 유대인들이라는 것이었다. 헤르츠 박사는 신교도인 영국인들을 위해 일한 적이 있는 자이며 영국인들은 전에 유대인들의 도움을 얻어 프랑스가 국가적 사업으로 만들어놓은 수에즈 운하를 훔쳐 간 자들이라는 것이었다. 파나마사건으로 인해 러시아 황제는 프랑스 정부의 안정에 의혹을 품게 되었는데 이것은 신교도 국가인 독일·영국·미국이 유대인들과 짜고 가톨릭 국가인 프랑스를 약화, 고립시키려 한 음모의 결과라는 것이었다. 지난 100년 동안 프랑스 역사에서 핵심으로 부각되어온 것은 반역 행위의 문제였다. 반역은 패배의 유산이었다. 강베타가 스당의 포위를 풀려고 노력하고 있을 때 바젠 원수는 튼튼한 요새에 주둔하고 있던 주력부대를 고스란히 적에게 넘겨주었다. 그는 군법회의에 회부되어 사형 선고를 받았다. 그러나 집권하고 있던 왕당파들은 사형을 20년형으로 감형했다. 바젠 원수는 가족과 함께 성 마르그리트 섬으로 옮겨졌다. 주앙 만(灣)의 장엄한 경치에 싫증이 난 이들은 어느 날 밤 홀연히 사라져버렸다. 그들은 에스파냐에다 호화로운 새 가정을 마련했다. 그러나 반역 행위에 대한 경계심은 프랑스에 남아 깊은 뿌리를 내리고 있었다.

『라 리브르 파롤』지는 외적 혹은 내적에 대한 의구심을 한 방향으로 몰아갔다. 이 신문은 유대인들이야말로 외부의 적과 손을 잡고 프랑스를 멸망시키기 위해 준동하고 있는 내부의 적이라고 주장했다.

13

쇠레르-케스트네르 상원의원은 피카르 중령의 변호사가 자기에게 알려준 비밀을 놓고 조바심을 했다. 르블루아 변호사에게 이 비밀을 맡긴 그 장교가 증거를 들고 표면에 나서기까지는 가만히 있는 것이 분별 있는 행동이었다. 그러나 노인들일지라도 참을 수 없는 경우가 있는 법이다.

시일이 지남에 따라 쇠레르는 자기도 이 엄청난 불의의 공범자가 되어가고 있는 듯한 느낌이 들었다. 그는 상원의장실에 가서 드레퓌스가 무죄라는 증거가 있다는 얘기를 슬쩍 비쳤다.

잠자고 있던 뱀을 깨워놓은 격이었다. 그는 사방에서 공격을 받았다. 드디어 이 뉴스는 신문사에까지 들어갔다.

"쇠레르는 드레퓌스가 무죄라고 믿고 있다!"

그는 유대인 조직의 앞잡이라는 공격을 받았다. 유대인 '조직'이 서류를 사들이고, 서류 위조자들을 고용하고, 증인들을 샀다고 신문들은 공격을 퍼부었다. 이 목적은 드레퓌스를 구하는 데만 있는 게 아니고 한 걸음 나아가서 프랑스군을 파괴하고 프랑스를 독일에 넘겨주려는 의도라고 그들은 주장했다.

이런 주장을 한 것은 싸구려 저질지뿐만이 아니었다. 어떤 가톨릭계 신문은 쇠레르에 관해 논평하면서 신교도들을 반(半)유대인으로 본 드뤼몽의 견해는 옳다고 썼다. 어떤 신문들은 쇠레르는 독일 의회에 가서 의원 노릇을 하는 게 어떻겠느냐고 야유했다. 그와 그의 가족의 사생활에 대한 중상모략이 난무했다.

쇠레르는 가만히 앉아서 이 수모를 견뎌내는 수밖에 없었다. 피카르가 나서지 않는 한 그로서는 별도리가 없었다. 그는 르블루아에게 그 증거를 가지고 있는 장교의 정체는 밝히지 않겠다는 약속을 한 몸이었다. 그는 드레퓌스의 가족들과 손을 잡을 수도 없었다. 피카르는 르블루아나 이 비밀을 알고 있는 어떤 사람이 드레퓌스의 가족들과 협력하는 것을 금했기 때문이었다.

한편 마티외는 젊은 문학평론가 베르나르 라자르를 설득해서 드레퓌스사건의 실기(實記)를 쓰도록 했다. 라자르는 유대인 혈통이었지만 복음주의 기독교도가 된 사람이었다. 그는 「반유대주의, 그 역사와 원인」이라는 팸플릿을 쓴 바 있었다. 거의 초인적이라 할 만한 그의 공평성은 높은 평가를 받았다. 그 팸플릿은 드뤼몽의 편협한 저서 『유대인의 프랑스』에 대한 응답으로 작성된 것이었는데 '반유대주의의 랍비'조차도 이 팸플릿의 공평성을 칭찬할 정도였다.

라자르는 드레퓌스사건 실기를 쓰면서 『레클레르』지에 실렸던 기사를 자료로 삼았다. 그는 셰르슈-미디 형무소 소장인 포르지네티 소령과 드레퓌스의 변호사 드망주를 인터뷰했다. 그는 실기에서 『레클레르』지가 독일 무관이 쓴 것이라고 보도한 '드레퓌스라는 이 짐승'이라는 구절이 들어 있는 편지에 대해 언급했다. 라자르는 이 편지가 진짜건 가짜건 상관없이 이 편지는 재판정에 제출된 비밀 증거 서류에는 포함되지 않았다는 것을 조리 있게 설명했다. 비밀 증거 서류에는 'D'라는 머리글자를 가진 사람의 얘기가 나오는 서류가 하나 포함되어 있었을 뿐인데, 이 서류의 내용은 이 'D'가 드레퓌스와는 아무 관련이 없음을 입증하고 있다고 라자르는 썼다. 실기의 나머지 부분은 드레퓌스가 명세서를 쓴 사람이 아니라는 것을 입증하는 데 할애되었다.

기소되는 것을 피하기 위해서 마티외는 라자르가 쓴 팸플릿을 브뤼셀에서 인쇄했다. 인쇄된 팸플릿은 봉투에 넣어 하원의원들, 주요 인사들 그리고 각 신문사로 부쳤다. 때는 1896년 11월이었다. 이 팸플릿에서도 군이 형법 제101조를 무시했다는 사실은 간과되고 있었다. 그리고 이 팸플릿은 드레퓌스 가의 후원 아래 작성되었다는 점에서 그 신빙성이 의심받고 있었다.

그러던 중 『르 마탱』지가 특종 기사를 보도했다. 이 신문은 '이것이 바로 증거다!'라는 대담한 제목을 뽑고 그 아래 복사된 명세서를 실었다. 프랑스의 최대 일간지인 이 신문은 지시를 어기고 기념품으로 명세서의 사본을 한 부 보관하고 있던 어느 필적 전문가에게서 이것을 입수했던 것이다.

이 보도를 본 에스테라지는 공포에 휩싸였다. 슈바르츠코펜이 드레퓌스사건으로 인해 당황하고 있다는 것을 그는 알고 있었다. 지금까지 슈바르츠코펜은 명세서를 한 번도 본 적이 없었다. 그러나 이 보도가 나옴으로써 그가 그것이 에스테라지의 필적이라는 것과 명세서에 나열된 항목이 에스테라지가 자기에게 전해준 기밀 서류와 일치한다는 것을 알게 될 게 분명했다.

슈바르츠코펜은 군인이고 또 신사였다. 그는 드레퓌스가 다른 사람이 범한 범죄를 뒤집어쓰고 있는 것을 가만히 보고 있을 사람이 아닐 수도 있다. 그렇다고 자신과 거래한 첩자의 이름을 알려줄 수도 없는 노릇이다. 그렇지만 프랑스 대통령에게 자기는 드레퓌스가 무죄라는 뚜렷한 증거를 갖고 있다고 넌지시 알려줌으로써 이 곤경을 벗어나려 할지도 모른다. 에스테라지는 이렇게 생각했다.

에스테라지는 이 무렵 다른 일로 곤경에 빠져 있었다. 그의 군복무 기록은 훌륭했다. 그러나 에스테라지는 그것으로 만족하지 않고 자신의 성격과 정력이 뛰어나다고 품신서를 위조한 일이 있었는데 이 사실이 상사에게 발각되었던 것이다.

에스테라지는 이 사건을 계기로 군에서 잠시 물러났다. 건강도 좋지 않으니 시골집으로 가서 쉬는 것이 좋겠다고 그는 생각했다. 이 무렵 그의 경제 사정은 매우 악화되어 있었다. 어디서 돈이 생길 전망도 없었다. 그러나 죽으라는 법은 없었다. 그 무렵 돈 많은 그의 친척 한 사람이 재산을 미망인에게 남겨놓은 채 죽었다. 에스테라지는 미망인에게 달려가 조의를 표하면서 그녀가 받은 유산을 안전하게 불려주겠다고 제의했다. 자기는 로스차일드와 아주 가까운 사이라고 거짓말을 꾸며댔다.

솔깃해진 미망인은 그에게 3만 5,000프랑을 맡겼다. 그는 돈이 다 떨어질 때까지는 매달 정확하게 '이윤'을 그녀에게 보내주었다. 말할 것도 없이 에스테라지는 이 돈을 자기 생활비로 쓰고 있었다.

이런 사기 행각을 미망인의 스무 살 난 아들 크리스티앙 에스테라지가 도와주었다. 에스테라지는 이 젊은이를 좋아하게 되었고 젊은이는 젊은이대로 그의 방탕한 생활 방식을 존경의 눈으로 바라보았다. 에스테라지는 이 젊은이를 파리의 호화로운 내실로 심부름을 자주 보냈다. 그 무렵 그는 돈 많은 자신의 신붓감을 물색하기 시작했던 것이다. 그는 또 크리스티앙에게 자기 지혜를 전수했다.

"이 세상은 돈 많은 사람이 왕이지. 이런 세상에서 점잖게 굴어봐야 자기만 손해야. 고관들도 모두 뇌물에 놀아나고 정치가나 언론인들도 금융인이나 갱들에게 돈을 받고 있어. 장군들은 유대인들의 손아귀에서 놀아나고……."

그가 한 말 중 그래도 어느 정도 진실이 담긴 말이 있다면 그것은 반역자에 관한 말이었다. 그는 반역자들을 가련한 악마들이라고 불렀다. 그들은 전쟁에서 결코 시행되지도 않을 애매한 계획에 관한 서류를 적에게 팔고 있다는 것이었다. 그의 견해에 따르면 전쟁은 결코 일어나지 않는다. 왜냐하면 프랑스의 내각이 이렇게 반역 행위를 하고 있는 한 프랑스는 전쟁을 수행할 능력이 없다는 것이었다.

미망인이 맡긴 돈이 바닥나자 에스테라지는 국방부에 들어가기 위한 노력을 재개했다. 그는 안면 있는 모든 사람과 접촉을 가졌다. 그러나 신통한 얘기를 해주는 사람은 없었다. 그는 부아데프르 장군을 위시한 장성들의 비행을 폭로하겠다고 위협했다. 하원의원 쥘로슈에게 보낸 편지에서 그는 자기 정체를 거의 드러내 보였다. 자기는 국방부의 직책을 얻어야만 생명을 보존할 수 있을 것이라고 썼다. 그러나 로슈는 에스테라지가 적에게 팔아넘길 기밀을 얻기 위해서 국방부에 들어가려 한다는 것을 추론해낼 만한 사람이 못되었다. 사실 국방부에 들어가봐야 에스테라지가 받을 수 있는 정당한 돈은 군의 급료뿐이었다. 그리고 이 급료는 그가 소령으로서 현역에 복귀하기만 하면 국방부에 들어가지 않아도 받을 수 있었다. 그러나 로슈는 이런 추론을 구태여 해보지도 않았다.

에스테라지가 비행을 폭로하겠다고 넌지시 위협한 사람들 중에는 이제 중령이 된 그의 옛 친구 앙리도 끼어 있었다. 반역자가 기밀 서류에 접근하도록 조력한다는 것은 앙리에게도 달가운 일은 아니었을 것이다. 그러나 이보다 더욱 달갑지 않은 일은 자신의 목을 내놓는 일이었다. 그래서 그는 에스테라지를 공스 장군에게 추천했다.

그러나 앙리의 추천에 대한 공스 장군의 답변은, 에스테라지를 명세서의 필자라고 생각하는 사람은 이제 피카르와 베르티용뿐만이 아니라는 것이었다. 쇠레르 상원의원이 이 사실을 국방부 장관인 비요 장군에게 은밀하게 말했다는 것이었다. 비요는 증거를 제시하라고 요구했다. 물론 쇠레르는 증거를 제시할 수는 없는 처지였다.

공스 장군은 에스테라지를 참모본부로 끌어들일 생각은 없었다. 그러나 그는 에스테라지가 혐의를 받고 있는 것은 유대인이 한 짓을 기독교도에게 덮어씌우려는 유대인들의 음모 때문이라고 믿었다. 그리고 쇠레르 상원의원은 유대인들에게 속아 넘어간 얼간이라고 생각했다. 그는 앙리에게 이 음모에 철저히 대비하라고 지시했다. 명세서를 쓴 범인은 드레퓌스니까 그가 풀려나는 일이 있어서는 안 되며 에스테라지가 그 죄를 대신 쓰고 감옥에 들어가는 일이 있어서도 안 된다는 것이었다.

앙리는 안심이 되었다. 그러나 그는 에스테라지를 잘 알고 있었다. 그는 이 후안무치의 무뢰한이 상황이 불리해지면 외국으로 달아나서 드레퓌스사건에 관해 자기가 알고 있는 것을 신문에 팔아넘기지 않을까 두려웠다. 후에 실제로 이런 일이 일어났지만 그때까지 앙리는 그런 일을 방지하려고 온갖 노력을 기울였다. 그는 그 무렵 제3국에 전속된 책략가 뒤파티 소령에게 방법과 수단에 관한 지도를 구했다.

두 사람은 공스 장군에게, 피카르 중령을 트리폴리 접경으로 급파하라는 명령을 튀니스에 있는 르클레르 장군에게 내려달라고 요청했다. 트리폴리 접경은 국경 충돌이 잦은 지역이었다. 그들은 물론 피카르가 자신이 죽을 경우에 대비해서 편지를 써놓았다는 사실을 모르고 있었다. 그들은 단 한 알의 탄환만 올바로 적중시키면 드레퓌스사건으로 골치를 앓는 일은 없을 것이라고 생각하고 있었다. 공스 장군은 명령서를 발송했다.

명령서를 받은 르클레르 장군은 깜짝 놀랐다. 그가 알기로는 정보장교를 전투 지역에 파견해서 스파이망을 조직한다는 것은 있을 수 없는 일이었다. 그는 피카르에게 참모본부가 왜 그를 적대시하는가를 털어놓으라고 요청했다. 피카르는 장군에게 사실을 털어놓았다. 르클레르 장군은 그를 접경 지대로 파견하는 명령서에 서명했다. 그러나 피카르에게 가브를 넘어서지는 말라고 명령했다. 가브 지역까지는 국경 충돌이 미치지 않고 있었기 때문이다.

한 발의 탄환이 일을 잘 처리해주기를 기대하면서 앙리와 뒤파티는 에스테라지와 접촉을 유지하기로 했다. 아마 그들은 '유대인 조직'과 그 음모를 액면 그대로 믿고 있었는지도 모른다. 편견에 깊이 물든 사람들에게는 어떤 거짓도 진실로 보일 수 있는 법이다. 어쨌든 그들은 그리블랭에게 메시지를 주어 에스테라지의 애인 마르그리트 페이의 아파트를 찾아가도록 했다. 메시지의 내용은 에스테라지 백작에게 그가 위험에 처해 있지만 힘 있는 친구들이 보호하고 있으니 안심하라는 내용이었다. 이 메시지에는 끝으로 에스테라지에게 이튿날 오후에 몽수리 공원에서 '중요한 인물'을 만나라고 요구하고 있었다. '중요한 인물'이 누구인지는 밝혀져 있지 않았다.

이 무렵에 『르 마탱』지에 명세서의 복사판이 게재되었던 것이다. 공포에 질린 에스테라지는 『라 리브르 파롤』지와 『라 파트리』지의 친구들에게 '유대인 조직'에 관한 새로운 자료를 들고 달려갔다. 물론 이 자료는 이들 신문에 보도되었지만, 역사가 가브리엘 모노의 말을 빌리면, 이 자료는 능란한 중상가나 삐뚤어진 국수주의자가 꾸며낸 것이라기보다는 궁지에 몰린 범인이 발악하고 있는 것을 여실히 드러내주는 것이었다.

에스테라지는 몽수리 공원으로 가는 길에 슈바르츠코펜을 만나기 위해 독일대사관에 들렀다. 슈바르츠코펜과 정면으로 담판을 짓겠다는 생각이었다. 그러나 이 담판은 격렬한 언쟁으로 끝났다.

에스테라지는 슈바르츠코펜에게 두 사람의 거래가 발각되었으며 머잖아 어느 상원의원이 이것을 공표할 것이라고 말했다. 그는 슈바르츠코펜에게 드레퓌스 부인을 만나서 그녀에게 남편이 실제로 반역 행위를 했다고 말해줄 것을 부탁했다. 슈바르츠코펜은 그 부탁을 거부했다. 에스테라지는 그러면 자기는 이제 마지막이라고 말했다. 그는 그 자리에서 자살할 것처럼 굴었다. 그래도 슈바르츠코펜이 별로 놀라는 기색을 보이지 않자 에스테라지는 격노했다. 그는 슈바르츠코펜과 어느 귀부인과의 관계를 들먹이며 폭로하겠다고 위협했다. 슈바르츠코펜은 침착하게 종을 울려 사람을 부르더니 에스테라지를 밖으로 끌어내라고 명했다.

에스테라지는 마차를 잡아타고 몽수리 공원으로 달려갔다. 잠시 후 마차가 그의 앞에 와 멎고 검은 안경, 검은 코트 깃으로 얼굴을 가린 사람이 내렸다. 뒤파티 후작이었다. 그는 참모본부를 대표해서 일이 잘 처리되고 있으니 조금도 두려워하지 말라고 에스테라지를 안심시켰다.

공원에서 돌아오는 길에 에스테라지는 다시 한 번 독일대사관에 들렀다. 그는 아까와는 아주 다른 사람이 되어 있었다. 행복한 얼굴엔 화색이 돌았다. 그는 슈바르츠코펜에게 자기가 참모본부를 장악했다고 뽐냈다. 참모본부의 모든 장교가 그의 편이라는 뜻이었다.

그는 그 후에도 계속해서 뒤파티와 만났다. 공원에서 만날 때도 있었고 길거리에서 만나기도 했다. 한번은 뒤파티가 에스테라지에게 편지의 초안을 갖다 주고 그것을 베껴서 국방부 장관 비요 장군에게 부치라고 이른 적도 있었다. 이 편지는 국방부 장관에게 면회를 청하는 내용이었다. 항간에서 떠도는 얘기와는 달리 자신은 아무 죄도 없음을 직접 만나서 해명하겠다는 내용이었다. 그러나 에스테라지는 그 말을 할 기회를 얻지 못했다. 에스테라지가 약속한 시간에 비요를 만나러 가보니 장관 대신 보좌관이 나와서 하고 싶은 얘기는 편지로 쓰는 게 좋을 것이라고 충고했다.

이 편지 역시 뒤파티가 대신 써주었다. 장문의 편지였다. 이 편지에서 에스테라지는 드레퓌스가 유대인 대금업자들에게서 자신의 필적 견본을 입수했을 것이라고 설명했다. 창피한 일이지만 자기는 몇 차례 대금업자들과 거래를 한 적이 있다는 것이었다. 드레퓌스는 틀림없이 그 필적을 모방해가면서 명세서를 썼을 거라는 얘기였다. 그런데 억울하게도 이제 자기가 명세서를 쓴 범인으로 지목되고 있으니 장교의 명예를 보호해주는 선처를 조속히 취해달라는 것이었다.

비요 장군은 이 편지에 답하지 않았다. 장군은 제2국에서 매사를 탈법적으로 처리하고 있다는 것을 잘 알고 있었다. 그는 그런 사안에 관해서는 가능한 한 알려고 하지 않았다.

바로 이때, 신문들이 아직 공식적으로는 입을 열고 있지 않던 쇠레르-케스트네르 상원의원이 개인적으로 펠릭스 포르 대통령을 방문했다는 기사를 실었다. 뒤파티는 에스테라지에게 국방부 장관에게 보냈던 편지와 비슷한 편지를 포르 대통령에게도 보내라고 일렀다. 에스테라지는 이 편지 속에 자기 특유의 언사를 포함시켰다. 즉 대통령마저 자신의 명예를 보호해주지 않는다면 자기는 할 수 없이 에스테라지 가의 옛 영주인 독일 황제에게 부탁해보는 수밖에 없다는 것이었다. 카이저는 비록 적국의 장교일망정 반드시 그 명예를 보호해줄 것이라고 그는 썼다.

대통령 역시 비요 장군처럼 아무런 회답도 보내오지 않았다. 한편 슈바르츠코펜은 에스테라지가 대사관에 두 번 들러 한 행동을 베를린에 보고했다. 그의 상사들은 스캔들이 곪아 터지기 전에 그로 하여금 현장에서 물러서게 하는 게 좋겠다고 생각했다. 그들은 그를 독일 안에 주둔한 어느 연대의 지휘관으로 승진 발령했다. 그러나 슈바르츠코펜은 파리를 떠나기 전에 스파이로서 자기 명예를 위해 할 수 있는 모든 일을 했다. 프랑스 대통령에게 작별인사를 하면서, 그는 프랑스의 국가 원수에게 장교로서의 명예를 걸고 자기는 드레퓌스와 거래를 가진 적이 없음을 밝혔다. 대통령은 이번에도 침묵을 지켰다.

그런데 새로운 인물이 뛰어들었다. 베일로 얼굴을 깊숙이 가린 탓으로 걸음조차 제대로 못 걷는 한 여인이 밤중에 몰래 에스테라지를 만났다. 그러나 베일 속에 얼굴을 감춘 인물은 다름 아닌 뒤파티였다. 뒤파티는 하나의 서류를 에스테라지에게 전했다. 그 서류는 슈바르츠코펜과 파니차르디 사이에 오고 간 편지로 그 내용이 번역과 해독 과정에서 너무 바뀌어 드레퓌스에 관해 얘기하는 것이 되어버린 바로 그 편지였다. 에스테라지는 이 편지를 훑어보고서 이 편지에다 '해방자'라는 별명을 붙였다.

드레퓌스가 유죄라는 '증거'를 확보함으로써 더욱 대담해진 에스테라지 백작은 대통령에게 두 번째 편지를 썼다. 그는 자기가 낸 첫 번째 편지에 대한 답장이 없음을 불평하고 다음과 같이 덧붙였다.

150년 동안 다섯 명의 장성을 배출한 우리 가문의 명예가 이와 같은 억울한 누명으로 더럽혀진다는 것은 있을 수 없는 일입니다. 저는 이 불명예를 벗기 위해 가능한 모든 수단을 동원하겠습니다. 전에도 드레퓌스의 친구들이 피카르 중령의 도움을 얻어 저에게 공격을 가하리라는 사실을 경고해준 바 있는 어느 훌륭한 귀부인이 이번에는 피카르 중령이 외국 대사관에서 훔쳐낸 서류를 저에게 전해주었습니다. 이 서류가 공개된다면 일부 외교 사절의 비위를 크게 상하게 할 것입니다. 저에게 향하고 있는 불명예스러운 공격이 계속된다면 저는 이미 안전하게 외국에 보관되어 있는 이 서류를 공개하는 수밖에 다른 도리가 없습니다.

그러나 이번에도 엘리제 궁은 아무런 반응을 보이지 않았다.

앙리가 에스테라지에게 필요한 경우 사용하라고 그 서류를 준 것이었다. 이 서류가 공개된다면 에스테라지가 이 서류를 제2국의 서류철에서 입수했다는 사실도 알려질 게 분명했다. 앙리는 예의 그 뻔뻔스럽고 교활한 지혜로써 이 서류의 유출 경로를 은폐하려고 했다. 그는 피카르의 상관인 르클레르 장군에게 피카르가 제2국의 방첩 책임자로 있는 동안 기밀 서류가 도난당한 일이 없는가를 묻는 질의서를 발송했다. 앙리는 이 전문에서 외국 대사관의 부관과 관련된 서류가 어떤 여인에 의해 복사된 일이 있다는 정보가 국방부에 입수되었다고 말했다.

피카르는 그런 도난 사건은 없었다고 답신했다. 그러나 그는 이제 앙리가 어떤 사람이라는 것을 알고 있었다. 앙리가 슈바르츠코펜의 여자 친구가 에스테라지에게 보낸 '파랑 엽서'를 가지고 자기에게 불리한 어떤 일을 조작하고 있는 게 아닐까 하고 피카르는 걱정했다.

이런 생각을 하고 있는 피카르에게 에스테라지 소령에게서 놀라운 편지가 날아들었다. 이 3인조 희극 배우들의 역할이 점점 노골적으로 드러나고 있었다. 에스테라지는, 피카르가 드레퓌스의 반역 행위를 에스테라지 자신에게 덮어씌우려고 획책했다고 피카르를 공격했다. 피카르가 이런 획책을 했다는 것은 그가 기밀 서류를 몰래 드레퓌스의 친구들에게 넘겨주었다는 사실로 입증된다고 그는 주장했다. 이렇게 흘린 기밀 서류 중 하나가 자기 손에까지 넘어왔다고 에스테라지는 말했다.

이것은 앙리의 시나리오였다. 그는 피카르가 제2국의 방첩 책임자로 있는 동안 어떤 여자가 불법적으로 기밀 서류를 복사했다는 정보를 입수했으며 에스테라지는 기밀 서류가 피카르에 의해서 드레퓌스의 동료들에게로 넘어갔다는 사실을 '알고 있고' 또 이런 사실을 자기가 입수한 서류로써 뒷받침할 수 있다는 줄거리였다.

그리고 이어서 피카르는 두 건의 이상한 전문을 받았다.

'파랑 엽서'는 조르주가 조작했다는 증거가 있음. 블랑슈

반신(半神)을 제지하라. 모든 게 발각되었다. 상황이 절박하다. 스페란사

첫 번째 전문의 의도를 피카르는 분명히 알 수 있었다. '파랑 엽서'는 명세서의 필적과 더불어 에스테라지가 스파이였음을 입증하는 증거였다. 여기에 '조르주'란 바로 피카르 자신을 가리키는 것이었다. 파랑 엽서를 조작한 사람은 바로 피카르라는 것이었다.

그러나 두 번째 전문을 보고 그는 어리둥절했다. '반신'(半神)이란 바로 드코맹주의 살롱을 드나들던 대위를 가리키는 말이었다. 또 '스페란사'는 오스카 와일드의 어머니의 필명이며 블랑슈 드 코맹주의 애칭으로 사용되고 있는 이름이었다. 그러나 그는 몇 달 전 그가 제2국을 떠난 직후 앙리와 뒤파티가 '스페란사'에게서 그에

게 온 별것 아닌 편지를 어떤 음모가가 보낸 편지로 보이게 만들어 놓았다는 사실 그리고 또 그들 자신이 날조한 편지를 그들이 가로채서 피카르에게 불리한 서류철에 끼워 넣었다는 사실은 모르고 있었다.

비록 자세한 내용은 모르더라도 피카르는 그 뒤에 숨어 있는 동기만은 분명히 알 수 있었다. 그는 앙리 중령이 직접 이 두 개의 전문을 보내지는 않았다 하더라도 이 전문의 사본을 가지고 있을 거라고 확신했다. 그는 즉시 국방부 장관 앞으로 편지를 썼다. 그는 에스테라지가 그에게 보낸 편지의 사본을 동봉하고 이 편지에 포함된 중대한 내용에 대해서 조사해줄 것을 요청했다.

한편 앙리는 자기가 만들어낸 시나리오를 뒷받침하기 위해서 동분서주했다. 이 무렵 상데르 대령이 죽었다. 앙리는 전 상관의 죽음을 이용해서 상데르 대령의 집무실 금고 속에서 또 하나의 비밀 서류철을 발견했다는 말을 퍼뜨렸다. 이 서류철 속에 드레퓌스의 유죄를 입증하는 서류도 다수 있다는 것이었다. 드레퓌스가 독일 황제에게 직접 쓴 편지만 해도 일곱 장이며 카이저에게서 받은 답장도 한 장 있다는 것이었다. 그것은 드레퓌스의 편지 한 귀퉁이에 카이저가 독일대사에게 몇 자 적은 것인데 그 내용은 이 '악한'이 점점 더 많은 액수를 요구하고 있으니 그의 요구를 들어주라는 내용이었다.

드레퓌스의 필적을 날조해서 만든 일곱 장의 편지와 그 한 귀퉁이에 적힌 카이저의 전언(傳言)도 앙리에게는 충분하지 못했다. 이 농부의 아들은 시나리오에 새로운 내용을 추가했다. 상데르 대령의 비밀 서류철에서 놀라운 사실을 발견했는데 드레퓌스의 재판 때 명세서의 원본이라고 제출된 것은 실은 에스테라지가 상데르 대령의 명령에 따라 얇은 종이에 필사한 것이라는 사실을 입증할 만한 증거가 포함되어 있다는 것이었다. 진짜 원본에는 역시 귀퉁이에 카이저의 필적이 적혀 있었다는 것이었다. 독일대사가 자기네 황제가 추잡한 스파이사건에 관련되었다는 사실이 공표된다면 전쟁을 불사하겠다고 위협하며 명세서의 반환을 요구했다는 것이었다. 할 수 없이 상데르 대령은 에스테라지에게 명세서를 필사하도록 명령했다는 것이었다. 그래서 황제의 필적이 적히지 않은 사본을 재판정에 제출했던 것이라고 앙리는 주장했다. 그는 또 원본은 보통 두께의 종이에 적혀 있었지 에스테라지의 사본처럼 얇은 그래프 용지에 적혀 있지 않았다고 공언했다.

앙리는 이렇게 함으로써 에스테라지가 명세서를 썼다는 사실을 입증하기 위해 피카르가 아무리 많은 필적 전문가들을 불러낸다 해도 이젠 안심이라고 생각했다. 독일인들이야 물론 이것을 부인할 것이다. 그러나 프랑스 사람치고 누가 독일인의 말을 믿겠는가? 또 이것이 사실이 아니라는 것을 어떻게 증명할 수 있겠는가? 독일인들이 상데르 대령에게 명세서의 반환을 요구해서 그것을 돌려받지 않았다는 사실을 어떻게 입증할 수 있겠는가? 설사 그들이 현재 그것을 갖고 있지 않다는 것을 입증한다 해도 그것을 이미 파기해버리지 않았다고 어떻게 믿을 수 있겠는가? 누가 감히 카이저에게 증인으로 출두하라는 소환장을 발부할 수 있을 것이며 설혹 그가 증인으로 나온다 해도 자기가 그 서류를 보지 못했으며 그 귀퉁이에 노트를 적은 일이 없다는 사실을 어떻게 입증할 수 있겠는가? 상데르 대령은 이미 죽었으니 아무런 부인도 할 수 없을 것이다. 에스테라지 소령으로 말하면 기꺼이 이 사실을 뒷받침하는 증언을 할 것이다.

앙리가 새로운 사실을 발견했다는 소식이 로슈포르의 『랭트랑시장』지에 보도되었다. 에스테라지는 왕당파계, 불랑지스트계, 반유대주의계의 여러 신문과 인터뷰를 가졌다. 이제 안심이라는 생각에 그는 한껏 흥분하고 있었다. 그는 베일로 몸을 감춘 여자에게서 받은 위조된 서류 '해방자'를 국방부에 반환했다. 국방부는 때맞춰 그에게서 편지를 받았다는 사실과 동봉되어 온 서류를 공개했다.

군의 위신이 완전히 회복되었다고 국민들은 느꼈다. 독일이 오스트리아 및 이탈리아와 동맹을 맺은 데 대응해서, 프랑스는 러시아와 동맹을 맺었고 동맹에 뒤따른 전비 체제의 강화 조처로서 동부 국경의 요새화가 착착 진행되고 있었다. 러시아 황제 니콜라스 2세가 프랑스를 방문했고 르아브르의 부유한 상인 출신인 펠릭스 포르 프랑스 대통령이 답례로 러시아를 방문할 예정이었다. 참모본부를 욕할 시기가 아니었다. 쥘 멜린 총리도 공식적으로 비요 장군의 견해를 뒷받침했다. 그는 쇠레르 상원의원의 발언에 대한 공식 답변을 했다. 드레퓌스사건은 이미 종결된 사건이며 반역자는 유죄 판결을 받아 현재 복역 중이라고 그는 선언했다.

의회도 국방부 장관과 총리의 견해를 전폭적으로 지지했다. 우파의 태도야 말할 필요도 없었다. 또한 급진파조차도 그들과 한편이었다. 국가의 토대로서, '복수'의 수단으로서 군에 걸고 있는 그들의 기대가 너무나 컸기 때문이었다. 좌파는 이 문제에 무관심을 표명했다. 사회주의 계열 신문들은 독자들에게 장군들과 돈 많은 드레퓌스의 후원자들 간의 싸움은 노동자들과는 관계가 없다고 확신시키고 있었다.

크론슈타트에서는 러시아 황제가 포르 대통령과 마주 앉아 '두 나라의 친선을 위해' 축배를 들며 힘찬 포옹을 나누었다. 독일은 킬 운하 개통식에 군함을 몇 척 파견해달라고 프랑스에 초청장을 보냈다. 개구쟁이 소년들이 서로 주먹 자랑을 하고 있는 꼴이었다.

한편 사태가 이와 같이 진전되자 드레퓌스의 형 마티외는 작전을 바꿨다. 전에는 그는 당국과의 충돌을 되도록 피했다. 베르나르 라자르의 팸플릿을 브뤼셀에서 인쇄해서 배포했던 것도 이런 이유에서였다. 그러나 이제 그는 체포를 자청하듯 행동했다. 『재판상의 오류』 제2판이 파리에서 출판되고 길거리에서 공공연히 판매되었다. 그러나 당국은 그대로 내버려두었다. 걸 죄목은 얼마든지 있었다. 명예훼손, 폭동선동, 폭동음모, 사실왜곡 등등. 그러나 당국은 긁어 부스럼을 만들지 말자는 생각인 게 분명했다. 아무리 떠들어봐야 파리의 시끄러운 소음 속에 묻혀버리려니 생각하는 것 같았다.

라자르가 쓴 『재판상의 오류』 제2판은 증보판이었다. 표지로는 『르 마탱』지에 실렸던 명세서의 사본을 사용했다. 마티외는 필적 전문가들을 불러 명세서의 필적이 드레퓌스의 것인가를 감정하도록 했다. 드레퓌스의 필적이 아니라는 그들의 증언과 그들이 그런 결정을 내리게 된 전문적인 견해를 덧붙였다.

진실을 외치는 작고 조용한 이 목소리는 마침내 들으려는 사람의 귀에 도달했다. 그저 단순한 호기심에서 카스트로라는 증권 브로커가 이 팸플릿을 샀다. 그가 왜 『르 마탱』지에 게재된 필적을 진작 알아보지 못했는지는 분명하지 않다. 아마 그는 그날 치 신문을 사지 않았을지도 모른다. 아무튼 그는 왈생 에스테라지 백작과 사업상 거래를 한 적이 있는 사람이었다. 이 거래 때문에 그는 자기를 호되게 꾸짖는 백작의 편지를 받은 적이 있었다. 그는 명세서를 쓴 사람이 누구인가를 알 수 있었다.

카스트로는 에스테라지에게서 받았던 편지를 들고 마티외를 찾아갔다. 마티외는 반갑게 그를 맞았다. 1897년 11월 15일, 그러니까 알프레드가 체포된 지 3년 1개월이 되는 날이었다. 마티외는 에스테라지가 '명세서'를 쓴 범인이라고 정식으로 고발했다.

프랑스 형법은 범죄 사실을 아는 사람이면 누구나 고발을 할 수 있게 되어 있다. 당국은 고발을 받은 자를 체포한 후 범죄의 유무를 조사하도록 되어 있다.

14

마티외가 고발했는데도 에스테라지는 구속되지 않았다. 당국이 에스테라지에게 호감을 갖고 있다는 것은 설명할 필요도 없지만 그렇다고 그에 대한 조사를 하지 않고 넘어갈 수는 없는 일이었다. 이 조사는 펠리외 장군에게 위촉되었으며 폴 쥘 조제프 베르틸뤼스 판사가 법률 고문으로 선임되었다.

펠리외는 의자에 파묻히는 군인이 아니라 일선에서 호령하는 장군이었다. 무뚝뚝하면서도 지도력 있는 사람이었으며, 벌컥 화를 냈다가도 쉽게 누그러지는 알자스인이었다. 그는 마티외에게 증거 제출을 요구했다. 마티외가 가진 것이라곤 명세서의 사본뿐이었다. 그는 필적 전문가를 소환하자고 제의했다.

펠리외 장군은 이미 명령을 받고 있었다. 드레퓌스사건은 종결된 사건이며 따라서 이에 관련된 고발은 법적으로 인정될 수 없고 채택될 수도 없다는 것이었다. 장군은 이와 같은 사실을 발표함으로써 조사를 끝냈다. 그러나 참모본부는 한 사람의 협잡꾼의 손에 놀아나고 있었다. 에스테라지는 무모하게도 자신의 명예가 아직 회복되지 않았다고 주장하며 철저한 조사를 요구했다. 참모본부로서는 마티외의 고발을 증거 불충분으로 기각시키는 선에서 끝낼 방침이었으나 이제 그럴 수 없게 되었다. 조사가 재개되었다.

한편 쇠레르-케스트네르 상원의원 주위에 그에 동조하는 소수의 서클이 형성되기 시작했다. 하지만 상원의원은 매일같이 신문에서 두들겨 맞고 있었다. 그의 점잖은 침묵이 이중성을 입증하는 것처럼 보도되었다. 그는 또한 조롱거리가 되었다. 옛 동지들까지도 등을 돌렸다. 이 무렵(10월) 조르주 클레망소가 편집하는 새 신문이 창간되었다. 『로로르』(L'Aurore: 여명)지였다.

파나마 운하 스캔들 이후 클레망소는 정치 일선에서는 밀려났으나 그의 펜은 여전히 날카로웠다. 급진파가 대개 그렇듯 그도 군을 존중했고 군사재판을 신임했다. 그는 드레퓌스의 유죄를 의심해본

적이 없는 사람이었다. 하지만 쇠레르를 존경하고 있는 터였으므로 그를 만나러 갔다. 클레망소는 드레퓌스가 무죄라고 하는 쇠레르의 말을 받아들일 수 없었다.

그러나 두 사람의 면담은 한 가지 중요한 결과를 남겼다. 즉 클레망소가 처음으로 드레퓌스의 재판 절차가 불법이었다는 사실을 알게 된 것이다. 그는 충격을 받지 않을 수 없었다. 그는 새로운 재판을 요구하자는 쇠레르의 견해에 합세했다. 우파인 『로토리테』(L'Autorité: 권위)가 같은 입장을 취했다. "드레퓌스에게 죄를 주는 것은 좋다. 그러나 어디까지나 합법적으로 하라"는 주장이었다.

『로로르』『로토리테』는 발행부수가 미미한 신문들이었다. 그러나 이 두 신문의 주장에 다른 군소 신문들이 가담해왔다. 기요가 편집인인 『르 시에클』지와 세브린 여사가 발행인인 『라 프롱드』지였다. 투지력이 강한 세브린 여사는 극우에서 좌파로 급선회함으로써, 흔히 보는 현상과는 반대 현상을 보였다. 그러자 클레망소와 거의 같은 비중의 위력 있는 인물이 이 싸움에 뛰어들었다. 에밀 졸라가 바로 그였다.

졸라는 세계적 명성을 획득한 프랑스의 대소설가였다. 졸라는 드레퓌스의 재판에 관련한 반유대주의의 추악한 행동에 충격을 받았다. 그는 남부 프랑스의 이야기들을 써서 유명해진 작가 알퐁스 도데, 시인 프랑수아 코페와 이 문제를 상의했다. 도데는 작가란 시끄러운 인간세사(人間世事)에 개인적으로 연루되지 않아야 한다는 신념을 갖고 있었다. 그러나 코페는 작가의 개입을 지지하는 편이었다.

졸라는『르 피가로』지에 칼럼을 집필하기 시작했다. 당시 이 신문의 칼럼은 저명한 작가들에게 개방되어 있었다. 하지만 드레퓌스 사건은 재심되어야 한다고 생각하는 신문들의 발행부수는 여전히 약세였다.『르 피가로』는 부유층과 상류사회를 대표하는 신문이었다.『르 피가로』나 기타 군소 신문들이 전국에서 팔리는 부수보다, 파리의 도심지에서 팔리는『르 마탱』지의 부수가 더 많을 정도였다.

펠리외 장군의 극히 제한된 조사가 시일을 끌고 있는 사이, 조사 서류는 들춰 보기도 힘든 연구 서적처럼 두꺼워져갔다. 사람들은 매일 쉐레르가 어떤 폭로를 터뜨리기를 고대했다. 그러나 그는 입을 열 수 없었다. 정부측도 군부도 아직 그가 입을 여는 것을 원하지 않았다. 정부와 군은 공공연히 에스테라지와 결부되는 것을 주저하고 있었다.

인기 있는 신문들은 여전히 드레퓌스의 죄상 폭로로 메워졌다. 그의 죄목은 14개 항목에 달했으며, 브뤼셀에서 독일 무관과 같이 있는 스냅 사진이 있다는 기사까지 실렸다. 상데르 대령의 사망 이후 앙리가 조작한 비밀 서류철에 관한 기사도 새어 나왔다. 이 서류철을 보면 드레퓌스가 명세서에 나열되어 있는 사소한 정보뿐 아니라 다른 중대한 정보들도 팔아넘겼음이 '믿을 만하게' 입증된다고 떠들어댔다. 이 사실에 대한 증거를 밝히려면 첫째, 전쟁이 일어날 위험을 감수해야 하며 둘째, 비밀 정보를 누설할 수밖에 없다는 것이었다. 따라서 국방부 장관에게 이 증거를 제시하도록 촉구하는 드레퓌스 지지자들의 주장은 언어도단이라는 것이었다.

이런 혼란 속에서도『르 피가로』지는 집요하게 파고들었다. "나는 곧 작전에 나간다"는 명세서 중의 한마디가 그 근거가 되었다. 드레퓌스는 그해 5월 수습참모였기 때문에 그해 9월의 작전에 참가할 수 없다는 것을 이미 알고 있었다. 라자르가 증명한 사실은 여기까지였다. 이제 『르 피가로』는 한 걸음 더 나아가 에스테라지가 확실히 그 작전에 참가했음을 증명할 수 있다고 보도했다. 에스테라지는 이 사실을 부인했다. 그러나 『르 피가로』는 그의 동료들이 "그를 프랑스인으로 생각해본 적이 한 번도 없었다"고 말한 신랄한 내용의 회견기사를 실었다.

『르 피가로』는 또 명세서의 사본과 에스테라지의 필적을 나란히 게재함으로써 독자 스스로 판단하도록 했다. 이를 반격하는 대중지들은 대략 두 가지 유형이었다. 그 두 개의 필적은 전혀 같지 않다고 주장한 그룹이 있었고, 또 다른 그룹은 오히려 드레퓌스가 에스테라지의 필적을 모방했다는 '믿을 만한' 정보를 갖고 있다고 주장했다.

쇠레르는 드디어 공개적 선언을 할 때가 왔다고 판단했다. 그러나 그의 상원에서의 발언은 클라이맥스를 이루기는커녕 오히려 그 반대가 되어버렸다. 알자스 출신의 이 점잖은 노신사의 발언은 들릴 듯 말 듯했다. 드레퓌스의 재판이 부당했다는 그의 신념이 확고해 보이지 않았다. 그가 착석하자 지지 발언에 나선 상원의원은 단 한 명, 법무부 장관을 역임한 뤼도비크 트라리외뿐이었다. 그러나 그의 발언도 드레퓌스에 대한 지지가 아니라 다만 누구나 알고 있는 사실, 즉 쇠레르는 한 점의 흠도 없이 결백하다는 몇 마디뿐이었다.

나는 고발한다

이듬해인 1898년에는 총선이 있을 예정이었다. 군부를 탄핵하려는 정치인에 대해 국민이 어떤 반응을 보일 것인가를 의원들은 잘 알고 있었다. 그들은 쇠레르를 멀리했다.

상황은 악화되어갔다. 이제는 참모본부를 탄핵하지 않는 정도가 아니었다. 참모본부 지지 인사들이 득의양양하게 나섰다. 노동부 장관은 하원에서 잠깐 쇠레르와 한두 마디 한담을 나누다가 주위에서 하도 웅성거리자 황급히 일어서서 자기는 다만 친구에게 빵집 주소를 물었을 뿐이라고 해명하는 지경이었다. 또 포르 대통령은 어떤 법률 문제에 관해 쇠레르와 얘기한 일이 있었는데 그들이 "드레퓌스사건에 대해서는 상의한 바 없다"고 해명하라는 요청을 받았다.

"이 사건은 종결된 것이라고 보는 정부의 견해는, 최근 사태에도 불구하고 조금도 흔들림이 없다"는 비요 장군의 성명이 발표되었다. 언론이 보기에 이 성명은 지나치게 온건했다. 폭풍 같은 공격이 퍼부어졌다. 국방부 장관은 그의 개인적 부채를 쇠레르와 조제프 레나크의 도움으로 청산했다는 비난을 받았다. 군의 비밀계정에서 10만 프랑을 유용한 사실도 '드러났다'고 보도되었다. 『라 리브르 파롤』지는 대통령과 내각을 드레퓌스 첩보 행위의 공모자로 규탄하는 선동적인 기사를 게재했다.

가톨릭계 청년들은 항의 집회를 열었다. 그들의 결의안은 "아무도 프랑스 병사들이 그들의 지휘관에게 품고 있는 신임을 박탈해서는 안 된다. 유대인은 군과 공직에서 축출되어야 한다"고 소리쳤다. 파리 거리에는 왕위를 요구하는 필리프 오를레앙 공의 메시지가 실린 포스터가 난무했다. 엉뚱하게도 왕권의 계승을 꿈꾸고 있던 이 무직자는 그의 의무와 권리, 또 군주정체의 장점을 떠벌리면서 자기는 프랑스 군인의 명예를 수호할 힘이 있다고 장담했다. 왕정을 지지하는 학생들이 『르 피가로』지 사옥 앞에서 교통을 차단하고 과격한 시위를 벌였다.

신문들은 연일 군부 그리고 궁극적으로는 프랑스를 파멸시키려는 국제적 음모가 있다는 '증거'를 조작했다. 당대 제일의 웅변가로 알려진 가톨릭의 알베르 드 묑은 하원에서 이렇게 발언했다.

우리는 이 불가사의한 마술적 세력, 군을 통솔하고 유사시에는 전쟁을 지휘할 군 지휘관들의 명성을 더럽힐 만큼 강대한 이 세력의 정체를 밝혀야만 합니다. 이 세력이 과연 이 나라를 전복시킬 만큼 기세등등한가를 알아야만 합니다. 여러분은 나의 이 발언이 당파적 견해가 아닌가 미심쩍어하시겠지만 아닙니다. 우리에게는 여야가 없습니다. 오늘 여기에는 다만…… 우리의 꺾일 수 없는 희망, 군의 명예를 열렬히 수호하려는 프랑스 국민의 열망이 있을 뿐입니다.

하원은 군에 대한 국민의 신뢰를 어지럽히는 이 사악한 캠페인의 선동자들을 발본색원하겠다는 결의안을 서둘러 통과시켰다.

기껏해야 참모본부의 외딴 구석에서 쓰레기통이나 비우고 서류철 간수나 했을 에스테라지가 국방부 장관과 동격인 지위로 승진해서 그의 참모본부 배속을 거부했던 장군들을 파면하고 있는 격이었다. 반유대주의 신문들뿐 아니라 『르 마탱』과 『르 프티 주르날』을 포함한 여러 신문은, 유대인동맹이 베를린에 본부를 두고서 문서 위조 및 프랑스 저명인사의 부패화를 위해 600만 프랑을 썼으며, 또 지난 2년간 프랑스 정부는 이 동맹에 소속된 인물들의 손아귀에 장악되어 있었다고 떠들어댔다.

이 무렵 로슈포르는 『랭트랑시장』지의 사무실에서 중요한 방문객을 맞았다. 방문객은 부아데프르 장군의 개인 참모인 모렐 소령이었다. 이로써 로슈포르의 징소리는 한결 요란해졌다. 그는 정보 제공자의 이름은 밝히지 않은 채(그 이름은 경쟁지에 의해 밝혀졌다) 그 '정보'를 보도했다.

유대인동맹은 2년간 프랑스 장교의 필적 샘플을 수집했다. 그 목적은 드레퓌스의 필적과 흡사한 것을 찾자는 데 있었다. 마침내 그들은 에스테라지의 필적을 찾아냈다. 그러나 그 오랜 동안의 수고는 헛수고였다. 에스테라지의 무죄를 입증하는 증거는 너무도 확고했다. 따라서 에스테라지를 무고한 희생자로 몰려던 음모는 드레퓌스의 반역 행위를 더욱 노출시키는 결과를 낳고 말았다.

모렐 소령의 제보에 따라 쓴 『랭트랑시장』의 기사는 대략 이런 내용이었다.

이 신문은 국방부 장관의 '소심하고' '주저하는' 처신 때문에 손대지 못하고 있던 사실도 아울러 폭로했다. 비요 장군은 부아데프르 장군에게 조사에 응할 것을 요구했다. 부아데프르는 자기는 전혀 관계없는 일이라고 항의했다. 비요는 이 야심적인 참모총장에 대해 30일 자택연금을 명령했다.

에스테라지는 신문사에서 살다시피 했다. 그는 그 '동맹'에 관한 무진장한 정보를 계속해서 흘려주고 있었다. 그는 굳건한 의지력을 지닌 대단한 용기의 소유자인 것처럼 보였다. 또 자신의 명예를 지키기 위해 온갖 노력을 아끼지 않는 사람이 되어 있었다. 그의 한마디 한마디가 후세를 위한 유물로서 인쇄되었고 열띤 토론거리가 되었다. 그가 마티외 드레퓌스를 개 잡듯 때려죽이겠다고 말하자, 『라 리브르 파롤』지는 그 생각 자체는 좋지만 채찍질이 좀더 적절한 표현이라고 논평했다.

자가당착에 빠진다는 것은 그에게는 도무지 문제가 되지 않는 듯싶었다. 또 다른 사람들도 그의 이런 모순된 언행에 도무지 주의를 기울이지 않는 것 같았다. 에스테라지는 자신의 정체를 드러내는 위험선까지 아슬아슬하게 다가가곤 했다. 능숙하게 거짓말을 구사하던 경험을 통해서 그는 반쯤의 진실을 말할 때 나타나는 효과도 충분히 인식하고 있는 것 같았다.

오스트리아에 있는 그의 친척들이 독일 무관과 친분 관계에 있고, 자신도 군복을 입은 채 독일대사관을 방문한 적이 있다고 그는 말했다. 심지어 쇠레르 상원의원의 비난은 피카르 중령에게서 들은 거짓말에 근거하는 것이라고 주장하는 가운데 피카르의 이름을 흘리기도 했다. 그는 또 베일로 얼굴을 가린 그 '귀부인'이 어느 날 찾아와서 드레퓌스가 첩자임을 밝히는 문서를 전해주었다고 얘기했다. 처음에는 그 문서를 안전하게 보관하려고 런던으로 가져갔으나 후에 국방부 장관에게 인계했다는 것이었다.

파리는 에스테라지의 발밑에 짓밟히고 있었다. 『레코 드 파리』지는 "예수를 유다로 대우한다는 것은 잔인할 뿐 아니라 자기 파멸의 길"이라고 논평했다.

명세서에 관한 각 신문의 보도는 눈을 어지럽힐 정도였다. 경찰관이 그것을 독일대사관에서 훔쳤으며 발각되자 센 강에 뛰어들어 도망갔다는 얘기가 나오는가 하면, 에스테라지 자신이 대사관에 화재가 난 틈을 타서 그것을 탈취했는데 그때 소방수로 위장한 경관의 도움을 받았다는 얘기도 실렸다.

감옥에서 나와 파리에서 망명 생활을 하고 있던 영국 작가 오스카 와일드는 이 '계몽 국가'에서 국민들의 마음을 쥐고 흔드는 사기극의 장관을 즐기는 듯했다. 그는 에스테라지와 교분을 맺으면서 자기가 드나드는 잡다한 사회에서 주워들은 야릇한 정보들을 제공했다.

에스테라지는 한껏 즐기고 있었다. 심지어 그는 『르 피가로』지를 매일 찾아가기까지 했다. 이 신문은 그에 관한 새로운 사실을 계속 찾아내고 있었다. 예를 들면, 그가 그의 "해방자"라고 지칭하는 서류를 안전하게 보관하기 위해 런던에 갔었다는 그의 이야기의 배경에는 파리에 있는 "알리바이"라는 이름의 우편 서비스 회사가 있다는 사실을 이 신문은 밝혀냈다. "알리바이"가 하는 주된 업무는 바람 피우는 남편들이 그들이 간 적 없고 또 갈 생각도 없는 도시에서 그들의 편지를 부치고 싶어 할 때 그 업무를 대행해주는 일이었다. 사실 에스테라지는 몇 통의 편지를 자신은 파리에 있으면서 "알리바이"를 시켜 런던에서 부치도록 한 적이 있다는 것이었다. 이것이

전부일 뿐 그가 런던에 간 적은 한 번도 없다는 것이 기사의 내용이었다. 에스테라지는 『르 피가로』지의 편집국에서 기자들에게 둘러싸인 채 이 기사를 읽으며 웃었다. 주위의 사람들도 그와 함께 웃었다. 그는 너무나 안도하고 있었기 때문에 오히려 정신이 이상해질 지경이었다. 그는 마치 아편으로 된 구름 위에서 꿈꾸듯 지내며 더욱더 꿈속으로 빠져들었으며 전율했다. 엄밀하게는 정신병자가 아니라 해도 최소한 정신병자에 가까운 상태였다.

에스테라지는 평생 크건 작건 간에 추악한 행각을 벌이며 살아온 사람이었다. 지금은 시세의 파도를 타고 한껏 기세가 등등해 있지만 그에게 몹쓸 짓을 당했던 과거의 인물이 나타나서 그의 비행을 폭로할 위험은 피할 수가 없었다. 이렇게 등장한 사람이 불랑시 중령의 미망인이었다. 그녀에게는 에스테라지의 이름만 들어도 치를 떨 개인적인 사정이 있었다. 그런데 에스테라지는 연애편지 같은 것을 삼갈 만큼 자제력 있는 정부가 못 되었고 따라서 불랑시 부인은 그의 편지들을 한 아름 갖고 있었다. 그중에 지금 이 순간 그의 인간됨의 정곡을 찌르는 구절들이 보였다.

"……이 백성들(프랑스인)을 몰살하는 데는 총알도 필요치 않다……. 만약 어느 날 밤 내가 월랑 대위(폴란드에서 처음 생긴 경기병대의 장교)로서 프랑스인을 학살하라는 명령을 받는다면 나는 더할 나위 없이 행복할 것이다……."

이런 구절도 있었다. "나는 강아지 한 마리도 다치게 하지 못하지만 프랑스인이라면 10만 명이라도 기꺼이 내 손으로 죽여버리겠소."

증오와 악의에 찬 이 횡설수설은 도둑놈, 거짓말쟁이, 밀수꾼, 배신자의 생활 속에서 느낀 감정들을 솔직히 표현하고 있는 것이었다. 그것이 결과한 모든 굴욕과 공포는 불랑시 부인의 손에서 그녀의 변호사에게 인도되었다. 그녀는 변호사에게 이것을 이용해서 에스테라지에게 최대의 피해를 입힐 수 있는 방법을 가르쳐주었다. 변호사는 이 편지들이 펠리외 장군의 손에 들어가도록 쇠레르 상원의원에게 넘겼다. 드레퓌스사건에 대한 장군의 청문회는 아직도 지연되고 있었다.

에스테라지는 참모본부 편으로 이 소식을 들었다. 그는 신경이 곤두섰다. 그는 이 편지들이야말로 자신을 기요틴으로 보낼 것이라고 믿고 도움을 청했다. 편지들을 없애버려야 한다고 주장하면서 만약 그렇게 되지 않으면 참모본부도 파멸시키겠다고 위협했다.

"내가 기요틴으로 간다면 절대로 혼자서는 가지 않겠다."

하지만 편지를 없앨 수는 없는 일이었다. 앙리는 에스테라지에게 진정하라고 이르면서 그저 그 편지들은 위조라고 말하면 된다고 했다. 그러나 에스테라지는 안심하고 있을 상태가 아니었다. 그는 급히 가방을 챙겨 프랑스 밖으로 나갈 생각이었다. 곤경에 처할 때 빼드는 그의 마지막 카드였다. 우선 나라 밖으로 빠져나가고 박해의 위험이 사라지면 사건의 전모를 팔아넘긴다는 것이었다.

그러나 그가 마지막 카드를 내놓기 전에 앙리가 냉철하게 비상수단을 썼다. 국경 수비대는 비상에 들어갔고 만약 에스테라지가 월경(越境)을 시도하면 체포하라는 명령을 받았다. 에스테라지는 프랑스에 대해 품었던 그 저주가 자기에게 돌풍처럼 되돌아오기를 기다렸다.

앙리는 시대의 분위기를 에스테라지보다 정확하게 파악하고 있었다. 편지들은 짐작대로 『르 피가로』지에 게재되었지만 그러나 사랑스러운 프랑스는 그에게 해를 끼칠 수가 없었다. "잔인스러운 위조"라고 여러 유력지는 선언했고, 또 "소령은 너무도 분격하여 그의 원수들을 매질해 죽일 태세다. 그의 변호사가 펠리외 장군을 방문했다. 장군은 곧 이 편지들이 위조임을 확인할 것이다"라고 썼다. 더 나아가 『르 프티 주르날』은 "우리는 이 편지들을 싣지 않을 것이다. 300만 독자의 지성을 모독할 뜻은 없다"고 못박았다.

『로로르』지를 통해 클레망소는 날카롭고 퉁명스러운 질문을 던졌다. "'월랑 대위'(에스테라지를 클레망소는 이렇게 불렀다)를 보호하고 있는 참모본부의 그 사람은 누구인가?"

『르 피가로』지가 이 질문을 받았다. 그 이름을 발표함으로써 이 질문에 답하겠다고 약속했다.

그러나 위베르 앙리 중령의 이름은 끝내 인쇄되지 않았다. 『르 피가로』지는 돌연 이 질문에의 대답은 고사하고 그 문제를 거론하는 것조차 그만두었다. 참모본부는 보이지는 않았지만 어딘가에서 호된 채찍을 휘두르고 있었다. 1897년 12월쯤, 졸라는 『르 피가로』지의 칼럼에서 자기 이름을 이제 더는 찾아볼 수 없게 되었다. 이 신문이 반드레퓌스로 전향했던 것이다.

앙리는 프랑스의 신문에 대해 마치 파이프 오르간을 만지듯 한쪽은 소리를 죽이게 하고 한쪽은 열기를 뿜어가면서 떠들도록 신문을 갖고 노는 것 같았다. 드레퓌스가 독일 황제에게 보낸 것으로 보이게끔 조작한 일곱 통의 편지를 앙리는 위조했었다.

『랭트랑시장』지의 로슈포르는 앙리가 필자라는 것만 빼고 이 편지에 관한 모든 것을 낱낱이 게재했다. 그 내용을 보면 드레퓌스가 독일군에 대해 봉사를 자청한 것 같았다. 독일 황제는 드레퓌스가 독일을 위해 할 수 있는 최대의 봉사는 현직을 지키는 것이라고 답했다는 것이었다. 이 편지의 원본들은 전쟁을 일으키겠다는 위협에 따라 뮌스터 대사에게 반환될 수밖에 없었지만 반환 전에 복사본을 만들었다는 것이었다.

펠리외 장군의 조사가 속도를 내기 시작했다. 가엾은 불랑시 부인. 고상한 잡지인 『르뷔 데 되 몽드』는 이 사건에는 아무리 기를 써도 건널 수 없는 경계선이 있다고 논평했다. 펠리외는 불랑시 부인이 군부를 비방했다고 책망했다.

그렇지만 에스테라지도 겁에 질려 있었으며 제2탄은 원치 않았다. 그는 이제 대단한 사회적 인물이 되어서 뒤파티가 베일을 썼다 하더라도 그를 만나는 위험을 저지를 마음이 없었다. 에스테라지와 참모본부 사이에 교환되는 메시지들은 그의 정부인 마르그리트 페이의 집에서 백작의 조카인 크리스티앙을 통해 전달되었는데 이 젊은이는 이를 통해 젊은 시절의 모험을 즐기고 있었다. 뒤파티는 필적 전문가의 명단을 훑으면서 에스테라지가 명세서를 썼다는 혐의를 결정적으로 벗겨줄 사람을 고르고 있었다. 그가 절망한 나머지 내세운 주장은 만일 에스테라지가 그것을 썼다면 그는 당연히 자기 필적이 아닌 글씨로 위장했을 텐데 명세서는 어디까지나 에스테라지의 평상시 서체인 만큼 어떤 자가 그의 필적을 위조한 것이 분명하다는 주장이었다. 마침내 뒤파티는 그의 주장에 설득당한 세 명의 전문가를 찾아냈다. 에스테라지는 더 나아가서 불랑시 부인의 편지 역시 위조된 것이라고 밝혀주기를 그들에게 요구했다. 좀 힘이 들었으나 결국에는 그 요구도 부분적으로는 받아들여졌다. 전문가들은 불랑시 부인에게 보낸 편지들이 위조된 것임을 입증하는 몇 가지 증거가 있다고 선선히 말했으며, 명세서가 위조된 것은 의심의 여지가 없다고 확언했다.

앙리는 지금은 대포를 쏠 때가 아니라고 생각한 것이 분명했다. 그가 비장하고 있는 무기는 이 명세서는 원본이 아니라는 것, 이것은 뮌스터 대사가 서류의 여백에 독일 황제의 메모가 있는 관계로 원본의 반환을 요청하자 고(故) 상데르 대령의 부탁에 따라 에스테라지가 만든 사본이라는 것이었다. 딱총만으로도 잘되어가는데 뭣하러 대포를 쏘겠는가.

프랑스에서는 기소 사건의 조사 과정에서 그 기소를 뒷받침할 증거가 충분하지 못하면 그 사건은 종결되고 더 이상의 소송은 열리지 않는다. 예심 판사가 추천한 절차도 그것이었다. 그러나 참모본부는 에스테라지에 대한 조사와 드레퓌스사건을 까다로운 법해석으로 분리시킨다면 결국 지금까지 그들이 벌인 어떤 일보다 더 큰 의심을 산다는 것을 잘 알고 있었다. 그래서 군부 고위층은 판사가 추천한 절차를 따르지 않고 에스테라지의 재판을 명령했다. 에스테라지는 재판받는 것이 아니고 그의 결백은 이미 확인되었으며 재판은 단지 그를 옹호하기 위해 진행되는 것이라는 공식 발표가 있었다. 재판받아야 할 것은 피고라기보다 고발 자체이며 이 재판의 목적은 에스테라지의 혐의가 널리 알려졌던 것처럼 그의 결백도 널리 알려지게 하는 데 있다고 사전에 공식 천명되었다.

세브린 여사는 『라 프롱드』지의 독자들에게 필적 전문가들이 어떻게 오류를 범할 수 있는가를 실례를 들어 설명했다. 어떤 재판에서 필적 전문가들은 증거 서류의 주석은 분명히 피고의 필적이지만 문서 자체는 피고의 필적이 아니라고 증언했었다. 그런데 문제의 주석이 법정의 재판장이 쓴 것임이 밝혀진 일이 있었다는 것이었다.

그러나 드레퓌스를 편들었던 몇 안 되는 작가들은 지는 싸움을 하고 있었다. 이 재판은 진실의 추적이 아니었다. 이미 압도적 다수가 에스테라지는 결백하다고 믿고 있었고 이 재판은 이 믿음을 공식적으로 확인하는 절차일 뿐이라고 생각했다. 에스테라지의 결백을 주장하느라고 이미 쓸 수 있는 말은 다 써버린 판이어서 신문의 관심은 증인 피카르 중령의 입회 여부에 쏠리고 있었다. 아프리카에 있는 피카르가 펠리외 장군에 의해 소환되었다. 그가 귀국하는 동안 이 젊은 장교의 집이 수색당했다. 그에게 불리한 증거를 찾아야 했기 때문이었다. 피카르는 일절 입을 다물라는 명령을 받고 있었다.

증인들은 여전히 반쯤의 진실과 뻔한 거짓말을 섞어가며 진술했다. 피카르는 상데르 대령의 금고에 있던 극비 서류철을 열었으나 그것은 부아데프르 장군의 제의에 따라 한 일이었다. 그는 앙리 소령이 없는 사이에 그 극비 문서를 열어보았으며 비밀 문서의 일부를 그러한 문서를 볼 권한이 없는 인물인 그의 변호사 르블루아에게 보여주었다고 증인들은 증언했다. 그들은 '파랑 엽서'(이것이 에스테라지가 독일대사관과 접촉했음을 밝혀주는 증거였다)를 위조라고 말했으나 아직 피카르를 그 위조인이라고 하지는 않았다.

재판 개정을 기다리면서, 동료 장교들의 적의에 싸여 고립된 피카르는 법정 창가에 홀로 서 있었다. 자신 있고 잘생기고 균형 잡힌 모습이었다. 쇠레르 상원의원과 마티외, 뤼시 드레퓌스와 드망주(그는 마티외의 대리인으로 위촉되었다) 및 뤼시의 대리인으로 위촉받은 페르낭 라보리라는 젊은 변호사만이 그와 인사했다. 그들은 잠깐 얘기를 나눴다. 피카르는 자기가 하는 증언 때문에 자신이 수인들의 섬으로 유배될 것이라고 말했으나 그래도 증언을 하겠다고 말했다.

클레망소는 보도용 테이블에서 일어나 피카르를 한쪽으로 끌고 가서 드레퓌스 결백의 비밀을 무덤까지 가져가지는 않겠다고 한 중령의 약속을 상기시키는 귓속말을 했다. 그는 피카르에게 비장하게 그의 칼을 부러뜨리고 군에서 퇴직할 것을 제의했다. 그것만이 양심적인 민간인으로서 자유를 되찾을 수 있는 길이라는 것이었다.

그러나 피카르는 그럴 필요를 느끼지 않았다. 군대는 그의 양심의 충직한 수호자라고 그는 믿었다. 그는 군복의 의미와 그 옷을 입고 있는 사람을 뚜렷이 구분했다. 죄인은 군복을 진정하게 입을 수 없다. 다만 더럽힌다. 내 사랑하는 군대가 비록 상관들에 의해서라도 추락되는 것을 막아야 한다. 그것이 자신의 의무라고 피카르는 느꼈다.

신문들은 미리 에스테라지가 규정에 따르기 위해 하루 동안 구속

될 것이며 예심은 일반에게 공개될 것이지만 피카르 및 다른 군인들의 증언은 '군사 기밀' 보호 차원에서 비공개리에 진행될 것이고 재판이 끝날 무렵 피카르가 체포될 것이라는 예상기사를 실었다. 그 기사대로 재판이 진행되었다. 토론이 벌어졌고 판사들은 마티외와 뤼시가 위촉한 변호사들의 실질적인 재판 참여를 배제하기로 결정했다. 새벽 5시부터 방청권을 얻기 위해 줄을 서 있던 사람들이 웅성거리며 기대에 부풀어 있었다. 에스테라지가 출두했다.

드레퓌스가 재판받았던 바로 그 건물인 셰르슈-미디 가에 있는 낡은 군사법정이었다. 두꺼운 돌벽 사이의 좁은 창을 통해 희미한 빛이 을씨년스럽게 방 안에 흘러들었다. 법정 심판관들은 모두 장교였다. 그들은 녹색 보를 씌운 심판대 앞에 앉았다. 방에 있는 유일한 장식은 대형 그리스도 초상화로 1873년 바젠 원수가 메스 반역 사건으로 재판받을 당시부터 걸려 있던 것이었다.

에스테라지는 조용하고 침착하게 증언했다. 그는 문제의 '해방자'를 전달한 그 베일 쓴 귀부인에 대해 대단한 기사도를 발휘했다. 자기는 그 여인이 누구인지 모르며 그 여인이 그에게 준 문서의 출처에 대해 그녀에게 묻지 않는 것을 명예로운 행동이라고 생각한다는 것이었다. 한 심판관이 경찰은 왜 그에 관해 일체의 단서를 발견할 수 없었는가, 그 여인이 타고 간 마차까지도 왜 찾지 못했는가 하고 물었다. 에스테라지는 격하게 "내가 말한 모든 것은 내가 결백한 것처럼 진실이다"라고 목청을 높였다.

그다음은 마티외 드레퓌스 차례였다. 에스테라지의 변호사는 마티외가 명세서 사본을 일반에게 배포한 사실을 날카롭게 비난했다.

"당신은 재판정에서는 동생을 변호해도 좋겠지만 다른 곳에서는 결코 안 됩니다."

"나는 어디에서나 동생을 변호하겠소."

마티외가 대꾸했다. 그러자 재판정의 청중은 너무도 소란스럽게 적의에 찬 야유를 퍼부었고 재판장은 장내 질서를 촉구해야 했다.

쇠레르 상원의원은 조용하며 확고하게 드레퓌스가 명세서를 쓸 수 없었음을 믿는다고 증언했다. 그다음 나타난 남자는, 대중의 전적인 신임에도 불구하고 에스테라지가 겪고 있는 거센 감정의 지옥으로 통하는 문을 잠시 열어젖혔다. 이 증인은 에스테라지의 정부(情婦)가 살고 있는 집의 주인이었다. 마르그리트 페이의 아파트 임대는 에스테라지의 이름으로 되어 있었다. 페이 양은 어떤 벼락이 내리쳐도 세밀하게 자기 일을 챙기는 빈틈없는 여성이어서 에스테라지가 고발되던 날 집주인을 찾아가서 에스테라지가 자살할 것이라고 말했다.

그 지옥으로 통하는 문은 잽싸게 닫혔다. 심판장이 이 증인은 에스테라지에 대해 호감을 갖고 있지 않은 것 같다는 소견을 말했다. 집주인은 무뚝뚝하게 그는 생전에 소령을 딱 두 번 보았으며 호감이나 악감을 가질 이유가 전혀 없고 다만 진실을 말할 양심의 이유가 있을 뿐이라고 말했다.

대부분의 증언은 비공개리에 진행되었다. 마침내 검사는 에스테라지에 대한 고소를 정식 기각했다. 그런데도 에스테라지의 변호사는 장장 다섯 시간의 연설을 늘어놓았다. 법정은 3분간 휴정되었다. 다시 법정 문이 열렸고 일반인의 입장이 허용되었다. 심판장이 판결문을 낭독했다. 만장일치의 무죄 석방이었다. 기쁨에 넘친 혼잡이 벌어졌다. 프랑스가 전쟁터에서 일대 승전을 거둔 것 같았다. 장교들, 신문 기자, 남녀노소를 불문하고 에스테라지에게 달려와 부둥켜안고서 눈물을 흘렸다. 재판정에 입장할 수 없었던 1,000여 명의 인파가 출구를 가득 메웠다. 에스테라지가 겨우겨우 그들 사이를 뚫고 길을 나서자 누군가가 외쳤다.

"순교자에게 경배하자! 유대인을 죽여라!"

군중은 모자들을 벗고 환호했다. 그날 밤 파리 거리에는 "에스테라지 만세! 군부 만세!"를 외치는 개선 행진이 펼쳐졌다. 이튿날 한 순경이 피카르의 아파트로 와서 그를 체포했다. 그는 몽 발레리앙 요새로 끌려갔다.

한편 파리로부터 5,000마일 떨어져 있는 악마도에서는 드레퓌스 경비원이 13명의 보초와 문지기 한 명으로 증원되고 해상경비탑이 세워졌다. 탑 꼭대기에는 대형포가 설치되었다. 드레퓌스는 이유를 알 수 없었다. 우편물 배달도 중단되었다. 3개월간 그는 한 통의 편지도 받지 못했으며 보초병들은 그에게 함구하라는 명령을 따르고 있었다.

15

에스테라지의 무죄 석방과 피카르의 체포는 전 세계 신문을 통해 대서특필되었다. "프랑스는 이제 존재하지 않는다"고 리스본에서

살로니카, 모스크바까지 전 유럽이 애도했다. '호랑이' 클레망소는
외국 신문들을 읽고서 낙루했다. 그는 이렇게 썼다.

프랑스는 정의와 자유라는 뚜렷한 인권을 발견했으며, 그것은 현대
사회가 예전에는 몰랐던 행복을 지표로 삼고 발전하도록 보장해주
는 것이었다. 이것은 다음과 같은 아름다운 말에 반영되어 있다. "사
람은 누구나 두 나라를 갖고 있다. 자신의 모국과 프랑스다." 나라란
땅과 바위와 하천, 삼림, 전답으로만 이루어지는 것이 아니며, 사람
의 마음을 한데 묶고 사람들의 행동을 알리며 문명된 세계에 영향력
을 좌우하는 이념으로도 이루어지기 때문이다. 행복과 불행, 자유와
억압, 승자와 패자의 모든 상태에서 근대 프랑스는 전 인류를 위한
정의에 도달하기 위해 가장 뚜렷한 노력을 기울여왔다……. 그 정의
가 우리 나라에서 의미 없는 빈말이 되었고 고삐를 벗어났으며 또다
시 우리가 인종과 종교의 박해자가 될 때…… 관용과 자유라는 표어
가 증오의 외침에 그 자리를 양보하게 될 때 그때에도 우리는 바로
이 평야, 이 강물, 이 산들을 소유할 것이다. 우리는 아직도 프랑스
땅 위에 앉아 있을 것이다. 그러나 그때의 우리는 우리의 조상이 창
조하려 했던, 프랑스 조상들이 실현하라고 우리에게 물려준 그 프랑
스가 아니게 될 것이다.

프랑스 정신을 다시 불러일으키려는 클레망소의 이 감동 어린 글
은 그가 소속된 급진파 내에서조차 받아들여지지 않았다.

여당인 중도파는 그들의 기치인 공화주의와 대혁명 사이의 일체

의 연관을 부인했다. 그들의 관심사는 오직 가톨릭계, 국가주의계, 반유대계 신문들의 눈에 그들이 충분히 열성적인 것으로 비치게 하는 것뿐이었다. 즉 드레퓌스사건은 이미 오래전에 종결된 사건이며 또 드레퓌스는 공정한 판결을 받았을 뿐 아니라 재판 절차도 합법적이었다고 확신하고 있다는 것을 어떻게 잘 표현하느냐가 그들의 최대 관심사였다. 하원의원들은 군을 방어할 하원의 신성한 의무를 언급하는 발언자만 보면 앞을 다투어 찬사를 보냈다.

사회주의자들에게 드레퓌스를 둘러싼 소동은 여전히 부르주아들끼리 벌이는 집안싸움이었다. 만약 드레퓌스를 둘러싸고 일어난 사건이 어떤 노동자에게 일어났다면 누가 관심을 두겠는가 그들은 물었다. 쇠레르, 조제프 레나크, 그들은 모두 무정부주의자에게 불리하고 모든 형태의 정치적 반항에 불리하게 적용되는 이른바 '부도덕 법'에 찬성한 사람들이 아닌가? 드레퓌스사건은 같은 계급 안의 두 경쟁 파벌 사이의 일일 뿐 노동자와는 상관이 없다는 것이었다. 대혁명의 정신, 만인을 위한 평등과 정의의 이념은 이전에 이것을 주창하던 사람들 사이에서조차 차츰 사라져갔다.

이상의 포기는 당대의 두 저명한 사상가, 이폴리트 텐(1828~93, 철학자·문학평론가·역사가로 콩트풍의 실증주의를 문예평론에 도입함—옮긴이)와 에르네스트 르낭(1823~92, 실증주의와 다위니즘에 영향을 받은 저명한 철학자. 특히 『예수전』이 유명함—옮긴이)에게서도 나타났다. 그들은 결코 구제도의 후예가 아니었다. 두 사람은 프티부르주아 출신이었으나 다 같이 혁명의 유산인 평등주의에 절망했다. 텐의 견해로는 평등주의는 막연한 추상 개념을 위해 가정과 교회의 사회적 차등을 파괴했다. 르낭은 보통선거를 비난했다. 사회는 그 사회의 당연한 우월자들을 인정할 때 강력해진다고 그는 가르쳤다. 보불전쟁에서 프랑스를 제압한 프러시아의 승리는 평등과 민주주의에 대한 귀족적·계급적 구제도의 승리였다. 텐과 르낭은 혁명에서 파생한 죄악과 난폭함을 거부하면서 혁명의 원칙이나 혁명의 일부 결과를 찬양하는 것은 무익하다는 주장을 폈다. 죄악과 폭력을 낳은 것은 바로 원칙이라는 논리였다.

불가지론적인 텐과 회의주의적인 르낭이 혁명 이전의 전통으로 복귀하고 교회와 왕권 그리고 귀족제도를 그들의 삶의 총결산으로서 인정했다는 것은 당시 지식인 사회에 무서운 충격을 주었다.

소설가이며 불랑제 지지자였던 하원의원 모리스 바레스는 새로운 국가주의 신조를 발전시켰다. 그는 묘지 경배를 주창했다. 그는 프랑스인들이 진정한 빛은 그들의 발아래, 즉 선조의 묘지 속에 있음을 망각하고 하늘에 있는 빛의 기둥을 그들의 안내자로 받아들였다고 썼다. 구제받을 수 있는 단 하나의 길은 모든 국민이 참회자의 마음으로 망자(亡者)와 대지 앞에 부복하여 그들의 정신을 들이마시는 것이라고 그는 주장했다. 이런 유의 또 다른 이론가인 쥘 수리는 무신론자들도 가톨릭에 귀의해야 한다고 덧붙였다. 그것은 가톨릭을 위해서가 아니라 신자로서 삶을 명상한 선조의 본을 따라 살기 위함이라는 것이었다.

국가주의자들이 볼 때 신교도들은 완전히 다른 민족이었다. 단순히 지적으로 프랑스에 충실한 것만으로는 충분하지 않았다. 가톨릭과는 달리 신교도들은 이 나라를 신비하게 에워싸고 있는 심리적·

정신적 연속체의 일원이 결코 될 수 없었다.

가톨릭 과격주의자들에게 드디어 때가 온 것 같았다. 마치 기적이 일어난 듯 이 나라가 교회의 날갯죽지 안으로 돌아오려 하고 있었다. 교황은 프랑스 교회에 대해 속인(俗人) 공화국이 신의 허락을 받았다는 사실을 인정하라고 충고했다. 이것은 프랑스 역사를 잘못 읽은 것으로 분석될 수 있다. 그들은 왕권 회복은 불가능하더라도 가톨릭 국가로의 복귀는 가능할 것으로 믿었던 것이다. 100년 역사가 역전되려 하고 있었다. 프랑스는 울타리를 벗어났던 양이 우리로 돌아오듯 옛날로 되돌아가고 있었다.

이 새로운 반동적 국가주의는 국민의 좌절감을 먹으며 자라났다. 국민은 새로운 침략에 대한 공포와 그러한 침공에 승리하겠다는 열정 사이에서 갈팡질팡하고 있었다. 군은 모든 시련을 막아낼 그들의 방패였다.

그러나 그토록 경직된 상황에서도 동료 장교에 의해 한 사람의 유대인 대위가 배신자로 알려진 이 사건에서 일단의 완강한 한패는 기소된 유대인보다 군사재판과 참모본부의 오류를 주장했다. 여론을 지배하는 신문들과 유력 인사들은 그 일단이 신교도와 소수의 지식인들이며 이들은 대중을 오도하기 위해 혁명의 원칙을 환기시키고 있다고 주장했다. 대중은 또한 신교도 국가 및 유대인과 프리메이슨(중세 석공의 숙련공 조합에서 발달한 공제·우애를 목적으로 한 비밀결사—옮긴이)의 영향력이 강력하게 작동하는 나라의 여론은 혁명의 원칙을 명분으로 내세우면서 프랑스는 유대인을 구금하기보다는 그의 군대를 파괴해야 한다고 입을 모아 요구하고 있다는 얘기를 읽고 또 들었다. 프랑스가 이 나라 자체의 원칙 때문에 희생될지 모른다는 두려움이 커졌다. 원칙을 희생시키고 살아남기로 하는 편이 낫지 않겠는가? 오랜 전통의 특전을 입고 있고 여론 형성의 온갖 수단을 손에 쥐고 있는 기관들과 교회들, 왕당파들, 우파와 중도파 등이 집요하고도 공고한 연합전선을 펴고 국민들에게 다음 둘 중에서 하나를 택하라고 요구했다. 즉 혁명의 인권 이념을 희생할 것이냐, 아니면 프랑스를 희생할 것이냐?

국민의 대다수에게 혁명은 아직 봉건적 특권 체제의 종식과 국민적 단합 그리고 국민 주권의 등장을 의미할 뿐이었다. 국민은 공화파 정당들에게 표를 던졌고, 이런 추세는 확고했으며 계속 상승세를 보이고 있었다. 그러나 군이란 독특한 존재가 문제가 되고 국가안보가 위기에 처해 있다고 믿을 때는 그들은 교회과격주의자들과 권위주의자들 그리고 반유대주의자들 및 왕당파들을 추종할 준비가 되어 있었다.

로마에 있는 제수이트교단의 공식 기관인 '시빌리타 카톨리카'가 대공세의 봉화를 올렸다.

유대인의 해방은 이른바 1789년 원칙의 필연적 결과로서 그 명에는 모든 프랑스인의 목에 걸려 있다. 이 프랑스계 유대인들은 독일계 유대인들의 이주로 수적 증가를 보여 이제는 13만 명에 이른다. 그들은 메이슨단(프리메이슨)을 지배하고 있고(드레퓌스는 유대인이며 메이슨 단원이다), 메이슨단은 악명 높게도 프랑스 국가를 장악하고 있다. 그들은 공화국을 손아귀에 넣고 있다. 공화국은 프랑스

적이기보다 히브리적이다. 프랑스의 부(富)를 이루는 2,600억 프랑 중에서 800억을 유대인이 차지하고 있다. 그들은 국내외 정치의 방향을 결정한다. 이집트 포기(레셉스가 수에즈 운하를 영국에 양도한 것을 가리킨다)는 유대인의 책동으로서 그들은 런던 정부를 위해 신문과 정부, 의회를 부패시켰다.

드레퓌스 유죄 판결은 유대인들에 대한 무서운 강타였다. 이 사건은 전 세계 유대인(그 대부분은 프랑스 식민지에 있다)의 이마에 낙인을 찍었다. 그들은 이 흔적을 씻겠다고 맹세했다. 그러나 어떻게? 그들은 평소의 간계한 솜씨로 그릇된 재판이란 말을 생각해냈다. 이 음모는 예루살렘 구출에 관한 논의라는 구실 아래 베일 속에서 열린 시온주의자 대회에서 꾸며졌다. 여기에 신교도들이 공동의 명분으로 유대인에게 합세하여 동맹을 결성했다. 자금은 거의 독일에서 조달되었다. 그들은 양심과 유럽 각국의 신문들을 매수했다.

유대인은 배신이 꾸며지고 있는 곳마다 첩자로 봉사하기 위해 신에 의해 창조되었다. 그 위에 인종적 유대감이 유대인 서로서로를 묶고 있고 귀화에도 불구하고 충실한 시민이 되지 못하도록 막고 있다. 드레퓌스사건은 이 사실을 분명하게 드러내준다. 따라서 반유대주의는 당연히 경제적·정치적·국민적 운동이 될 것이다. 유대인들은 재판상의 잘못을 주장한다. 진짜 잘못은 그들을 프랑스 국적으로 일치시킨 저 '헌법'에 있다. 그 법은 철폐되어야 한다. 프랑스뿐 아니라 독일, 오스트리아, 이탈리아 등지에서도 유대인은 추방되어야 할 것이다. 그래야만 옛날의 화합이 다시 일어날 것이고 국민들은 잃어버린 행복을 되찾을 것이다.

바티칸 국무부 장관인 람폴라 추기경은 한 외교 사절에게 이렇게 말했다.

"드레퓌스사건을 재심하려는 기도는 유대인 및 신교도의 책동이다. 선량한 모든 가톨릭 교도의 의무는 반유대주의를 위한 멜린 총리의 노력을 지지하는 것이다."

가톨릭 지도자인 알베르 드 묑은 아카데미 프랑세즈에서 요란하게 나팔을 불었다. 그는 프랑스혁명의 파탄을 선언하고 중세로의 복귀를 외쳤다. "우리의 목적은 뚜렷하다. 그것은 인간의 권리에 반대하고 신의 권리를 제창하는 새로운 혁명"이라고 그는 주장했다.

『라 크루아』지와 성모몽소승천단 휘하의 여타 신문들이 군과 그리스도의 적들에 대항하는 십자군의 결성을 외치면서 그 뒤를 따랐다. 그러자 전국의 5,000개 교회의 사제들이 이 외침에 응답하고 나섰다. 귀족들이 정치 싸움터로 왔다. 성곽에서 고고하게 살거나 살롱에 파묻혀 있던 인사들이 이 함성에 부응했고, 그들의 자식들이 거리로 나와 군중에 가담했다. 어른들은 무정부주의자들, 드뤼몽의 반유대주의자들, 데룰레드의 '애국파'들과 자유롭게 어울리면서 대중집회를 열며 부르주아 공화국을 파괴하려는 공동의 노력을 폈다.

에스테라지의 무죄 석방은 극도의 정신적인 혼란을 야기시켰다. 젊은 신문 기자 폴 브륄라는 "사기꾼들이 사기를 찬미했고 협잡꾼들이 협잡 기념비를 세웠다"라고 썼다. 대중은 죄인에게 호산나(이제 구하옵소서)를 불렀으며 그 죄인의 죄는 다른 사람에 의해 속죄되고 있었다.

이러한 정신적 타락은 테러와 협잡이 지배하는 분위기에서만 지탱될 수 있었다. 이견자들을 침묵시킨 것은 대중지들이었다. 대중지들은 사람들의 꽁무니를 쫓아다니고 그들의 물질적·정신적 지위를 파괴했고 그런 것을 경멸받도록 했다. 그들이 조작한 '동맹'을 두려워한 나머지 사람들은 진짜 파괴 세력을 결성했다. 파리의 한 교사가 클레망소에게 말했다.

"고등학교 교사들이 당신을 지지하는 것을 기대하지 마시오. 내가 만약 당신에게 내 이름을 밝힌다면 나는 이내 쫓겨나서 브르타뉴 어느 구석에서 썩게 될 거요."

정부 자신이 테러를 당하고 있었다. 하원의원들도 마찬가지였다. 국가주의자들과 성직자들만의 우직한 협박만으로는 이견자들을 침묵시킬 수 없었다. 국민이 문제였다. 국민 다수가 군과 하나가 되었다. 드레퓌스를 군에서 제거했지만 군내에는 여전히 불안이 끊이지 않았다. 공격이 계속되었다.

그렇다면 적은 어디에 있는가? 반대파는 어디에 있는가? 어떤 외국인이 폴 브릴라에게 "이 나라의 정직한 사람들은 어디에 있는가?" 하고 물었을 때 그는 "그들은 겁에 질려 있다"고 하면서 여론의 독재보다 더 무서운 독재가 없다고 말했다. 그들은 예수를 십자가에 매달았고, 존 후스를 불태웠고, 사보나롤라를 화형에 처했으며, 갈릴레오를 박해했고, 사도와 순교자들을 교수대로 보냈다.

"독재자에게 도전하는 용기 있는 사람들이 역사를 통해 결코 부족한 것이 아니나, 여론의 횡포에 대항하려면 진정한 영웅주의가 요구된다"고 클레망소는 말했다. 자신의 공동체에 의해 거부당하고 조국에서 추방당할 위험을 그 누가 무릅쓰겠는가?

정부 안에서는 그런 사람이 나타날 수 없었다. 아나톨 프랑스는 이렇게 썼다.

각료회의에는 에고이즘과 공포심이 의자에 앉아 있었다. 불의가 저질러졌을지도 모른다는 생각이 희미하게 퍼지기 시작했다. 그러나 그 불의는 대중과 강력한 비밀 세력에 의해 지지, 옹호되고 있으므로 아무리 결연한 인물들도 발언을 주저했다. 발언하는 것이 의무인 사람들이 침묵했다. 일신을 위해 개인의 두려움을 느끼지 않는 훌륭한 사람도 그의 당이 무서운 위험 앞에 드러나는 것을 겁냈다.

동시대인들은 이견자의 수를 전체 인구의 약 1퍼센트로 추산했는데 이것은 이 나라의 신교도 수와 비슷한 숫자였다. 그렇지만 이견자와 신교도들이 하나하나 일치했다는 뜻은 아니다. 프랑스 내 신교에 반대하는 국가주의자들의 적대적 선전이 프랑스 신교도들을 다수 군중에 보조를 맞추지 않도록 했을 것이며 유대인들도 같은 사정이었다. 그러나 신교도 전체가 드레퓌스 지지자들은 아니었다. 이름 있는 신교 집안 출신인 앙드레 지드는 언젠가 레옹 블룸이 당시 청년 드레퓌스파로서 그에게 항의 성명에 서명을 요청했을 때 그가 어떻게 해서 블룸에게 굴복했던가 하는 사연을 말한 적이 있다.

"나는 서명을 거절할 수 없었다. 후에 사태의 진전을 보면 내가 옳았다는 것이 입증되었다. 그러나 그 일로 내가 집안에서 얼마나 책망을 들었던지!"

유대인은 프랑스 인구의 단 1퍼센트를 차지했을 뿐이며 그들은

나는 고발한다

드레퓌스파와 가까이하지 않았다. 혹시라도 반역자와 인종적 유대감을 주는 어떤 표시라도 드러날까 봐 두려웠던 것이다. 그들은 개혁파의 캠페인이 드레퓌스 기소보다 더 격렬한 반유대인 감정을 일으켰다고 비난했다.

그러나 이견자들은 각계각층에서 나타났다. 개혁파 신문들은 모두 합하면 매일 약 10만 부가 팔렸다. 그렇긴 해도 소도시까지는 거의 가지 못했다. 파리발 열차로 수송되는 다른 신문들과 함께 도착한 그 신문들은 배달도 안 된 채 무더기로 남아 있었다. 아무튼 그것을 읽는 것은 현명하지 않았다. 그 신문을 읽으면 사람들이 문둥이를 보듯 피했다.

그런데도 모욕과 협박, 재앙의 격랑 속을 헤쳐가면서 끊임없이 불굴의 용기와 의무감을 보이는 인사들이 있었다.

베르나르 라자르와 같은 사람은 드레퓌스의 결백을 믿었다. 쇠레르 상원의원도 마찬가지였다. 클레망소 같은 몇몇 인사는 드레퓌스의 유죄를 믿었으나, 군사재판에 의한 불법적 선고가 그대로 허용될 경우 시민들에게 미칠 위험을 생각하고 경악했다. 그러나 에스테라지가 명세서의 필자임이 드러나자 그는 드레퓌스가 무죄라는 사실을 비로소 믿게 되었다. 드레퓌스사건 중에 클레망소는 약 800편의 글을 썼다. 하루하루 그는 명확하고 힘 있고 굽힐 수 없는 논리로써 『로로르』에 그의 주장을 천명했다. 그에게는 불법성, 그 자체가 불의의 한 형태였다. 그리고 법만이 정의를 보장해주는 안전판이었다. 국가 이익을 위해서 군부의 위신을 보호해야 한다는 정적들에게 그는 가차 없는 공격을 퍼부었다.

국가 이익, 그것이 법을 위반할 힘이 있는가? 만약 그렇다면 법에 관해 말하지 마라. 자의적인 권력이 법을 대신할 것이다. 오늘 그것은 드레퓌스를 치고 있지만 내일은 다른 사람을 칠 것이며, 국가 이익은 이성을 잃은 채 공공의 이익이라는 명분 아래 반대자를 비웃으며 쓸어버릴 것이다. 군중은 겁에 질린 채 쳐다만 볼 것이다. 정권이 국가 이익을 내세우기 시작하면 끝이 없게 마련이다. 그것은 모든 것에 대한 답변을 준비하고 있다. 그것은 사람과 사람의 차이를 허용하지도 감내하지도 않을 것이다. 만약 그것이 드레퓌스에게 적용된다면, 다른 누구에 대해서도 적용될 게 분명하다.

새 시대의 동이 터올 때, 대혁명이 보인 첫 행동은 국가 이익의 저 거대한 요새, 바스티유를 쳐부수는 것이었다.

인도주의적 입장에서 사회주의 계열에 가담한 장 조레스도 쉐레르-케스트네르의 얘기를 듣고 드레퓌스가 결백하다는 것을 믿게됐다. 에스테라지의 무죄 석방 이후 하원에서는 그만이 드레퓌스 지지 발언을 했다. 그러나 그의 입장은 이중으로 난처했다. 그의 당의 대다수는 '공정'이나 '정의' 같은 슬로건들은 부르주아의 사전에나 있는 어휘이며, 또 얼간이들을 부르주아파의 일원으로 끌어들이려는 함정이라고 생각했던 것이다.

클레망소는 사회당 내 조레스의 반대자들에게 다음과 같이 경고했다.

가장 하잘것없는 사람의 권리라 해도 그 권리의 침해는 억압받는 모든 사람의 이해관계에 위험을 부르게 된다. '인권'이란 대의는 불가분의 것이다. 우리는 그것을 찬성하거나 반대하거나 양자택일을 할 수밖에 없다.

그는 동시에 사회주의자들의 주저하는 입장을 분석했다.

그들 자신이 엄청난 불의의 희생자이니, 그들이 전제 권력의 다른 행동에 반대하여 무기를 들기를 주저하는 것도 무리는 아니다. 이번에는 전제 권력이 그들 주인 중 하나를 쓰러뜨린다고 그들은 생각한다. 그들의 태도는 환상적이다. 불의는 그 성격이 어떻든 완전히 근절되어야만 한다. 그들의 위험한 환상은 모든 것을 완전한 파멸로 몰아가기 십상이다.

조레스는 사회주의자들이 이 부르주아들의 사건에 왜 편을 들어야 하는가를 설명하고자 했다.

드레퓌스나 윌랑(에스테라지)이 유죄든 무죄든 나는 상관없다. 내가 우려하는 바는 총검의 횡포다. 군사법정이, 그 구실이 유대인이든 국기(國旗)든 국가든 그 무엇이든 간에 어떤 시민일지라도 법적인 안전 장치를 두지 않고서 체포하도록 허용해서는 안 된다. 이 점이 문제가 되는 것이다.

그는 인도주의에 입각해서 운명에 의해 지배 계층의 일원에서 탈락되어 인간적 고통의 상징이 된 드레퓌스에 대한 동정을 일깨우려 했던 것이다.

초기 드레퓌스 지지자들의 전위로는 파스퇴르 연구소 소장인 에밀 뒤클로가 있었다. 대학자였던 그는 인간의 어리석음에 체념한 사람이었다. 그러나 그는 항의의 목소리를 높일 때까지 잠 못 이루는 밤을 보냈다. 그는 정의의 개선(凱旋)을 거의 믿지 않았으면서도 정의를 위해서는 그것이 인간사에서 승리를 거둔다고 확신하는 사람처럼 결연하게 투쟁하라는 볼테르의 말을 추종했다.

드레퓌스의 초기 지지파 가운데 아나톨 프랑스가 있었다. 그는 제3공화국에 대한 신랄한 비판자였으나 결코 이성적 대의에 무심하지 않았으며 결코 광신주의를 지지하지는 않았다. 상원의원이며 전(前) 법무부 장관인 뤼도비크 트라리외는 자신의 권위를 온통 이 명분에 쏟았다.

노 상원의원인 쇠레르-케스트네르를 선봉으로 하는 이 소수의 지식인들이 이단의 합창을 울렸다. 그들은 정직하고 용기 있는 자들의 귀감이었으며 한 사람 한 사람씩 천천히 이 대열에 참여하게 되었다.

그러나 에스테라지의 승리는 치명적인 타격이었다. 그들은 이제 뒤클로의 비관적 전망을 나눠 갖기 시작했다. 드레퓌스의 복권이 다시 거론되는 정치적 상황이 나타나려면 수년이 걸릴 것 같았다. 완전한 패배는 아니라 해도 이 한판의 싸움에서는 패배한 것처럼 보였다.

그러나 역사적인 1898년 1월 13일, 그날 마치 대폭풍우가 밀어

나는 고발한다

닥치듯 절망의 침울한 분위기는 씻겨 나갔다. 졸라의 「나는 고발한다!」가 나타났던 것이다. 졸라의 논설은 클레망소의 『로로르』에 실렸다. 그것은 공화국 대통령 펠릭스 포르에게 보내는 공개장이었다.

"프랑스를 치명적 위기에서 구한 것은 사상의 자유 및 표현의 자유였다"고 클레망소는 후에 술회했다.

졸라는 당시 세계적 명성의 정상에 서 있었다. 그의 소설은 거의 모든 문명국 언어로 번역된 베스트셀러였다. 그는 국내외에서 다 함께 가장 논쟁을 일으키는 작가였다. 졸라는, 자기는 인간 조건의 실상을 파악하기 위해 문학과 예술에 과학적 방법을 적용했다고 주장했다. 다만 진실만을 희구하면서 인간의 운명을 결정짓는 힘을 밝혀내기 위해 비인간적 사실을 파고들었다. 그는 장소와 사람을 그리고 그들의 생활 방식 등을 세밀히 관찰, 수집했으며 그것을 그의 인생관으로 통합시켰다.

그의 작품들이 대중적 인기를 얻은 이유 중 일부는 말할 나위도 없이 장면이나 언어에서 종래에 금기였던 것을 전례 없이 무시해버린 데 있었다. 많은 독자들은 잇달아 나오는 그의 작품에서 음화(淫畵)를 찾고 있었으며, 또 다른 많은 이들은 작가 의도의 순수성을 감지했고 거장다운 그의 작품을 음미했다.

에밀 졸라의 아버지는 이탈리아에서 이주해 왔다. 남부 프랑스에 자리 잡고 엔지니어로서 성공했으며 에밀 졸라도 그곳에서 태어났다. 드레퓌스 기소 당시 졸라는 이탈리아에 있었다. 귀국한 후 그는 기소에 따른 과도한 반유대인 감정을 의심쩍은 눈길로 바라보았다.

그는 과학적 사고로 종교적 편견과 미신을 종식시켜야 한다는 확고한 신념을 갖고 있었으며, 유럽 최고의 문명국에서 그 편견이 가장 저열한 형태로 나타난 것을 보고 큰 충격을 받았다. 친구인 소설가 알퐁스 도데의 집에서 도데의 아들인 레옹(나중에 왕당파의 지도자가 되었다―옮긴이)에게서 드레퓌스가 죄를 뒤집어쓰게 된 경위와 결백하다는 그의 항의가 군중의 아우성 때문에 파묻히게 된 전말을 들었다. 아무리 죄인이라 해도(당시의 졸라는 이를 의심할 이유가 없었다) 인간이 그런 모욕을 받을 수 있다는 것에 졸라는 역겨움을 느꼈다.

쉬레르-케스트네르만이 그가 진실이라고 믿는 바를 위해 고독한 투쟁에 나섰을 때, 졸라는 프랑스의 공공 생활에서 차츰 그 중요성을 더해가는 이 드라마를 피부로 느꼈다. 처음에 그는 작가로서의 단순한 호기심에서 출발했으나 점점 더 깊이 개입하게 되었다. 마침내 드레퓌스의 결백을 인식하게 되자 그는 희생자에 대한 깊은 동정에 사로잡혔다.

소설을 쓰는 것으로는 이제 만족할 수 없다는 얘기를 가끔 했던 그는 문학적 업적의 최후를 장식하기 위해 위대한 신념의 행동에 참가하기로 했던 것이다. 졸라는 쉬레르-케스트네르에 대한 존경, 언론에 대한 분개를 글로 담았고 진실과 정의에 등을 돌리지 말 것을 젊은이들에게 경고했다. 사기한 에스테라지가 칭송되고 진실의 기수인 피카르가 악당처럼 취급되는 시점에 이르자 그는 단호한 신념의 증인―순교자―만이 이 나라를 뒤덮고 있는 광기를 깨뜨릴 수 있음을 깨달았다. 진실을 위해 나선 투사들 사이에 흐르는 낙담을 느끼고서 그는 자신이 나설 때라는 것을 간파했다.

그는 누구와도 상의하지 않고 하룻밤 하룻낮 또 다음 날 밤까지 대통령에게 보내는 탄원서를 끝낼 때까지 계속 썼다. 졸라는 이 편지를 팸플릿으로 출판할 생각이었다. 그는 인쇄하러 가기 전에『로로르』지의 편집국으로 찾아가 발행인 보강과 클레망소에게 원고를 보여주었다. 두 사람은 이 글이 내포하고 있는 무서운 힘을 직감했다. 클레망소는 이 글에「나는 고발한다!」(J'accuse)라는 제목을 붙였다. 이 제목은 역사에 길이 기록되는 제목이 되었다.

『로로르』의 발행부수는 여전히 보잘것없었다. 그러나 졸라의 항의가 칼럼에 등장한 신문은 30만 부가 팔렸다. 그리고 이 글에 대한 공격과 투쟁 속에서 마침내 온 국민이 졸라의 이 글을 알게 되었다. 「나는 고발한다!」는 전 세계에 퍼져 영원히 졸라와 함께하는 표어가 되었다.

그 막강한 호소력은 협잡과 혼란, 모순의 연막을 꿰뚫어보았다. 마치 무대 뒤에 서서 누가 또 무엇이 그 일들을 일어나게 했는지 지켜본 증인처럼 사건을 해부해냈다. 그것은 정밀하고 명확하게 사건들을 밝히고 있는 마법적 통찰력에서 우러나는 것이었다. 졸라는 이때까지 일반에게 퍼진 일방적인 인식에 대항할 만한 조리 있는 해석을 제시했던 것이다.

가톨릭 국가인 프랑스를 마비, 붕괴시키고 적에게 넘겨주려는 책략 아래 배신자와 첩자들을 돈으로 고용했다는 당시의 오류 대신에 졸라는 참모본부가 어떻게 해서 치명적인 잘못을 범했으며, 또 그것을 은폐하려고 더욱더 사기와 위조의 구렁텅이로 깊이 빠지게 되었다는 것을 설명했다.

소수의 강직한 사람들조차 마음으로부터 희망을 잃었고 약자와 유화론자들은 사태에 순응하지 않을 수 없는 시기에, 에밀 졸라는 단신으로 프랑스 군부의 고위 장성들이 무기력한 사기꾼처럼 행동한다는 것을 증명하는 데 생애의 창작 생활을 통해 이룩한 모든 것을 걸었던 것이다.

「나는 고발한다!」는 대통령에게 경의를 표하는 서두를 뗀 후 곧장 본론으로 들어갔다.

바로 최근 한 군사법정이 에스테라지라는 자를 명령에 따라 감히 무죄 석방했습니다. 이것은 모든 진실, 모든 정의를 일격에 내리치는 것입니다. 그런데 그 일은 저질러졌습니다. 프랑스는 스스로의 얼굴에 낙인을 찍었고, 역사는 이 같은 사회적 죄악이 저질러진 것이 귀하의 통치 기간 중이었음을 기록할 것입니다.

그들이 감히 도전했으니 나 역시 도전해야겠습니다. 정식 권한을 부여받고 있는 사법부가 충분하고 순수하게 진실을 말하지 못한다 하더라도, 나는 스스로 그렇게 맹세했기에 진실을 말해야겠습니다. 나의 임무는 말하는 것이지 공범자가 될 의사는 전혀 없습니다. 무시무시한 고문을 겪으며 결코 저지르지 않은 죄를 속죄하고 있는 무고한 사람의 유령이 밤마다 나타나 나를 괴롭힐 것이기 때문입니다.

대통령 각하, 따라서 나는 한 정직한 인간으로서 나의 온 힘을 다해 큰 소리로 진실을 외쳐야겠습니다. 각하가 이 죄악을 모르고 있음을 확신합니다. 그러나 그렇다 해도 이 나라 최고 통치자인 각하 외에 그 누가 이 진범의 악의적인 죄상을 파헤칠 수 있겠습니까?

첫째, 드레퓌스의 재판과 유죄 판결에 대한 진실입니다. 한 사악한 사람이 모든 것을 준비하고 계획하고 음모를 꾸몄으니 그가 바로 뒤파티 드클랑 중령입니다. 그는 당시 소령에 불과했습니다. 그가 드레퓌스사건의 전부입니다……. 항상 허황된 계책 속에서, 연재소설에나 탐닉하며 빼돌린 문서, 익명의 편지, 야릇한 회합, 심야에 나타나 국가 기밀이나 치명적 증거들을 팔겠다고 하는 수수께끼의 여인들에게 열을 내는, 그 정체가 애매한 인물. 사면이 거울인 방에서 드레퓌스를 신문하려는 생각을 한 사람도 그입니다……. 나는, 조사 장교로 지명된 뒤파티 드클랑 소령이 이 가공할 법의 오판 과정에서 최대의 죄인임을 단언합니다.

뒤이어 졸라는 명세서가 어떻게 하여 제2국 사무실에 오게 되었는지를 설명했다.

그러자 수색이 진행되고 필적이 검토되었습니다. 그것은 모두 집안일이었습니다. 반역자가 바로 코앞에서 발견되고 추방되어야 했기 때문입니다. 드레퓌스에게 첫 번째 혐의가 떨어지자, 뒤파티 소령이 등장해서 드레퓌스의 죄상을 꾸미고 조작했습니다. 이제 사건은 그의 사건이 되고 그는 반역자의 기를 꺾고 하루라도 빨리 철저한 자백을 받아내기 위해 온갖 짓을 마다하지 않았습니다. 또한 보잘것없는 지성의 소유자인 국방부 장관 메르시에 장군, 허다한 경우 양심을 적당히 얼버무리는 참모총장 보좌관 공스 장군도 여기 관여했습니다. 그러나 사건 초기에, 밑바닥에서부터 바쁘게 설친 사람은 뒤파티입니다. 그가 장군들을 지휘했습니다. 그는 신비주의에 흥미가 있던 사람으로서 그들에게 최면을 겁니다. 불운의 드레퓌스를 옭아 넣은 그의 실험들, 그가 파놓은 함정들은 믿을 수 없을 정도로 많습니다. 미친 듯한 조사, 어처구니없는 사기 수법, 가공할 조작 등등……. 이렇게 해서 15세기의 옛날 얘기에서나 볼 수 있는 신비와 속임수와 임기응변의 기소장이 작성되었던 것입니다. 그의 혐의 사실은 단 하나, 그 바보 같은 명세서를 썼다는 것이었습니다. 그 기밀이라는 것들이 보잘것없는 것이라는 게 판명되었기 때문입니다. 여기서부터가 문제의 핵심임을 나는 주장합니다. 진짜 죄악, 온 프랑스를 병들게 한 저 충격적인 법에 대한 거부가 시작된 것이 이 시점입니다. 처음부터 그들은 오직 태만과 우둔으로 이 일에 임했습니다.

마침내 드레퓌스는 군사법정에 섰습니다. 재판은 비밀리에 진행되었습니다. 적에게 국경을 열어주고 독일 황제를 선뜻 노트르담 성당으로 인도한 반역자라 하더라도 이렇게 쉬쉬하며 재판을 하지는 않을 것입니다. 전 국민이 공포에 질린 채 무시무시한 반역 사건에 대해 수군거렸습니다.

전 국민이 군사법정을 하늘같이 존중했습니다. 이 죄인에게는 어떤 가혹한 형벌도 충분하지 못하다고 생각했습니다. 국민은 죄인에게 가해지는 공적 모욕에 갈채를 보냈습니다. 그들은 이 죄인이 회한을 삼키면서 저 오욕의 바위에 영원히 유폐되어 있기를 희망했습니다. 전 유럽을 이글거리게 만든 이 말 못 할 비밀 서류에 단 하나의 진실이라도 내포되어 있었던가요? 그래서 장군의 사무실 깊은 서랍 속에 묻어두어야 할 필요가 있었던가요? 아닙니다. 그 속에는 오직 가공의 정신 착란적 환상이, 즉 뒤파티 드클랑의 상상력이 들어 있었을 뿐입니다.

아! 이 얼마나 어처구니없는 기소입니까! 한 인간이 그러한 죄목으로 유죄 판결을 받을 수가 있다면 이것은 불의의 극치입니다. 나는 양심 있는 사람들에게 그 판결을 읽고 이제 분노에 떨지 말 것을, 악마도에 유형된 한 인간의 초인적인 고통을 보고서 역겹다고 외치지 말 것을 촉구하는 바입니다.

……기소장에는 24가지 죄목이 있다고 들었습니다. 그러나 결국 죄목은 오직 하나, 즉 명세서뿐입니다. 그리고 우리가 아는 것은 전문가들이 이 명세서에 대해 의견의 일치를 보지 못했다는 것과 그들 중 일원인 고베르 씨는 그들이 원하는 결론에 동의하지 않았다는 이유로 난폭한 처우를 받았다는 것입니다……. 그것은 모두가 한통속인 가족재판입니다. 참모본부가 심의하고 재판하고 그 판결을 단순히 재확인한 것에 불과했다는 것을 잊지 말아야 합니다.

비밀회의에서 심판관들은 당연히 무죄 석방 쪽으로 기울어졌다고 전해지고 있습니다. 그러므로 유죄 판결을 정당화하는 근거로 그들이 외국 기관으로부터 입수했다는 비밀 서류의 존재를 내세우는 이유를 우리는 이해할 수 있습니다. 이 서류는 그들의 모든 행위를 정당화해줄 뿐 아니라 매우 중요한 서류이기 때문에 공개할 수도 없다는 것입니다. 간단히 말해서 전지전능한 신에게 머리를 숙이듯 이 서류에 대해서도 그저 머리를 숙이라는 것입니다……. 대통령 각하, 이제 나는 그 재판이 오류였음을 밝혀주는 사실을 열거하겠습니다.

드레퓌스의 도덕적 결백성, 그의 부유한 환경, 범행 동기가 전혀 없다는 점, 그리고 그가 끊임없이 자신의 무죄를 절규하고 있다는 점 등이 그가 뒤파티 소령의 상궤를 벗어난 상상력의 제물이었음을 보여주는 증거인 것입니다. 한마디로 그가 당하고 있는 박해는 우리 시대의 불명예인 반유대주의의 풍조에서 비롯된 것입니다.

다음에 졸라는 '파랑 엽서'에 대해 언급하고 있다.

……상데르 대령이 사망하고 피카르 중령이 그의 후임으로 방첩 책임자가 되었습니다. 직무 수행 중 어느 날 피카르 중령은 외국 정보원이 에스테라지 소령에게 보낸 속달 우편을 발견했습니다. 그의 임무는 조사를 시작하는 것이었습니다. 그가 상관들의 뜻에 반하여 행동하지 않았음은 명백합니다……. 그러나 그는 비상한 충격을 받았습니다. 왜냐하면 에스테라지의 유죄는 곧 드레퓌스 판결의 수정을 요구했으며, 참모본부는 무슨 수를 쓰더라도 바로 이 점을 무효화시키려 했습니다……. 신임 국방부 장관인 비요 장군이 아직은 이 사건과 관련되지 않았던 점에 주목하십시오. 그는 깨끗했습니다. 그는 진실을 바로잡을 수도 있었습니다. 그러나 그는 그럴 용기가 없었습니다. 말할 나위 없이 여론이 두려웠고 참모본부를 버리기가 겁났습니다. 양심과 군대의 이익 사이에서 갈등의 순간은 잠시뿐이었습니다. 갈등의 순간이 지났을 때는 이미 일은 너무나 늦어버렸습니다……. 이 점을 혜량하시기 바랍니다. 이제 비요 장군, 부아데프르 장군 그리고 공스 장군이 드레퓌스가 무죄라는 사실을 인식하고서

도 이 무서운 사실을 그들 가슴속에 비밀로 숨긴 채 1년이 지났습니다. 그러고도 그들은 잠을 잘 잡니다. 또 아내와 자식을 사랑합니다.

졸라는 이어 에스테라지에 대한 얘기로 넘어갔다.

증인들은, 처음에는 에스테라지가 미쳐서 자살하거나 도망을 할 것 같았다고 증언했습니다. 그러다가 갑자기 그는 방약무인의 모습을 드러내고 그 난폭한 행동거지로 온 파리를 경악케 했습니다. 구원의 손길이 뻗쳤던 것입니다……. 이제는 피카르 중령과 뒤파티 중령 사이에서 결투가 일어났습니다. 솔직하게 얼굴을 드러낸 사람과 복면을 쓴 사람의 결투입니다. 우리는 곧 두 사람을 민간법정에서 보게 될 것입니다. 그러나 잊지 마십시오. 근본적으로, 자기방어를 위해 그 결과가 시시각각 누적되는 죄악의 고백을 거부하고 있는 존재는 참모본부입니다. 잊지 마십시오……. 아! 우리는 빚더미와 죄악으로 가득 찬 파렴치한 모습의 인간들이 결백하고 무죄라고 전 세계에 공표되는 반면에 명예롭고 때 묻지 않은 인간은 오욕의 구렁텅이 속으로 끌려들어 가는 것을 목격하고 있습니다. 국가가 그리고 문명이 이 지경에 이르게 되면 파멸할 수밖에 없습니다.

군사법정의 기왕의 결정을 다른 군사법정이 철회한다—어느 누가 이것을 기대하겠습니까? 이제 우리는 에스테라지의 유죄는 곧 드레퓌스의 무죄 선언을 요구한다는 사실을 잘 알고 있습니다.

그들은 부당한 판결을 내렸으며, 이 판결은 영구히 우리 나라의 군사법정을 압박할 것입니다. 그것은 이제부터 내려지는 군사재판의 모든 결정에 그것이 깨끗하지 않으리란 의혹을 던지게 할 것입니다. 첫 번째 군사재판은 그저 어리석었을 따름이라고 칩시다. 그러나 두 번째는 틀림없이 죄악을 범한 것입니다……. 그들은 국민에게 군대의 명예를 말하며, 국민이 이를 사랑하고 존경하기를 원합니다. 그렇습니다. 백번 지당하신 말씀입니다. 어떠한 위협에도 프랑스 국토를 방어하고 국민을 보호하기 위해 일어설 군대를 우리는 사랑하고 존경합니다. 그러나 군대가 내일이라도 우리를 짓누르게 될 정복자로 군림한다면 문제는 심각합니다. 그런데도 군대의 그 칼자루에 경건하게 입 맞추라니……. 단연코 그것은 안 됩니다!

참모본부 전체가 기소되지 않는 한, 드레퓌스의 혐의는 풀리지 않습니다. 비요 장군 자신이 추구했듯이 공화국 정부는 제수이트교단처럼 숙정되어야 합니다……. 또 저열한 경찰 근성, 재갈 벗은 악몽, 에스파냐의 종교재판과 같은 매질, 얼마나 지긋지긋한 수단이 이 광적이고 우매한 사건에 동원되었는지……. 모든 것이 군복을 입고 특수 휘장으로 장식한 소수 인물들의 달콤한 쾌락을 위한 것입니다. 그들은 발꿈치로 국가를 짓이기고 '국가 이익'이라는 거짓 미명하에, 진실과 정의의 외침을 목구멍 속으로 도로 넣어버렸습니다.

졸라는 쇠레르와 피카르를 찬양했다. 그들이 비록 악마가 설치는 동안 신의 처분만 기다리기는 했어도. 행동하는 것은 그들의 임무이기보다 대통령의 임무였다.

나는 궁극적 승리에 대해 조금도 절망하지 않습니다. 더욱 강력한 신념으로 거듭 말하겠습니다. 진실이 행군하고 있고 아무도 그 길을 막을 수 없음을! 진실은 지하에 묻혀서도 자라납니다. 그리고 무서운 폭발력을 축적합니다. 이것이 폭발하는 날에는 세상 모든 것을 휩쓸어버릴 것입니다. 곧 알게 될 것입니다. 우리가 가까운 장래에 가장 먼 곳까지 재앙을 미치게 할 지뢰를 매설했는지 아닌지…….

긴 편지를 끝내면서 졸라는 다음과 같이 고발했다.

나는 뒤파티 중령을 고발합니다. 그가 무의식적으로(나는 이 점을 믿고자 합니다) 법적 과오의 악마 같은 중개인이었음을, 또한 지난 3년간 가장 부조리하고 역겨운 음모와 자신의 사악한 행위를 계속해서 은폐했음을 고발합니다.

나는 메르시에 장군을 고발합니다. 필경 심약한 탓으로, 사상 최대의 죄악에 그가 공모자로 끼어들었음을 고발합니다.

나는 비요 장군을 고발합니다. 그가 드레퓌스가 결백하다는 결정적 증거를 손에 쥐고서도 정치적 동기 및 참모본부의 체면을 구하고자 그 모든 것을 은폐했으며 파렴치죄와 정의모독죄를 자진해서 저질렀음을 고발합니다.

나는 펠리외 장군과 라바리 소령을 고발합니다. 그들이 악한 같은 심문을 자행했음을, 즉 극악무도하게 불공정한 심문, 어리석도록 뻔뻔스러운 저 불만의 기념비를 우리에게 제공한 그들의 보고서를 고발합니다.

나는 벨롬, 바리나르 및 쿠아르 세 명의 필적 전문가를 고발합니다.

의학적 검진에 따라 그들의 시력과 판단력에 결함이 있는 것으로 판명되지 않는 한, 그들은 거짓이며 가짜인 보고서를 작성했다는 책임을 면할 수 없을 것입니다.

나는 국방부를 고발합니다. 여론을 오도하고 죄악을 은폐할 목적으로 특히 『레코 드 파리』와 『레클레르』를 위시한 신문들이 저열한 캠페인을 주도했음을 고발합니다.

나는 마지막으로 첫 번째 군사법정을 고발합니다. 피고인에게 그 증거를 비밀로 가린 채 유죄 판결을 내려 인권을 침해했음을 고발합니다. 나는 또 두 번째 군사법정을 고발합니다. 피고인에게 죄가 있음을 충분히 인식하면서도 그를 무죄 석방하는 법적 죄악을 저지른 것을, 그리고 이 불법성을 명령으로 은폐한 것을 고발합니다.

내가 취한 행동은 진실과 정의의 폭발을 서두르기 위한 혁명적 조치입니다.

그처럼 많은 것을 지탱해왔고 행복에의 권리를 소유하고 있는 인류의 이름에 대한 지극한 정열만이 내가 가지고 있는 전부입니다. 나의 불타는 항의는 내 영혼의 외침일 뿐입니다. 이 외침으로 인해 내가 법정으로 끌려간다 해도 나는 그것을 감수하겠습니다. 다만 청천백일하에서 나를 심문하도록 하십시오! 기다리고 있겠습니다.

16

세계 곳곳에서 날아온 3만 통의 편지와 전보가 졸라의 호소를 환영했다. 사건의 이 전환점을 맞아, 이성의 퇴조를 비판하는 분개심을 이 편지들은 입증하고 있었다. 졸라의 웅변과 그의 윤리적 입장은 대혁명의 나라를 그리도 성급하게 포기할 수 없음을 전 세계에 환기시켰다. 졸라가 보여준 신념의 행위는 국가의 양심을 위한 대전투가 닥치고 있음을 예고했다.

프랑스 밖의 유럽은 드레퓌스의 무죄를 거의 만장일치로 믿고 있었다. 진실에 대해 프랑스가 이처럼 둔감한 것은 윤리적 전략이 그 원인이었다. 영국, 스칸디나비아 제국, 네덜란드, 독일의 대중은 프랑스의 윤리적 타락을 역겹게 느끼고 있었다. 러시아나 루마니아 같은 후진국 신문들조차 프랑스가 야만으로 되돌아가고 있다고 비난했다. 러시아의 신문들은 "프랑스가 이러고서도 계몽 국가로 불릴 권리가 있느냐"고 물었다.

하룻밤 사이에 미국은 이 소란스러운 드라마의 이상야릇한 무대 후면에 관심을 갖게 되었다. 마크 트웨인은 『뉴욕 헤럴드』지를 통해 이렇게 선언했다.

나는 졸라를 향한 깊은 존경과 가없는 찬사에 사무쳐 있다. 군인과 성직자 같은 겁쟁이·위선자·아첨꾼들은 한 해에도 100만 명씩 태어난다. 그러나 잔 다르크나 졸라 같은 인물이 태어나는 데는 5세기가 걸린다.

작가 비에른스티에르네 비에른손(1832~1910, 노르웨이의 노벨상 수상작가—옮긴이)은 프랑스가 다른 나라들이 보이는 동정에 전혀 개의치 않음을 탄식했다. 프랑스는 전 세계 위대한 작가들의 목소리를 듣지 않으려고 아예 귀를 막았고 그들의 감정을 경멸했고 프랑스에 대한 그들의 판단을 비웃었다.

국내의 시련에 대해 프랑스는 러시아와 같은 우호국의 개입조차 분개했다. 낭트와 보르도, 툴루즈, 몽펠리에, 르아브르, 오를레앙에서 대규모의 군중이 유대인 상점들을 약탈했고 유대인들에게 테러를 가했다. 그들은 졸라의 기사를 공개리에 불태웠으며 졸라의 초상을 목매달았다. 파리의 군중은 "졸라를 죽여라! 유대인을 죽여라!"라는 깃발을 들고 대로를 행진했다. 대규모의 항의 집회가 열렸고 유혈 충돌이 빚어졌다. 한 달 이상 전국 도시들이 소요에 휩싸였다. 대부분의 경우 경찰은 유혈을 막을 힘이 없어서 군대가 출동해야 했다. 알제에서는 계획적인 유대인 학살이 일어나 수많은 희생자가 생겼으며 프랑스와 아랍인이 하나가 되어 유대인 상점들을 습격하고 있었다.

파리에서는 대학생들이 졸라의 집을 공격하는 것을 막기 위해 경찰이 출동했다. 대학생들은 "졸라를 죽여라! 군 만세!"를 외치면서 돌을 던지는 것으로 만족하고 해산했다. 벨기에와 이탈리아, 스위스의 대학들에서는 정의를 위한 졸라의 입장을 찬양하는 결의안들이 채택되었다.

프랑스 내에서도 개인적으로 집요한 저항을 하고 있던 소수의 인사들이 과감하게 목소리를 높였다. 많은 지식인들이 졸라에게 바치는 찬사에 서명했다. 전국이 난폭한 흥분에 사로잡혔다. 일상생활의 일을 돌아볼 시간이나 생각, 정열이 남아 있지 않았다. 신문을

나는 고발한다

보고, 논쟁으로 무장하고 말과 주먹으로 싸우는 것이 전부였다. 사람들은 책을 읽는 것도 극장에 가는 것도 그만두었다. 프랑스가 바로 이 드라마의 무대였으며 시민들은 배우였고 문명 세계가 관중이었다.

이 열병은 수년간 이 나라를 뒤흔들었다. 꼬리를 물고 일어나는 각양각색의 어처구니없는 사건들은 보고 있노라면 자기가 매우 고차원적 세계에 살고 있는 듯한 착각을 일으키기도 했다. 평범한 사람들까지도 과거를 되새기고 원칙을 수정하는가 하면 또 자신의 소견을 털어놓기도 했다. 보통 때라면 사소한 개인적 관심들로 낭비했을 몽롱한 시간과 매일매일의 생활이 하늘 위로 둥둥 떠다니는 경축일인 듯싶게 느껴지는 가운데 흘러갔다.

내각은 졸라에 대해 어떤 조치를 취할 것인가로 혼란에 빠졌다. 그의 고발장을 그대로 방관할 수는 없었다. 그는 두 국방부 장관, 즉 메르시에와 비요를 사상 최악이라고 할 범죄의 공모자라고, 또 펠리외 장군은 에스테라지에 대한 심문에서 악당같이 처신했다고 비난했기 때문이었다. 모두가 졸라에 대한 엄벌을 요구하고 있었다. 반면, 만약 졸라를 국방부 장관이나 펠리외 장군에 대한 중상죄로 고소한다면, 법은 피고인에게 그 발언의 진실성을 증명토록 시도할 수 있는 권리를 부여하고 있었다. 그렇게 되면 실제로 드레퓌스사건, 또한 그 필연적 결과인 에스테라지사건의 재심이 열리는 셈이었다.

내각은 최종적으로 졸라에게 드레퓌스사건의 비밀을 드러낼 직접적인 기회는 일절 주지 않으면서 정부의 체면을 세울 수 있는 한 가지 방법을 강구했다. 내각은 「나는 고발한다!」의 구절 중에서 군법회의가 '명령에 따라 행동하면서' 에스테라지를 무죄 석방했다는 부분만을 중상죄로 고소하기로 결정했다. 이렇게 하면 졸라에게 에스테라지에게 반대하는 증거 제출의 권리는 주겠지만 드레퓌스에게 유리한 증거 제출의 기회는 주지 않을 수 있을 것이었다.

이 방식에 대해 대부분은 수긍했으나 에스테라지는 만족하지 않았다. 그는 국가주의 신문과 매일같이 인터뷰를 갖고 또 파리 주재 영국 신문 특파원들을 통해 졸라에 대한 그의 생각을 떠벌렸다. 졸라의 고발과 같은 모욕에 대해서는 그 당장에 벌을 주어 중죄인이 군부와 국가를 모욕할 기회를 전혀 허용하지 않던 옛날을 그는 그리워했다. 그러나 「나는 고발한다!」의 필자는 기소되어서는 안 된다, 그렇게 하는 것은 장성들의 위신을 떨어뜨릴 뿐이라고 그는 주장했다. 그리고 그는 졸라의 호소문에 의해 자극을 받은 혼란이 며칠이면 가라앉을 것이니, 이를 무시해버리는 것이 가장 그럴듯한 방안이라고 자기 생각을 바꿨다.

에스테라지는 그의 사건을 놓고 다시 떠드는 것이 겁났다. 그럴 만한 충분한 이유가 있었다. 이번 사건은 군사법정이 아니라 민간 법정에서 심판된다. 에스테라지의 편지들이 위조된 것이라는 '전문가'의 견해에 불랑시 부인은 분노하고 있었다. 그 악명 높은 '월랑' 편지를 썼을 것이라는 성명 미상의 범인이 존재한다는 것을 그녀는 단호하게 부인했다. 문제의 편지에서 소령은 파리 대로에서 프랑스인을 도살한 주정뱅이 무리를 지휘하겠다는 화려한 꿈을 꾸었다. 에스테라지의 새 친구인 오스카 와일드는 이탈리아 무관인 파니차르디가 경솔한 발설을 하고 있음을 에스테라지에게 경고했다. 독일 국방부가 에스테라지의 편지를 상당수 수집해서 갖고 있다는 소문이 이곳저곳의 살롱을 통해 퍼졌다.

에스테라지로서는, 정부의 결정은 그를 늑대에게 내던지자는 것으로 느껴졌다. 그는 『라 리브르 파롤』지와 『랭트랑시장』지를 통해서 국방부 장관 비요 장군이 유대인 동맹의 세포망과 재정적으로 연루되어 있다고 말했다.

에스테라지 재판 이후 펠리외 장군은 그 야릇한 인간을 좋아하게 되었다. 장군은 그의 불타는 상상력에 감탄하며 이 철면피를 한없이 용감무쌍한 시대에서 돈주머니와 신변의 안전밖에는 염두에 없는 프티부르주아 세계로 내려온 길 잃은 의협의 기사라고 보았다.

에스테라지는 이제 그의 낡은 협박 수법을 장군에게 사용했다. 펠리외는 이 협박을 다시 부아데프르 장군에게 전했다. 그가 만약 배신당한다면 장군들도 물고 늘어지겠다는 협박이었다. 부아데프르는 참모본부가 계속 그를 보호할 것임을 황급히 재확인해주었다. 장군이 더욱 초조해하며 그렇게 보장한 것은 국방부 장관이 참모본부의 음모에 더 이상 깊이 말려들기를 꺼려 한다는 의심이 들었기 때문이었다. 이 도박은 국방부 장관 비요에게는 너무도 썩은 냄새가 난다고 생각되었다. 만약 자극이 심해진다면 그는 음모의 밖으로 뛰쳐나가버릴 것이었다. 그러면서도 비요는 부아데프르의 재촉을 받고 참모본부가 재판에서 에스테라지를 지원하겠다고 동의했다.

졸라는 기소당하자 곧 당국이 꾸미고 있는 절차상의 책략을 간파했다. 그는 『로로르』지에 실린 공개장을 통해 국방부 장관에게 항의했다. 그는 전번의 고발들을 빠짐없이 반복했으며, 국방부 장관과 일반 참모본부 장교들과 보통군법회의의 심판관들이 어떻게 해서 그 같은 공식 성명을 그가 발표하는 것을 막을 수 있겠느냐고 물은 다음 이렇게 말했다.

"법이 만약 나의 발언의 정확성을 증명하도록 요구하면서도 동시에 그렇게 할 수단을 박탈한다면 그 법은 수정되어야 할 것입니다."

멜린 총리는 장군들의 명예는 법정에서 보호받을 필요조차도 없다고 선언했다. 장군들은 혐의를 초월해 있다는 것이었다.

이탈리아의 저명한 작가, 예술가, 작곡가들이 졸라에 대한 동정 선언을 보내왔다. 그들의 눈에는 졸라야말로 진정한 프랑스, 인권의 프랑스를 구현하고 있는 인물로 보였다. 그러나 프랑스 내에서는 졸라 재판 전야에 협박 포스터들이 곳곳에 나붙었다.

"파리의 정직하고 애국적인 시민들은 스스로 경찰이 될 것이다. 유대인들이 만약 나라를 계속 위태롭게 한다면 애국 시민은 스스로 방어에 나설 것이다."

또한 공화협회 회장은 신문에서 "드레퓌스사건의 선동자들이 그들의 행동을 중지하는 것이 유대인들에게도, 또 공화국에도 이로울 것"이라고 경고했다.

1898년 2월 7일 드디어 졸라에 대한 재판이 열렸다.

17

재판은 법원 내의 이른바 배심원실에서 열렸다.

투실투실 살이 찐 들르고르그 판사가 두 명의 배석판사를 거느리고 착석해 있었다. 재판장은 세계적 관심을 끌고 있는 사건의 재판을 담당한 것에 흡족해하는 모습이었으나 동시에 한발이라도 잘못 내디디면 그의 출셋길이 막히리라는 것을 알고 있는 듯했다. 물론 판결은 그의 재량이 아니었다. 배심원의 권한이었다. 그렇긴 해도 그의 재판 처리 방식에 따라 배심원의 평결에 영향을 줄 사실들이 인정되거나 배제될 것이었다. 재판관들은 이 사건에 관해 재판 과정에서 알게 되는 것 이상을 참작하지 말라는 주의를 받고 있었다. 판사는 필요 이상으로 조심하는 눈치가 역력했다. 군사법정을 대신하여 출정하도록 국방부 장관의 지명을 받은 반 카셀은 신랄한 공격을 퍼붓는 사람으로 악명이 높았다.

졸라는 그의 변호인으로 페르낭 라보리 변호사를 선임했다. 그는 활기 있고 잘생긴 남자로서 벽력 같은 그의 목소리 때문에 동료들은 그에게 '강철 허파'라는 별명을 붙였다. 법에 따라 발행인이 공동 피고가 되었다. 발행인의 대리인으로 조르주 클레망소의 동생인 알베르 클레망소가 나왔다. 조르주 클레망소는 법률가는 아니었지만 재판부의 동의를 얻어 『로로르』지를 위해 출정했다. 클레망소 형제는 놀랍도록 닮았다. 둥그런 두개골, 비스듬한 눈매, 부드러운 몽골풍 얼굴, 민첩한 두 눈이 아주 비슷했다. 알베르는 조르주의 좀더 유순한 닮은 꼴이었다. 조르주의 얼굴에는 형제의 공통된 특징이 한층 더 힘 있게 나타나 있었다.

소상인들과 직공들은 배심원석에 앉아서 그처럼 많은 장성들, 저명인사들의 등장에 어리둥절해하고 있었다. 그들은 재판이 진행되는 동안 줄곧 질려 있었다. 넓은 홀은 장교, 신문 기자, 법률가, 사교계 부인, 귀족들 그리고 반유대인동맹의 시끄러운 선동가들로 붐비고 있었다. 건물 주위에는 군중이 운집해 있었다. 파리 수비대는 경찰이 지원을 요청할 경우에 대비해 막사에서 무장 대기하고 있었다.

재판에 임한 방청객들이 어떠했는가를 알베르 바타유는 다음과 같이 묘사했다.

나는 25년간 형사재판에 참석해보았지만 이처럼 거친 방청객은 처음 보았다. 재판장이 일반에게 특례조치를 거부했는데도 그들은 방청석뿐 아니라 판사와 배심원들 주위의 의자에 앉았고 창턱에도 걸터앉았다. 어떤 자들은 히터 위로 기어올라갔다. 변호인들은 벽 가장자리와 층계에 주저앉았고 젊은 패들은 배심원 바로 앞에 터키식 책상다리를 하고서 마룻바닥에 주저앉았다. 이 혼란의 바다에 군데군데 아름다운 무늬처럼 여자들의 멋쟁이 모자가 박혀 있었다.

졸라는 흡사 대학 교수인 듯한 풍모를 풍겼다. 마른 체구에 정갈하고 진지하고 조용한 태도였다. 주름 잡힌 앞이마는 근시인 사람들에게서 흔히 볼 수 있는 불안스러운 태도를 엿보이게 했다. 그는 피고석에 말없이 앉아서 무료한 듯 지팡이를 만지작거리고 있었다.

나는 고발한다

『로로르』발행인이 공동 피고인으로서 그의 곁에 앉았고 그들 뒤로 졸라의 법률고문인 페르낭 라보리가 앉아 있었다. 클레망소 형제는 냉철하고 기민하고 예리한 인상을 풍겼다.

졸라는 자신의 변호사에게 자기보다는 드레퓌스를 변호하라고 당부하고 있었다. 사실 졸라의 공개 호소장은 드레퓌스사건을 민간 법정에서 재심하자는 목적 이외에 다른 목적은 없었다. 그러나 들르고르그 재판장은 이 점을 십분 경계하고 있었다. 그는 증인들이 기소에 관계된 제한된 부분 이상의 증언을 하지 않도록 최대한으로 막았다. 그러나 드레퓌스사건이 전적으로 배제될 수는 없었다. 들르고르그는 계속 "그 질문은 규칙 위반입니다"라고 말하곤 했다. 이 소리는 보름간의 재판 기간 동안 되풀이되는 주제 음악이었다.

졸라는 배심원들에게 자기는 자신을 변호할 생각은 추호도 없다고 거듭 밝히면서 탄원문을 낭독했다. 그는 배심원들이 그에게 유죄 판결을 선고한다면 "그것은 정의를 위해 수난당한 지사와 성자들의 차원으로 나를 끌어올리게 될 뿐"이라고 말했다.

정치적 야심이 없는 자유로운 작가로서 그는 작품에만 몰두해온 사람이었다. 그러나 그는, 그가 일곱 살이었을 때 작고한 아버지가 이탈리아 출신이라는 이유로 프랑스에서 프랑스인을 어머니로 태어난 그가 프랑스인이 아니라는 공격을 받는다는 사실을 개탄했다. 프랑스어로 쓰인 40권의 작품은 그가 프랑스인임을 여실히 증명하는 것이며 그 저술들이 그의 이름을 명예롭게 했다면 프랑스에도 마찬가지로 명예를 가져다주었을 것이라고 그는 말했다. 재판대에 오른 것은 자기도, 드레퓌스도 아니고 프랑스라고 그는 단언했다.

문제는 프랑스가 아직도 정의와 인도주의의 수호자라는 이 나라의 특성에 충실한가 아닌가라는 것이었다. "지금은 중대한 시간이다. 프랑스의 운명이 이 법정의 결단에 달려 있다"고 그는 말했다.

졸라는 다음과 같이 말하면서 진술을 끝맺었다.

맹세코 드레퓌스의 결백을 주장합니다. 나의 생애와 명예를 걸고 나는 확언합니다. 이 엄숙한 순간, 이 법정 앞에서, 국가를 대표하는 당신들과 배심원 여러분 앞에서, 프랑스 앞에서, 드레퓌스의 결백을 나는 주장하는 바입니다. 작가 생활 40년과 필생의 작업으로 획득한 모든 것을 걸고 드레퓌스의 결백을 선언합니다. 내가 얻은 모든 것, 내가 이룩한 명성, 또한 프랑스 문학의 성장에 대한 나의 기여, 이 모든 것을 걸고서 드레퓌스가 결백함을 맹세합니다. 만일 드레퓌스가 결백하지 않다면, 신이여! 이 모든 것이 파멸되고 나의 모든 작품이 잊히도록 하옵소서! 드레퓌스는 결백합니다!

법정은 숨 막히도록 조용했다. 그 순간, 드레퓌스사건이 마침내 공개리에 심의되어야 할 것같이 보였다. 늙은 법률가 살이 증언대에 나서자 긴장은 더욱 고조되었다. 증인은 드레퓌스에게 유죄를 선고한 군사법정의 심판관 중 일원이며 그의 친구였던 한 장교에게 어떤 경위로 명세서와 같은 신빙성 없는 증거로 드레퓌스에게 유죄판결을 내릴 수 있었던가를 물어본 적이 있다고 증언했다.

"규칙 위반! 규칙 위반!"

들르고르그 재판장은 계속 소리 질렀다. 변호사 라보리가 살에게 물었다.

"증인은 졸라 씨의 변호에 도움이 될 만한 어떤 사실을 알고 계십니까?"

"그 질문은 규칙 위반이오!"

재판관이 벽력같이 소리 질렀다. 라보리가 놀라서 그를 쳐다보자 들르고르그 자신이 증인에게 질문했다.

"증인은 에스테라지 소령 사건에 관련해서 말할 것이 있습니까?"

살은 입술을 떨면서 에스테라지 소령 사건과 관련해서는 할 말이 전혀 없다고 답변했다.

그러나 알베르 클레망소가 그의 냉담하며 낭랑한 음성으로 다음과 같이 차근차근 말하면서 증인을 돌아보았다.

"우리는 증인이 군사재판의 한 심판관에게서 비밀 문서가 그 재판에 증거로 사용되었다는 얘기를 들었다고 알고 있습니다. 재판장이 발언을 저지할 시간을 주지 않도록 증인은 단 한마디로 이를 부인 또는 확인해주시겠습니까?"

살은 얼굴이 창백해지고 겁에 떨면서 머뭇거렸다.

"말씀하시오! 노인장, 그 말을 어떻게 입속에 담아두실 수 있겠습니까?"

클레망소가 독촉했다.

"대답하지 마시오!"

들르고르그가 소리쳤다.

그러고는 증인에게 증인석을 떠나도록 명령했다.

그러나 다음번 재판에서 한 증인은 마침내 관건이 되는 한마디를 뱉어내는 데 성공했다. 드레퓌스의 변호인이었던 드망주가 그의 증언에서 차분하게 자기는 처음에는 위법이라는 이유로 드레퓌스 재판의 판결 취소를 탄원할 생각이었으나 세상이 좀 조용해질 때까지는 그 탄원이 가망 없으리라고 그의 고객에게 충고했다는 얘기를 했다. 재판장은 라보리가 증인은 왜 재판이 위법이라고 믿었는가 하는 점을 증인에게 질문하지 못하도록 두 번이나 막았다. 이때 알베르 클레망소가 다시 개입했다. 그는 서류를 열심히 뒤적이면서 마치 지나가는 말처럼 말했다.

"비밀 증거가 있었음을 확인한 것은 군사재판의 한 심판관이 아니었던가요?"

"네, 물론이죠."

드망주는 재빨리 답변했다. 마침내 비밀은 누설된 셈이었다. 이 대답은 기록되었다.

졸라의 행동의 이타적 성격을 증언하기 위해 저명한 인사들이 소환되었다. 그중에는 아나톨 프랑스, 에밀 뒤클로와 명문 폴리테크니크에서 수십 년 동안 미래의 장교들을 배출한 명망 있는 늙은 화학 교수 에두아르 그리모가 있었다. 그는 졸라의 탄원에 동의하는 '항의자' 명단에 서명한 후 교수직과 소르본의 연구직을 박탈당했다. 그는 외쳤다.

"내가…… 애국자가 아니란 말인가?"

그는 군인이었던 자기 조상들의 이름을 들면서 말했다.

"군대를 모독하는 것은 두려워서 몸을 숨기고 있는 그자들이며,

나는 고발한다

우리가 아닙니다. 드레퓌스사건의 시초부터 우리에게, 외세의 분노를 일으키기보다는 차라리 결백한 사람이 부당한 처벌을 감수하도록 내버려두자고 말한 것이 바로 그들이었습니다. 그러나 우리는 오늘 전 국민이 군대에 등록되어 있고, 또 전쟁터에서 목숨을 바칠 각오가 되어 있는 2만 명의 장교들이 이들을 지휘하고 있습니다. 그런데 왜 우리가 두려워해야 합니까?”

늙은 교수는 법정을 나가면서 그의 제자였던 한 육군 중위를 알아보았다. 그가 악수를 청했으나 중위는 이를 거절했다. 밖에 나서자 한 무리의 군중이 그에게 야유를 퍼부었다.

방청객은 펠리외 장군에게 매료되었다. 장군은 에스테라지에 대한 심문 과정에서 부아데프르 장군에게서 드레퓌스의 유죄를 증명하는 명백한 증거, 즉 그의 이름을 똑똑히 밝힌 편지가 있다는 얘기를 들었다고 말했다. 그가 도무지 이해할 수 없었던 것은 참모본부가 왜 빨리 이 문서를 제시해서 이 혼란스럽고 치욕스러운 상황에 종지부를 찍지 않는가 하는 점이었다.

그는 증인석에서 강철 같은 음성으로 군의 명예가 훼손되었다고 분개했다. 군인으로 구성된 심판관들―그중 일부는 조국을 위해 전쟁에서 피를 흘린 사람들이다―이 군사재판의 선고를 내렸던 것이다. 한 재판은 드레퓌스에게 유죄를 선고했다. 또 다른 재판은 에스테라지를 무죄 석방했다. 그들의 정직성에 어떻게 의혹을 가질 수 있겠는가. 그들이 혐의와 악의의 구렁으로 끌려 나와야 한단 말인가? 장군은 점점 더 분노를 터뜨렸다. 그러다가 엉겁결에 그는 결정적 발언을 하고 말았다. 장군은 국방부가 드레퓌스 유죄의 결정적 증거를 쥐고 있다는 것을 증언하고 있었다. 질문에 대한 답변에서 그는 최선을 다해 기억을 더듬어가면서 그 문서의 내용을 인용하기까지 했다.

앙리 중령은 공포에 질릴 수밖에 없었다. 장군은 그 유명한 '해방자' 편지를 인용하고 있었다. 그 편지는 카스틀랭 의원이 드레퓌스 사건에 관해 하원에서 할 질의를 준비하고 있을 때 앙리가 위조했던 편지였다. 앙리는 에스테라지를 돕기 위한 선전으로 이 편지를 인용했었다. 그것은 말하자면 음모자를 위해 은행에 예치해둔 돈이었다. 그러나 공개 재판에서 필요한 것은 현금이었다. 그것이 어떻게 검증을 견뎌낼 수 있겠는가? 정말이지 펠리외 장군의 몇 마디는 앙리의 가슴속을 끙끙 앓게 만들었다.

증언대에 선 이 건장한 장군은 결론을 내렸다.

"나는 나의 명예를 걸고 확언하는 바입니다. 자세한 것은 부아데프르 장군에게 문의하십시오."

그는 자리에 다시 앉았다. 이것으로 일이 끝났다고 그는 확신하는 것 같았다. 그러나 그것은 시작에 불과했다.

"좋습니다. 우리 그 문서를 보기로 합시다."

라보리가 말했다. 법적 논쟁이 시작되었다.

"어떤 문서도 제출되어 검토되지 않는 한 증거가 될 수 없습니다."

변호사들은 드레퓌스사건 재심의 필요성이 이제 입증되었다는 사실을 물고 늘어졌다.

"만일…… (드레퓌스에게 불리한) 펠리외 장군의 증언이 사실에 근거하고 있다면 그 증거가 재판정에 제출되어야만 합니다. 죄인이 누구이든, 이러한 절차에 의해서만 체포될 수 있는 것입니다. 이런 보장이 있음으로써 우리는 전시와 평화시를 불문하고 우리의 정규적 직무를 수행할 수 있는 것입니다."

공스 장군이 이 위기를 막아보려고 나섰다.

"군부는 진실이 폭로됨을 두려워하지 않습니다. 그러나 깊은 주의를 기울일 필요가 있습니다. 결정적인 증거들이 있지만 그것을 일반에게 공개할 수는 없습니다."

공스의 발언에 함축되어 있는 비난에 펠리외는 무심치 않았다. 지금 앉아 있는 증언석이 법정을 지휘하는 말안장이 아니라는 것을 잊고서 그는 부관에게 이렇게 명령했다.

"마차를 타고 가서 부아데프르 장군을 찾게."

공스 장군은 언짢은 기분으로 자리에 앉았다. 알베르 클레망소가 펠리외에게 물었다.

"카스틀랭 의원이 하원에서 질문했을 때 국방부 장관이 그처럼 신빙성 있는 증거에 대해 언급하지 않았다니 이상하지 않습니까?"

"비요 장군은 그의 뜻대로 발언할 수 있는 것입니다. 나는 거기에 개의치 않소."

펠리외 장군이 대답했다. 그는 격분해 있었다. 얼굴이 뻘게졌다. 장군의 권위 있는 말 한마디면 모든 사태가 결정된다고 믿어온 그였다. 의심을 품고 대드는 민간인들과 부딪친 경험이 없는 그였다.

"그 밖에도 다른 증거들이 더 있소. 부아데프르 장군이 도착하면 진술할 것이오."

재판은 부아데프르를 기다리기 위해 연기되었다. 법정을 떠나면서 사람들이 내지르는 소리는 무시무시했다. 그들은 변호사들을 향해 공개적으로 소리를 지르고 주먹을 휘둘렀다.

"파렴치한 악당들!"

폭도들이 밖에서 소리쳤다. 함성은 점점 무시무시하게 포효했다.

"졸라를 죽여라! 유대인을 죽여라!"

이들은 우익 진영의 사주를 받고 혁명을 위해 봉기한 군중이었다. 그들은 혁명이 터질 수 있는 장소를 찾고 있는 중이었다.

세브린 여사는 후에 이때의 광경을 다음과 같이 썼다.

법원 계단을 내려가면서 우리는 으르렁거리는 군중에게 포위되었다. 나는 그때 영웅을 보았다. 그는 인간이 상상할 수 있는 어떤 모습보다 더 아름다웠다. 진실로 영웅이란 칭호를 받을 만한 사람이었다. 그의 태도는 어색했고 또 근시였으며 옆구리에는 우산을 끼고 있었다. 거동은 학자 같았다. 그러나 그를 죽이라고 고함치는 무리들 사이로 증오의 아우성을 가르며 한 계단 한 계단 내려올 적의 그는 곤봉과 막대기를 쳐들은 아치 밑이 아니라, 마치 칼집에서 뺀 칼날로 세운 명예의 아치 아래로 궁전 계단을 내려오는 왕과도 같았다. 내 평생에 본 가장 위대한 광경이었다. 그것은 양심과 진실 그리고 한 개인의 개선이었다.

신문은 그날 밤 유대인의 대량 학살이 있을지도 모른다고 보도했다. 『르 골루아』지는 이렇게 썼다.

나는 고발한다

성 바돌로매(그리스도의 열두 제자 중 한 사람—옮긴이)의 생각이 프랑스 국민의 정신을 사로잡고 있다. 만약 독일에 대한 이스라엘의 탄원이 알려지고, 독일이 우리에게 전쟁을 일으킨다면, 유대인들은 그 이튿날 아침 프랑스에서 단 한 사람도 살아남지 않으리란 것을 나는 확신하는 바이다…….

『라 파트리』지는 이렇게 썼다.

만약 국가 위기의 경종이 울린다면 수천만의 목소리가 울부짖을 것이다. 배신자들을 죽이라고! 그때 트라리외와 레나크는 우리 앞에 무릎을 꿇으리라. 그때는 결코 용서나 자비 같은 것은 없을 것이다……. 부아데프르, 메르시에, 공스, 펠리외 장군이 모든 사실에 정통하며 또 유능한 장성임을 그 누구도 반박할 수 없을 것이다. 그들이 무고한 희생자가 고문당하도록 음모를 꾸몄다는 말은 믿을 수 없는 말이다. 드레퓌스가 정당하게 유죄 판결을 받았음을 비요 장군이 하원에서 진술했을 때 그가 여섯 번이나 거짓말을 했다고는 아무도 생각하지 않았을 것이다.

이튿날 부아데프르 장군은 정시에 출정하여 증언했다.

간단히 말하겠습니다. 나는 펠리외 장군의 증언을 모든 점에서 확인하고 그 증언이 정확하고 믿을 만한 것임을 맹세합니다. 나는 더 이상 할 말이 없고 더 이상 말할 권리도 없습니다. 여러분은 배심원입니다. 여러분은 바로 국민입니다. 만약 국민이, 국방을 책임지는 군부 지도자들을 신임하지 못한다면 그 지도자들은 그 힘든 과업을 다른 사람들에게 인계할 각오가 되어 있습니다. 결정은 여러분에게 달려 있습니다. 더 이상 추가할 것은 없습니다. 물러감을 용서하십시오.

참모총장은 군중의 환호를 받으며 법정을 나갔다.

그가 퇴정한 후 라보리가 발언에 나섰다. 재판장은 매우 불공평하게 법을 적용하고 있었다. 장군들은 드레퓌스에 대한 증언에서 임의대로 진술했으나 피고인측 증인이 입을 열면 "규칙 위반"이란 고함이 대뜸 입을 막았다. 라보리는 그러나 증인이 아니고 변호인이므로 자기 주장을 펼 수 있었다. 그는 싸웠다. 그 '증거'는 법정에 제시되지 않았고 따라서 물적 증거가 될 수 없다는 사실을 재판 기록에 올렸다. 부아데프르, 공스, 펠리외 같은 장군들의 선서 증언을 그가 아직도 의심쩍어한다는 것을 비치자 군중은 또다시 난폭해졌다.

이어서 마리-조르주 피카르 중령이 증언대에 나왔다. 군 감찰위원회는 그가 비밀 문서철의 내용을 그의 변호사인 루이 르블루아에게 넘겼다는 혐의로 군법 위반 행위를 조사한 바 있었다. 앙리 중령은 이 혐의가 사실이라고 증언했었다. 르블루아는 피카르의 책상에서 그가 목격한 유일한 서류철은 비밀 문서가 아니었다고 증언했었다. 감찰위원회의 권고에 따라 국방부 장관은 결정을 유보했었다. 피카르는 분명 졸라의 재판을 통해 군부가 지켜보는 정면에서 자신의 과실을 보속할 기회를 부여받고 있었다. 그의 군인으로서의 장래가 좌우될 결정이 유보되어 있는 상태였다. 그는 몽 발레리앙 요새에서 법정까지 경호원 없이 여행하는 것을 허락받았다.

그를 군에 대한 배신자로, 따라서 프랑스의 배신자로 여기는 장교단의 증오 속에 고립되어 있으면서도 피카르는 자신이 옳다고 생각하는 바를 망설이지 않고 행동으로 옮겼다. 그의 조용한 태도가 방청객들에게는 신비스럽게 보였다. 가라앉은 목소리, 다른 사람들의 행동을 묘사하지 않고 다만 진실만을 말하려는 주의 깊은 태도가 증언의 효과를 더욱 높여주고 있었다.

그 문서에 관해 말씀드리고자 합니다. 그러나 그렇게 하려면 저는 공스 장군에게서 비밀을 얘기해도 좋다는 허락을 받아야 할 것입니다. 어떤 문서들, 특히 바로 그 순간에 도착한 것, 다시 말해 펠리외 장군께서 언급하신 문서는 그 진위를 밝히기 위해 충분히 검토되어야 할 것입니다. 펠리외 장군께서 어제 그 문서에 대해 언급하시지 않았다면 저도 지금 이 얘기를 안 했을 것입니다. 그 문서는 위조입니다.

차분한 음성의 증언이 멎자 숨 막히는 정적이 흘렀다. 법정 안의 모든 사람들이 충격을 받은 게 분명했다. 재판장은 공스 장군을 증언대로 불러냈다. 공스는 한참 만에야 자리에서 일어설 수 있었다. 그의 머리는 재빠르게 돌아갔지만 그의 발은 느릿느릿 움직였다. 그는 증언대에 서고 싶어 하지 않았다.

"그 문서는 진짜입니다. 그러나 나는 더 이상 말할 권한이 없습니다."

그러면 펠리외 장군은 어떻게 생각하고 있었는가? 그는 이 상황을 똑바로 파악하지 못했으나 동료들이 명예를 걸고 증언한 바를 믿었다. 그는 다시 증언대에 설 용의가 있었다. 그러나 피카르가 먼저 배심원들에게 사소한 문제를 밝히게 해달라고 요구했다. 신문들이 악의로 그를 중상했다는 것이었다. 그 예로, 그가 현재는 이혼한 상태로 아이들을 독일에서 교육시키고 있다는 보도를 인용하면서 "그러나 실상은 나는 독신"이라고 천명했다.

이어 펠리외 장군이 증언대로 올라갔다. 그는 피카르를 똑바로 응시했다. 그의 증언은 다음과 같았다.

"이 사건의 모든 것이 이상하지만 그중에도 가장 야릇한 것은(나는 이것을 그의 면전에서 말합니다) 아직도 프랑스 군대의 군복을 입고 있으면서도, 세 장성이 문서를 위조했으며 위조된 문서를 이용했다고 비난하러 법정에 나선 저 신사의 태도입니다. 이것이 내가 말하고 싶은 전부입니다."

법정에는 100여 명의 장교가 있었다. 그들은 일제히 일어나서 펠리외 장군에게 갈채를 보냈다. 피카르는 말없이 앉아 있었다.

그다음으로 위베르 앙리 중령이 증언대에 섰다. 피카르를 중상하려는 흉악한 의도로 작성한 그 세밀한 서류 전부에 관해서 그는 아무것도 밝힐 것이 없었다. 이 서류에 대한 군의 입장에 비추어 그는 피카르의 변호인인 르블루아가 제2국을 방문했을 때 피카르가 비밀 취급 허가가 없는 그 사람에게 비밀 문서를 보여주는 것을 목격

나는 고발한다

했다고만 증언했다.

피카르가 질문에 가담했다. 그는 자신이 르블루아에게 문제의 그 문서를 건네주는 것을 앙리가 보았을 적에 정확히 자신이 어디에 앉아 있었는가를 밝히도록 요구했다. 이어서 피카르는, 그 위치에서는 앙리가 그 문서가 어떤 성질의 것인가를 볼 수가 없으며 따라서 그것이 기밀인지 아닌지를 판단할 수 없다고 지적했다.

앙리는 증언석에서 길길이 뛰면서 소리쳤다.

"나는 내가 말한 것은 모두 사실이며, 피카르가 거짓을 말하고 있음을 증언하는 바입니다."

피카르는 안색이 창백해졌다. 그는 팔을 들어 앙리를 치려고 했다. 그러나 애써 팔을 내리고 배심원석을 향해 돌아섰다. 가까스로 자제하느라고 입술을 부들부들 떨었다.

"나를 파멸시키려고 기를 쓰는 이자들이 드레퓌스사건의 최초의 모사꾼들입니다. 자기네가 옳다는 신념에서 드레퓌스에게 불리한 행동을 하는 것입니다. 나는 처음부터 이렇게 믿었습니다. 그러나 나는 달리 생각하게 되었습니다. 그 방의 책임자로 있으면서 의심이 들자 나는 사건을 명백히 밝히고 싶었고, 맹목적으로 믿고 말려드는 것보다는, 사건을 옹호하는 좀더 나은 길이 있다고 믿었습니다……. 수개월간 나는 장교로서 끔찍한 처지에 놓였습니다. 나의 명예는 공격받았고 나는 나를 옹호할 수가 없었습니다. 그러나 이 모든 것도 진실과 정의를 위해 그것을 추적해야겠다는 나의 각오를 막지 못했습니다. 나는 진실을 추적했으며 이렇게 함으로써 군과 조국에 더욱 봉사했다고 믿습니다. 한 정직한 인간으로서 나는 나의 의무를 지켰다고 생각합니다."

"당신들 두 분은 분명히 의견이 다르군요."

재판장은 이 말로 이 장면의 막을 내렸다.

재판 도중 긴장이 풀린 순간들도 있었다. 뒤파티 후작은 졸라 때문에 느끼는 곤혹을 억제해보려고 복도를 왔다 갔다 했지만 별반 효과가 없었다. 졸라는 펜을 휘둘러 그는 악당일 뿐 아니라 바보라고 맹공격했었다. 설상가상으로 코맹주 백작 부인의 이름이 재판에 끼어들었다. 그녀가 피카르에게 쓴 순진한 편지가 인용되었고 후작이 그녀의 서명인 '블랑슈' '스페란사'를 이용했으며 그녀의 필적을 흉내 냈고, 그녀의 이름으로 전보를 치기도 했다는 증언이 있었다. 이름 높은 조상을 둔 외알 안경의 후작으로서 그것은 큰 모욕이었다.

후작이 증언대에 서서 사태를 좀더 나은 방향으로 이끌어보려 하자 일은 더 악화되었다. 라보리가 그에게 물었다.

"당신이 백작 부인과 결혼을 원했지만 거절당한 일이 있다는 게 사실입니까?"

후작으로서는 어처구니없는 질문이었지만 변호사의 견해로는 그것은 반드시 필요한 질문이었다. 피카르뿐 아니라 백작 부인이 중대한 혐의를 받고 있는 그 편지들에 후작이 왜 개입했는가, 그 동기를 캐기 위해서는 불가피한 질문이었다.

라보리가 다시 질문했다.

"후작께서 한때 백작 부인과의 결혼을 원한 것이 사실입니까?"

뒤파티는 이 질문을 제지해줄 것을 요청했다. 프랑스의 점잖은

　　나는 고발한다

신사가 공중 앞에서 그 같은 문제를 논하는 것은 있을 수 없는 일이라는 것이었다. 그는 그 젊은 귀부인의 이름은 이 재판과 하등 상관이 없지 않느냐고 말했다. 그러나 라보리는 문제가 되고 있는 그 젊은 귀부인이란 50세이며 그녀의 이름을 이 사건에 연루시킨 것은 다름 아닌 뒤파티 자신이고, 그의 우스꽝스러운 책략이었다고 차분하게 지적했다.

가엾은 뒤파티 드클랑! 라보리는 그를 손짓 한 번으로 무시해버렸다. 후작은 이 증언으로 공개리에 악당이 되었고 바보가 된 셈이었다. 증언대에서 내려올 때 그는 차가운 시선을 가진 귀부인에게 치사한 방법으로 복수하려 들었던 물먹은 연인이 되어 있었다. 증언대에서 물러나면서 후작은 외알 안경을 불쑥 벗고 판사와 배심원에게 절을 한 다음 장난감 병정 모양으로 꼿꼿하게 걸어 내려왔다. 장내에 터진 웃음소리가 그가 문으로 나갈 때까지 그를 뒤따랐다.

쑥스럽기는 베르티용도 마찬가지였다. 프랑스 최고의 탐정으로서 당초부터 그는 명세서의 필적이 드레퓌스의 것이라고 확신했다. 이에 대해 라자르가 세계적으로 유명한 전문가들의 상반되는 견해를 팸플릿을 통해 활자화하자 그는 공공연히 그 견해들을 경멸했었다. 그들은 단순한 필적 감정가에 불과할 뿐이지만 자신은 과학자이며 과학적 방법을 동원했다는 것이었다. 즉 어떤 필적이나 그렇듯이 명세서의 필적에는 일정한 리듬이 있다고 그는 설명했다. 이 리듬은 기하학적 리듬과 일치하는 것으로 그 등식은 글씨를 말리는 데 쓰는 압지에서 발견될 수 있다는 것이었다. 드레퓌스의 필적을 확인하는 데는 드레퓌스가 사용했던 압지를 검토하는 것으로 충분했다고 주장했다.

베르티용이 증언에 나서자 라보리는 에스테라지의 필적이나 그 필적을 봄으로써 명세서에 관한 그의 생각이 어떻게 변했는가에 관한 질문은 하지 않았다. 대신 라보리는 그에게 필적 분석의 과학적 방법에 대해 물었다. 변호사는 베르티용이 직접 만든 드레퓌스 필적의 도식 사진 사본을 제출하면서, 아직 아무도 이것을 이해할 수 없으니만큼 설명을 해주면 도움이 되겠다고 말했다. 베르티용은 드레퓌스 재판에 출두했을 때 그의 도식이 그릇된 충고를 받은 스파이의 비행을 폭로했다고 증언했다. 이제 그는 이 도식의 사진 복사 원본으로는 충분하지 않다면서 압지에 대한 조사가 필요하다고 말을 바꿨다.

라보리는 사진 복사 원본 얘기는 무시했다. 그의 이론에 대해서만 설명하라고 촉구했다. 그 이론이 어디에 어떻게 응용되는가 하는 질문에 베르티용은 복잡하게 설명을 끌고 나가다가 스스로 말이 막혀버렸다. 방청객들은 폭소를 터뜨렸다.

라보리가 엄숙하게 그를 바라보았다.

"유일한 증거물은 명세서지요."

그가 너털웃음을 터뜨리며 외쳤다.

"그리고 그 문건에 관한 전문가가 계십니다."

재판장이 베르티용에게 구조의 손길을 뻗쳤다.

"당신은 드레퓌스사건에 관해서는 어떤 질문에도 대답할 의무가 없습니다."

재판정은 팽팽하게 긴장된 분위기였다. 새 증인이 나설 때마다 더욱 어지럽게 돌아갔다. 에스테라지는 광분한 상태로 차례를 기다렸다. 그가 결핵을 앓고 있음은 주지의 사실이었는데 그는 이 점을 이용하려 들었다. 그는 신문 기자들에게, 장성들과 국방부 장관이 졸라의 덫에 어리석게도 걸려들었다고 말했다. 그는 또 재판이 끝나기 전에 10만 구의 시체가 파리의 거리를 어지럽힐 것이라고 뜬금없는 말을 내뱉기도 했다.

"유대인들은 내가 병든 사람이라는 걸 알고서 몰아쳐서 죽이려고 하지만 내가 먼저 그들을 쥐 잡듯이 잡아 죽일 겁니다."

100여 명을 한 감방에 처넣고서 숨이 끊길 때까지 말채찍을 휘두르겠다고도 했다. 자기는 한쪽 폐밖에 없고 죽음 일보 전에 있지만 복수를 위해 꼭 살려고 한다는 것이었다. 만약 졸라가 무죄로 석방된다면 파리는 자기를 선두로 봉기할 것이고 또 드레퓌스가 프랑스 땅에 발을 딛게 되는 날에는 파리에서만 5,000명의 유대인이 죽어나갈 것이라고 그는 말했다.

참모본부는 에스테라지가 증언대에 오르기 직전에 구수회의를 가졌다. 저 영민한 벽력 같은 목소리의 라보리, 또 냉철하고 거미 같은 묘책을 심사숙고하며 솜씨 있게 증인을 몰아대는 알베르 클레망소가 그들을 불안하게 했다. 에스테라지가 그들의 적수가 될 수 없다는 판단 아래 한 가지 전략이 꾸며졌다. 에스테라지가 피고측의 질문에 답변을 거부한다는 전략이었다. 그러나 에스테라지는 이 전략이 불만스러웠다. 그는 피고측의 거짓말을 이빨로 물어뜯겠다고 기고만장했다. 그러나 속마음은 그렇지 않은 것 같았다.

"명령입니까?" 에스테라지가 펠리외 장군에게 물었다.

장군은 명령이라고 대답했다.

핼쑥하고 몸이 마르고 등이 굽었으며 이제 단지 비양심적 유쾌함이 침침히 배어서 움푹 파인 두 눈을 희번덕거리는 에스테라지는 증언석에 서서 판사와 배심원들의 모든 질문에 기꺼이 답변하겠다고 공언했다. 그는 졸라를 경멸한다는 듯 손가락질하면서 이렇게 덧붙였다.

"그러나 이자들에게는 대답하지 않겠습니다. 그들이 묻는 어떤 질문에도 대답하지 않겠습니다."

청중은 박수를 보냈다. 라보리가 그에게 질문하려 하자 그는 답변을 거부했다. 라보리는 재판장에게 질문을 증인에게 전해달라고 요청했다. 재판장이 질문을 전했다. 에스테라지는 그래도 거부했다. 질문을 하는 목소리가 누구이든 간에 질문은 여전히 '그자'들의 것이라는 것이었다. 재판장은 에스테라지에게 답변을 지시하는 것을 거절했고 라보리는 자리에 앉았다.

알베르 클레망소가 조용히 일어났다. 그가 들르고르그 판사에게 말했다. 이 증인에 대해 몇 가지 질문을 준비했다는 것이었다. 증인이 취한 입장에 입각하여 그는 판사가 이 질문을 증인에게 전달해 줄 것을 요청했다. 증인은 이 질문들을 들은 다음 답변할 것인가 아닌가를 결정할 수 있을 것이라고 했다.

클레망소가 질문서를 읽기 시작했다. 60가지 항목이었다. 한결같이 "당신이 ……한 것이 사실인가?"로 시작되는 질문이었다. 모두 숨은 저의가 있는 질문들이었다. 질문들은 에스테라지의 악명 높은 생활을 통해 알려진 모멸스럽고 범죄적인 행위를 낱낱이 열거했다.

천천히 그러나 무자비하게 던져지는 숨 막히는 질문이 잇달았다. 그것은 일제 사격이었다. 위대한 심문자와 그의 제물이 마주 보고 서 있었다. 장내에는 터질 듯한 긴장이 흘렀다.

클레망소 : 증인이 다음 구절을 불랑시 부인에게 써 보낸 것을 인정합니까? "이것이 잘난 프랑스 군대요. 통탄할 일입니다. 이게 직업이 아니라면 내일이라도 당장 그만두어버리겠소. 나는 콘스탄티노플로 편지를 보냈소. 그들이 걸맞은 직위를 제공한다면 그리로 갈 거요. 그러나 이 비열한들을 내 방식대로 뜯어고쳐야지 그전에는 안 갑니다……"

판사 : 에스테라지 소령은 이미 질문에 답변하지 않겠다고 진술했습니다. 계속하십시오.

클레망소 : 나는 소령이 문제의 편지를 썼음을 인정했다는 것을 분명히 하고 싶습니다. 그가 불랑시 부인에게 이런 말도 써 보냈다고 확인해줄까요? "우리 대장들, 겁쟁이에 천치들이죠. 곧 독일 감옥이 그들로 붐빌지도 모릅니다."

판사 : 계속하십시오.

클레망소 : 레지옹 도뇌르 훈장 수훈자인 소령은 그가 이 편지들을 1870~71년의 전쟁(보불전쟁) 이후 썼음을 인정합니까?

판사 : 계속하십시오.

클레망소 : 증인은 파리 주재 독일 무관 폰 슈바르츠코펜 대령과 접촉했음을 인정합니까?

판사 : 외교정책에 관계된 질문은 하지 마십시오.

클레망소: 재판장님, 이것은 외교정책에 관한 질문이 절대 아닙니다.

판사: 외국인 장교의 이름을 밝혀서는 안 됩니다.

클레망소: 그렇다면 프랑스 장교가 한 일에 관해 말할 권리가 없단 말씀인가요?

재판장: 조국의 명예와 안보는 그러한 것들을 초월합니다(방청석에서 박수).

클레망소: 국가의 명예가 한 장교가 범죄를 저지르는 것은 허용하면서 그에 관해 말하는 것은 허용하지 않는다 이 말씀이군요.

방청석은 군에 열렬한 갈채를 보냈다. 공화국 만세를 부른 어떤 사람은 두들겨 맞았고 밖으로 질질 끌려 나갔다. 느릿느릿한 질문들이 준 단조로움과 긴장감, 또 클레망소의 의도적인 휴식과 재판장의 반복되는 경고 등이 견딜 수 없는 분위기를 만들었다. 개혁파들의 서적과 팸플릿을 다루는 출판인 P.V. 스토크는 이렇게 기록했다.

30분밖에 걸리지 않았다. 그러나 그 30분이 믿을 수 없게 길어 보였다. 지금도 그 순간을 회상하면 소름이 끼친다. 그 가련한 무뢰한이 아무리 냉소적이고 배짱이 좋다 하더라도, 감수할 수밖에 없었던 그 굴욕, 그 수치는 참을 수 없이 지독한 고통이었다.

에스테라지는 그래도 입을 떼지 않았다. 클레망소가 마침내 그의 질문을 마치자 청중은 일제히 일어서서 에스테라지를 지지하는 시위를 했다. 사람들은 그를 껴안고 키스했다. 펠리외 장군을 따라 그가 법정을 나서자 변호사, 신문 기자, 장교, 부인네들이 그를 에워쌌다.

"그에게 영광을!"

"유대인의 희생자 만세!"

펠리외는 눈물을 흘렸고 에스테라지는 기진맥진해서 혼절할 찰나에 오를레앙 공작 앞에서 멈췄다. 대공은 그의 '프랑스 군복'을 포옹하러 왔다고 말했다. 기쁨에 들뜬 무리들이 에스테라지를 그의 마차로 데리고 갔고, 도팽 광장에서는 엄청난 군중이 그를 환호하면서 으르렁거렸다.

"유대인을 죽여라!"

보름간 배심원으로 봉사하고 있는 파리의 소박한 시민들은 군부 최고위 장성들과 과학, 문학계의 대가들이 펼치는 이 진귀한 광경을 지켜보았다. 조레스의 달변도 들었다. 그의 고상한 어휘와 날카로운 논리는 청중을 사로잡았으나 그것도 그의 마술사 같은 목소리가 울려 퍼지고 있는 동안뿐이었다.

배심원들에게 영향력을 미치려는 노골적인 몇 가지 사건도 있었다. 신문은 배심원 중 하나가 로스차일드를 고객으로 갖고 있다고 보도했다. 그러자 신문에 보도된 문제의 배심원은 더 이상 공격을 받기 전에 차라리 병을 핑계 대고 법정에 나오지 않았다. 재판의 종결에 즈음해서 배심원은 각기 졸라의 무죄 석방을 지지하면 거금을 제공하겠다는 수수께끼의 편지를 받았다. 그 편지의 서명은 위조임이 밝혀졌다.

유명한 필적 전문가인 크레피외-자맹(그의 직업은 치과의사였다)은 배심원단에게 명세서는 드레퓌스가 쓴 것이 아니라는 견해를 공표했다가 사람들에게 배척을 당해서 치과의사 노릇도 못 하게 되었다고 말했다. 또 다른 필적 전문가는 자기가 드레퓌스의 필적을 감정하도록 호출되었을 때, 크레피외-자맹이 자기를 매수하려 했다고 증언했다. 그러나 크레피외-자맹과 대질시키자 그는 자기가 한 말을 철회했다.

그 2주일 동안 배심원들은 야릇한 술책, 수난의 많은 장면을 똑똑히 목격했다. 여론이 주는 간접적 압력이 그들을 묵직하게 내리눌렀다. 배심원들은 어쨌든 국민의 단면이었고 국민의 절대다수는 드레퓌스사건을 민족주의, 가톨릭 계열의 신문들을 통해서만 알고 있었다. 아마 그들은 재판이 진행되는 동안에도 그 신문들을 읽었을 것이다. 그렇다면 그들은 그 신문들이 자행하고 있는 엄청난 사실 왜곡을 알게 되었을 것이다. 그것을 그들이 의아하게 생각했을까? 설사 그랬더라도 자기네들에게 동조하지 않는 사람들에 대한 군중의 위협은 엄청났고 사실 그것은 그들이 진정으로 느끼는 위험이었다.

재판이 막바지에 이르렀을 무렵 배심원들은 태연하게 묵상하며 자기에 대한 재판을 경청하고 있는 졸라를 바라보았다. 마침내 이 작가가 입을 열자 그의 진실이 마음을 적셔왔고, 찌를 듯한 증오나 난폭한 격정의 한복판에서 스스로를 돌보지 않는 그 정신이 너무도 순수하게 보였다. 그의 그러한 태도는 정상이 아닌 것같이 보이기도 했다.

그러나 그는 군 참모본부, 그러니까 국가안보의 기둥과 맞서고 있는 것이었다. 참모본부는 드레퓌스에게 유죄 판결을 내린 군사재판과 에스테라지를 무죄 석방한 군사재판을 다 함께 옹호하는 입장을 취하고 있었다. 군부의 진수, 국가안보의 중추, 전시에는 지도자가 될 그 장군들 전원이 위조범이고 거짓말쟁이고 사기한일 수는 없다는 것이었다. 또한 두 군사재판에 종사한 하급 장교들이 전원 사기한일 수도 없다는 명확한 태도를 참모본부는 취하고 있었다. 만약 배심원들이 졸라를 무죄 석방하면 참모본부는 집단 사직할 것이라고 으름장을 놓았다.

마침내 검사가 일어나서 평범하고 단조로운 어조로 기소장을 낭독했다. 졸라는 군사재판이 죄인을 명령에 따라 무죄 석방했다고 진술했기 때문에 기소당해서 배심원 앞에 서 있는 것이었다. 그는 그것을 증명할 수 있는가? 보름간 증인과 전문가들이 증거 제시를 위해 출두했다. 그들이 과연 그 증거를 제시했는가. 그러지 못했다는 것이었다.

라보리 변호사는 조용하게 이성에 호소했다.

졸라가 어떤 동맹체에 의해 매수당했다는 것은 새빨간 거짓말이라는 말로 그는 서두를 떼었다. 아무리 돈을 많이 들여도 그와 같은 인간을 살 수는 없다는 것이었다. 어떤 거액도 이런 사람들을 매수할 수는 없다고 말하고 나서 천천히 그 이름을 하나씩 불렀다. 쇠레르-케스트네르, 트라리외, 조레스, 아나톨 프랑스, 옥타브 미르보, 피에르 키야르, 이브 기요, 랑 상원의원, 세브린 여사…… 이들을 묶고 있는 공통의 끈은 정의와 대의이며, 더 나아가서는 그들이 지키는 이상이라고 그는 말했다. 조소하는 청중을 돌아보면서 그는 "이것은 희망과 이타주의의 동맹이오" 하고 말했다.

"돈 때문이지……."

어느 누군가가 외쳤다. 라보리는 잽싸게 반격했다.

"내가 당신에게 돈으로 뇌물을 줬다면, 당신은 박수를 쳤겠지!"

그러고서 그는 판사에게 되돌아섰다.

"내가 자신을 방어할 수밖에 없었던 것을 용서하십시오."

라보리는 계속했다. 졸라의 행동이 혁명적이라고 한 검사의 말은 옳은 말이다. 그렇다. 졸라는 혁명을 시작했다. 그리고 이제 그 혁명의 완수는 졸라를 배심원이 무죄 석방하느냐 그러지 않느냐에 달려 있다.

우리가 군을 존경한다면, 소수의 군 지휘자들이 그들 마음대로 하도록 방임할 수 있습니까? 저 지휘자들은 법 위에, 법 밖에 있는 특수층입니까? 프랑스에는 군대보다 강한 어떤 것이 존재하며 또 앞으로도 계속 존재할 것임을 저는 말하고 싶습니다. 군대보다 훨씬 더 존중되어야 할 것은 바로 법입니다. 졸라가 말한 원칙도 이것이 아니었습니까? 그가 그렇게 말했다고 해서 그것이 군에 모욕이 됩니까?

사흘 동안 라보리는 드레퓌스사건을 다시 검토했다. 그는 공개리에 일어난 사건들과 배후를 이야기했고 드레퓌스의 고통, 그리고 거짓과 더불어 살 수 없는 인간, 피카르에 대한 음모를 논했다. 라보리는 군 지도자들을 용서했다. 심지어 에스테라지에 대해서까지도 어느 정도의 역설적인 이해심을 보였다.

> 무죄 석방된, 따라서 '유죄가 아닌' 저 소령은 고발될지도 모른다는 엄청난 중압감을 느끼고 있었습니다. 처음에 그는 기가 꺾였으나 정신을 차리고, 온갖 수단을 동원해서 자기를 방어해왔습니다. 실제로 그는 줄곧 비참한 파멸의 위기에 놓여 있었습니다.

라보리의 발언 다음, 조르주 클레망소가 동생을 대신해서 『로로르』 발행인의 변호를 하도록 허가받았다.

의회에서 그처럼 위력 있는 연설의 거장이었던 클레망소는 지난 2년간 그 웅변을 침묵하고 펜으로 투쟁할 수밖에 없었다. 언제나처럼 그의 변론은 위압적인 논리로 시종일관했다.

그는 드레퓌스가 배신자라고 믿었던 초기에 쓴 기사를 낭독함으로써 증언을 시작했다. 그러나 그 많은 놀라운 사건이 지난 후 지금은 드레퓌스가 무죄라는 확신을 갖게 되었다고 밝혔다. 그러나 지금은 그가 그 사건에 대한 견해를 진술할 때도 아니고, 또한 배심원이 그에 대한 판결을 내릴 때도 아니라고 말을 이었다. 배심원은 단지 군사재판이 법률을 무시하고 선고를 내렸는가 아닌가를 판결하기만 하면 된다는 것이었다. 그는 계속해서 만일 한 인간의 권리가 부정되면 곧 전 국민의 권리가 위태롭게 될 거라고 주장했다. 국가는 모든 시민이 평등한 권리를 향유하게끔 보호하는 파수꾼이며,

그러한 역할을 하지 못하는 국가는 국가일 수가 없다고 그는 잘라 말했다.

검사가 졸라에게 에스테라지를 무죄 방면하라는 참모본부의 명령서를 제시하든지 군사재판정에 그 명령서를 전달한 사람을 대라고 요구하자, 졸라는 장군들이 아마도 새로운 명령을 이 법정에 내렸을지도 모른다고 답변했다. 장군들이 배심원에게 만일 졸라가 무죄로 판결되면 배심원들은 사임해야 한다고 경고한 것은 바로 유죄로 처리하라는 명령이 아닌가? 이어서 클레망소는 그들의 움직임을 유대인운동과 동일시하는 주장을 문제 삼았다. 물론 드레퓌스의 가족은 그들이 무죄라고 믿는 드레퓌스를 구제하려고 백방으로 노력해왔다. 그러나 이제 군부 자체가 드레퓌스의 유죄에 대하여 회의를 갖기에 이르렀다. 에스테라지를 처음으로 의심한 사람은 피카르 중령인데, 그는 그 점을 공스 장군과 상의했다. 두 사람 사이에 오간 서신에 의해 사건의 전모가 적나라하게 드러날 수 있다. 공스 장군은 원래의 유죄 쪽으로 되돌아갔고, 피카르는 여전히 무죄 쪽이었다. 클레망소는 계속했다.

개혁파는 군 모욕죄로 기소되었습니다. 그러나 반대로 그들은 위대함이란 오직 법을 통해서만 이루어지는 것이므로 군은 법을 존중해야 한다고 주장함으로써 군을 존경한 것입니다. 우리에게는 군에 대한 의무가 있고 마찬가지로 군 또한 우리에 대한 의무를 갖는 것입니다. 사회 안에서 시민과 군의 약조는 정의와 법이라는 공동의 기초 위에 이루어지는 것입니다.

나는 고발한다

우리의 첫 번째 목적은 개인 또는 소수의 독재를 제거하고, 이 나라에 국민의 지배, 자유와 평등의 지배를 이룩하는 것이었습니다. 문제는 이 두 가지 목적이 상호 모순되느냐 하는 점입니다. 시민사회의 원리는 자유와 정의입니다. 반면에 군의 원리는 복종, 규율 그리고 명령이지요……. 그러나 군대는 직업적인 군대에 그치는 것이 아니라 시민의 군대이며 따라서 군대는 국가가 구현하고자 하는 원리를 구현해야 합니다. 만일 시민사회가 국가 방어를 우려한 나머지 군의 노예가 되어버리면, 땅덩어리는 방어되겠지만, 정신적으로 그 국가는 파멸해버릴 것입니다. 정의와 자유라는 원리를 박탈함으로써 우리는 프랑스의 영광과 영예를 포기하게 될 것입니다……. 시민과 군의 명예는 따로 존재하는 것이 아닙니다. 오직 모두를 위한 명예만이 있는 것입니다.

판결의 날에, 시민들은 우리에 대해 어떻게 생각하겠습니까? 유죄 사건으로? 배심원 여러분, 저쪽을 보십시오(벽에 걸린 그림을 가리키며). 십자가에 못 박힌 그리스도입니다. 저 그림에서 여러분은 바로 유죄 사건을 보고 있습니다. 그림이 재판장 등 뒤에 걸려 있는 것은 재판장이 그림을 보고 당황해하지 않도록 배려한 것인지도 모르겠지만 저 그림은 재판관들 앞쪽에 걸어두어야 합니다. 재판관들이 판결을 내릴 때 우리의 문명이 인류가 수치로 여기는 오심(誤審)의 본보기를 저 그림에서 보도록 해야 합니다.

우리는 바스티유를 파괴했습니다. 해마다 7월 14일이면 우리는 국가 이익의 이 기념비를 파괴한 것을 기념하기 위해 거리에 나와 춤을 춥니다. 그러나 우리가 불의를 용납하는 한, 바스티유는 가슴속

깊숙이 남아 있게 됩니다. 결정을 내림에 있어서 오직 이 한 가지 위험에 유의해야 합니다. 즉, 여러분이 대표하는 정의라는 원칙을 포기하지 말라는 것입니다. 배심원 여러분은 물론 포기하지 않을 것이며, 모든 편견을 넘어서 시민법을 지지할 것이라 믿습니다. 여러분은 우리가 쟁취해낸 고귀한 자유와 정의를 더럽히지 않으리라 믿습니다. 여러분은 인종과 종교의 편견에 지배되지 않고, 우리 국가를 불명예스럽게 만들려고 하는 종교전쟁의 시발을 제압함으로써 프랑스에 무한한 공헌을 할 것입니다. 배심원 여러분, 우리는 법과 관용과 프랑스 정신의 전통을 대표하고 있습니다. 우리의 이런 행위는 바로 군을 지키는 행위입니다.

방청객은 이 말에 폭소를 터뜨리며 고함을 질러댔다. 클레망소는 목소리를 높여 방청객에 대답했다.

그렇습니다. 우리는 에스테라지를 군에서 추방하라고 요구함으로써 군을 지키는 것입니다⋯⋯. 여러분, 한 장군께서 여러분의 자녀들에 대해 이곳에서 말씀하셨습니다. 여러분들 가운데 자기 아들이 에스테라지가 지휘하는 부대에 소속되는 것을 싫어하지 않을 분이 계시면 얘기해보십시오. 여러분의 아들들이 이런 장교에 의해 전쟁터로 인도되는 것을 내버려두시겠습니까? 질문은 이것으로 충분합니다. 대답은 말씀드릴 필요가 없습니다⋯⋯. 배심원 여러분, 여러분의 임무는 우리보다는 여러분 자신을 판결하는 것입니다. 우리는 여러분 앞에 출두해 있고, 여러분은 역사 앞에 출두하게 될 것입니다.

드디어 배심원은 심의에 들어갔다. 졸라와 그의 친구들 12명은 고립무원의 상태가 되었다. 배심원들은 만일 졸라가 무죄가 되면 그들 중 어느 누구도 살아서 집에 돌아갈 수 없다고 믿고 있었다. 그들은 조용히 기다렸다. 그들 중 파스퇴르의 계승자인 에밀 뒤클로는 심의가 시작될 때에 다음과 같이 기록했다.

이러한 영웅적인 장엄한 드라마에 참석하는 것은 위대한 일이다. 진행 추이에 따라 우리는 위대해지거나 파멸하거나 둘 중 하나가 될 것이다.

그런데 제3의 가능성이 대두되었다. 배심원이 그들의 위대성을 인지할 경우, 이번에는 우매한 대중이 그들을 틀림없이 파멸시킬 것이었다.

어느 날 법원 앞에서 한 청년이 졸라를 찬양했는데 그는 곧 군중에게 무참하게 짓밟혔다. 군중이 건물로 몰려들어 와서 졸라는 급히 화장실로 피할 수밖에 없었다. 그가 친구들의 호위로 그 건물을 무사히 빠져나왔을 때, 안개 낀 겨울밤 건물 밖의 군중은 위협적인 괴물들처럼 웅성거리며 마치 머리가 여러 개 달린 귀신처럼 몰려다녔다. 경찰서장이 직접 졸라 일행을 구하기 위해 개입할 수밖에 없었다. 졸라가 탄 마차가 서둘러 출발하자, 군중은 그 뒤를 쫓아 달려가며 저주를 외치고 쓰레기와 오물을 던졌다.

다음 날 『라 프레스』지는 졸라를 보호해주었다고 그 경찰서장을 비난했다. 경찰은 대부분의 경우 데모 군중과 한 패거리여서 그들이 내건 구호에 동조했다. 린치를 당할 뻔한 긴박한 경우가 여러 번 있었다. 이브 기요는 센 강에 던져질 뻔했다. 한 여자가 그에게 달려들어 군대 훈장 단추를 떼어내고 군중은 "배신자를 죽여라!"라고 소리쳤다. 『라 리브르 파롤』사 앞에서 개혁파 신문들이 소각되었고, 유대인 상점들이 박살 났으며 공장과 기계들은 파괴되었다. 『라 리브르 파롤』지는 이러한 공격을 국민의 숭고한 분노의 증거로 간주하고 유대인을 센 강에 처넣는 것이 좋으냐, 아니면 산 채로 불고기를 만들어야 하느냐는 논쟁에 기꺼이 뛰어들었다.

지방 도시에서는 폭동이 일어나 유대인 학살로까지 번졌다.

이런 분위기 속에서 전국은 배심원 평결을 기다렸고, 파리의 법정 밖에서는 긴장된 추악한 군중이 기다리고 있었다. 배심원은 35분 만에 평결을 내렸다. 8대 4의 투표로 졸라와 발행인이 유죄로 선언되었다. 그들에게는 최고형이 결정되었다. 졸라는 징역 1년, 발행인은 4개월 그리고 각자 벌금 3,000프랑이 언도되었다. 이렇게 해서 그들의 목숨은 구해졌다. 유혈로 축제를 벌였을지도 모를 군중은 이제는 대신 승리감에 도취하여 축제를 벌였다.

"오늘 저녁의 소란스럽고 우애에 넘치는 기쁨을 무어라 표현할 길이 없었다"고 바레스는 『르 피가로』지에 썼다. 군대 클럽은 전투에서 승리한 날처럼 기를 게양했다. 지방 법조계 인사들은 배심원들에게 축하 전보를 쳤다. 정당들은 이 승리에서 최대의 이익을 얻기 위해 서로 경쟁했다.

총리 멜린은 의회에서 "터져 나갈 준비가 되어 있는 이 증오의 물결을 어리석게도 풀어놓은 유대인은 앞으로 한 세기 동안 견딜 수 없는 대우를 스스로에게 초래했습니다. 유대인들, 독소로 대기를 물들이고 피맺힌 증오를 유발시키기를 즐기는 저 지적인 엘리트들 말입니다'라고 연설했다. 그는 계속했다.

오늘부터, 고집스럽게 그 논쟁을 계속하려는 자는 성실히 행동하지 않는 자로 간주할 것이며, 그러한 사람들은 법에 의거해서 엄격히 다루어질 것입니다. 이를 위해 만일 지금 보유하고 있는 권력이 부적당하다면 새로운 권력을 요구할 것입니다.

의회는 총리의 연설을 공식 선포하라고 의결했다. 다음과 같은 결의안이 채택되었다.

의회는 정부가 27명의 프랑스 장교의 증언에 따라 만장일치로 유죄 판명되고 본인 스스로 유죄를 자백한 반역자 드레퓌스를 구하기 위해 '사해동포주의동맹'에 의해 계획되고 국외 자금으로 보조를 받은 그 추악한 운동을 과감하게 제압할 것을 제안한다.

언제 어느 장소에서 드레퓌스가 자백했는가를 분명하게 밝히지 않은 채, 결의안은 428대 54로 가결되었다.

피카르 중령은 '복무 중 중대한 결함'을 사유로 전역되었다. 그리모 교수는 폴리테크니크와 농업연구소에서 화학을 가르치기에는 부적격하다고 판정되었다. 지방 법조계는 르블루아 변호사를 '고객에게서 들은 비밀 정보를 쇠레르 상원의원에게 전해주었다'는 이유로 6개월 자격정지를 시켰다.

클레망소는 『로로르』지에 다음과 같은 논평을 썼다.

이것은 유대인과 프로테스탄트와 무신론자들에게 대항하는 종교전쟁의 군사 나팔을 불고 있는 가톨릭 교회의 개선을 뜻한다. 군의 장성들이 비굴하게 교회 지도자들을 추종했다. 반유대주의의 가면을 쓰고서 교회는 프랑스혁명 정신에 배치되는 운동을, 앞으로 그 가공할 결과가 나타날 운동을 선동했다. 패자에 대해 말하자면 졸라는, 만인을 위한 정의를 소망했고 군인과 판사들에게까지도 공화국의 법을 추종할 것을 바랐기 때문에 유죄로 판결되었다. 프랑스 국민은 그들의 배심원을 통해 이를 재가했다. 부아데프르 장군은 법전에 칼을 꽂았다. "감히 용기 있는 자여, 이 칼에 손을 대거라"라고 그는 말했던 것이다. 배심원은 몸을 사리고 그 칼에 손을 대지 않았다.

문명 세계 전체가 우려와 혐오의 시선으로 졸라의 재판을 지켜보았다고 해도 과언은 아니었다. 그들의 눈에 프랑스는 하나의 수수께끼가 되었다. 이 나라의 도덕적 타락은, 프랑스가 오랜 세월 서구 문명의 전위였던 까닭에 그 문명 전체의 불길한 전조처럼 보였다.

유럽 왕족들은 드레퓌스에 대한 진실을 캐고자 서신을 교환했다. 영국의 빅토리아 여왕은 손자인 독일 황제 빌헬름 2세에게 편지를 보내 드레퓌스가 그를 위해 봉사했는가를 은밀히 물었다. 황제는 아니라고 답변했다.

런던의 『더 타임스』지는 "졸라는 진실과 시민의 자유를 수호했다. 인간이 자유로운 모든 곳에서 그는 추앙받을 것"이라고 논평했다. 『더 데일리 그래픽』지는 이렇게 요약했다.

"이 판결은 졸라에게 유죄 선고를 내린 것보다 더 격렬하게, 드러내놓고 법을 우롱하는 군부 세력에 의해 지배되고 있는 제3공화국에 유죄 선고를 내리고 있다."

영국과 대륙의 다른 신문들도 이 선고를 잔인하며 야만적이라고 평했다. 많은 신문은 하나같이 프랑스가 문명국가의 대열에서 탈락할 것이라고 세차게 비판했다. 다른 신문들은 이 평결이 프랑스뿐 아니라 나머지 세계에도 영향을 미치고 국제적 야만주의로 되돌아가는 분수령이 되지 않을까 우려했다.

이탈리아의 대신문인 『트리부나』지는 문명 세계를 이렇게 안심시켰다. "인도주의의 친구는 프랑스에서 자행된 법적 범죄에 반대하여 일어선 모든 문명인의 일치된 항의의 외침을 보고 위안받을 것이다."

이같이 하나로 뭉친 여론은 서구뿐 아니라 러시아 및 동구에서도 울려 나왔다. 그 나라 신문들은 서구에 못지않게 비판적이었다. 오히려 더 신랄했다. 자유와 민주주의를 향한 그들의 열망이 자유와 정의의 요새가 함락당함으로써 충격을 받은 것이었다.

미국에서는 뉴욕의 『데일리 트리뷴』지가 이렇게 논평했다.

"졸라 씨는 드레퓌스 대위를 위한 복수전에서 용감하게 투쟁했다. 이제 프랑스의 복수를 위한 투쟁의 기수가 요청되고 있다."

미국의 주요 신문들은 프랑스를 포로로 사로잡고 있는 군벌을 비판했고 졸라와 그 동지들에게 경의를 표했다. 프랑스 밖의 프로테스탄트와 유대인 대중은 거의 일치해서 졸라와 개혁주의자들을 지지했으며 가톨릭 여론의 다수도 마찬가지였다. 그러나 유대계 신문은 너무도 소수여서 논쟁을 시작할 수조차 없었다.

사정이 이렇게 되자 세계 여론의 적대적인 태도를 프랑스의 대중이 모르고 있을 수 없었다. 그들은 국가 방위에 관계된 사건에 대한 외국인의 적극적인 개입에 분개했다. 전반적으로 외국의 적대감은 기존의 견해를 더 공고하게 했고 세계 곳곳에 유대인 세력이 있다는 선전을 그럴듯하게 만들어주었다.

프랑스 사람들이 왜 군의 위신과 순수성을 지키고자 그렇게 열심인가를 이해해주려 하지 않는다는 사실이 프랑스 국민들로 하여금 외국의 여론이나 충고, 호소를 일체 무시하도록 만들었다. 프랑스는 고립되었으며 소수의 개혁주의 그룹 및 유대인과 프로테스탄트 중에 있는 잠재적 지지자들은 다만 내부에 분명한 적이 있다는 선전 기관의 말을 뒷받침해주는 역할밖에 하지 못했다.

그러나 이제 드레퓌스사건은 자기 출세나 생각하는 천박한 소인배들의 손에서 빠져나와 국민적 도덕감의 영역으로 들어갔다. 프랑스의 이 격동 속에 위대함이 깃들어 있다는 것을 인식한 사람들이 외국에 있었다. 레프 톨스토이는 졸라를 찬양하면서 이렇게 말했다.

"심한 역경도 때로는 그 목적이 있다. 프랑스가 양심 문제로 진통을 겪고 있는 것은 프랑스를 위해 좋은 일이 될 것이다."

또한 가브리엘 모노의 이탈리아인 친구는 그에게 말했다.

나는 고발한다

당신의 나라는 위대합니다. 나는 정녕 그곳에 살고 싶습니다. 다만 어리석은 이들이 프랑스가 타락하고 불명예스러워졌다고 주장하는 겁니다. 프랑스는 영웅들이 있고, 아무도 그 이름을 모르는 한 가련하고 불행한 인간을 지켜주고자 사람들이 그들의 생명과 명성과 재산을 위험 앞에 다 드러내는 유일한 나라입니다. 처음에는 단 두세 사람이 폭력과 위협을 무릅쓰고 이 투쟁을 시작했습니다. 참으로 아름다운 일입니다. 석 달이란 짧은 기간에 정의를 위해 전 세계가 들고일어나게 하는 저 사람들, 그러고는 마침내 정직과 지성을 겸비한 모든 이들을 대열에 참여시킨 저 사람들의 헌신! 나는 프랑스인이라면 자랑스럽겠습니다.

한편 졸라는 그의 유죄 판결에 불복하고 상소했다.

FAURE

République

Président,

18

반유대주의의 물결이 전국을 휩쓸면서 많은 도시에서는 유대인 점포에 대한 불매운동이 조직화되었다. 유대인들과 유대인 옹호자들을 프랑스로부터 몰아내려는 탄원서가 정부에 물밀 듯이 밀려왔다. 유대인들의 투표권을 박탈하는 법률을 제정하라고 요구하는 사람들도 있었다. 국가주의 계열의 언론은 유대인 노동자들을 해고하라고 고용주들을 선동했다. 알제리에서 있었던 대중집회와 알제리 내의 언론은 학교에서 유대인 아동들을 몰아내고 공무원직에서 유대인을 몰아낼 것을 촉구했다.

가톨릭 신문은 문제의 핵심을 찔렀다. 대혁명은 하느님에 대한 인간의 반역으로 묘사되었고, 세기(世紀)의 원죄로 불렸다. 이 신문들은 인간의 여러 권리를 유쾌한 듯이 배척했고 지적 자유에 대해서도 공격을 가했다. 어떤 장성이 주관했던 대학 축제에서 가톨릭 사제는 다음과 같이 힘을 통한 권위를 옹호했다.

한 나라가 힘으로 무장할 필요가 있다고 본인이 말할 때 그것은 논리적으로 생각하는 것이 아니라 강제성을 띠는 물질적인 힘, 다시 말하면 군으로 표현되는 가장 강력한 힘, 정치가들과 국가의 궁극적인 논거인 대포의 힘을 말하는 것입니다. 이것의 적은 힘을 경멸하는 지성주의입니다. 이 지성주의에 칼끝을 돌리십시오. 자신의 취약함을 불충분한 합법적인 힘으로 은폐하고 무력을 포기하는 정부는 멸망할 것입니다. 불안에 싸여 있는 나라는 피를 흘려서라도 자신을 구하려 하지 않는 사람들을 배척할 것입니다.

팡테옹에서 열리는 역사가 미슐레의 100년제(祭) 기념시를 부탁받은 한 시인은 프랑스가 아직도 권리와 정의의 용사라는 것을 세계에 보여주기 위해 프랑스에 호소했던 그의 시구들을 삭제하지 않으면 안 되었다.

한편으로 좌파 지식인들은 투쟁에의 경종을 울렸다. 그들은 '인권 및 시민권협회'를 부활시켰다. 우파 지식인들은 불랑제 파동이 쇠퇴함에 따라 해체되었던 '애국자연맹'을 부활시켰다.

영국 국민이 프랑스에 대해 굴욕을 가하자 분위기는 한층 더 긴장되었다. 마르샹이라는 한 젊은 프랑스 장교가 몇 명의 기사(技士)와 120명의 세네갈 군인들을 데리고 아프리카를 서부에서부터 동부로 탐험하러 나섰다. 이들은 도강(渡江)할 때 작은 증기선을 이용했다. 이들이 만약 성공을 거두었다면 프랑스의 주권은 대서양에서 홍해로 확대되었을 것이고 영국의 카이로-케이프 라인을 차단시켰을지도 모른다.

프랑스 국민들은 이 대담한 모험을 열광적으로 받아들였다. 이 탐험자들은 여러 달 동안 정글에서 실종된 것처럼 보였다. 그러자 뜻밖에 이들은 나일 강 상류에 나타나 오아시스에 삼색기를 게양했다. 이때 만약 프랑스가 나일 강의 근원을 장악했다면 프랑스는 수단과 이집트를 장악할 수 있었을 것이다.

이런 일이 있고 며칠 지나서 영국의 소함대가 파쇼다라는 그 지

나는 고발한다

점으로 강을 거슬러 올라왔다. 키치너 경이 이 소함대를 지휘하고 있었다. 국제법에 따르면 미지의 땅을 차지한 최초의 나라는 프랑스였다. 그러나 영국은 법이 아니라 힘에 의존했다. 영국은 프랑스에게 그 오아시스로부터 떠날 것을 요구했다. 대담하고 정략적이며 지략이 풍부한 프랑스의 승리는 스당의 패배를 보상하는 기분 좋은 위안이 되었었다. 그러나 영국 함대는 대서양에 있는 프랑스 항구에 위협적인 제스처를 보냈다. 프랑스의 동맹국은 아무런 도움도 주지 못했다. 러시아 황제는 프랑스의 아프리카에서의 모험을 지지할 것을 거부했다. 고립된 프랑스는 항복하지 않을 수 없었고 영국은 프랑스가 체면을 지키며 물러설 수 있도록 조처하지도 않았다.

1898년 5월에 총선거가 실시되었다. 드레퓌스사건을 이슈로 제기하는 정당은 하나도 없었다. 오히려 폴 데룰레드는 모든 유권자에게 드레퓌스의 판결을 시정하자는 데 찬성했던 후보자들을 거부하라고 호소했다. 드레퓌스의 편을 들어 적극 활동을 벌였던 국회의원들은 아무도 재선되지 못했다.

장 조레스는 자신의 선거구에서 자기를 심하게 경멸했던 공화행동위원회가 채택한 결의안과 싸우지 않으면 안 되었다. 그는 드레퓌스를 언급하지는 않았으나 다음과 같이 유권자들에게 경고했다.

"대혁명을 수행한 우리의 조상들은 모든 지도자들이 공화국의 법률을 지킬 것을 요구함으로써 나라를 구했습니다. 우리는 또한 정의의 정신을 프랑스에 정착시킴으로써 프랑스를 강력하고 위대하게 만들어야 합니다."

조레스는 결국 의석을 상실하고 말았다. 알제에서는 드뤼몽이 당선되었다. 그가 파리에 도착했을 때에는 굉장한 군중이 이 '반유대주의의 랍비'를 환영했다. 마차는 기차 정거장에서 그의 사무실까지 개선장군처럼 의기양양하게 달렸다. 재심요구자 지도자 중 한 사람인 조제프 레나크는 그의 선거구에서 연설을 하지 못하게 제지를 받았다. 헌병들이 나서서 그를 폭도들에게서 구출하지 않으면 안 되었다. 클로츠라고 하는 유대인 후보는 드레퓌스 판결의 시정을 시종일관 반대했다고 선언함으로써 반대자들을 무마시키려 했다. 그는 드레퓌스 구출 운동은 "군에 대항하는 야비한 운동"이라고 비난했다.

국가주의자들은 물론이고 공화파의 급진주의자들―예를 들면 데룰레드, 세자리스트(불랑제 지지자를 이때는 이렇게 불렀다)들 같은 권위주의적 공화주의자들, 그리고 드뤼몽의 반유대주의자들―은 힘이 강화되었으나 의회의 세력 균형은 실질적으로는 변하지 않았다.

선거는 극단주의자들에게 하나의 교훈, 다시 말하면 공화국을 합법적인 수단으로 전복시킬 수 없다는 교훈을 가르쳐주었다. 그러나 공화파 정당들을 충실하게 지지했던 사람들을 포함한 모든 유권자를 휩쓸었던 이슈가 하나 있었다. 우파의 노력은 그 문제, 다시 말하면 드레퓌스사건에 집중되어야 했다.

왕당파, 가톨릭 신자 그리고 권위주의자들은 내란을 준비하기 시작했다. 우파의 이러한 행동 때문에 드레퓌스혁명이라는 이상한 현상이 나타나기 시작했다. '드레퓌스혁명'이란 1898년부터 프랑스에서 공사(公私)의 생활을 거의 중단시키고 그 대신 집회·시위·언쟁·토론 그리고 이런 것들을 저지하려는 쿠데타나 그 조직 등의 혼란을 통틀어서 부르는 이름이었다. 가정과 우정은 파괴되었고 새로운 인간관계가 형성되었다.

레옹 블룸은 회고록에서 이 시대를 대혁명에 비유하며 이 시대에 개인의 생활은 그 중요성을 상실했다고 보았다. 사람들은 진리와 정의를 위해 서슴지 않고 자신을 희생할 준비가 되어 있었으며, 적들의 생명을 희생시키는 일을 주저하지 않았다. 이와 마찬가지로 그의 적수들은 누가 죽든지 아랑곳하지 않고 이른바 국가의 이익을 수호하는 데 정열을 다 바쳤다. 잡다한 신념의 소유자들은 일상생활을 초월하여 이상, 또는 망상을 추구하는 데 열심이었다.

이상하게도 이러한 생활이 행복한 생활이 되었다. 이러한 생활이 고양된 의미 있는 생활로 보였을 뿐만 아니라 사람들은 이 사건에 대해 같은 의견을 가진 친구들 속에서 살았다. 가족의 유대는 다기(多技)한 의견에서 오는 긴장을 이겨내기에 충분할 만큼 강하지 못했으나 의견의 일치는(의견이 일치하지 못할 경우에) 서로 어울리지 못했던 사람들을 친하게 만들었다. 우아한 귀족들은 대중집회에서 반유대연맹의 푸줏간 사동(使童)을 환영했고, 보수적 학자들은 혁명적인 노동조합주의자들과 정강 정책을 공동으로 받아들였다. 다음과 같은 멜시오르 드 보귀에의 말을 참고해도 좋을 것이다.

프랑스의 가장 용감한 사람들은 무서운 갈등에 격앙되어, 이해와 감정을 초월하여 똑같이 고상한 감정을 갖고 어둠 속에서 서로를 향해 달려갔다.

클레망소는 국가주의를 비난, 그것을 애국심과 비교하면서 다음과 같이 말했다.

"애국심은 정의 없이는 존재할 수 없는 조국을 필요로 한다."

이에 대해 국가주의자들은 "정의는 사회와 동떨어져서는 존재할 수 없다. 사회는 정의 없이 존재해왔지만 사회 없이 정의가 존재한 적은 없었다"고 응수했다. 국가주의자들은 이 특별한 예에서 국가가 자신의 입장을 고수한 것이라고 말했다. 데룰레드는 대중의 감정을 다음과 같이 간결하게 요약했다.

"드레퓌스가 무죄일 가능성은 없지만, 프랑스가 무죄라는 것은 확실하다."

이리하여 각계각층에서의 논란, 다시 말하면 인간의 권리 대 국가의 이익 간의 논란은 명백해졌다. 고도의 지적인 지위를 가진 사람들이 다수 국가주의자의 편으로 넘어갔다. 그런데 사실상 그들은 프랑스 사회의 많은 사람들이 인권을 제한함으로써 프랑스에 중요한 이익이 돌아왔다고 믿지는 않았다. 그러나 압도적인 다수에 의해 프랑스가 드레퓌스 판결의 시정을 거부했다는 사실을 감안할 때, 그들은 이 다수의 의견에 따를 수밖에 없다고 생각했다. 만약 재심이 지배적인 의견으로 대두된다면 프랑스는 회복하지 못할 것 같았다. 그러면 군에 대한 신뢰는 무너질 것이며 독일은 아무런 저항도 받지 않고 그 세력을 키워나갈 것이다. 또 다른 일부 사람들에게 드레퓌스사건은 신념과 이성 간의 영원한 투쟁사에 나타난 짤막하고 극적인 막간이었다.

불리한 사실과 증거가 있었는데도 여러 가지 견해들이 완고하게 주창되었다는 사실은 드레퓌스가 유죄라고 주장하기가 어렵게 되었던 후기에 나온 두 명의 대학 교수의 성명서를 보면 알 수 있다. 한 교수는 이렇게 말했다.

좋습니다. 그래서 그 명세서를 쓴 사람은 드레퓌스는 아니었습니다. 그렇기 때문에 그는 더욱더 반역자인 것입니다. 그는 참모본부의 위신을 손상시키기 위해 독일과 음모를 꾸몄습니다.

또 한 교수는 만약 드레퓌스가 무죄 방면된다면 드레퓌스와 그의 종족은 프랑스인들에게는 증오의 대상이 될 것이며, 영원히 저주를 받을 것이라고 하면서 "나는 아직도 그가 열두 발의 총알을 맞아야 한다는 생각을 고수하고 있습니다"라고 말했다. 이 사람은 소르본 대학 교수인 쥘 수리였다.

시인인 장 리슈팽은 그의 친구 및 대부와 결별했다. 이들은 드레퓌스사건에 관해 의견이 서로 달랐기 때문에 8년 동안이나 서로 말도 하지 않았다. 아나톨 프랑스가 시정주의자들의 지도자들 중 한 사람이 되었을 때, 드카야베 부인의 문학 살롱 출입자들은 여러 파로 갈라졌다. 1897년에 에밀 졸라와 모리스 바레스는 드레퓌스사건을 논하지 않을 것에 동의하는 조건으로 만나 문학에 관한 문제를 조용히 이야기할 수 있었다. 그러나 그러한 일도 이제는 불가능했다. 카야베 살롱은 조레스와 다른 사회주의자들만 맞아들였다. 여기서 그들은 다른 단골 손님들─노아유 백작 부인, 마르셀 프레보스트, 젊은 마르셀 프루스트─과 어울렸다. 이들은 모두 드레퓌스 지지자들이었다. 드루안 부인의 살롱에서는 모리스 바레스, 샤를 모라스, 레옹 도데 등 국가주의 이론가들이, 문학 평론가인 쥘 르메트르, 심지어 합법적인 일체의 권위에 대해 혁명적인 반대를 해오면서 긴 생애를 보낸 후에 이제는 분명히 우파에 정착한 늙은 로슈포르와 만났다. 과학자들은 한 사람도 남김없이 재심 반대편에 섰다. 인문과학 교수들 그리고 저술가들은 의견이 서로 달랐지만 대부분은 국가주의자들에게 기울고 있었다.

대학의 강연도 문제가 되었다. 대학의 강연은 반유대청년 회원이나 왕당파청년위원회가 행하는 데모, 아니면 쥘 게랭의 반유대돌격대와 사회주의청년회에 의한 데모에 의해 방해를 받았다. 데모는 대개 시가전으로 이어졌다.

재심요구자들은 라탱 구(區)의 퀴자 가(街)에 있는 시인 샤를 페기가 경영하는 서점을 본부로 정했다. 정의를 위한 투쟁을 만인을 위한 정의의 투쟁으로 확대시키고자 했던 진지한 젊은이들이 이곳에 모였다. 신교도들이거나 아니면 인도주의자들, 조레스의 추종자들인 사회주의자들이었다. 조레스는 이들을 계급투쟁으로가 아니라 도덕적인 부흥에 입각한 사회개혁으로 이끌어갔다. 이들 중 어떤 사람은 타락한 참모본부와의 싸움으로 투쟁을 시작했으며 결국에는 반군국주의자 또는 평화주의자들이 되었다.

드레퓌스사건은 도처에 그 그림자를 드리웠다. 극장에서 상연된 입센의 『인민의 적』은 결과적으로 난투극을 불러일으켰다. 대사 한 구절이 마치 졸라를 암시하는 것처럼 들렸다. 이 연극은 결국 취소되었다. 쥘 르나르는 자신의 일기에서 어떤 젊은이를 언급하고 있

나는 고발한다

는데 이 젊은이의 가족은 그가 어떤 젊은 여자와 결혼하기를 바라고 있다. 이 젊은이는 그녀의 사진과 함께 드레퓌스사건에 대한 견해를 듣고 싶다고 부모에게 요청했다. 프랑스의 북극 탐험대는 빙산 위에서 겨울을 지냈는데 사람들은 이들이 실종되지 않았나 생각했다. 봄이 되자 그들은 무사한 것으로 판명되었다. 구조대원들에게 이 탐험대원들이 던진 첫 질문은 "드레퓌스는 어떻게 됐나요? 석방됐습니까?"였다.

드레퓌스사건 때문에 친구들 간에 많은 결투가 벌어졌다. 출판업자 스토크는 친구들 중에서 결투를 한 사람이 30명이나 된다고 말했다. 이 결투와 관련되어 많은 자살 사건이 발생했다.

투쟁은 수백 종류의 팸플릿을 통해서 계속되었다. 거의 모든 사람들이 드레퓌스사건에 대한 자신의 입장을 밝히고 싶어 했다. 아주 비판적인 만화들도 나타났다. 최대의 히트를 친 것은 두 컷으로 된 만평이었는데 첫 번째 컷에는 풍성하게 차린 저녁식사 테이블에 모인 행복한 대가족이 그려져 있었다. 거기에는 "아직 그들은 '그것을' 말하지 않았다"라는 말이 적혀 있었다. 둘째 컷 역시 저녁식사 테이블인데 무질서하기 이를 데 없이 사람들이 손짓 발짓을 하며 모욕적인 언사를 주고받는 장면이었다. 그리고 옆에는 "그들은 '그것을' 말했다"라고 쓰여 있었다.

불행한 드레퓌스가 그의 부인에게 보낸 편지들이 『르 시에클』지에 시리즈로 실렸다. 졸라는 브리송에게 다음과 같은 편지를 썼다.

드레퓌스의 편지들은 훌륭했습니다. 이처럼 고양되고 웅변적인 글은 일찍이 본 적이 없습니다. 고통 속에서 피어난 숭고함이었습니다. 우리의 저작물이 망각된다고 해도 이 편지는 불멸의 기념비로 남을 것입니다. 이 편지를 쓴 사람은 유죄일 수 없습니다. 브리송 씨, 어느 날 저녁에 당신의 가족과 함께 그 편지들을 읽어보십시오. 당신은 눈물로 목욕을 하게 될 것입니다.

드레퓌스의 편지는 조용한 한밤중에 끝없이 울부짖는 소리, 그리고 영원히 반복되는 정의에 대한 갈구였다. 이 글은 예민한 많은 사람들을 감동시켰다. 여성 클럽들은 드레퓌스 부인에게 동정을 보냈다. 그러나 드레퓌스를 유죄라고 믿던 사람들은 여전히 편견의 장벽에 둘러싸인 채 이 편지로부터 아무런 영향도 받지 않았다. 이 편지들을 모두 다 읽은 식민부 장관은 그 속에는 하나의 계략이 깃들어 있다고 생각했다. 이 편지 속에 증오감이 나타나 있지 않다는 것은, 정신의 겸손함이 아니라 하나의 구실과 불성실을 드러내는 증오라고 그는 생각했다.

졸라가 선고를 받은 후에 뤼시 드레퓌스는 남대서양의 외딴섬에 외롭게 있는 남편과 같이 있게 해달라는 청원을 다시 제출했다. 청원은 또다시 거부되었다.

졸라는 여러 가지 합법적인 근거에 의거해서 자신에 대한 판결에 불복했다. 이 근거 중 하나는 국방부 장관이 졸라의 기소를 명령할 권리가 없다는 것이었다. 고등법원은 이러한 점을 시인하고 졸라에 대한 선고를 무효화시켰다. 재판을 새로 열라는 명령이 하달되었다.

그러나 국가주의계 신문들은 고등법원 판사들을 그냥 놔두지 않았다. 이들 신문은 고등법원 판사들의 판결에 분노했다. 이 신문들은 고등법원이 부유한 유대인의 명령에 복종했다고 비난하고, 재판장도 독일계 유대인이라고 공격했다. 고등법원 검사에게 특히 공격의 화살이 집중되었다. 그는 구파(舊派) 공화주의자였다. 그는 지나친 반유대주의운동은 프랑스답지 않으며, 프랑스혁명의 선구자들, 특히 인간의 사상을 해방시킨 볼테르에 대한 모욕이라고 비난했다.

정부가 만약 하고 싶은 대로 할 수 있었다면 아마 졸라에 대한 기소는 하지 않았을지도 모른다. 그러나 국가주의계 신문들은 일이 그렇게 되도록 허용하지 않았다. 그래서 기소를 다시 하기로 결정되었다. 처음 받았던 재판에서 졸라는 「나는 고발한다!」의 15행 때문에 기소되었는데 이번에 기소된 내용은 3행밖에 안 되는 것이었다.

새로운 재판은 혼란을 방지하기 위해 베르사유에 있는 법정에서 열기로 했다. 그런데 이 법정은 너무 작기 때문에 많은 사람을 수용할 수 없었다. 졸라는 이에 대해 항의했다.

그러나 새로운 재판 장소에 대한 이의는 일축되었다. 베르사유에서의 재판은 1898년 7월 18일에 시작하기로 되어 있었다. 이보다 며칠 앞서 졸라는 「나는 고발한다!」에서 세 명의 필적 전문가들의 명예를 훼손했다는 이유로 2개월 금고형과 2,000프랑의 벌금형을 선고받았다. 그는 또한 이들 필적 전문가들에게 5,000프랑씩 손해배상을 물도록 되어 있었다. 졸라의 변호사들은 만약 그가 곧바로 형무소로 가지 않고 그 대신 더 유리한 시기에 법정에 출두한다면 그것이 드레퓌스 재심청구 운동을 위해서 더 좋을 것이라고 졸라를 설득했다.

한편 클레망소는 졸라의 재판에 대한 기사에서 졸라가 이와 같은 결정을 내리게 된 이유를 국민들에게 설명할 것을 약속했다. 졸라에 대한 압력은 큰 것이었다. 그는 친구들과 상의할 시간적 여유도 없이 한밤중에 단신으로 기차를 탔다. 여분의 셔츠를 챙길 틈도 없이 런던으로 망명길에 나선 것이었다.

투옥되는 것이 더 현명했을지도 모른다. 영국에서의 졸라의 생활은 어려웠다. 처음에는 런던에서, 그다음에는 시골에서 숨어 지냈다. 나중에 그의 아내가 합류했다. 그녀는 임시 거처를 마련했고 그는 다시 일을 시작했다. "일은 항상 나를 구해주었다"고 그는 술회했다.

물론 일반 대중은 졸라가 왜 망명을 하지 않으면 안 되었는가를 알 수 없었다. 그러나 그 후에 발생한 사건들이 너무나 격렬하고 놀라운 것들이었기 때문에 졸라의 망명은 곧 망각되어버렸다.

19

의회가 다시 소집되었다. 급진파 소속 의원들은 온건한 내각에 종지부를 찍으려고 벼르고 있었다. 그들은 앞으로의 내각은 전적으로 공화파로 구성되어야 한다는 동의안을 내놓았다. 이것은 공화국에 대해 입으로나마 동의를 표했던 모든 동맹자들을 받아들인다는 멜린의 원칙과 정면으로 상충되는 것이었다.

급진파 의원들은 국가주의자인 고드프루아 카베냐크를 국방부 장관으로 임명하겠다고 약속함으로써 국가주의자들의 비위를 맞췄다. 고드프루아 카베냐크는 공화파 군인 가문 출신이었다. 그의 할아버지는 루이 16세를 처형하는 데 찬표를 던졌고, 그의 아버지는 나폴레옹 2세에 의해 추방당했던 사람이었다. 그러나 폴리테크니크를 졸업한 그는 시종일관 재심요구자들을 공격해왔다. 그는 드레퓌스사건을 미지근하게 다룬다고 정부를 비난했다. 그는 드레퓌스의 유죄뿐 아니라 유대인이 조직을 갖고 있다는 것을 확신하는 사람이었다. 그는 이 조직을 분쇄하는 방법이 있다고 공공연하게 떠들곤 했다. 일체의 비밀 문서들을 백일하에 드러나게 함으로써 결론적으로 드레퓌스가 유죄라는 것을 증명할 수 있다고 그는 생각했다. 악의를 가진 사람들이 여전히 군부에 흉악한 비판을 가한다면 그는 그들을 모두 반역자로 몰아버릴 생각이었다.

멜린은 패배했고 훌륭한 공화주의자인 앙리 브리송이 대신 들어섰다. 예상했던 대로 그는 교회가 정치에 참여하는 것을 반대한다고 다음과 같이 강력히 선언했다.

"우리는 어떤 간섭에도 대항해서 세속 사회의 자주성과 민간 권력의 우위성을 정력적으로 수호할 결의가 되어 있다."

그는 드레퓌스사건에 대해서는 언급하지 않았다. 그는 재심을 찬성하지 않았고 그의 당은 그보다 더 재심에 찬성하지 않았다.

국방부 장관이 된 카베냐크는 선거 공약을 실천하기 위해 드레퓌스에 관계된 문서를 집중적으로 검토했다. 그는 비밀 위주 정책을 버리고 대담하게도 공개 정책을 택했다. 1896년에 그 내용의 빈약함 때문에 피카르를 너무나 놀라게 했던 문서들이 그동안에 300여 종으로 불어났다. 공스 장군과 앙리 중령은 이 문서들의 검토를 혼란스럽게 하기 위해 이 문서들을 아무런 관련 없는 문서들과 뒤섞어서 철해놓았다.

국가주의자들은 의회에서 카베냐크가 할 연설을 열렬히 고대하고 있었다. 그러나 참모본부는 불길한 예감을 느끼고 있었다.

부아데프르 장군은 건강이 나빠졌기 때문에 은퇴할 뜻을 비쳤다. 앙리는 문서에 싫증이 나서 야전부대에 복귀하고 싶다는 이야기를 거침없이 했다. 후임으로 제2국 방첩 책임자직을 맡을 사람으로 누구를 추천하고 싶으냐는 질문을 받고 앙리는 뒤파티 소령이 어떠냐고 말했다. 그러나 뒤파티는 달가워하지 않았다. 그 또한 긴장의 연속인 참모본부로부터 벗어나서 쉬고 싶다는 의사를 표시했다. 사람들은 신임 국방부 장관이 마치 질그릇 가게에 들어온 황소 같다고 느끼고 있었다.

한편 앙리는 후작에 대해 화가 났다. 뒤파티 후작은 앙리의 문서 위조 행위를 항상 서투른 짓으로 간주했다. 위험한 때에 그가 믿을 만한 사람이 못 되리라는 것은 분명했다. 앙리는 등 뒤에서 칼에 찔리는 것을 사전에 예방하기 위해 자신이 저지른 범죄에 대한 책임을 후작에게 전가시키기 시작했다. 그는 교묘하게 헛소문을 퍼뜨렸다. 이 소문은 순박하고, 충성스럽고, 정직한 다수 농민들의 입을 통해서 나왔기 때문에 사람들은 이 소문들을 믿게 되었다.

카베냐크는 드레퓌스사건의 진상에 관해 자기 나름의 견해를 갖고 있었다. 그는 에스테라지를 불신했기 때문에 그를 재심을 주장하는 이리떼 속에 던져버리겠다는 생각을 품고 있었다. 그러면 그 대신 그들이 드레퓌스와 피카르를 감싸주지 않게 되리라고 그는 기대했다. 그 명세서가 드레퓌스에 의해 쓰인 것인지 아니면 에스테라지에 의해서 쓰인 것인지, 아니면 드레퓌스가 에스테라지의 필적을 흉내 내어 쓴 것인지, 아니면 에스테라지가 독일 황제의 난외(欄外) 메모와 함께 원본을 독일대사에게 보내기 전에 상데르의 요청을 받고 쓴 것인지에 관한 엇갈린 견해들 중에서 카베냐크는 어떤 견해도 받아들이지 않았다. 그는 어떤 이유에서인지는 몰라도 이 두 사람을 반역의 공범자라고 믿었다. 사실상 그는 드레퓌스와 에스테라지는 공범자라고 확신하고 있었다. 그러나 그는 이렇게 믿음으로써 자기가 '유대인동맹'(그는 이 동맹의 존재를 추호도 의심하지 않았다)의 함정에 빠져 기독교도를 유대인 대신 반역자로 몰고 있는 것인지도 모른다고 느꼈다. 그래서 그는 에스테라지를 사소한 혐의로 투옥시킬 생각을 하고 있었다. 카베냐크는 앙리가 위조한 문서들을 최종적으로 발표할 때 참모본부의 요청에 따라 두 명의 무관들—슈바르츠코펜과 파니차르디—의 신원을 밝히지 않았다. 이에 대해 앙리는 고맙게 생각했다. 그는 무관들이 자기가 위조한 서류의 내용을 증거로 들어 부인할까 봐 두려웠던 것이다.

카베냐크는 또 드레퓌스가 불명예 퇴역식 날 근위대 장교에게 사실을 털어놓았다는 얘기를 사실로 믿었다. 카베냐크는 이것을 반증할 증거를 발견하지 못했다. 왜냐하면 그 후에 셰르슈-미디 형무소로 뒤파티가 드레퓌스를 설득하러 갔다가 실패한 데 대한 보고서와 이러한 일이 있은 후에 국방부 장관 메르시에 앞으로 보내온 드레 퓌스의 편지는 문서철에 포함되어 있지 않았기 때문이었다. 이 문서들은 온데간데없고, 이 문서들과 함께 처음에 헛소문을 퍼뜨렸다가 후에 얼굴을 붉히면서 선술집에서 폭음을 하고 취한 나머지 헛소리를 했다고 자백했던 근위대 장교의 자백서도 어디론가 사라지고 없었다.

학수고대했던 카베냐크의 연설은 다음과 같은 배경에서 마련되었다. 의원석에서 질문이 제기될 것이며, 그렇게 되면 국방부 장관이 일어나 답변을 하기로 되어 있었다. 우연의 일치인지는 모르지만 질문을 하도록 선정된 사람은 카스틀랭 의원이었다. 이와 같이 질문과 답변이 예정되자 앙리는 서둘러서 서류를 위조해서 부족한 증거를 메워나갔다.

드디어 카스틀랭이 질문을 하는 날이 닥쳤다. 카베냐크는 이 질문에 대해 분명히 그리고 결론적으로 답변할 만반의 준비가 되어 있었다. 카스틀랭은 의회에서 정식으로 드레퓌스사건의 진상을 정부가 밝혀줌으로써 이 사건을 다루는 정부의 능력에 대한 국민의 신뢰를 회복하라고 요구했다. 카베냐크의 답변에서 새로운 증거가 제시되리라고는 아무도 기대하지 않았다. 카스틀랭은 더욱 그것을 기대하지 않았다. 12명의 드레퓌스 지지자들까지도 드레퓌스의 유죄로 믿기에 충분한 증거 자료가 이미 마련되어 있다고 대부분의 사람들은 생각하고 있었다. 지금 필요한 것은 이 드레퓌스 지지자들에 대한 강력한 제재였다. 특히 카스틀랭은 에스테라지의 명예를 훼손했다는 혐의로 마티외 드레퓌스를 투옥시키고 그다음에는 비밀 문서를 르블루아에게 그리고 변호사를 통해 전 유대인 조직에 폭로했다는 혐의로 피카르를 투옥시켜야 한다고 생각했다.

카베냐크가 답변을 하기 위해 일어났다. 그의 답변은 냉정하고 강력했으며 성실성도 엿보였다. 그는 드레퓌스가 틀림없이 죄를 지었다고 말했다. 그러고 나서 그는 "간첩 활동을 하는 자들이 6년 동안 주고받았던 1,000통의 서신들" 중에서 뽑은 세 개의 문서를 읽었다. 이 문서들의 원본에는 드레퓌스에 대한 언급은 없었다. 그러나 의회에 제시된 것은 앙리가 위조한 문서로 드레퓌스를 직접적으로 언급하고 있었다. 의회는 펠리외 장군이 불과 6개월 전에 그와 동일한 문서를 제시했다는 사실 그리고 이 문서들이 쇠레르와 피카르에 의해 위조라고 비난받았다는 사실을 무시해버렸다. 데룰레드가 "프랑스의 이름으로 감사를 드립니다!"라고 말하는가 하면 좌파 의원들은 "이것이야말로 프랑스 공화주의자의 연설입니다!"라고 소리쳤다.

그다음에 카베냐크는 재심요구자들에게로 주의를 돌렸다. 지금까지 정부가 침묵을 지켜왔기 때문에, 또는 어떤 범죄적 책략 때문에 이 사람들이 잘못 생각하게 된 것인데, 이 재심요구자들은 프랑스의 사상계에서 한몫하는 저명인사임을 그는 지적했다. 이들과 군(軍) 사이에 어떤 오해의 조짐이 보이는데 이것은 무엇보다도 심각한 문제라는 것이었다. 왜냐하면 물질적인 유산은 말할 것도 없고 프랑스의 도덕적·지적 유산을 수호하는 것이 군의 사명이기 때문이라는 것이었다. 군이 당한 모욕에 대한 국민의 분노가 너무나 컸기 때문에 카베냐크는 억압적인 조치를 취함으로써 군에 대한 존경심을 강요하고 싶은 생각도 들었다는 것이었다. 그러나 이러한 강요된 존경은 적절하지 못하다는 것이었다. 왜냐하면 "군은 정의를 존중하며 민간 권력의 우위성을 용납하기 때문에 군이 국익을 앞세워 진리에 거역하면서까지 자신을 수호할 필요를 느낀다는 인상을 줄 이유는 없다"는 것이었다.

이 연설은 군인 정치가의 연설로서 환영을 받았다. 의회는 이 연설을 프랑스의 3만 6,000개의 지역 사회에 배포하기로 가결했다. 15명의 사회주의 의원들은 이 투표에 기권했다. 전 총리인 멜린도 기권했다. 멜린은 정부는 이 사건이 '이미 종결된 사건'이라는 입장을 고수해야 한다고 믿는 사람이었다.

이 연설은 국민의 확신을 확인해준 셈이었다. 그러나 이와 동시에 이 연설은 재심요구자들에게 새로운 바람과 활력소를 불어넣어 주었다. 카베냐크는 재심요구자들의 논거의 대부분을 받아들였을 뿐만 아니라 그들의 훌륭한 신념을 인정했다. 그는 국가 이익이라는 개념을 거부하고 증거로서의 명세서의 중요성을 크게 인정하지 않았다. 사실상 카베냐크는 추정된 자백과 위조 서류만을 염두에 두고 있었다.

드레퓌스를 변호했던 드망주는 자백이 있었다는 근거 없는 주장을 반박할 수 있는 위치에 있는 사람이었다. 그는 뒤파티의 보고서가 사실과 다르다는 것을 알고 있었고 드레퓌스가 국방부 장관에게 보낸 편지의 사본도 가지고 있었다. 이 편지에는 뒤파티가 드레퓌스에게서 자백을 받아내려 했지만 아무 소용이 없었다는 내용이 담겨 있었다. 그러나 피카르만이 문제의 문서들이 날조되었다는 것을 증명할 수 있었다.

피카르는 법원의 공평성을 과신하지는 않았다. 그는 자기가 지금 취하려고 하는 이 조치가 자신을 감옥에 보내거나 아니면 그보다도 더 심한 일을 당하게 할지도 모른다는 것을 알고 있었다. 그가 만약 자기 생각대로 조치를 취한다면 그것은 정부, 의회, 일반 대중 그리고 군을 노골적으로 자극하게 될 것이었다. 그렇지만 그는 이 조치를 취하기로 결심했다. 그는 브리송 총리에게 다음과 같은 편지를 보냈는데 이 편지는 즉각 신문에 보도되었다.

> 지금까지 본인은 드레퓌스를 유죄로 만들었던 이른바 비밀 문서들에 대해 터놓고 말하지 못했습니다. 국방부 장관께서는 의회의 연단에서 이 문서들 중에서 세 개를 인용했습니다. 본인은 1894년의 날짜가 적힌 두 개의 문서는 드레퓌스와는 아무런 관계가 없으며, 1896년의 날짜가 적혀 있는 문서는 날조 문서의 모든 특징을 갖추고 있다는 것을 사법부 당국자들 앞에서 입증할 위치에 있다는 것을 각하에게 알려드릴 의무를 갖고 있다고 생각합니다.
>
> 따라서 국방부 장관의 성실성은 물론이고 첫 두 문서의 타당성과 세 번째 문서의 신빙성을 믿었던 모든 사람들의 성실성이 악용당했음이 분명해질 것입니다.

카베냐크는 이에 답변이나 하듯이 비밀 문서들을 그의 변호사에게 폭로했다는 이유로 피카르를 기소하기로 결정해버렸다. 엘리제 궁에서 열렸던 축제의 밤에서 카베냐크는 영웅 대접을 받았다. 이

축제의 밤에 피카르가 체포될 것이라는 소식이 퍼져 나갔다. 피카르는 그가 전 법무부 장관을 만나고 있었던 트라리외의 집에서 이 소식을 들었다. 친구들이 황급히 찾아와서 그와 악수를 나눴다. 그러나 그는 그의 조용한 미소를 잃지 않았다.

같은 날 밤, 에스테라지가 체포되었다는 뉴스가 퍼졌다. 에스테라지는 카베냐크가 자기를 뒤쫓고 있다고 자신의 변호사에게서 경고를 받은 바 있었다. 그러나 그는 도피하라는 변호사의 충고를 따르지 않았다. 그 대신 그는 그 '정직광(狂)'과의 면회를 요청했으나 아무런 응답도 얻지 못했다. 그러자 그는 공격적인 자세로 바뀌었다. 『라 리브르 파롤』지는, 에스테라지의 보호자들은 석방시키면서 에스테라지를 희생시키려는 계획은 불리한 결과를 가져올 것이라고 주장하면서 다음과 같은 질문을 제기했다.

예심 판사들은 에스테라지가 타인에게서 충고나 지시를 받지 않고 독자적으로 행동했다는 증거를 발견했는가? 그의 행동은 과연 그 스스로 취한 것이었던가? 두 스파이, 슈바르츠코펜과 파니차르디에 의해 조직된 운동 조직인 유대인 및 독일인 조직을 만족시키기 위해 에스테라지를 희생해도 좋은 것인가? ……에스테라지 다음에는 뒤파티 차례이고, 뒤파티 다음에는 앙리와 부아데프르의 차례이며 부아데프르 다음에는 메르시에의 차례가 될 것이다. 군의 대표자들은 불행한 동지를 저버림으로써 바로 자신들을 저버리게 될 것이다.

이런 보도에도 불구하고 에스테라지는 체포되고 말았다. 군법회의에서 장교답지 않은 부도덕한 행위를 한 혐의였다. 에스테라지는 참모본부 장교들이 자기가 공화국(프랑스) 대통령에게 모욕적인 편지를 쓸 때, 마티외 드레퓌스의 고발에 따라 재판을 받을 때 자기를 도와주었다는 것을 입증하기 위한 증인들을 불렀다. 그와 뒤파티가 충돌했다. 증인석에 선 뒤파티는 참모본부 사람들을 관련시킬 것을 거부했다. 그러자 에스테라지는 놀라운 폭로를 함으로써 법정의 장교들을 당황하게 만들었다. 그는 피카르에게 보내진 편지들도 참모본부에 의해 날조되었으며, 참모본부는 그 당시 반정부 정치운동도 펠리외를 통해 지휘하고 있었고 자기는 참모본부의 하수인에 불과했다고 말했다. 이 폭로의 대부분은 사실이었지만 법정의 판결은 에스테라지를 퇴역시키자는 것이었다. 이러한 조사, 재판의 판결은 그의 군 생활에 종지부를 찍어놓았지만 그의 추종자들과 에스테라지를 파멸시킨 것은 에스테라지 자신의 증언이었다.

카베냐크의 다음 조치는 피카르를 처리하는 일이었다. 피카르는 브리송 총리에게 보낸 편지에서 드레퓌스가 그들을 위해 일했다는 것을 부인하라고 슈바르츠코펜에게 충고한 파니차르디의 메모는 날조라고 주장했었다. 따라서 총리는 드레퓌스사건에 관련된 모든 문서의 신빙성을 재확인하고 싶었다. 그는 퀴네 대위를 시켜 관련 문서 전체를 세밀히 검토하여 보고하도록 했다.

퀴네는 참모본부에 방을 하나 얻어 작업에 착수했다. 그는 밤늦도록 이 서류들을 세밀히 검토했다. 파니차르디의 '해방자' 메모를 검토하던 그는 이 메모지의 한쪽 부분의 행이 다른 부분의 행과는 그 색깔이 약간 다르다는 것을 발견했다. 전등불 가까이에 갖다 대고 다시 뒤집어보았다. 의심의 여지가 없었다. 두 글자가 전문가의 솜씨로 풀칠해져 있었던 것이다. 퀴네는 이 메모가 1896년에 앙리를 통해 제2국에 도달했으나 앙리는 그것이 바스티앙 부인을 경유해 왔다고 주장했던 사실을 알고 있었다. 어떤 속임수가 있는 게 분명했다.

앙리와 퀴네는 친구였다. 그러나 퀴네는 이 부정(不正)의 모든 의미를 파악하고 있는 것 같지는 않았다. 상상력이 부족했는지도 모른다. 후에 그는 자신이 한 일을 후회하며 몸을 비틀었을지도 모른다. 그러나 당시의 그는 아무런 거리낌 없이 행동했다. 그는 로제 장군에게 가서 그 메모지를 전등불에 갖다 대보라고 말했다. 로제 역시 날조라는 것을 알았으나 이 문제는 지금 정기 휴가를 즐기고 있는 앙리 중령이 아마 해결할 수 있을 것이라고 했다. 앙리는 사냥철이면 항상 정기 휴가를 즐기곤 했다.

그날은 1898년 8월 13일이었다. 그다음 날 이 두 장교는 국방부 장관을 방문했다. 그의 연설에서 논박할 수 없는 증거라고 말했던 것이 날조라는 사실은 카베냐크에겐 틀림없이 잔인한 타격이었을 것이다. 로제는 카베냐크로 하여금 앙리를 휴가로부터 소환하도록 권고했다.

카베냐크는 화가 나서 어쩔 줄 몰랐다. 그의 가슴에 앙리에 대한 증오심이 불타오르고 있었다. 앙리는 카베냐크를 공개적으로 우롱한 셈이었다. 카베냐크는 이에 대해 복수할 것을 결심했다. 그는 만약 앙리가 휴가를 중단하라는 지시를 받는다면 낌새를 알아차릴지도 모른다고 생각했다. 그래서 그는 이 일을 극비에 부쳤다. 그는 퀴

　　　　　　나는 고발한다

네에게 앙리가 그의 죄를 부인하지 못하도록 관련 서류들을 완전무결하게 준비하도록 지시했다. 그리고 절대적으로 비밀을 지키라고 명령했다. 그는 총리에게도 알리지 않았다. 그러고 나서 그는 이미 예정되어 있던 유세를 떠났다. 그는 날조된 문서에 크게 의존했던 연설 포스터로 장식된 연단 위에 올라가 청중에게 연설했다. 카베냐크는 드레퓌스의 유죄를 확신하고 있었기 때문에 드레퓌스가 유죄로 확정된 후에 나타났던 증거가 하나쯤 없어졌다고 해서 이 사건의 흐름에 큰 영향이 미치리라고는 결코 생각하지 않았다.

8월 30일, 앙리는 파리로 돌아왔다. 한편 카베냐크는 부아데프르 장군과 공스 장군에게 위조된 문서가 발견되었다고 알려주었다. 그러나 자기 상사의 궂은일을 그렇게 충실하게 대신 해주었던 그 사람에게 이 사실을 밀고해서 도망시키려고 노력한 사람은 아무도 없었다. 또한 실제로 그가 정말로 심각한 곤경에 처해 있다고 생각한 사람도 없었다. 대다수의 사람들은 앙리가 그 문제를 적당히 얼버무려나갈 수 있을 거라고 확신하고 있었다.

공스 장군이 앙리를 국방부 장관에게로 데리고 갔다. 부아데프르와 로제가 국방부 장관과 함께 있었는데 로제는 청문회의 기록을 꺼내고 있었다.

증거를 건네받은 앙리는 이 증거를 부인했다. 주위를 살펴본 그는 부아데프르가 자신의 눈길을 피하는 것을 보고 위험을 감지했다. 국방부 장관이 차갑고 딱딱한 목소리로 말했다.

"상기시켜주겠는데 귀관이 설명을 안 한다면 중대한 사태가 빚어질 거요. 도대체 어찌 된 건지 말해주시오. 어떻게 된 거요?"

"제가 무슨 이야기를 하면 되겠습니까?"

앙리가 물었다.

"귀관이 한 일을 그대로 설명하면 되오."

앙리는 한참 실랑이를 한 후에 자기는 문장을 몇 개 적당히 바꾸기는 했지만 원문을 날조한 일은 없다고 말했다.

"귀관이 원문을 날조한 건 아니라 이 말이지?" 카베냐크가 물었다.

"맹세코 날조는 하지 않았습니다."

그러고 나서 앙리는 이렇게 덧붙였다. "저는 그 문서에 더 비중을 주려고 했을 뿐입니다."

"귀관이 날조한 단어들은 어떤 것이오?"

"생각이 잘 나지 않습니다만, 마지막 문장의 일부분인 것 같습니다."

"귀관은 전부를 날조했소!"

"저는 맹세코 날조는 하지 않았습니다."

그는 끝까지 부인하다가 한 가지만은 시인했다.

"상관들은 혼란스러워했습니다. 저는 그들의 마음을 진정시키고 싶었습니다. 저는 이렇게 생각했죠. 이 상황에서 증거로 받아들여질 수 있는 문장 하나를 보태야겠다고 말입니다. 그래서 재량껏 그렇게 했습니다. 조국을 위해서 한 일입니다."

분명한 것은 앙리가 가로챈 파니차르디의 그 무고한 편지에 있던 '알렉산드린'이란 서명을 이 문서에 복사해 넣었다는 것이었다.

그러자 카베냐크는 드디어 앙리에게 증거를 제시할 때가 왔다고 판단했다.

"서류의 한쪽 면에 있는 행들의 색깔은 다른 쪽의 색깔과 다르오."

"삽입된 부분은 어느 부분입니까?" 앙리가 물었다.

"내 질문에 대답만 하시오. 귀관은 편지 전체를 날조했지요?"

"맹세코 하지 않았습니다."

그는 부아데프르와 공스를 다시 바라보았다. 창백한 얼굴을 하고 있던 그들은 아무 말도 하지 않았다. 국방부 장관이 다시 말을 이었다.

"귀관은 1896년에 별 내용 없는 편지를 한 통 받았소. 귀관은 그 편지를 감추고 그 대신 편지를 하나 꾸며냈소. 그렇지 않소?"

"네, 그렇습니다."

앙리가 대답했다.

카베냐크가 이 대답을 얻어내는 데는 한 시간이 걸렸다. 로제가 앙리를 다른 방으로 데리고 갔다. 부아데프르 장군은 책상에 앉아 사표를 썼다.

친애하는 장관 각하!

저는 정보 책임자인 앙리 중령에 대한 저의 신임이 그릇된 결과를 가져왔다는 증거를 포착했습니다. 앙리 중령을 절대적으로 신임했기 때문에 저는 올바르지 않았던 문서 하나를 올바르다고 선언하고 그것을 그대로 각하에게 제시했습니다. 저는 각하께서 저의 사임을 허락해주실 것을 바랍니다.

카베냐크는 참모총장의 마음을 되돌리려고 노력했다. 누구나 실수를 저지를 수도 있는 일이었다.

부아데프르가 대답했다.

"하지만 법정에서 그 문서가 진짜라고 증언한 것은 간과될 수 있는 실수가 아닙니다." 그는 이렇게 말하고 자리를 떠났다.

앙리는 입을 연 사람이 에스테라지였을 것이라고 생각했다. 그는 이렇게 중얼거렸다.

"나는 결코 누구에게도 해를 끼치진 않았다. 항상 나의 의무를 다했지. 이런 악당을 만나게 되다니 난 참으로 재수가 없는 놈이야."

파리 주둔 사령관실에서 온 소령이 앙리를 몽 발레리앙 요새로 데리고 갔다. 그는 앙리를 우선 그의 집으로 데리고 갔다. 그는 자기 아내에게 침착하게 말했다.

"당신도 알겠지만 난 정직한 사람이오. 모든 것이 다 잘 해결될 거야. 그러나 지금 국방부 장관께서는 내가 몽 발레리앙으로 가기를 원하고 계셔. 그래서 나는 가는 거야."

앙리는 옷가방에 셔츠 몇 벌을 넣었다. 그리고 그 장교에게 귓속말로 이렇게 말했다.

"빨리 갑시다. 더 이상 참을 수 없군요."

그들은 마차를 잡아탔다. 앙리는 다시 마음속으로 중얼거렸다.

"생각할 수도 없는 일이야. 미친 사람이 아니면 이럴 수가……. 조국과 군을 위해서 한 일인데. 가련한 나의 처자식들. 모든 것이 끝장이 나고 말았구나."

그는 피카르가 얼마 전에 차지했던 방을 차지했다. 간단한 성명서가 신문에 전달되었다.

오늘 국방부 장관실에서 앙리 중령이 드레퓌스의 이름이 언급되어 있던 1896년 10월 날짜의 편지를 쓴 장본인으로 판명되었으며, 앙리 중령도 그렇다고 자백했다. 국방부 장관은 즉각 그를 체포할 것을 명령했다. 앙리 중령은 몽 발레리앙 요새로 압송되었다.

아침에 일찍 일어난 앙리는 신문을 청해서 이 뉴스를 읽었다. 각 신문은 사정없이 그를 공격하고 있었다. 참모본부의 대변지라 할 수 있는 『레클레르』지가 앞장서서 그에게 돌을 던지고 있었다.

이 장교는 증오할 만한 범죄를 저질렀다.

그는 그의 동료 국가주의자들에게서뿐만 아니라 그의 친구들에게서도 버림을 받았다. 게임은 사실상 끝났다. 그가 대표했던 모든 것이 뒤집히고 있었다. 그는 군법회의를 거쳐 굴욕을 당하고 감옥으로 가게 될 운명이었다.

그는 공스 장군에게 와서 자기를 만나달라는 편지를 썼고 또 아내에게도 편지를 썼다.

사랑하는 나의 베르트, 당신 외에는 다 나를 저버리는군요……. 그 편지는 사본이었기 때문에 날조라는 말은 있을 수 없는 거요. 그 편지는 내가 그보다 2, 3일 전에 입수했던 정보를 확인시켜주는 것에 불과했소. 시간이 흐르면 그들도 내가 절대로 무고하다는 것을 알게될 거요. 지금으로선 할 말이 없소. 우리 귀여운 조제프를 잘 보살피고 내가 조제프와 당신을 사랑하는 것만큼 그 애를 항상 사랑해주시오.

그날은 매우 더운 날이었다. 햇빛이 방 안으로 쏟아져 들어왔다. 앙리는 아내에게 또 한 장의 편지를 쓰기 시작했다. 책상에 앉으면 내려다보이는 요새 주위의 강에서 수영을 좀 해야겠다는 내용이었다. 그는 편지를 채 끝내지도 않고 침대에 누워 면도칼로 자신의 목을 찔렀다.

경비원에게 발견되었을 때 그는 싸늘하게 식어 있었다.

20

전 국민이 앙리 중령이 체포되었다는 충격에서 채 깨어나기도 전에 그의 자살 뉴스가 전해졌다. 그러자 또 하나의 충격적인 사건이 발생했다. 펠리외 장군이 자신이 졸라 재판에서 부아데프르 장군과 공스 장군에게 속아서 배심원을 오도했던 사실에 분개한 나머지 사표를 써서 카베냐크에게 발송했던 것이다.

본인은 명예를 모르는 사람들에게 속임을 당한 탓으로 나의 부하를 통솔하는 무기가 되는 신임을 유지할 희망이 없으며, 본인으로 하여금 날조에 동조하게끔 유도했던 본인의 선배들에 대한 신뢰를 상실 했기 때문에 본인은 각하에게 저의 퇴역을 명령해주실 것을 앙망하 나이다.

그러나 펠리외 장군은 파리 주둔군 사령관인 쥐를랭당 장군의 줄 기찬 만류를 못 이기고 사표를 철회했다. 르누아르 장군이 부아데 프르 장군의 후임으로 취임했다.

이쯤 되자 드레퓌스의 재심은 불가피해 보였다. 하룻밤 사이에 모두 재심요구자가 된 것처럼 보였다. 신문에는 다음과 같은 논평 이 나왔다.

드레퓌스에 관한 재판은 다시 해야 한다. 새로 열릴 재판은 어두운 동굴에서 해서는 안 된다. 우리는 모든 것을 알고자 한다. 메르시에 장군은 법을 위반했는가? ……만약 드레퓌스가 다시 유죄로 판명 되면 그는 악마도로 다시 보내질 것이다. 재심만이 유일한 해결책 이다.

모든 것이 변했다. 우리에게 부과되어 있는 것은 재심이다. 모든 장 교들이 바라고 있는 바 또한 재심이다. 그렇게 함으로써만 정부는 이 불행한 사건에 종지부를 찍을 수 있을 것이다. 종기는 터져버렸 다. 살을 잘라낼 필요가 있다면 그렇게 해야 할 것이다. 드러난 상처 는 빨리 치유된다.

모든 문서가 의혹의 대상이 되고 있다. 앙리의 손을 거쳐 간 문서는 어떤 문서든 재검토되어야 한다.

이제 와서 드레퓌스가 올바른 절차에 따라 판결을 받았다고 주장하는 것이 무슨 이점이 있겠는가? 많은 사람들은 이 사실을 의심하고 있다. 쇠사슬의 고리 하나가 끊어진 것이다.

정부가 대담하게 제시한 처리 방향은 소심한 배심원들이나 특정한 사람의 이익에 의해 뒤늦게 강요된 시정보다 더 바람직스러운 것이다.

이 사건은 자유국가에서 피고인이 가질 수 있는 모든 안전판을 행사하는 가운데 떳떳하게 내려진 선고에 의해 종결되어야 한다. 만약 어떤 사람이 이 소란을 종결지을 대안을 갖고 있다면 우리는 그 대안을 기꺼이 들어보겠다. 현재로서는 우리는 그 대안을 알지 못하고 있다.

『라 리브르 파롤』지와 『랭트랑시장』지만이 이의를 제기했다. 그러나 이 신문들도 처음에는 상당히 당황했다. "만약 앙리가 드레퓌스 지지자들을 도와주고 싶었다 해도 이보다 더 효과적으로 도와줄 수는 없었을 것이다. 그의 행동은 어리석고 범죄적이었다"고 『라 리브르 파롤』지는 선언했다.

『랭트랑시장』의 로슈포르도 앙리의 행동은 도무지 이해할 수 없다고 썼다. 날조 서류는 이미 선고받은 반역자에게 아무런 영향력을 줄 수 없었다고 말하면서 그는 이어 "서류철에 있는 다른 문서들은 절대적으로 신빙할 만한 것들이다. 예외는 규칙을 확인해줄 뿐이다"라고 부언했다.

국방부 장관 카베냐크의 생각도 그와 마찬가지였다. 그는 "그 어느 때보다 재심안을 받아들이고 싶지 않다"고 선언했다.

정부는 밤낮으로 숙의했다. 결국 브리송 총리는 재판을 다시 하기로 결심했다. 그는 친구 한 사람을 마티외 드레퓌스에게 보내 그로 하여금 탄원서를 내도록 조언했다. 드레퓌스를 변호했다는 사실 때문에 많은 소송 의뢰인들을 잃게 된 드망주는 총리의 부탁을 즉각적으로 받아들였다.

그러나 카베냐크가 반기를 들었다. 그는 피카르를 민간 재판에 돌리지 않고 군법회의에 회부하려고 애쓰고 있었다. 피카르는 드레퓌스 대신 에스테라지를 반역자로 만들기 위해서 슈바르츠코펜의 여자 친구가 에스테라지에게 보낸 것으로 되어 있는 '파랑 엽서'를 날조했다는 혐의를 받게 되어 있었다. 카베냐크는 앙리의 날조 사실을 밝혀낸 것은 자기였다고 뽐내면서 이렇게 말했다.

"그 문서가 날조되었다는 것을 증명한 사람은 나밖에 없었습니다."

"그렇지만 이제 와서 재심을 요구하는 여론을 어떻게 막아낼 수 있겠습니까?" 몇몇 각료들이 이의를 제기했다. 그러자 카베냐크가 말했다.

"본인이 3주일 전에 하겠다고 말한 것을 하면 됩니다. 즉 드레퓌스사건에 관여했던 사람들을 모두 다 체포해서 대역죄로 고발하는 것입니다."

그의 동료 각료들은 카베냐크 같은 소박한 방법은 이제 통하지 않는다고 믿었다. 그의 제안을 받아들이는 사람은 아무도 없었다. 카베냐크는 회의장에서 물러나와 사표를 썼다.

"나는 드레퓌스의 유죄를 여전히 확신하고 있다"고 그는 선언했다. 그리고 드레퓌스 반대자들을 모아서 정권을 장악할 준비를 했다.

국가주의계 및 가톨릭계 신문들은 서둘러 전열을 가다듬는 듯했다.

국방부 장관의 의견은 훌륭한 것이다. 그의 견해는 그가 세심하게 서류들을 검토했기 때문에 더욱 강력한 것이다. 날조된 것으로 판명된 문서는 하나밖에 없다. 이 사실로 인해 다른 문서들의 신빙성은 더욱 강화된 셈이다. 드레퓌스가 유죄라는 사실은 과거 어느 때보다 명백해졌다.

여론이 오도되지 않도록 이 사실을 일반 대중에게 부단히 알려주어야 한다고 이들 신문은 촉구했다.

내각은 숙의를 거듭했다. 정부는 국가 간의 분쟁을 중재하기 위한 국제재판소를 세우고 그렇게 함으로써 전쟁을 억제하는 데 모든 유럽 국가들과 협력하라는 러시아 황제의 제의를 받았지만 이것은 파쇼다사건에 연유한 제의였다. 드레퓌스사건을 다루느라고 이 제의는 토의할 틈도 없었다.

브리송 총리는 국방부 장관을 새로 임명하기로 결심했다. 많은 사람들이 총리가 그 직책을 겸임하라고 제의했지만 총리는 이 제의에 따르지 않았다. 이런 위기에는 장군이 군을 더 잘 통솔할 수 있으리라는 게 그의 의견이었다. 많은 사람들이 이 자리를 사양했으

나는 고발한다

나 마침내 쥐를랭당 장군이 취임을 수락했다. 그러면서 그는 조건을 제시했다. 즉 드레퓌스사건의 재심요구서를 법무부 장관에게 보내기 전에 자기가 드레퓌스사건 관계 서류를 검토하도록 해달라는 것이었다. 쥐를랭당은 로제 장군과 회담하기 위해 참모본부를 방문했는데 이때 로제 장군은 에스테라지를 옭아 넣고 드레퓌스를 석방시키기 위해 '파랑 엽서'를 위조한 사람이 피카르였다는 것을 쥐를랭당에게 역설했다. 극우계 언론은 안간힘을 다해 쥐를랭당을 위협했다. 로슈포르는 "군을 기꺼이 배반하려는 장군이 나타났다. 그의 변절은 그를 감싸주고 있는 오합지졸만큼이나 구역질이 난다"고 썼다.

에스테라지는 앙리의 자살 소식을 듣고 프랑스에 더 이상 머무를 수 없다고 느꼈다. 그는 서둘러서 '더 유리한 하늘'을 찾았다. 그는 발각되지 않으려고 보따리도 없이 지방으로 가는 기차를 타고 도망을 쳤다. 그는 벨기에 국경을 걸어서 넘었다. 그는 드베쿠르라는 이름으로 드디어 런던에 도착했다. 마침내 모든 것을 다 털어놓음으로써 그를 저버린 그의 공범자들에게 복수를 하고 또 돈을 벌 때가 온 것이었다.

재심요구자들은 앙리 중령이 참모본부에 불리한 증거를 무덤으로 가져간 것으로 미루어 그가 장군들에게 살해당했다고 주장했으나, 한편 일부 가톨릭 신문들은 그가 유대인들에 의해 살해되지 않았을까 하는 의문을 가졌다. 왕당파인 샤를 모라스는 앙리를 옹호하고 그를 명예로운 인간, 심지어 위대한 인간으로 만들려는 운동을 벌였다.

중령님! 국민들의 마음속에서 당신의 귀중한 핏방울이 고동치고 있습니다. 머지않아 조국의 땅 파리에는 그리고 당신의 고향에는 우리의 비겁을 속죄하는 기념비가 세워질 것입니다……. 당신은 살아 있을 때나 죽은 지금이나 우리의 지도자입니다. 당신의 불행한 행위는 당신의 최고의 전공(戰功)으로 간주될 것입니다.

국가주의 계열 및 가톨릭계 언론의 세력은 놀랄 정도로 빨리 회복되었다. 이들은 앙리가 참된 문서를 사용하도록 강요받지 않으려는 단 하나의 목적 때문에 문서 하나를 날조했다고 이구동성으로 외쳐댔다. 참다운 문서들을 폭로했다면 준비가 안 된 상태에서 군은 전쟁을 수행했을 것이고 그렇게 됐더라면 프랑스는 와해되었을 것이라는 것이었다.

이 무렵, 이미 그 악명이 널리 알려진 황제의 난외 메모에 대한 언급이 독일 신문에 등장했다. 그러자 독일 외무부의 사주를 받은 『쾰니셰 차이퉁』지는 다음과 같은 기사를 서둘러 실었다.

프랑스 신문들은 별 황당무계한 기사를 다 싣고 있다. 황제는 스파이들과 편지를 교환한 일도 없으며 그런 터무니없는 위조 문서 때문에 전쟁을 선포하지도 않을 것이다.

그러나 이 해명도 소용이 없었다. 국가주의 신문은 이 기사가 함정에 불과하다고 주장했다. 독일 황제가 그 메모를 썼다는 것을 부인한 것이 거짓말이라는 사실을 입증하는 서류가 공개되면 틀림없이 전쟁이 뒤따를 거라는 것이었다.

『라 리브르 파롤』지는 우선 새로 임명된 국방부 장관에게 치명적인 공격을 가하면서, 쥐를랭당은 재심요구자들의 주구가 되느니 차라리 사임을 원할 것이라고 의기양양하게 보도했다. 이들의 보도는 상당한 신빙성을 내포하고 있었다. 내각은 연일 재심 문제를 놓고 논의를 했으나 여전히 의견이 일치되지 않았다.

국가주의계 언론은 대통령이 이 사건에 개입해야 한다고 주장했다. 대통령은 재심을 반대하는 쥐를랭당의 의견을 지지함으로써 이 사건에 개입했다. 그러나 브리송 총리는 결연한 태도를 취했고 다수의 각료들도 그의 지휘를 따랐다. 재심요구자들이 마침내 승리를 거두었다. 쥐를랭당은 사표를 냈다.

"드레퓌스사건 관계 서류들을 철저히 검토해본 결과 드레퓌스가 유죄라는 것이 너무나 확실했기 때문에 군의 책임자인 나는 드레퓌스의 선고량을 그대로 유지할 수밖에 다른 도리가 없다는 결론을 내렸다." 쥐를랭당은 사임 이유를 이렇게 밝혔다.

브리송은 다른 장군을 찾지 않으면 안 되었다. 그는 샤누안 장군을 택하고 재심은 이미 결정되었기 때문에 그는 구태여 재심에 찬성하는 입장을 취할 필요가 없다고 말함으로써 그의 용기를 북돋아 주었다. 샤누안은 국방부 장관 취임을 수락했다.

쥐를랭당은 전 직책인 파리 주둔군 사령관으로 되돌아갔다. 그러나 그전에 그는 뒤파티의 퇴역을 명령했다. 드레퓌스 지지자들의 중요한 공격 목표인 후작은 군에겐 그리 중요한 인물이 못 되었다. 사실 그는 골칫거리였다. 쥐를랭당은 그의 후임자에게 하나의 유산을 남겨주었다. 즉 '파랑 엽서'를 날조한 혐의를 받고 있는 피카르를 군법회의로 넘겨달라고 민간재판소에 요청해놓았던 것이다.

재판 이양을 위해서는 법적으로 해결해야 할 일이 많았기 때문에 샤누안은 신속한 행동을 취하지 않으면 안 되었다. 군부가 피카르를 기소하겠다고 주장하는 이유를 브리송은 명백히 알고 있었다. 만약 피카르가 날조죄로 유죄 판결을 받는다면 드레퓌스사건에 대한 재심 가능성은 상당히 감소될 것이었다. 그리고 재심이 열린다 해도 피카르의 증언은 불신당할 것이며 드레퓌스는 다시 유죄로 판결될 가능성이 많았다. 그것은 참모본부가 가장 바라고 있는 결말이었다. 죄지은 사람을 허위 증거를 갖고 유죄 판결을 내린다는 것은 좋지 못한 일이었다. 하물며 처음부터 죄가 없는 사람을 허위 증거를 토대로 유죄 판결을 내린다는 것은 더욱 좋지 못한 일이 아닌가? 그러나 쟁반 위에 담긴 피카르의 머리는 장군들이 원하고 있는 것이었기 때문에 브리송이 제아무리 노력해도 별 소용이 없었다. 국방부 장관을 또 잃을 수는 없었다.

피카르는 자신이 처한 위험을 통감하고 있었다. 날조를 서슴지 않았던 사람들이 살인인들 주저할 것인가? 이것은 생각할 문제였다. 앙리가 목을 끊어 자살했을 때, 그의 모든 이야기는 밝혀지지 않은 채 묻혀버렸다.

아주 묘한 일이 있었다. 많은 가명을 사용했지만 마지막 가명인 르메르시에-피카르라는 이름만이 후세에 전해진 한 사나이가 있었다. 이 사나이가 앙리를 위해서 '해방자'를 실제로 날조한 자였다. 그는 이 날조 행위를 이용해서 돈을 뜯어내려고 했었다. 공갈 협박은 그의 중요한 생활 수단이었다. 어느 날 앙리 중령의 부관이 그의 지저분한 작은 방으로 그를 방문한 일이 있었다. 바로 이날 르메르시에-피카르가 바로 그 방에서 목매단 시체로 발견되었다. 피카르 중령은 이 사실을 잘 알고 있었다.

피카르의 재판을 군법회의로 하느냐, 아니면 민간재판으로 하느냐 하는 문제가 피카르의 담당 변호사인 라보리에 의해 법정에서 논의되었다. 법은 군법회의에 유리하게 되어 있었다. 이 사실이 명백해지자 피카르가 앞으로 걸어 나왔다. 그는 공스 장군과 펠리외 장군의 얼굴을 뚫어지게 바라보면서 그들과 나란히 앉아서 이렇게 이야기했다.

오늘 밤 저는 아마 셰르슈-미디(육군 형무소)로 갈 것입니다. 아마도 이것이 제가 공개적으로 말할 수 있는 마지막 기회일 것입니다. 만약 르메르시에-피카르의 목에 걸렸던 밧줄이나 앙리의 목을 찔렀던 면도칼이 저의 감방에서 발견된다면 그것은 살인을 폭로하는 증거가 될 것이라는 사실을 여러분께서 알아주시길 바랍니다. 나로 말하면 자살은 결코 하고 싶지 않습니다.

본인은 다른 고발을 당했을 때와 마찬가지로 이 기소를 고요한 마음으로 대하겠습니다. 제가 말하고 싶은 것은 이것뿐입니다.

그는 침착했다. 그러고 나서 그가 주위를 돌아보자 헌병들이 앞으로 다가섰다. 그는 셰르슈-미디 형무소에서 편지를 썼다. "나는 편안한 마음으로 잘 있습니다."

에스테라지가 국가주의자들에게 영웅이었던 것처럼 지금 피카르는 드레퓌스 지지자들에게 영웅이었다. 최연소자 장군이 될 탄탄대로를 달리던 그가 진실을 위한 순교자의 길로 나선 것이었다. 드레퓌스도 확실히 순교자였다. 그러나 그를 영웅으로 만드는 것은 어려운 일이었다. 인간으로서의 그를 알고 있는 사람은 없었다. 졸라는 영웅이긴 했으나 정말로 순교자는 아니었다. 그는 과거 어느 때보다 유명해졌으나 형무소에 가본 적은 결코 없었다. 그러나 피카르는 모든 것을 포기하고 투옥된 것이었다.

옥타브 미르보는 셰르슈-미디 형무소에 있는 그를 방문하고 나서 다음과 같이 썼다.

어두컴컴한 방에서 나는 그의 맑고 행복한 눈을 볼 수 있었다. 피로하거나 신경질적인 기색은 조금도 없었다. 약간 창백했으나 그것은 고통에서 오는 창백함이 아니었다. 우리는 칼라일·미슐레·바그너, 원시 음악 등에 대해서 이야기했다. 그 대화를 통해서 그가 대단히 교양 있음을 알 수 있었다. 그의 정신은 계속 성장하고 있었고 스스로를 풍요하게 하고 있었다. 그의 철학에 조금도 증오가 나타나 있지 않다는 것은 놀라운 일이다. 증오는커녕, 일체의 위대한 개념을 받아들이고 있다. 고독과 적막은 그의 사상을 더욱더 적극적이고 깊이 있게 만들고 있다. 그는 자신이 증오를 갖고 있지 않다는 것에 대해 스스로 놀라는 것이었다. 그는 하나의 인간이다. 인류는 영웅들에 의해 죽음으로 인도된다. 그러나 한 인간에 의해서 생기와 생명을 부여받는다.

피카르는 확실히 인간을 위대하게 하는 한 가지 요소, 즉 용기를 갖고 있었다. H. 빌마르는 피카르에 관한 글에서 다음과 같이 썼다.

고상하게 시련을 이겨나가는 사람을 생각한다는 것은 매혹적인 일이다. 그것은 용기를 고양시키는 일이다. 자신을 극복할 줄 아는 사람은 자신의 승리의 비결을 다른 사람에게 보여준다. 그는 다른 사람들에게 그를 따르고 싶은 생각을 불러일으킨다.

재심요구자들의 세력은 점점 더 커졌다. 앙리의 체포와 죽음에 의해 폭로된 참모본부의 음모는 좌파 공화주의자들과 사회주의자들을 놀라게 했다. 그들은 교회와 군부가 안보를 구실로 정치와 공공 생활을 얼마나 침식해 들어갔는가를 인식하기 시작했다.

의회에서 열변과 따스한 인간성을 발휘할 기회를 잃고 있던 조레스는 드레퓌스사건의 미궁을 파헤친 안내서 『증거들』이란 책을 냈다. 그는 또 '드레퓌스사건과 사회주의'를 주제로 공개 집회를 열었다. 그런데 이 집회들은 대개 사회주의자들과 국가주의자들 간의 가두 난투극으로 끝났다. 경찰은 사회주의자들만을 체포했다. 재심요구자들은 국가주의자들이 오랫동안 독점했던 거리를 탈환하기 위해 샹젤리제 거리에서 데모를 벌였다.

재심을 요구하는 공화주의자, 사회주의자 그리고 무정부주의자들은 드레퓌스를 지지하는 사제들과 함께 한 덩어리가 되어 그들의 의견을 개진했다. 이들의 운동에서 드레퓌스의 억울함을 벗겨준다는 명분은 어느 틈에 사회 정의라는 대의명분으로 확대되기 시작했다. 한편 군부가 붕괴되는 것을 두려워하는 애국파들은 광적인 반유대주의자들, 군주가 집권해서 무정부 상태를 종식시키기를 바라는 왕당파들 그리고 교회와 군에 세력을 의지하고 있는 성직자들이 한 덩어리가 되었다.

대중운동은 재심요구파 신문에도 영향을 미쳤다. 이들 신문은 명쾌하고 반어적인 논조 대신에 조잡하고 신랄한 공격을 퍼붓기 시작했다. 피카르가 군부에 의해 체포되자 클레망소는 브리송 총리에 대해 다음과 같은 촌평을 가했다.

우리를 재난으로 이끌어가야 할 자신의 운명을 슬퍼하는 브리송은 어떤 사람인가? 그는 겁이 많은 사람이기보다는 어리석은 사람인가? 아니면 어리석기보다는 겁이 많은 사람인가? 그는 양쪽을 겸하고 있다. 겁 많음과 어리석음은 서로 배타적인 속성은 아니다.

클레망소는 계속해서 이렇게 평했다.

브리송, 사리앙 부르주아 그리고 과격파 전체는 제수이트파들보다도 제수이트적 색채가 더 짙은 사람들이다.

클레망소는 그의 친구인 급진주의자 브리송보다는 반역자 바젠을 더 좋아했다. "그(바젠)는 적어도 브리송과 달리 자신의 명예를 위해서 싸우지만 브리송은 칼 앞에서는 무릎을 꿇고, 진실한 친구들의 호의와 거짓말하는 당원들의 호의를 동시에 얻으려 하고 있다"고 그는 꼬집었다.

조레스는 "국방부 장관과 공화국 대통령인 포르 때문에 이와 같은 죄악이 저질러진 것이다. 포르는 그 엄청난 음모를 알고도 브리송과는 달리 놀라지도 않았다"고 썼다.

이 무렵 파리는 지하철을 건설하느라고 큰 불편을 겪고 있었다. 지하철은 1900년에 개최될 세계 박람회에 맞춰 완공될 예정이었다. 이 공사에 투입된 노동자들이 파업을 단행했다. 정부는 태업과 혼란을 염려한 나머지 군을 끌어들였다. 거리가 마치 진지처럼 변모했다. 외국 신문에는 혁명이 일어날지도 모른다는 보도가 있었다. 온갖 소문이 나돌았다. 파업 노동자들과 드레퓌스 지지자들 간의 음모가 있다느니 쿠데타 계획이 수립되었다느니, 드레퓌스가 다시 돌아와서 몽 발레리앙에 구금되어 있다느니, 드레퓌스는 죽었다느니, 에스테라지는 교살당했다느니 하는 온갖 소문이 나돌았다. 이런 소문은 국가주의계 신문에 기사로 보도되었다. 한편 『로로르』지는 앙리가 스스로 자살하지 않았다는 기사를 실었다. 제수이트 회원들이 그의 손에 면도날을 쥐어주면서 불명예 퇴역으로 추방되겠느냐, 아니면 그의 미망인에게 연금을 주는 조건으로 자살하겠느냐 둘 중 하나를 택하라고 강요했다는 것이었다.

진실이 가야 할 길은 가시밭길이었다. 그리고 종착역에 이르기까지는 아직도 몇 년의 세월을 더 기다려야 했다.

21

드레퓌스의 재심을 요구하는 탄원서가 고등법원에 제출되었다. 그러나 국가주의자들은 앙리의 자살이 준 충격에서 아직도 깨어나지 못하고 있으며, 합법적이건 불법적이건 어떤 수단과 방법을 동원해서라도 재심을 반대할 결의를 굳히고 있었다.

브리송은 그의 내각에 대한 승인을 10월 25일에 의회에 요청할 예정이었다. 애국파연맹은 '군을 신임하고 반역자들을 혐오한다'는 것을 보여주기 위해서 국회가 열리기 전에 의사당 앞에 모일 것을 국민들에게 호소했다. 이 호소문은 "유대인들을 타도하라. 군 만세! 반역자들을 타도하라!"로 끝을 맺고 있었다.

그러나 왕당파들은 데룰레드로 하여금 자신들이 완전히 지배하고 있던 반유대연맹과 연합전선을 펴도록 하는 데 성공하지 못했다. 데룰레드는 아직도 공화국과 평등을 옹호하고 있었다. 그가 자유를 배척하는 것은 오직 권위와 힘을 위해서였다. 한편 게랭은 반유대연맹에서 급료를 받고 있던 5,000여 명의 돌격대원들을 동원하겠다고 그의 왕당파 후원자들에게 약속했다. 그는 노동조합도 동조할 것으로 기대했다. 그의 작전은 데룰레드의 애국자연맹 속에 평화적인 방법으로 침투하여 결정적인 시기에 그들을 선동하여 행동하게끔 한다는 것이었다.

게랭의 전략은 황당무계한 것은 아니었다. 그는 철도노동조합에 침투하여 조합원 2,000여 명 중 상당수를 포섭해놓고 있었다. 이 노조는 '국민들이 마음만 먹으면 할 수 있는 일이 어떤 것인가를 비인간적인 자본주의자들에게 가르쳐주기 위해서'라는 슬로건을 내걸고 데모에 참가할 태세에 돌입했다.

세계 박람회 공사장 노동자들의 파업은 얼마 동안은 아무런 사건을 야기하지 않았다. 그런데 게랭의 부하들이 마침내 폭력 사태를 유발했다.

좌익 정당들은 양대 진영 간의 충돌은 민족주의자들에게 쿠데타의 구실을 줄지도 모른다는 생각에서 반대 데모를 벌이지 않기로 결정했다. 인권연맹은 범죄인들의 불성실한 모임에 경멸을 보내면서 공화파 대중에게 거리로 나가지 말라고 경고했다. 사회주의자들은 경계 태세를 취하되 상황이 심각할 때에만 거리로 나가기로 결의했다.

정부는 군부로 하여금 철도역을 점령하게 했고 철도에 파수병들을 세우게 했다.

이러한 상황에서 국회는 앙리 브리송과 그의 내각을 받아들일 것이냐, 거부할 것이냐를 결정하기 위해 회의를 열었다.

브리송이 자신의 신내각을 소개하는 말을 끝내기가 무섭게 샤누안 장군이 일어나 다음과 같이 선언해서 브리송을 깜짝 놀라게 했다.

본인은 이 불행한 사건에 관해 말할 권리가 있다고 믿습니다. 이것은 전에 이 자리에 섰던 저의 선임자들 역시 그런 권리를 가졌던 것과 같은 이치입니다. 의회가 다시 소집되었기 때문에 본인은 군의 이익과 명예를 지키기 위해 저에게 부과된 신임을 국민의 대표자들인 여러분에게 반납할 것을 선언합니다. 따라서 저는 국방부 장관직을 사임하는 바입니다.

이것은 참모본부가 가담한 음모였으며 그것이 성공을 거둔 것이었다. 이날로 내각은 와해되었다. 내각이 우익과 좌익의 재심반대자들의 연합 세력에 의해 배척을 당했기 때문이었다.

펠릭스 포르 대통령은 드레퓌스가 체포되었을 당시에 총리였던 샤를 뒤퓌를 총리로 임명했다.

브리송이 내각을 구성했을 때에는 앙리 중령의 체포와 자살이 정국에 큰 충격을 주었던 때였다. 샤를 뒤퓌가 총리에 임명되자 타는 불에 기름을 부은 듯한 효과를 가져왔다.

그러나 재심요구자들도 이제 지성인들로만 구성되어 있지는 않았다. 이들도 비조직화된 일부 국민들의 소리 없는 지지를 받고 있었다. 앙리의 자살이 재심요구 운동 지지자들의 입을 열게 만들었던 것이다.

재심을 반대하는 내각이 구성되었는데도 드레퓌스사건은 아직도 고등법원에 계류 중이었다.

고등법원은 국가주의적인 신문들로부터 심한 공격을 받았다. 어느 신문은 고등법원이 염두에 두고 있는 것은 단 하나, 즉 프랑스의 전선(前線)을 적에게 노출시키는 최선의 방법을 찾으려는 것뿐이라는 요지의 글을 실었다. 이 기사는 이어 고등법원이 증거로 되어 있는 비밀 문서를 입수할 것이고, 이 문서들은 사법 절차에 따라 변호인들에게 보일 것이며 그렇게 되면 하룻밤 사이에 그 문서들은 독일 황제의 수중으로 들어갈 것이라고 주장했다. 로슈포르는 『랭트랑시장』지에서 프랑스가 반역자들을 어떻게 처벌하는가를 보여주기 위해 고등법원 판사들의 눈알을 빼야 한다고 절규했다.

고등법원도 결국 예상했던 조치를 취했다. 10월 27일 고등법원 형사부는 드레퓌스사건을 재심해달라는 청원서를 심의했다. 로우 판사와 젊지만 박식하고 날카로운 알퐁스 바르가 이 사건에 대한 보고를 했다. 이들은 청원에 따른 심리를 열기로 결정했다. 법원은 드레퓌스에게 이 결정을 알려주어 진술을 준비하도록 하라는 명령을 내렸다.

22

재심요구파 의원들은 뒤퓌 총리에게 드레퓌스에 대한 고등법원의 심리가 끝날 때까지 피카르에 대한 군법회의를 보류하라고 촉구했다. 총리는 이를 거절했으나 고등법원은 독자적으로 보류를 명령했다. 그러나 피카르는 여전히 구속되어 있었다.

그러던 어느 날 감방 문이 열렸고 피카르가 증언을 하기 위해 고등법원으로 불려 나왔다. 그는 처음으로 재판정에 섰는데 이 재판정은 아무런 편견도 없이 그의 조심스럽고 정확한 증언을 들어주었다.

이 법원은 종전의 증인들도 소환해서 처음의 진술을 반복하도록 했다. 증언대에 선 장군들은 드레퓌스에게 유죄 판결을 내렸던 군법회의에 제출되었던 비밀 서류에 관한 답변을 거부했다. 메르시에 장군은 "이 답변은 재판 절차의 일부는 아니다"라고 주장했으며 증인으로 나온 다른 장군들도 같은 태도를 취했다.

고등법원은 관련된 모든 비밀 문서들을 고등법원으로 보내달라고 정부에 요청했다. 파리 주둔군 사령관인 쥐를랭당 장군은 참모본부에 대해 그 요청을 거부하라는 명령을 내렸다. 이와 동시에 국가주의계 신문들은 "고등법원으로 하여금 그 문서들을 조사하게 하는 것은 군의 비밀을 독일에게 알려주는 것과 같다"는 내용의 캠페인을 더욱 맹렬하게 벌였다. 그들은 고등법원을 반역자라고 부르면서 제멋대로 모욕적인 언사를 퍼부었다.

프랑스의 최고항소심법원에는 삼부(三部)가 있는데 드레퓌스사건이 계류되어 있는 곳은 형사부였다. 이 형사부의 부장에게는 프러시아에서 공무원 노릇을 하고 있는 형이 있는 것으로 보도되었다. 또한 이 법원의 판사들도 독일에 매수되었다고 신문들은 떠들어댔다.

민간인 출신인 국방부 장관 샤를 프레이시네는 문서들을 법원으로 보내도록 명령하라는 압력을 좌파로부터 받았다. 그는 국가의 안보를 위태롭게 할지도 모르는 문서는 넘겨주지 않겠다는 애매모호한 성명을 발표함으로써 자신의 입장을 겨우 유지했다.

재심요구파 의원들은 이제 싸우기를 두려워하지 않았다. 사회주의파 의원인 알렉상드르 밀랑은 "고등법원이 문서들을 보아서는 안 된다는 말은 도대체 무슨 근거에서 하는 말인가? 만약 증거에 의하지 않고 판결이 내려진다면 국민들이 어떻게 그 판결을 받아들일 수 있단 말인가?"라고 썼다.

정부는 고등법원에 굴복하지 않을 수 없었다. 결국 문서들은 전달되었으나 단서가 붙었다.

"법원은 국방부 장관의 동의 없이는 문서의 여하한 부분도 공개할 수 없다."

총 373종의 문서가 고등법원에 전달되었는데 여기에는 드레퓌스에 관계된 일체의 문서가 포함되어 있다는 주(註)가 붙어 있었다. 이 문서들 중에 드레퓌스에게 불리한 증거는 하나도 없었다. 약 50개의 문서들은 제2국이 가로채거나 훔쳐서 믿을 수 없을 정도로 조잡하게 날조한 것이었다. 간첩 활동의 단서나 간첩 활동을 연상시키는 내용이 포함되어 있었지만, 이것들이 왜 이 서류철 속에 묶여 있는가를 알려주는 내용은 없었다. 나머지 문서들은 전혀 관련이 없는 것들이었다. 예를 들어 독일 무관에게서 훔친 한 다발의 편지들이 있었는데 모두 스칸디나비아의 무관의 아내가 독일 무관에게 쓴 것이었다. 이 편지들이 제2국의 의혹을 자아냈다. 이 편지들 속에는 어떤 중국인이 반복해서 언급되어 있었다. 이 중국인은 누구일까? 아마 그 '중국인'이라는 말이 암호일지도 모른다고 그들은 생각했다. 그들은 이 편지들을 조심스럽게 보관했다가 드레퓌스의 비밀 서류철에 포함시켰다. 만약 이것이 반역죄와 관련된 것이라면 이 반역 행위를 한 장본인은 드레퓌스밖에 없다는 논리였다. 몇 년 후에 이 암호가 해독되었다. 1904년에 특별 수사관인 타르주 대위에게 신기한 생각이 떠올랐다. 그는 편지를 날짜별로 배열했다. "어제 나는 그 중국인의 방문을 받았습니다." 다른 편지에 그녀는 또 이렇게 썼다. "시간이 있으면 내일 오십시오. 왜냐하면 저는 오늘 중국인의 방문을 받을 것이기 때문입니다." 타르주 대위의 기발한 아이디어가 마침내 수수께끼를 풀어냈는데 재발하는 사건은 음력의 주기와 일치하고 있었다. 이것은 반역 행위가 아니라 하나의 생리적인 사건을 일컫는 것이다.

문서들이 법원에 이송되자 새로운 책동이 시도되었다. 이것은 고등법원 형사부가 심한 불신을 받게 함으로써 심리를 법원의 다른 부(部)가 담당하게끔 하자는 움직임이었다. 민사부의 판사들 중에는 반드레퓌스적인 판사가 많은 것으로 알려져 있었기 때문에 민사부가 심리를 주관하도록 하자는 것이었다.

이 책동은 극적으로 시작되었다. 판사 중 한 사람인 케네 드 보르페르가, 형사부가 피카르의 증언을 들을 때 피카르에게 특혜를 주었다고 선언하고 고등법원장에게 사표를 냈다.

케네가 사표를 낸 다음 날, 케네의 이름은 참모본부의 대변지격이었던 『레코 드 파리』에 크게 보도되었다. 그가 이 신문의 새로운 편집인으로 취임했던 것이다. 그는 정부에 대해, 형사부 부장판사를 포함하여 형사부의 모든 판사들을 즉각 수사할 것을 요구했다. 그는 고등법원의 다른 부가 이 사건을 맡거나, 아니면 모든 부의 판사들이 다 같이 협력하여 드레퓌스사건의 심리를 연기해야 한다고 주장했다.

케네는 파나마 스캔들을 다뤘던 검사였다. 그는 이 사건에서 공화파 상·하원의원 그리고 각료들을 보호하는 데 비상한 재능을 보여주었다. 1898년 사회주의 하원의원 한 명이, 케네가 파나마사건의 수사를 제대로 하지 않았다고 주장하면서 정부가 그를 견책해야 한다는 동의안을 냈다. 이 동의안은 공화파 정당들을 궁지에 몰아

넣었다. 이 동의안에 한 표를 던진다는 것은 배은망덕하는 일이 될 것이며, 부표(否票)를 던진다면 그것은 이 대스캔들의 중요한 장본 인들이 처벌을 받지 않고 우물우물 넘어가는 것을 공개적으로 지지 하는 결과가 되었다. 그들은 결국 이 동의안에 찬표를 던졌다. 케네 는 이들의 배은망덕을 결코 잊지 않았다. 지금 그는 복수를 하고 있 는 것이었다.

고등법원장은 형사부에 대한 비난을 규명하기 위해 자체 조사를 실시했다. 조사 결과 드러난 것은 모두 가십에 불과했다. 그러나 그 의 보고서는 형사부가 아닌 다른 부에 드레퓌스사건을 넘기라고 요 청했던 사람들에게 성원을 보낸 결과를 가져왔다. 이 보고서의 내 용은 다음과 같았다.

형사부 판사들의 성실성과 고결함은 의심의 여지가 없으나 전국을 휩쓸고 있는 위기의 예외적인 중요성에 비추어볼 때, 최종 판결을 형사부가 단독으로 맡게 한다는 것은 신중한 처사가 되지 못할 것 이다.

바레스와 모라스의 국가주의에 귀의한 세 명의 소르본 대학 교수 들이 이 운동을 주도하고 있었다. 이들은 프랑스구국연맹이라는 새 로운 단체를 만들었다. 드레퓌스사건과 관련해서 프랑스를 양분시 키고 있는 문제는 도덕적인 문제가 아니라 사법적인 문제, 다시 말 하면 드레퓌스가 유죄냐, 무죄냐 하는 것이라고 그들은 말했다. 따 라서 이 문제는 법원이 결정할 문제라는 것이었다. 그러나 이 사건은 전국적으로 매우 중요한 문제이기 때문에 고등법원 전체가 판결을 내림으로써 이 판결에 위엄을 부여해야 한다는 주장이었다.

이 새로운 운동은 반드레퓌스적인 보수적 일반 대중의 지지를 받았다. 국가주의적인 하원의원 한 명이 이 사건을 위해 특별입법, 다시 말하면 고등법원 형사부로부터 드레퓌스사건을 심리할 수 있는 자격을 박탈하고 대신 고등법원 전체가 이 사건을 다루게 하자는 법안을 의회에 제출했다.

소위원회가 이 법안을 심의하고 있는 동안 국가주의 신문들은 다음과 같이 공격을 재개했다.

법원 내의 무뢰한들은 너무나 많은 오물과 불명예를 축적해놓았기 때문에 위장이 튼튼한 법무부 장관조차도 이제는 구역질이 날 정도가 되었다……. 내각은 법원의 창녀들이 범한 비행을 공공연히 인정했다.

케네는 자기가 편집하는 신문에 판사들이 어떤 비밀 문서를 검토한 지 이틀 만에 그 내용이 삼국동맹(독일·오스트리아·이탈리아)의 첩자의 손으로 넘어갔다고 썼다. 『로토리테』지는 이보다 한술 더 떠서 고등법원 전체가 이 사건의 판결을 무효라고 선언해도 전 국민은 그것을 받아들이지 않을 것이라고 주장했다.

사회주의자 밀랑은 사태는 무정부 상태로 급격히 움직이고 있다고 말했다. 그는 우익 진영을 향해 이렇게 말했다.

당신네들은 정의의 개념 바로 그 자체를 파괴하고 있다. 앞으로는 신문 기자 한 명이 법원의 자격을 박탈할 수 있게 될지도 모른다. 의회에 제시된 법안은 중상모략을 위해 지불된 프리미엄에 불과하다. 논설위원실에서는 이 판사는 유대인이고, 저 판사는 신교도이고, 또 다른 판사는 재심 지지자의 형제라는 이유 때문에 제거되어야 한다면서 추방되어야 할 판사들의 명단을 작성하고 있는 판이다……. 카이사르 같은 사람이라면 법을 깔보고 판사들을 우습게 볼 수 있을지 모른다. 그러나 민주주의의 영광과 힘은 독단적인 권력을 허용하는 데 있지 않다.

이 법안은 위헌이었다. 형사부는 드레퓌스사건을 처리하는 법원으로 분명히 지정된 바 있었다. 그러나 법무부 장관은 "의원 여러분들은 선거구 구민들을 염두에 두는 것이 좋을 것이다"라고 말할 뿐이었다. 이 법안은 의회에서 압도적인 다수로 통과되었다.

23

마침내 문서가 법원에 제출됨으로써 이상한 사실이 잇따라 드러나게 되었다. 고의적으로 아리송하게 얼버무려놓은 것 같은 문서도 많았다. 그렇다고 이 사실들이 모두 해명된 것은 아니었다. 불가사의한 것 중 하나는 참모본부와 관련된 스파이였다. 비밀 문서들은 드레퓌스가 체포된 후에도 계속해서 참모본부의 손에서 빠져나갔다. 이 사실 하나만으로도 참모본부가 관심을 가졌더라면 드레퓌스가 아닌 다른 사람이 반역자라는 것을 알아낼 수 있었다. 에스테라지는 드레퓌스의 재판이 끝난 후에도 독일 무관에게 충실하게 자료를 제공했고 또 그 대가를 톡톡히 받고 있었다. 그렇다면 참모본부의 누구에게서 그 비밀 서류가 빠져나갔단 말인가?

에스테라지는 자신이 런던에 있다는 유리한 점을 이용해서 상당한 돈을 받고 자신의 이야기를 출판했다. 이 이야기는 파리에서도 잇따라 출간되었다. 그는 독자를 손아귀에 넣는 방법을 확실히 알고 있었다. 그의 언어는 생생하고 강력하며 은총으로 가득 차 있었다. 그는 고(故) 상데르 대령이 자기더러 독일인의 첩보원이 되어서 독일인들에게 아무런 가치가 없는 정보를 팔고 그들의 신임을 얻은 다음에 독일인들을 오도(誤導)하라고 지시했다고 주장했다. 자기는 독일의 기밀을 탐지하는 사명을 띠고 있었다고도 말했다. 에스테라지는 죽어버린 상데르와 앙리에 대해서만 좋게 이야기했다. 참모총장인 부아데프르와 기타 살아 있는 다른 사람들은 하찮은 인간들, 다시 말하면 앙리와 에스테라지를 희생시켜 자신의 생명을 구하려 했던 비겁자들이라고 했다. 그는 앙리가 자살을 강요당했다고 말했다. 에스테라지 자신은 목숨을 구하기 위해 도피를 하지 않으면 안 되었으나 앙리는 너무나 많은 것을 알고 있었기 때문에 죽게 되었다는 것이었다.

에스테라지의 글은 거짓말로 가득 차 있었으며 어떤 것은 순전히 악의에서 우러나온 거짓말이었다. 그러나 그는 가끔 역시 악의에서 하는 말이었으나 진실을 말할 때도 있었다. 에스테라지가 슈바르츠코펜에게 팔아넘길 수 있도록 에스테라지에게 비밀 문서를 제공하는 누군가가 있었다는 것은 사실이었다. 그 누군가가 바로 앙리였다는 것은 에스테라지만 아는 사실이었다. 그의 진술에서 이런 진실을 찾아내기란 마치 구름을 잡는 일과 같은 것이었다.

앙리 소령이 끊임없이 '증거'를 날조 또는 위조함으로써 드레퓌스를 그 속에 파묻어버리려고 한 것은 의심할 바 없는 사실이었다. 그렇다면 그는 상관의 궂은일을 맡아서 한 앞잡이에 불과했던가? 아니면 그 이상의 인물이었던가? 피카르는 앙리가 반역자였다는 것을 믿으려 하지 않았다. 그러나 피카르라고 해서 사람의 마음속을 꿰뚫어볼 수는 없는 일이었다.

앙리가 진짜 반역자였고 에스테라지는 그의 하수인에 불과했다는 뉴스가 외국의 정통한 소식통으로부터 들어왔다. 에스테라지가 외국 대사관들의 눈에 그렇게 큰 자산처럼 비친 것은 앙리가 에스테라지의 배후에 있었기 때문이라고 런던의 『옵서버』지가 보도했다. 그리고 조제프 레나크도 『르 시에클』지에서 동일한 결론을 내렸다.

레나크가 사실을 폭로하던 날, 에스테라지를 수사할 때 펠리외를 도운 적이 있던 폴 베르틸뤼스라는 민간인 판사가 고등법원에 나타났다. 그는 앙리가 에스테라지에 대한 수사가 진행되는 동안 신경쇠약 상태에 빠져 있었다고 증언했다. 앙리는 자신의 목숨과 군의 명예를 구해달라고 그에게 애걸한 바 있으며 베르틸뤼스는 그 때문에 앙리가 반역에 참가했을지도 모른다는 의심을 품게 됐다고 말했다. 그러나 그것은 단순한 의심에 지나지 않았다는 것이었다. 앙리의 도덕적인 붕괴가 그 자신의 철학에 기인했다고 볼 수도 있다는 것이었다.

레나크의 기사는 재심요구자들 간에 활발한 관심을 불러일으켰다. 졸라는 레나크를 축하하는 편지를 보냈다. 그러나 국가주의자들은 분노를 금치 못했다. 그들은 시골에 있는 앙리의 미망인을 불러들여 그녀로 하여금 항의하게 했다. 그녀는 레나크의 다음과 같은 말을 물고 늘어졌다.

"두 명의 반역자와 폰 슈바르츠코펜은 최대의 수확을, 다시 말하면 슈바르츠코펜은 정보를, 그리고 앙리와 에스테라지는 거의 10만 프랑에 달하는 현금을 받았는데 이것은 그해에(드레퓌스가 유죄 판결을 받은 후에) 있었던 일이다."

그녀는 다음과 같이 반박하면서 레나크를 명예훼손죄로 고발하겠다고 위협했다. "만약 당신이 내 가련한 남편이 그만한 돈을 받았다는 것을 증명할 수 없다면 당신은 엄청난 범죄자이고 구역질 나는 인간이며 비겁한 중상모략자입니다."

드뤼몽은 『라 리브르 파롤』지에서 미망인은 레나크를 고발할 돈이 없다는 사실을 지적했다. 이 신문은 앙리의 미망인을 위한 모금운동을 시작했다. 편집실의 발코니에는 '유대인 레나크와 싸우고 있는 앙리 중령의 미망인과 유자녀를 위해서'라는 거대한 현수막이 드리워졌다. 1898년 12월 14일부터 1899년 1월 15일 한 달 동안 모금운동은 계속되었다. "그 액수가 아무리 작다 할지라도 기부금은 수치스러운 레나크의 더러운 뺨을 때리는 격이 될 것"이라고 이 신문은 선전했다. 지방에서는 물론이고 파리에서도 기부금이 답지했다. 대부분의 기부금은 소액이었으나 총액은 13만 프랑이었고, 기부자는 1만 5,000명에 이르렀다.

매일 기부자의 명단이 발표되었다. 기부자들 중에는 4명의 현역 장성, 28명의 예비역 장성, 9명의 대령, 약 100명의 장교, 400명의 예비역 장교 그리고 많은 성직자들(이들 중 몇 명은 이름을 밝히지 않았다)이 들어 있었다. 이 명단에는 또한 많은 정치인, 교수, 바레스, 르메트르 그리고 모라스와 같은 작가, 그리고 심지어 젊은 폴 발레리 같은 사람도 끼어 있었다.

많은 기부자들은 기부를 하는 이유를 밝혔다. 전선(戰線)에 있는 일단의 장교들은 프랑스를 독살시키고 있는 10만 명의 유대인을 상대로 새로운 폭약과 총들을 실험하라는 명령이 떨어지는 날을 열렬히 기다리고 있다고 말했다. 크로스 신부는 아침저녁으로 짓밟을 수 있도록 그의 침대 앞에 유대인의 가죽을 깔아놓았으면 좋겠다고 말했다. 또 다른 성직자는 그리스도는 여전히 프랑스인을 사랑하고 있으며 따라서 유대인을 프랑스에서 내쫓을 수 있는 신념과 용기를 그들에게 줄 것이라고 말했다. 또 다른 성직자는 유대인에게 하느님의 자비는 해당되지 않는다고 말했다.

많은 사람들이 유대인들을 어떻게 할 것인가에 대한 의견을 제시했다. 성 바돌로매 축제의 밤에 유대인들을 처치해버리자는 의견이 가장 많았다. 어떤 기부자는 유대인을 잡아먹을 수 있도록 개를 훈련시키는 중이라고 했다. 어떤 기부자는 유대인을 모두 다 말뚝에 꿰어 죽이라고 했다. 다리를 절단하고 눈을 빼고 피부는 무두질을 해서 사하라 사막으로 쫓아내거나, 아니면 하수도에 처넣자는 사람도 있었다. 또한 산 채로 태워버리자는 사람도 있었고 스트리키닌 (취어초과 식물의 씨에 들어 있는 맹독성 알칼로이드―옮긴이)으로 독살시키자는 사람도 있었다.

종교 교단에 의해 운영되는 사관생 예비학교들은 단체로 기부금을 냈다. 그 유명한 제수이트교단의 폴리테크니크 예비학교에서 기부금을 내지 않겠다고 한 한 학생이 학교를 그만두라는 말을 들었다.

이러한 선동이 모두 레나크나 유대인들을 겨냥한 것은 아니었다. 이 선동들 중에서 36건은 브리송과 졸라를 겨냥한 것이었고 41건은 바르 판사를 겨냥한 것이었으며, 43건은 피카르를, 48건은 고등법원 형사부 부장판사인 로우를, 그리고 58건은 클레망소를 겨냥한 것이었다. 위베르 앙리 중령은 조국을 위해 목숨을 바친 순교자이자 영웅으로서 찬양을 받았다.

이러한 광적인 증오와 원한과 악의는 깊은 자취를 남겨놓았다. 그렇다고 그것이 힘을 나타내는 것은 아니었다. 그것은 자신들의 연합전선이 회복할 가망이 없을 정도로 침식당했다고 느낀 사람들의 광란 상태였다. 앙리의 체포와 자살 그리고 드레퓌스의 죄의 결정적인 증거로서 공개된 문서들이 앙리가 위조한 문서들로 판명되었다는 사실 등이 대중을 진실로부터 갈라놓고 있던 벽에 균열을 가져왔던 것이다. 마음이 내키지는 않지만 많은 사람들은 장군들이 뭔가 큰 잘못을 저질렀음에 틀림없다고 생각하기 시작했다. 이 장군들은 마침내 구역질 나는 사기꾼의 모습을 보여주기 시작한 것이었다. 그것은 굴욕적이고 고통스러운 발견이었다. 이 발견은 또한 이런 잔인한 사실을 그들에게 강요한 사람들에 대한 증오심을 새로이 불러일으켜 주기도 했다.

프랑스의 핵심을 이루는 시민들은 모든 합법적인 권위가 청천백일하에 무너지는 것을 보고 놀랐다. 군의 명예를 지키려는 광적인 노력이 국가 기관들의 권위를 잠식하고 있었다. 정부, 의회, 사법부, 그리고 일체의 기성 권위에 대항하는 지속적이고 파괴적인 운동이 매일같이 전개되었다. 프랑스는 살아 있는 국가로서의 자신을 보전하기 위해 과거를 들추어내고 있었다.

공화국의 모든 기관의 권위를 다시 세우려고 안간힘을 쓰고 있던 사람들은 적이 누구인가를 인식했다. 그들은 대혁명이 일어난 이래로 이 적과 싸워왔던 것이다. 클레망소는 "프랑스는 자신을 다시 찾을 것이다. 프랑스의 후손들인 우리는 프랑스를 교회의 손아귀로부터 그리고 반역자에게서 구출할 것이다"라는 오래된 구호를 외쳤다.

외국에서는 프랑스 교회가 드레퓌스사건에 대해 자제심을 잃는데 대해 약간의 놀라움을 나타냈다. 프랑스 교회의 방침은 기존 질서와의 잠정협정을 추구한다는 교황의 일반 정책과는 대립되는 것으로 생각되었다. 아일랜드와 미국의 가톨릭 교회는 우려의 뜻을 표시했다.

그러나 바티칸은 프랑스에 대해 손을 쓰지 못했다. 드레퓌스사건에 있어서 로마 교황청은 그저 프랑스 교회가 취한 입장을 지지할 뿐이었다. 로마 교황청은 제수이트교단의 '시빌리타 가톨릭카'가 대혁명의 전통에 도전한 일에 대해 예외적인 조치를 취하지 않았으며, 성모승천론자의 신문이 광적인 반유대주의를 표방해도 아무런 예외적 조치도 취하지 않았다. 오히려 정반대의 입장을 취하고 있었다. 한 자유주의적인 성직자는 『라 크루아』지를 이렇게 비난했다.

자비와 사랑의 성스러운 개념을 엉뚱한 데다 끌어댐으로써 진흙 속으로 끌고 들어간다는 것은 공공 도덕과는 어긋나는 일이다. 왜냐하면 그것은 그리스도로 하여금 거짓된 사도의 책임을 같이 감수하게 만드는 것과 같기 때문이다.

그러나 로마 교황청의 국무부는 교황의 이름으로 다음과 같이 성모승천론자들에게 격려 메시지를 보냈다.

귀단(貴團)은 귀단이 누리고 있는 존경을, 그것도 귀단의 업적에 의해 이루어진 존경을 계속 누릴 수 있고, 그것을 더욱더 확대할 수 있을 것입니다.

이 무렵 프랑스 교회의 지도자들은 교회가 프랑스혁명의 전통을 누를 때가 왔으며 프랑스의 교회와 공화주의는 서로 배타적인 원칙을 갖고 있다는 것을 로마 교황청에 설득시키는 데 성공했다. 이들 간의 화합을 주장했던 사람들의 의견은 경청되지 않았다. 1898년에 자유주의적 가톨릭 신자인 폴 비올레는 "신문들의 그 소름 끼치는 태도는 교회에 고통스러운 보복을 가져올 것"이라는 점을 신문들에게 경고하라고 교황 대사에게 호소했다. 1899년에 이르러서야 로마 교황청은 광적인 재심반대 운동을 부인하는 것으로 해석될 수 있는 지침을 발표했다. 부아예 다장은 『르 피가로』지에 다음과 같은 내용으로 교황과의 상상적인 대화를 썼다. 교황청은 이 기사를 시인도 부인도 하지 않았다. 프랑스를 양분하고 있는 그 흥분에 대해 교황은 이상하게 생각하고 있다는 것이 이 기사의 대체적인 논조였다. 교황은 그의 독백에서 정파들 간의 이 죽고 죽이는 투쟁 속에서 프랑스인들의 관용성은 좀처럼 찾아볼 수 없다고 말하고 있다.

결국 이 불행한 사건(드레퓌스사건)은 공정한 재판을 위해 재심을 받도록 되었다. 이 재판에서 피고는 심리를 받을 기회가 주어질 뿐만 아니라, 이 나라의 최고재판소는 그의 말이 경청될 수 있는 권리를 부여했다……. 그렇지만 이처럼 웅장하고 확실한 재판 기구가 눈앞에 있지만, 여전히 싸움은 끝나고 있지 않다. 정파들 간의 이 싸움이 종교적인 문제 때문이라고는 생각하지 마라. 우리 교(敎)는 정의를 위해 목숨을 바친 수백만의 순교자들을 이미 모시고 있는 터이다.

그러자 신자들 사이에 교황을 계몽시켜달라고 하느님에게 탄원하는 운동이 벌어졌다. 교황의 이 완곡한 경고는 너무나 늦게 나왔기 때문에 교회의 반공화주의가 빚은 결과를 회피할 수는 없었다. 프랑스 의회에는 국가와 교회를 분리하고 교회는 교육에서 손을 떼게 하는 법안이 이미 제출되어 있었다. 의회는 여전히 중도파와 우파에 의해 지배되고 있었으나 공화파 정당들은 정치에 관여하는 교회에 대항해서 충분히 연합전선을 펼 수 있었다. 평신도 교육 문제를 연구하기 위한 위원회가 구성되었다.

물론 가톨릭 진영 안에도 적극적으로 의견을 달리하는 사람들이 있었다. 폴 비올레는 인권연맹에 가입했다가 이 연맹의 회원 다수가 종교 교단의 회원들에게서 가르칠 자격을 박탈하는 데 찬표를 던졌을 때에야 비로소 연맹을 탈퇴했다. 그 후 그는 가톨릭정의자유수호위원회를 만들었는데 200명의 가톨릭 신자가 이 단체에 가입했다. 여기서 또 하나 주목할 사실은 앙리 중령의 미망인을 위한 드뤼몽의 모금운동을 지지한 주교는 한두 사람에 불과했고, 5만 명의 교구 사제들 중에서 300명만이 이 모금운동을 지지했다는 사실이었다. 이와 같이 교회의 성직자들은 드레퓌스사건에 직접 개입하는 일을 삼갔다. 그들은 다만 공화파 기관들을 공격하고 진실을 왜곡하는 가톨릭 신문들의 캠페인에 제동을 거는 것은 거부했을 뿐이었다.

피쇼 신부는 『라 크루아』지와 기타 신문들을 비난하면서 '기독교적 양심과 드레퓌스사건'이라는 팸플릿을 출판했다.

"만약 당신이 당신의 친구들만 사랑한다면 당신은 이교도들과 다름없는 사람들입니다…… 만약 여러분의 정의가 바리새인들의 정의에 지나지 않는다면, 여러분은 천국에 들어가지 못할 것입니다"라고 그는 썼다. 피쇼 신부는 그의 신도들에 의해 추방당했고 끝내는 모나코로 피신하지 않으면 안 되었다.

모나코 군주는 드레퓌스사건으로 마음이 매우 동요되었다. 그는 드레퓌스가 반역자일 수 없다는 것을 처음부터 알았던 셰르슈-미디 형무소 소장이 해임되었을 때, 그 훌륭한 포르지네티를 모나코 왕국의 관리로 받아들였다. 베를린에서 이 군주는 독일 황제를 방문해서 드레퓌스가 독일을 위해 봉사를 했는지 안 했는지 물어보았다. 황제는 그런 일이 없었다고 대답했다. 그러자 군주는 1899년 2월 16일에 프랑스 대통령 펠릭스 포르를 방문했다.

포르는 국가 원수들과의 담소를 즐겼다. 비천한 피혁 상인 출신이었던 그는 왕족들과 어울리는 데서 기쁨을 찾았고, 근위대원들에게 그것을 자랑삼아 이야기하곤 했다. 아마 그는 러시아 황제의 방문을 받고 흥분했을지도 모른다. 그는 철저한 속물이었다. 그는 그의 부관들과 함께 말을 타고 외출하는 것을 좋아했다. 그가 오페라 구경을 갔을 때엔 근위병들이 계단에 늘어서서 경비를 했다. 그는 리셉션에서 러시아 황제처럼 각국의 외교 사절들과는 악수를 했으나 이들을 수행하는 대사관 서기들은 모르는 체했다. 포르는 점점 장군들과 귀족들 편을 들었고, 재심반대파 총리들이 계속 집권하게 하는 데 결정적인 힘이 되어주었다. 그의 사생활과 이완된 도덕에 대한 비난이 처음에는 우파로부터, 그다음에는 좌파로부터 나옴으로써 그의 대통령직은 불안한 상태에 놓이게 되었다.

그는 모나코 왕과 장시간 열띤 토론을 가졌다. 그러나 이 토론도 재심에 비협조적인 그의 입장을 바꿔놓지는 못했다.

모나코 왕이 떠난 후, 포르는 얼마 동안 집무를 본 후 별실로 들어갔다. 한 시간 후 별실에서 고함소리가 들려왔다. 포르는 몸을 뒤틀며 괴로워하고 있었다. 그가 군 기동 연습 때 만난 일이 있는 어느 화가의 부인이 그 자리에 있었으나 그녀는 황급히 옆문으로 빠져나갔다. 별실이 깨끗이 정돈된 후 영부인에게 이 소식이 전해졌다. 그리고 주치의가 불려 왔다. 포르는 혼수 상태에 빠져 있었다. 그날 밤 포르는 뇌출혈로 사망했다.

결정적인 순간에 닥친 그의 사망은 재심반대자들에게 커다란 손실이었다. 드뤼몽은 "그의 관에서 살해의 냄새가 흘러나왔다"고 썼다. 데룰레드의 신문은 유대인들이 대통령을 살해했다는 뉴스를 내보냈다. 『라 파트리』지는 유대인들의 음모라고 썼다. 모나코 왕이 그에게 독이 든 담배를 주었다는 소문이 나돌기도 했다.

헌법에는 대통령 유고시에는 즉시 선거를 해야 하는 것으로 되어 있었다. 놀라울 정도로 짧은 시일 내에 모든 공화파 정당들은 상원의장인 에밀 루베를 대통령 후보로 내세우는 데 합의했다. 지방 출신 변호사인 그는 드레퓌스사건을 재심하는 데 찬성하는 사람으로 알려진 인물이었다. 그에게 불리한 점이 있었다면 그것은 그가 파나마 스캔들에 관련된 의원 중 한 사람이었다는 것이었다. 적어도 그는 그 스캔들 조사를 지연시키는 데 협조했던 사람이었다.

왕당파들은 가만히 있다가는 쿠데타를 할 수 있는 기회를 영원히 놓쳐버릴지도 모른다고 생각했다. 그들은 데룰레드가 자기들을 지지해줄 것을 바랐으나, 그는 삼색기를 포기하려고 하지 않았다. 그는 심지어 왕당파 사람들의 특사들을 접견하는 것조차 거부했다.

왕당파들의 성명서가 전국에 나붙었다. 오를레앙 공은 때가 되면 자기도 행동을 취하겠다고 한 자신의 약속을 상기했다. 마침내 결정적인 시기가 도래한 것처럼 보였다. 그는 낮잠을 자다가 체포되고 싶지는 않았다. 그는 앞으로 자기가 거느릴 관리들의 명단을 작성했다. 게랭이 거느리는 반유대주의자들은 파리의 거리를 장악할 준비를 했다.

그러나 의회의 공화파들은 이것을 겁내지 않았다. 왕당파들의 움직임은 공화주의자들을 더욱 긴밀하게 결속시켰다. 전 국민이 이들에게 견실한 지지를 보내고 있었기 때문에 파리의 폭도들은 전국에 걸쳐 자신들의 의지를 강요할 수가 없었다. 시대가 변했던 것이다. 데룰레드와 드뤼몽은 베르사유의 국민의회에서 발언권을 묵살당했다. 루베는 1차 투표에서 대통령으로 선출되었다.

새 대통령의 베르사유로부터 파리까지의 여정은 잘 조직된 데모대들에 의해서 먹칠이 되었다. 내각은 이 데모대에 대해 속수무책이었다. 대통령은 전례처럼 베르사유에서 직접 마차를 타고 파리로 가는 대신 기차를 타라는 충고를 받아들였다. 군주주의자들, 반유대주의자들, 데룰레드파의 '애국자'들은 기차역에서 엘리제로 가는 길에 늘어서서 대통령에게 모욕적인 언사를 퍼부었다.

대통령의 마차가 지나가는 거리의 지붕과 창가에는 젊은이들이 빽빽하게 달라붙어 "파나마! 파나마!" 하고 소리쳤다. 경찰은 한 발자국도 안 되는 거리에서 대통령에게 모욕적인 언사를 퍼붓고 있는 군중을 제지하지 않았다. 루베 바로 옆에 앉아 있던 뒤퓌 총리는 데모대들에 대해 그렇게 놀라는 것 같지는 않았다.

같은 날 데룰레드가 잔 다르크 동상 앞에서 연설했다. 그는 이렇게 말했다.

오늘 실시된 선거는 일종의 도발 행위입니다…… 대통령을 뽑는 것은 국민들이 해야 할 일이지 의회에 앉아 있는 소수 인사들이 할 일은 아닙니다. 프랑스 국민의 수반으로 생각할 수 없는 신임 대통령을 제거해야 합니다. 우리는 이 공화국을 타도하고 더 훌륭한 공화국을 수립해야 합니다.

열광하는 군중은 데룰레드에게 엘리제 궁으로 행진해 가자고 요구했다. 경찰의 동정적인 무관심은 데모대들의 즉각적인 행동을 조장했다. 그러나 엘리제 궁에는 포르의 시체가 정장을 하고 누워 있었다.

데룰레드는 포르의 장례식이 열리는 날까지 쿠데타를 연기했다. 그는 집권 후보자로 펠리외 장군을 선택했다. 펠리외 장군은 졸라의 재판 때 타오르는 분노를 과시함으로써 법정에 모인 방청객들에게 깊은 인상을 남긴 인물이었다. 그의 계획은 펠리외를 설득해서 공화파 쿠데타의 전통적인 장소인 시청으로 군대를 이끌고 행진을 하게 한 다음, 거기서 많은 '애국자'들과 합세하여 엘리제 궁까지 진출하자는 것이었다.

데룰레드는 이날을 위해 다음과 같은 성명서를 마련해두었다.

우리는 투표함을 지키는 사람들이다……. 조국의 파수병들이다……. 우리는 빈틈없이 질서를 유지할 것이며 우리의 다시 얻은 그 자유를 수호할 것이다. 국민의 공화국 만세!

이 성명서에는 펠리외가 서명할 칸이 마련되어 있었다. 데룰레드는 국민과 군을 연결해주고 자신의 야심을 실현시켜줄 장군이 필요했던 것이었다.

데룰레드는 애국자연맹 회원들에게 공동묘지 근처에 있는 나시옹 광장에 집결하라는 명령을 내렸다. 그의 추종자들은 장례식을 마치고 돌아오는 군대를 지휘하는 펠리외에게 열광적인 환호를 보내기로 되어 있었다. 그들은 군대와 혼연일체가 되어 애국심의 광란상태를 유발할 예정이었다. 한편 군주주의자들은 게랭이 이끄는 반유대주의자들을 동원했다. 이들은 데룰레드의 추종자들을 자기들이 가는 방향으로 몰고 갈 예정이었다. 그들은 자신들의 수적인 열세를 대담성과 무자비성으로 상쇄하려 했다.

포르의 장례 행렬에는 인상적으로 많은 사람들이 참여했다. 대통령, 각료들, 고위 관리들이 이 행렬의 앞장을 섰다. 펠리외 장군은 군대를 지휘하며 나갔다. 그러나 군대가 막사로 향해 다시 행군하기 전에 펠리외는 파리 주둔군 사령관인 쥐를랭당 장군과 이야기를 나눴다. 데룰레드의 음모에 관해 이미 알고 있던 펠리외는 자기 때문에 일어나는 이 데모를 피할 수 있도록 지휘권을 다른 사람에게 넘기게 해달라고 쥐를랭당 장군에게 요청했다. 쥐를랭당은 펠리외 대신 로제 장군이 군을 지휘하도록 했다.

펠리외는 그의 군대를 영구차와 신임 대통령 앞에 질서 정연하게 사열시켰다. 그러나 케르마르탱이라는 또 다른 장군은 대통령이 앉은 스탠드에 도착하기도 전에 고개를 다른 데로 돌렸다. 이 모욕적인 태도를 목격한 쥐를랭당 장군은 케르마르탱 장군에게 "케르마르탱 장군, 시선을 왼쪽으로 돌리시오!"하고 소리쳐 명령했다. 케르마르탱 장군은 즉시 이 명령에 따랐고 그의 지휘검으로 대통령에게 경례를 했다. 나중에 그는 실수를 했다고 설명했다. 그는 루베 대통령에게 사과했다. 펠리외는 대통령 앞을 지나 행군한 후에 조용히 물러났다.

데룰레드와 반유대주의자들은 나시옹 광장과 시청으로 가는 통로에 진을 치고, 막사로 돌아가는 펠리외와 그의 군대가 나타나기를 기다리고 있었다. 경찰은 대통령궁 주위에 멀찌감치 집결해 있었다. 데룰레드는 펠리외가 눈에 보이지 않고 그 대신 로제가 지휘하고 있는 것을 보고 크게 실망했다. 그러나 데룰레드는 행동을 지체할 수 없었다. 데룰레드가 말을 타고 있는 로제에게로 달려왔다. 그의 '애국파'들이 군인들 옆으로 모여들었다.

"장군, 우리를 따르시오."

데룰레드가 로제에게 권고했다.

"조국을 생각하십시오. 프랑스와 공화국을 구해주십시오. 우리를 시청과 엘리제 궁까지 인도해주십시오."

악대가 라 마르세예즈를 연주했고, 군중이 이에 가담했다. 한 손에 지휘검을 든 장군은 어쩔 줄을 몰랐다. 그는 본능적으로 데룰레드를 옆으로 밀어젖히고 계속 행군하라는 신호를 병사들에게 보냈다. '애국자'들은 군인들을 반대 방향으로 가게 하려고 온갖 수단을 동원했다. 로제 장군은 말을 탄 채 바쁘게 오가며 병사들이 행렬을 이탈하지 못하게 했다. 병영에 돌아간 그는 아슬아슬한 순간에 문을 닫으라고 명령했다. 데룰레드와 그의 수석 부관들이 이미 병영 안에까지 들어와 있었다. 데룰레드는 자신의 계획이 수포로 돌아간 것을 알았다. 그는 만약 자기가 체포도 되지 않는다면 그 수치를 도저히 참을 수 없을 것이라고 생각했다. 그는 자기를 체포해달라고 강력하게 요구했다. 경찰은 좀 망설이다가 그의 요구를 들어주었다.

정부는 장군을 납치하려 했던 데룰레드의 기도를 될 수 있는 대로 사건화하지 않으려 했다. 그러나 데룰레드는 순교자가 되길 바랐다. 그는 자기가 군대 막사를 떠나라는 명령을 거부했다는 죄로 기소된 것을 알고 충격을 받았다. 그는 배심원들 앞에서 자신을 대역죄로 기소해줄 것을 요구했다.

"나는 군대를 나와 함께 가도록 설득하려 했고 군인들에게 일장 연설을 한 죄로 체포된 것입니다. 나는 군대와 국민들을 의회주의자들에 맞서 봉기하도록 하는 데 성공하지 못한 것을 매우 슬프게 생각할 뿐입니다."

데룰레드의 증인들은 그를 지지하는 발언을 했다. 작가인 바레스는 유산된 쿠데타에 참가했던 것을 자랑스럽게 생각한다고 진술했다. 구국연맹 소속의 또 다른 동료도 데룰레드의 이 상징적인 제스처를 찬양했다. 심지어 어떤 장군은 피고(데룰레드)에 대한 자신의 신념을 피력했다.

"만약 전쟁이 발생한다면 본인은 산산히 깨져버린 군에 대한 신뢰를 회복하자는 데룰레드의 나팔소리에 서슴지 않고 귀를 기울이겠습니다. 그의 나팔소리는 전쟁의 도구입니다. 본인은 배심원들이 이 나팔을 부숴버리지 않기를 간청합니다."

누군가가 어떻게 데룰레드를 지지할 수 있느냐고 부드럽게 나무

라자, 장군은 자신의 말을 오해한 모양이라고 답변했다.

배심원들은 '애국자'들의 지도자들을 무죄 방면했다. "데룰레드의 무죄 방면은 곧 루베에 대한 고발을 의미한다"고『라 리브르 파롤』지는 논평했다. 사태가 너무 급진전하고 있었기 때문에 루베도 꾸물거릴 수가 없었다. 폴리테크니크의 한 젊은 교수는 그 유서 깊은 대학에서의 첫 강의를 묘사한 글을『르 피가로』지에 실었다.

내 앞에는 전국 방방곡곡에서 모여든 사관 후보생들이 200명 이상이나 있었다. 이들은 전국 각지에서 모여든 수재들로서 대학예비학교 출신도 있고, 포스트 가(街) 출신도 있었다. 대부분 가톨릭 신자들이었고 신교도나 유대인도 간간이 섞여 있었다. 그러나 그들은 모두 마음속 깊이 프랑스인들이었다. 이 점에서는 신교도나 유대인들도 가톨릭교도에 못지않았다.

이 기사를 보고 분개한『라 리브르 파롤』지는 학생들로 하여금 이 교수를 배척하는 시위를 벌일 것을 촉구했다. 학생들은『라 리브르 파롤』지의 권고를 따랐고, 젊은 교수의 강의는 중단되었다.

이 사건은 좌파 세력이 국방부 장관의 사표를 받아내는 좋은 계기를 마련해주었다. 한편 국가주의계 신문들의 대중집회는 법원에 대한 공격을 계속했다. 그들은 판사들을 사기꾼, 난폭자들이라고 불렀고, 법원을 주식 거래소로 변한 법률의 사원(寺院)이라고 공격했다.

6월 4일 루베 대통령은 오퇴이에서 열리는 경마에 참석했다. 이 경마장은 귀족과 부유층이 모이는 곳으로서 전 세계 여성들은 이곳에서 다음 계절의 패션을 볼 수 있었다. 대통령은 장관들, 장군들 그리고 외교관들 사이에 자리를 잡았다. 그의 옆에는 이탈리아대사 부인이 앉았다. 그는 반유대인연맹이 고용한 푸줏간 사동들과 젊은 귀족들이 "루베를 타도하라! 파나마를 타도하라! 사퇴하라!"라고 거칠게 외치는 소리를 들었다.

크리스티아니 남작이라는 우아하게 생긴 젊은이가 계단 위로 올라와서 말릴 틈도 주지 않고 대통령을 두 번이나 때렸다. 루베가 자신의 머리를 방어하기 위해 그의 두 팔을 잡았고 그래서 그의 실크햇만 망가졌을 뿐이었다. 쥐를랭당 장군이 이 남작을 붙잡아서 뒤로 던져버렸다. 대통령은 침착을 유지하면서 옆에 있는 사람들에게 불편을 끼치게 돼서 미안하다고 사과했다.

이 불의의 습격은 대규모 소동의 신호탄이었다. 젊은 난폭자들은 경찰의 제지를 무릅쓰고 경찰에게서 그 남작을 빼앗으려고 덤벼들었다. 경찰을 지원하기 위해 군대를 부르지 않으면 안 되었으며 결과적으로 50명 이상의 젊은이들이 체포되었다.

경찰은 체포된 젊은이들의 명단을 발표했다. 그것은 가장 쟁쟁한 귀족들의 명단이었다. 푸줏간 사동들의 이름은 보이지 않았다. 아마 그들은 석방되었을지도 모른다. 그러나 귀족들이 대통령을 습격했다는 소식을 듣고 기술공, 상인 그리고 노동자들은 연합전선을 구축했다. 시골 사람들도 파리 사람들 못지않게 봉건귀족 계층의 대통령 습격에 분개했다. 루베는 하룻밤 사이에 굉장한 인기를 얻었다. 의회에서 어떤 사회주의 의원은 대통령을 명예로운 인간으로 찬양했다.

24

고등법원장은 발로-보프레 판사로 하여금 재판정에 제출할 드레퓌스사건의 보고서를 준비하도록 했다. 명성이 높은 발로는 재심반대자로 알려져 있었다. 그는 추가적인 증언 청취를 명령했다. 몇 명의 새로운 증인들이 소환되었다. 이 중에는 마르탱 프레이스태테르 대위도 끼어 있었는데, 그는 1894년에 드레퓌스를 유죄로 평결한 군법회의의 일곱 명의 심판관 중 하나였다.

그는 이 심판관직을 끝내고 마다가스카르에서 근무하라는 명령을 받았다. 1898년에 앙리의 자살 소식이 프레이스태테르에게 전해지자 그는 양심의 가책을 느끼기 시작했다. 그는 드레퓌스가 참모본부에서 활동했던 반역자라는 앙리의 증언에 전적으로 의거하여 드레퓌스에게 불리한 표를 던졌기 때문이었다.

프레이스태테르는 신문을 읽기 시작했다. 그는 비밀 문서들을 피고나 피고의 변호사에게 제시하지 않고 판사의 밀실에서만 논한다는 것은 피고에 대한 권리 침해라는 것을 처음으로 절감했다. 그는 달라진 자신의 견해를 들어줄 수 있는 청문회에 참석해보려고 애썼다.

이 대위는 방해를 받았으나 끝까지 물고 늘어졌다. 드디어 그는 증인으로 소환되었다. 그러나 그는 증언대에 올라 증언을 하기도 전에 법원 규정에 따라 침묵을 지키도록 강요되었다. 마조 고등법원장이 발로의 증언이 군법회의가 열렸던 밀실의 프라이버시를 침해할 수는 없으며, 평결을 하는 데 개별적인 판사들의 동기는 심리와는 아무런 관계가 없다고 선언했기 때문이었다.

그러나 드레퓌스 가의 변호사가 프레이스태테르의 양심의 고통을 덜어줄 수 있는 방법을 찾았다. 이 변호사가 다음과 같은 질문을 했던 것이다.

"무뢰한 D란 말이 들어 있던 문서가 군법회의의 심리 과정에서 언급되었습니까?"

대위는 언급되지 않았다고 대답했다. 명세서만이 당시 피고, 피고의 변호사, 검사 그리고 증인들의 면전에 제시되었었기 때문이다.

중병에 걸려 있던 필적 전문가 한 사람이 또 일격을 가해왔다. 그는 그 명세서를 드레퓌스가 쓴 것으로 증언했던 사람이다. 그가 이제 와서 자신의 잘못을 시인했다.

퀴네의 증언이 있은 후, 국방부 장관과 외무부 장관 사이에는 의견 충돌이 있었다. 퀴네는 우연히 앙리의 날조 사실을 발견한 장교였다. 앙리가 자살한 후에 그는 자기가 그것을 발견했다는 사실을 유감스럽게 생각했다. 죄의식을 느낀 그는 자기가 했던 일을 보상해보려고 애썼다. 국방부 장관은 그에게 국방부와 법원을 오가는 연락장교라는 보직을 주었다. 파니차르디가 드레퓌스가 이탈리아 정부를 위해 일한 적이 있었느냐는 것과 만약 그러한 사실이 없었다면 신문의 그 시끄러운 보도를 방지할 수 있도록 공식적인 부인을 해달라고 전보로 본국 정부에 부탁했던 일에 대한 심리가 법원에서 시작됨으로써 퀴네는 마침내 상관들의 환심을 살 기회를 얻었다. 프랑스 외무부가 포착, 해독해서 제2국에 전달한 이 전보는 뒤파티가 드레퓌스를 유죄로 만들기 위해 프랑스어로 부정확하게 번역했었다. 뒤파티가 이 문서에 장난질을 쳤던 일이 후에 세상에 알려졌다. 그러나 퀴네는 이 책임을 외무부로 전가시킴으로써 뒤파티의 죄를 깨끗하게 해줄 수 있는 기회를 잡은 것이었다. 그는 외무부가 제2국에 전달해준 그 이탈리아 원문이 우선 정확히 복사되었는지 의심스럽다고 증언했다.

이 증언은 외무부 장관 테오필 델카세를 분노하게 했다. 전보를 해독하고 복사하는 일은 직위가 약간 높은 관리들의 감독을 받는 하급 관리들의 영역이었다. 규칙적인 복사 작업이 날조되었다고 의심하는 것은 외무부가 위로부터 아래까지 다 부정을 하고 있다고 고발하는 것이나 마찬가지였다. 외무부는 우편당국에 전보 원문을 새로 복사해달라고 요청했다. 이 원문은 정식으로 다시 복사되어 모든 재판관들, 증인, 퀴네, 그리고 외무부를 대표한 팔레올로그의 검토를 받았다. 그리고 정확한 번역이 기록에 첨부되었다.

신문들은 두 장관들 간에 교환되었던 세부 사항을 재빨리 보도했다. 퀴네는 외무부의 압력을 받아 법원과 국방부 간의 연락책 직위에서 물러났다.

국가주의계 신문들은 발로-보프레 판사가 재판을 위해 준비하고 있다는 보고서를 성공적으로 미리 입수하여, 그중에서 재심반대자들에게 유리한 부분을 발췌해서 발표했다. 증언 내용을 분석하는 팸플릿이 홍수처럼 나돌았다. 이 팸플릿들은 대부분 편견으로 가득 차 있어서 마치 불완전한 자료들이 전체를 대표하는 것처럼 쓰여 있었다.

판사, 검사 그리고 변호사들을 위한 발로-보프레의 임시 보고서는 제한된 부수로 인쇄되었다. 물론 이 보고서는 비밀에 부쳐졌다. 그러나 국가주의계 신문들이 이 보고서 내용을 가지고 장난질을 치자 마티외 드레퓌스는 그의 변호사용 보고서를 드레퓌스 대위의 무죄를 공개적으로 처음 주장했던 작가 베르나르 라자르에게 넘겨주었다. 라자르는 보고서 사본을 만들기 위해 젊은 러시아계 유대인 난민 몇 명을 고용했다. 이들은 극비리에 밤낮으로 작업을 했다. 이 사본이 완성되자 원본은 마티외에게 다시 반환되었다.

재심요구자들은 뒤퓌 내각이 너무나 편파적이기 때문에 재심반대자들에게 주어진 관용의 혜택이 재심요구자들에게는 돌아가지 않을 것이라는 것을 알고 있었다. 그럼에도 불구하고 재심요구자들은 법원의 기록을 발표하기로 결정했다. 이 기록에 자신들의 이야기가 포함되어 있었기 때문이었다. 그들은 이 기록을 발표할 신문으로 『르 피가로』지를 택했다. 이 신문은 앙리가 자살한 이후 다시 재심요구자들 편으로 돌아왔기 때문이었다. 그들은 자신들의 정보의 출처의 흔적을 없애기 위해 뒤파티나 에스테라지 소령에게 어울리는 희극적인 방법을 사용하기로 했다. 당대의 극작가로 성공을 거둔 빅토리앙 사르두가 이 사건을 소재로 한 희곡을 쓰기로 했는데, 그는 스스로 진짜 드라마에 참여할 각오가 되어 있는 사람이었다. 젊은 유대계 난민들이 보고서를 베껴내는 족족 사르두에게 전달되었고, 그는 한 여인을 시켜 그 원고를 다시 『르 피가로』지에 전달했다. 재심요구자들의 판단은 옳았다. 내각은 비밀 보고서가 국가주의계 신문에 게재되었을 때는 침묵으로 일관했으나 『르 피가로』지가 같은 행위를 하자 발칵 뒤집혔다. 내각은 『르 피가로』지에 경찰을 보냈으나 경찰은 당황하지 않을 수 없었다. 신문사를 수색했으나 한 달 동안 연재된 그 연재물의 출처를 밝혀내지 못했기 때문이다. 『르 피가로』지는 500프랑의 벌금형에 처해졌으나, 이 액수는 신문 부수의 증가와 이에 따른 이익에 비하면 소액에 불과했다.

『르 피가로』의 칼럼에는 장군들 간의 사기, 질투, 자기모순 그리고 불신들이 적나라하게 나타났다. 이에 따라 나라 안은 벌집을 쑤셔놓은 듯 들끓었다. 화를 내는 자, 부인하는 자, 변명을 늘어놓는 자 등등 각양각색이었다. 이런 현상은 하나도 빠짐없이 여러 신문에 보도되었다. 지금까지 진실에 무감각했던 사람들은 환멸과 혐오감을 느끼기 시작했다. 앙리의 자살이 재심반대파들의 강력한 흐름을 뒤흔들었던 최초의 사건이었다면, 『르 피가로』지에 연재된 발로-보프레의 보고서는 두 번째로 큰 사건이었다. 『레코 드 파리』와 『라 리브르 파롤』지는 분노를 금치 못했다. 이 신문들은, 누설자가 판사 가운데 있지 않나 의심된다고 썼다. '판사복을 입은 악한의 배신'이 신문의 제목이었다.

발로는 보충 조사를 끝내기 전에 일체의 비밀 문서를 제출해줄 것을 요청했다. 이 문서들을 검토한 후에 발로는 국방부 연락장교로서 퀴네를 대신하게 된 샤무앵 대령에게 물었다.

"이것이 전부입니까?"

샤무앵은 그렇다고 대답했다.

"전쟁을 야기할지도 모르기 때문에 제시할 수 없다고 하던, 그 문서는 어디에 있습니까?"

샤무앵 대령은 그 문서는 없다고 선언했다. 법원 기록에는 더 이상의 비밀 문서는 없다고 쓰였다.

고등법원의 전원 출석 심리가 1899년 5월 29일에 열렸다. 이날 아침 영국의 한 신문과 『르 마탱』지는 에스테라지와의 회견 기사를 실었다.

에스테라지가 프랑스에 돌아와도 법적 고발을 당하지 않을 것이라는 보장을 받고 영국에서 건너와 발로 앞에 증인으로 나타났다. 발로가 그에게 명세서를 썼느냐고 다짜고짜 물었다. 그는 "예스" 도 "노"도 아닌 애매한 대답을 했다. 그는 이렇게 말했다. "한 군법 회의에서는 그것을 드레퓌스가 썼다는 판결을 내렸습니다. 또 다른 군법회의에서도 그것을 쓴 사람은 제가 아니라는 판결을 내렸습니다."

그러나 그날 재판이 끝난 후 영국에 돌아온 그에게 동일한 질문을 한 기자에게 그는 단도직입적으로 이렇게 대답했다.

저는 조국에 상당한 봉사를 했습니다. 전장에서는 용감한 군인이었습니다. 그런데 오늘날 저는 이 세상에서 가장 구역질 날 정도로 불명예스러운 사람이 됐습니다. 그러나 이렇게 생각하는 야비한 인간들은 저의 눈을 결코 들여다보지 못한 인간들입니다. 반복해서 말씀드리는데, 저는 타락한 국민들은 이해할 수도 없는 어떤 이념의 순교자입니다…….

저는 우리 시대에는 인식되어 있지 않는 방첩 기구에 고용되어 있었습니다. 저는 군인이고 항상 군인으로서 행동해왔습니다. 저는 이렇게 비겁하지 않던 시대에 살았어야 마땅한 그런 사람입니다. 저는 아마 나폴레옹 같은 사람이 되었을지도 모를 사람입니다. 당신은 지금 제가 굶주리고 있다는 것을 아십니까? 프랑스는 자신이 결코 잊을 수 없었던 1789년의 혁명의 이념을 망각하고 있습니다……. 앙리에 관해서 말한다면 우리는 서로 애착을 갖고 살아왔으며 서로 숨기는 게 없는 사이였습니다……. 그가 정말로 자살했다고 생각하십니까? 그에게 무슨 죄가 있다고 생각하십니까? 프랑스인들은 군사 정보 업무는 필연적으로 날조하는 일이라는 것을 결코 이해하지 못할 것입니다.

영국 기자는 단념하지 않고 그가 명세서를 썼는지 안 썼는지 캐물었다. 에스테라지가 말했다.

"솔직히 말해서 내가 그 명세서를 쓴 사람입니다. 장군들도 이 사실을 알고 있습니다."

에스테라지가 진실을 말했어도 그렇게 전부터 믿었던 사람들을 제외하고는 아무도 이 말을 믿지 않았다. 그가 너무나 거짓말을 많이 해왔기 때문이었다.

1897년 12월에 명세서를 쓴 에스테라지를 무죄 방면했던 재판이 열렸었는데, 이때 에스테라지는 발로를 대할 때보다는 그렇게 신중을 기하지 않았다. 극적인 말을 구사하는 데 천부적인 소질이 있는 그는 그 명세서를 썼다는 것을 부인하는 것으로 만족할 위인이 아니었다. 그는 그러한 종이는 결코 사용한 적이 없다고 맹세했다. 그러나 발로의 조사 결과 에스테라지는 1894년 8월 17일에 편지를 한 장 쓴 사실이 드러났는데, 그 달은 명세서가 쓰인 달이고, 이 편지는 명세서와 동일한 크림 색깔의 그래프지에 쓰여 있었다. 그러나 진실을 들어도 믿지 않던 사람들은 증거를 눈앞에 보여도 믿으려 하지 않았다.

고등법원 삼부(三部)의 46명의 판사들과 마조 법원장은 자신들 앞에 제시된 청원서에 대한 판결을 내리기 위해 붉은 법복을 입고 자리에 앉아 있었다.

법원의 방청객들은 전 세계에서 몰려온 기자, 외교관, 패션계의 여자, 정계의 거물, 문학 예술계의 거물, 고급 관리 그리고 장군들이었다. 프랑스와 문명 세계는 이미 5년 동안 질질 끌어온 악몽을 끝내줄 판결을 기다리고 있었다.

방청객들은 발로-보프레가 보고서를 낭독하자 열심히 귀를 기울였다. 그는 군법회의의 선고를 무효로 할 만한 법적 이유가 있다고 분명히 밝힌 후 보고서를 읽기 시작했다. 그러나 청원서는 판결의 무효를 원했던 것은 아니었다. 드레퓌스는 새로운 재판을 원했다. 그는 동료 장교들이 자신의 무죄를 공식적으로 인정하길 바랐다.

발로는 조용한 목소리로 논쟁의 한쪽 편의 입장을 설명했다. 그러고 나서 그는 똑같이 냉정한 객관성을 갖고 다른 편의 입장을 설명했다. 그는 두 개의 상충하는 입장을 분석하고 이것을 사심 없는 판단 기준에 의거해서 분석 평가했다. 드디어 그는 결론을 내렸다.

단 하나의 진정한 증거는 명세서뿐이라는 것이 그가 내린 결론이었다.

"그런데 이 명세서는 드레퓌스가 쓴 것이냐 아니면 다른 사람이 쓴 것이냐?"

그는 여기서 잠시 말을 멈추었다. 법정은 쥐 죽은 듯했다. 판사는 다시 말을 이었다.

"본인은 모든 증거를 검토한 후 그 명세서는 드레퓌스가 아니라 에스테라지에 의해서 쓰였다는 결론에 도달했습니다."

마조는 우레 같은 박수갈채를 진정시키려고 하지 않았다. 발로는 보고서의 낭독을 끝내면서 "본인은 만약 1894년에 유죄로 판결된 그 사람의 무죄를 실증하는 새로운 증거가 있다는 것을 엄숙히 선서하지 않는다면 본인의 신성한 의무를 이행하지 못하는 것이라는 것을 본인의 영혼과 양심에 비추어 말씀드립니다."

그는 그 명세서가 쓰인 종이와 같은 종이에다가 에스테라지가 같은 해 8월 17일에 쓴 편지가 있다는 사실을 밝혔다.

그러자 부장검사인 J.P. 마노와 드레퓌스의 변호사인 앙리 모르나르는 재심을 주장했다. 마조는 재판을 다음으로 연기했다.

같은 날 저녁에 쥐를랭당 장군은 국방부 장관의 명령에 따라 문서 날조 혐의로 뒤파티 드클랑 후작을 체포하라는 명령을 내렸다. 그는 드레퓌스와 피카르가 구속되어 있었던 셰르슈-미디 형무소로 연행되었다.

나흘 후인 6월 3일에 고등법원은 판결을 발표하기 위해 재판을 다시 열었다. 재판부는 1894년 12월 22일의 선고는 무효라고 선언하고 드레퓌스에게 렌에서 다시 군사재판을 받도록 명령했다.

재판부가 이와 같은 판결을 내리게 된 것은 다음과 같은 두 가지 사실 때문이었다. 즉 1심의 군법회의 재판관들이 '무뢰한 D'가 사실은 드레퓌스가 아닌데도 드레퓌스라고 판단했다는 사실과 명세서는 드레퓌스가 쓴 것이 아니라는 사실이었다.

이틀 후에 악마도에 수용되어 있는 드레퓌스의 감방에 형무소장이 나타나서 그에게 다음과 같은 전문(電文)을 보여주었다.

고등법원의 판결에 따라서 드레퓌스 대위는 유형자 규정의 적용을 받지 않고……다시 군복을 입도록 허용되었다……드레퓌스는 형법상의 구속에서 해제된다. 드레퓌스를 포르 드 프랑스로부터 프랑스로 실어다 줄 순양함 스팍스 호가 오늘 출항한다.

25

드레퓌스는 멍해졌다. 아직까지도 그를 기억해준 사람들이 있었단 말인가? 그가 살아 있다는 것을 아는 사람이 아직도 있었던가? 그는 편지를 냈으나 그에게 온 답장들은 전해지지 않고 있었다. 그런데 갑자기 그는 짧은 시간이나마 두 개의 돌담 밖으로 매일 산보할 수 있게 되었다. 이때는 고등법원이 그의 청원서를 심리하기로 동의한 때였다. 그는 2년 만에 처음으로 바다를 보았다.

드레퓌스는 이때의 충격이 너무 커서 이 충격을 자신이 이겨내지 못하는 것이 아닌가 생각했다고 후에 썼다. 그는 울음을 그칠 수 없었다. 드디어 그는 아내 뤼시에게 전보를 보냈다.

나의 마음은 당신과 아이들 곁에 함께 있소.

순양함 스팍스 호는 대서양을 횡단하여 밤중에 입항했다. 드레퓌스는 줄기차게 내리는 빗속에서 육지로 올라왔고 다시 브르타뉴에 있는 렌 군형무소로 옮겨졌다. 친절하게도 형 마티외가 찾아와서 그간의 얘기를 전해주었다.

그렇다. 누군가가 아직도 그를 기억하고 있었던 것이다. 그가 살아 있다는 것을 알고 있는 사람들이 있었던 것이다. 내각이 몇 번 바뀌었고 국방부 장관들이 십주희(十柱戱) 나무기둥처럼 나동그라졌다. 그런데 지금의 상황은 어떤가? 군법회의가 그를 무죄로 판결한다면 하나의 국가로서의 프랑스는 죄를 면치 못할 것이다. 군법회의가 그를 유죄로 판결한다면 입헌정부 즉 민주주의 자체는 파멸할 위기에 놓일 것이다. 스팍스 호가 프랑스를 향하고 있는 동안 법무부 장관은 드레퓌스의 유죄 판결을 강요했던 메르시에 장군을 형사 기소하자는 동의안을 의회에 제출했다. 의회에서는 격렬한 논란이 벌어졌고 이 동의안의 처리는 렌의 군법회의가 열릴 때까지 연기되었다. 그러나 드레퓌스 옹호자들에게 유리한 사태가 벌어졌다. 두 명의 사회주의 의원들이 프랑스의 모든 교구에 고등법원의 결정을 게시하자는 동의안을 제출했다. 이 동의안은 채택되었다.

졸라는 영국에서의 11개월의 망명 생활을 끝내고 귀국했다. 그는

『로로르』지에 다음과 같이 썼다.

나는 의기양양하지만 분노나 복수하고 싶은 마음은 없다. 만약 내가 부드러운 마음으로 나의 회의적인 정신을 억제한다면 나는 더 이상 시끄럽게 떠들지 않고 일반 사면에 찬성하고 싶다. 나는 범죄자들에게는 공개적으로 영원히 경멸을 받도록 하는 것으로 형벌을 대신하고 싶다…… 그렇지만 사람들이 마침내 눈으로 보고 이해할 수 있도록 형틀을 높이 세워야 한다. 개인적인 복수 역시 인과응보에 맡기고 싶다. 더 이상 이 일에 관여하고 싶지 않다. 시인으로서 나는 이상의 승리에 만족할 뿐이다. 그럼에도 불구하고 분노를 자아내는 일이 아직도 하나 남아 있다. 그것은 피카르 중령이 아직도 감옥에 있다는 사실이다. 나는 감옥에 있는 그에게 동정을 보내지 않은 날이 하루도 없었다. 만약 내일까지 피카르가 석방되지 않으면 프랑스는 자신의 가장 고상하고, 가장 영웅적이고, 가장 영광스러운 아들을 교살자, 거짓말쟁이 그리고 날조자들의 손에 넘긴 용서받지 못할 우행의 죄를 면치 못할 것이다.

며칠 후에 피카르도 석방되었다. 그는 감옥에서 324일을 보냈다. 진리와 정의의 투사들의 전위대들은 전 법무부 장관 트라리외의 집에 모였다. 승리를 축하하기 위해 약 100명이 왔다. 영웅과 순교자들은 서로 부둥켜안았다. 허위, 날조, 사기의 장막 뒤에 엄존하는 진실을 혜안의 눈으로 보았고 진실을 행진시킨 졸라, 진실을 발견했고 그 진실을 고수했던 피카르, 날카로운 지성으로 위선자들과 범죄자들을 가차 없이 공격했고 이 사건을 프랑스 대혁명의 이상에다 결부시켰던 클레망소, 정의를 위해 용감하게 싸웠던 회의주의자 뒤클로…… 이 모임에는 또 그의 헌신적이고 고상한 정신으로 존경을 모았던 마티외 드레퓌스, 드레퓌스의 무죄를 처음으로 공개했던 라자르, 범죄자들과 범죄 선동자들을 가혹할 정도로 추적하여 그 정체를 벗겨버린 레나크, 이 거창한 범죄에 의해 인간의 약점에 대한 그의 관용성이 저지당했던 아나톨 프랑스, 진실을 밝히기 위해 논쟁과 영향력을 두려움 없이 사용했던 트라리외, 그리고 조레스, 모노, 페기 그리고 기타 사상가, 시인, 투사들이 모였다. 이 모임에 참석하지 않은 중요한 인물이 한 사람 있었다. 무고한 희생자를 위한 투쟁을 시작하기까지 양심의 가책으로 하루도 마음 편안한 날이 없었던 쇠레르-케스트네르였다. 그는 병상에서 죽어가고 있었다.

그다음 일요일 노동자, 상인, 숙련공 그리고 학생들은 권위주의자와 왕당파들에게 응답하기 위해 롱샹에 있는 경마로까지 행진하기로 하고 파리의 거리에 모였다. 사회주의자들과 혁명주의적인 생디칼리스트들은 물론이고 좌파의 모든 공화파 그룹이 공화국을 위한 힘과 단결을 보여주자고 국민들에게 호소하는 포스터를 붙였다. 그것은 거대한 시위였다. 작대기와 곤봉으로 무장한 10만 명 이상이 프랑스 국가와 노동가를 불렀다. 경마장에 왔던 그 유행을 좋아하는 사람들은 물론이고 군주주의자, 데룰레드파의 '애국자' 그리고 게랭의 추종자들은 혼비백산했다.

시민들이여! 여러분은 "공화국 만세"라는 구호를 갖고 혁명의 대도시를 다시 점령했습니다. 여러분은 얼마 전까지만 해도 그렇게 시끄럽고 폭력적이었던 군주주의자들과 성직자들로 하여금 쥐구멍을 찾도록 만들었습니다. 지금부터는 권리와 정의는 물론이고 거리들도 여러분의 것입니다. 여러분은 공화국의 수호자들입니다.

노동자들을 공화국 편으로 다시 끌어들였다는 것은 드레퓌스사건의 역사적인 업적이었다. 공화급진파가 공화제를 지지하는 사회주의자들과 협력했다는 사실은 제3공화국에 견실한 기초를 마련해주었고 제3공화국으로 하여금 70년 동안 버텨나갈 수 있게 만들었다.

뒤퓌 총리는 데모가 있던 날 한가하게 앉아 있지는 않았다. 수많은 경찰이 동원되었다. 난동자들을 즉결 처리하는 경범죄 재판소가 시위 현장에 세워졌다. 그러나 난동자들은 없었다. 이 시위는 자부심에 찬 즐겁고 평화스러운 시위였다.

뒤퓌가 데룰레드와 게랭과 더 이상 제휴할 수 없는 시기가 도래했다. 파리의 하원의원 한 명이 공화주의자들에게 가한 경찰의 만행에 대해 내각이 책임질 것을 요구했다. 의회는 공화제를 수호할 결의가 되어 있는 내각만을 지지한다는 결의안을 통과시켰다.

뒤퓌 내각은 일괄 사표를 냈다.

하나의 경고로서 그리고 가끔 절망적인 합창단으로서 이 드라마에 가담했던 문명 세계는 이제 만족스럽게 물러날 수 있었다. "우리는 세상 사람들이 양심에 따라 드레퓌스를 지지하는 가운데 보여준 공고한 단결을 결코 잊어서는 안 될 것"이라고 가브리엘 모노는 말했다.

드레퓌스사건이 하나의 구식(舊式) 교훈극이었다면 이 시점에서 마땅히 막이 내려졌어야 했을 것이다. 처음부터 악의 화신인 메피스토펠레스가 1,900년 동안 기독교가 수립했던 도덕적인 질서를 역전시킬 테니 5년만 달라고 하느님에게 대들었다. 그는 자신의 성공을 널리 과시하기 위해 세계에서 가장 계몽된 사람들을 대상으로 선택했다. 그가 택한 전장(戰場)은 서구의 민주 문명의 고지였다. 그는 자신의 흉악한 일이 소수의 지배에 의하기보다는 다수의 지배에 의해 더 쉽게 달성될 거라고 확신했다. 반대자들은 정열적으로 확신하고 있는 다수에 대해 반란을 일으키는 것보다는 폭군이나 독재자에게 반란을 일으키는 것이 훨씬 더 쉽기 때문이다. 다수에 도전하는 반란자들은 쉽게 진압되고 불법화될 수 있으며 설사 그들이 앞으로 옹호를 받는다 해도 결코 용서를 받지는 못할 것이었다.

우리의 교훈극에 나오는 메피스토펠레스는 19세기 말에 서구 세계에 새로운 관점들을 부여했고, 그의 빛나는 예술과 문학으로 세계를 빛나게 했던 프랑스를 택했다. 메피스토펠레스는 프랑스가 외부의 적을 두려워하고 있다는 것을 눈치채고 있었다. 결정적인 패배에 의해 기울어진 균형을 바로잡아보려는 프랑스의 희망은 좌절되고 프랑스는 위대하고 강력한 시대에 프랑스를 도와주었던 사상을 깊이 불신하고 있었다. 이러한 사상들은 자신을 잃고 위축된 프랑스인들에게는 신기루처럼 보였다. 공포와 불신에 몰린 프랑스는 프랑스의 국가로서의 사명, 즉 '만인에게 정의'라는 그 위대한 사상을 계속 상기시켜주는 사람들을 적으로 돌렸던 것이다. 프랑스는 공포 때문에 목적과 수단을 혼동하는 가운데 자신을 강력하다고 느끼고 있었고 이에 반대하는 자들은 국가의 힘을 갉아먹는 자들이라고 생각했다.

이렇게 해서 의견의 일치가 형성되었고 사악한 세력들은 이 의견의 일치를 자신의 목적에 이용하려고 했다. 이 사악한 세력들은 매스컴을 효율적으로 조종함으로써 공장, 사무실, 병영, 학교, 가정, 심지어는 탁아소까지 침투해 들어갔다. 그들은 진실한 소수를 위협했다. 그러나 소수의 용기 있고 책임 있는 사람들의 저항을 막아내지 못했다. 이들이 성공할 가능성은 어느 정도였던가? 다수의 편에 서서 소수를 반대하는 일은 항상 쉬웠다. 소수의 반대자들이 기댈 기관들은 없었다. 전 국민이 단결하여 반대하는데, 이 소수의 반대자들은 과연 누구를 위해 싸워야 했던 것인가?

이런 현상은 민주주의에 내재된 방심하지 못할 위험이며 그것은 100년 전에 알렉시스 드 토크빌에 의해 이미 예견되었다. 그는 민주공화국의 여론의 포악성에 대해 글을 쓰면서 반대자들에 관해 다음과 같은 말을 남겼다.

당신이 나와 다르게 생각하고 당신의 생명과 재산 그리고 당신의 일체의 소유물을 유지하는 것은 자유다. 그러나 그것이 당신의 결심이라면 당신은 지금부터 당신의 국민들 가운데서는 이방인이다……. 당신은 인간들 사이에 남아 있지만 인간의 권리는 박탈당할 것이다. 동포들은 당신을 마치 문둥병 환자처럼 대할 것이다. 그리고 당신의 무죄를 가장 확신하고 있는 사람들도 자기네들마저 외면을 당하지 않기 위해 당신을 기피할 것이다.

　따라서 이견자들은 가망성이 없는 것처럼 보일 것이다. 그러나 압도적으로 불리한 가운데에서도 소수의 사람들이 자살할 수 있는 자유를 이용하면서 자신의 의견을 완강하게 발표하고 항의를 했을 때 이 단 한 줄기의 진실이 거짓과 배반의 해로운 조직에 스며들었던 것이다. 그들은 공포의 마법을 깨어버렸다. 교훈극 중의 메피스토펠레스는 '성공' 직전에 진실이라는 불굴의 깃발 아래에서 싸웠던 소수 사람들의 손에 패배했음을 자인하지 않을 수 없었다. 이것이 교훈극이었다면 드레퓌스 지지 전위대였던 이 모임의 참석자들을 신격화하는 데서 막을 내리는 게 합당했을 것이다. 그러나 이것은 교훈극은 아니었다. 이것은 드레퓌스사건이라고 하는 방대한 인간 드라마였다. 그렇기 때문에 싸움은 전면적으로 다시 시작됐던 것이다.

나는 고발한다

26

발로-보프레는 인간의 추악한 면을 완벽하게 표현한 희대의 악한으로 역사에 기록될 것이다. '반역음모단'에게서 대체 무슨 대가를 얻자고 그런 짓을 했단 말인가?

이것이 고등법원의 판결에 대한 국가주의 계열 신문들의 논조였다. 이 신문들만이 아니었다. 장교들도 판결에 대해 불만을 노골적으로 터뜨렸다. 한 중령은 폴리테크니크에서 행한 연설을 통해 학생들에게 이 판결을 내리게 된 정신적 자세를 결코 용서할 수 없다고 외쳤다. 군대가 거리를 행군할 때 행인들이 "피카르 만세!" 하며 야유를 퍼붓자 격분한 이 장교는, "피카르 만세를 부른 자들을 칼로 다스리라고 명령을 내리지 않았던 것이 후회스럽다. 좌우간 앞으로 군부에 대한 이 따위 모독이 다시 발생하면 나나 제군은 서슴없이 칼을 뽑아야 한다"고 외쳤다.

『르 프티 주르날』지는 이런 태도를 극구 칭찬했다.

은인자중하던 군부 지도자들은 드디어 머리를 바로 들고 조국을 버리는 자들과 대결하기 시작했다. 이제 우리는 모두 군부의 모범을 따라야 한다. 이제까지 2년 동안의 역대 국방부 장관들은 무책임하게 자리를 물러남으로써 군부의 명예를 실추시켜왔다. 이제 군부에게는 스스로를 방어함으로써 실추된 위신을 급속히 회복시키는 길밖에 남아 있지 않다.

국가주의 계열, 가톨릭 계열 그리고 왕당파 계열의 신문들이 모두 반격에 가담했다. 게랭은 이렇게 썼다.

이 문제에 종지부를 찍자. KO를 시켜버리지 못하면 우리는 질질 끌려다니게 될 것이다. 국방부를 점령하는 데는 500명이면 족하다. 그 후부터 우리 군대는 우리와 함께 나아갈 수 있다.

데룰레드는 새 재판에 대해 이렇게 말했다.

만일 드레퓌스가 무죄로 선언된다면, 그에게 어떤 명예를 주어도 그의 희생에 대한 충분한 보상이 되지 못할 것이며, 그를 소추한 관리, 시민, 장교들은 희대의 파렴치한으로 낙인찍혀 마땅하고 어떤 중벌을 가해도 시원치 않을 것이다. 그가 어떤 보복을 그들에게 가해도 변명의 여지가 없으며 그의 보복 행위는 정당화될 수 있을 것이다. 그리고 프랑스는 장군들과 장관들이 범한 죄악에 관해 책임을 져야 한다. 우리 국민은 유대인들에게 모두 사죄해야 한다……. 둘 중 하나가 피고인석에 서야 한다. 프랑스―그 정치가들, 정치 체제 전체, 사회 전체, 국민 전체―아니면 드레퓌스 둘 중 하나다. 만일 그가 무고하다면 장군들이 죄인이다. 모두가 이 점을 알아야 한다. 이 문제가 렌에서 해결돼야 한다는 것을 확실히 알아야 한다.

『라 리브르 파롤』지는 이렇게 예언하고 있었다.

나는 고발한다

군법회의는 드레퓌스를 악마도로 되돌려 보낼 것이다. 그가 그 섬에 도착하는 날은, 자의든 타의든 모든 유대인에게 또 한차례의 엑소더스의 출발 신호가 될 것이다.

『라 파트리』의 기사는 "드레퓌스는 지금, 무고하다는 것이 국가에 대한 범죄냐고 한술 더 뜨고 있다. 군법회의의 일곱 심판관 중 일곱이 그를 무죄 방면한다 하더라도, 모든 애국자들의 의무는 드레퓌스를 죽이는 일이다"라고 했으며 『레클레르』의 기사는 "문제는 이 철면피한 인간이 유죄냐 무죄냐가 아니다. 문제는 유대인 신교도들에게—이 독일의 첩자, 영국 및 그 동맹국의 하수인들에게 나라의 지배권을 넘길 것이냐 아니냐에 있다"고 했다.

국내외를 막론하고 드레퓌스 지지자들은 그의 무죄를 확신하고 있었다. 그러나 신임 총리는 그렇게 행동할 수 없었다. 이것은 총리의 개인적인 동정의 유무와는 무관한 일이었다. 사건 발생 당시 변호사 개업 중이던 그에게 드레퓌스 가족은 변호를 요청하러 갔을 정도였다.

피에르 마리 왈데크-루소, 그는 유능한 사람이었고 보수적 경향을 가진 성실한 공화파였다. 그의 목적은 공화국을 지지하는 모든 정당의 연합에 기초를 둔 균형 있는 정부 수립이었다. 그는 사회주의자들에게 각료직을 제의했다. 그의 이런 정략은 보수·진보 양측의 놀라움과 불안을 초래했지만 그는 후작 갈리페 장군에게 국방부 장관 자리를 줌으로써 모든 사람들 특히 좌파를 경악시켰다.

갈리페 후작은 1871년 파리 코뮌의 처형자로 알려진 인물이었다. 그때 1만 명이 재판 없이 처형됐다. 그러니 후작은 어느 당파에게도 달갑지 않은 증오의 표적이었다.

그렇지만 왈데크의 입각 약속은 프랑스만이 아니라 전 유럽의 사회주의자에게 큰 영향을 주어 위기를 촉진시켰다. 장 조레스가 보기에 부르주아 공화국이란 급진적인 사회주의 공화국으로 넘어가는 발판이었다. 그는 그래서 사회주의자들은 부르주아 공화국을 지지·보전해야 한다고 주장했다. 요컨대 조레스는 진보주의자였다. 마르크스주의자와 혁명주의자들은 비록 부분적으로지만 자본주의 정권에 참여하여 책임을 지는 데 대해 큰 위험을 느꼈다.

그러나 조레스는 밀랑, 비비아니와 함께 자신의 뜻을 관철하는 데 성공했다. 적어도 사회주의 정당을 움직여서 갈리페가 낀 왈데크 내각을 지지하도록 하는 데 성공했던 것이다. 한편 군부에서 갈리페 장군의 권위는 확고했다.

보불전쟁 때, 그의 기병대가 스당에서 거둔 전과는 패전과 반역의 소용돌이 속에서 찬연히 빛나는 영광이었다. 그러나 베르사유 정부군이 파리를 탈환했을 때, 코뮌 민병대에 가담했을 가능성이 거의 없는 남녀노소까지도 마구잡이로 끌어다가 굴비 두름 엮듯 세워놓고 총신의 열기를 식힐 여유도 없이 쏘아버린 사건의 명령자가 바로 장군이기도 했다. 하지만 장군에게는 나폴레옹 3세가 항복한 후 군부를 공화파로 재조직하기 위해 강베타와 의논하는 일면도 있었다.

온건 공화파의 비위를 맞추기 위해 왈데크는 사회주의자들에게 각료직을 두 석밖에 제공하지 않았다. 갈리페는 군부를 진정시키고 당초 군부를 정치에 끼어들게 한 위험 요소들을 가라앉힐 임무를 수행하기 시작했다. 좌파는 그를 '도살자'라고 불렀고, 그의 동료인 귀족 출신 정객들은 그를 '자기 계급에 대한 반역자'라고 불렀다. 갈리페는 피카르의 성격을 잘 알고 있었다. 왈데크는 공개적으로 사심 없는 행정부를 표방했고, 그 점에서 그는 드레퓌스 지지자의 편에 서 있었다.

그렇지만 드레퓌스 편이 되는 것만으로는 사회주의 정당의 좌파 인사들을 만족시킬 수가 없었다. 따라서 좌파는 조레스에게서 떨어져 나갔으며 사회주의 각료가 몇 명 입각했다고 해서 계급투쟁을 시도하는 정당이 부르주아 정권의 책임을 떠맡아서는 안 된다는 요지의 선언문을 발표했다.

새 내각은 조각이 완료되자마자 군부의 숙청 작업에 착수, 지나치게 보수적인 반공화주의자들을 제거하기 시작했다. 숙청 대상 가운데는 치안국장, 검찰총장 그리고 파리 주둔군 사령관 쥐를랭당 등이 포함되어 있었다. 데룰레드에 대한 조치로서 그리고 그의 무산돼버린 쿠데타의 잔재를 일소하기 위해 로제 장군과 펠리외 장군에 대한 형사소추가 집행됐다.

국가주의 신문들은 갈리페를 바쁘게 만들었다.

그는 유대인 조직의 앞잡이다. 그는 정적에 대한 복수욕에 불타고 있다.

그러나 갈리페는 바로 그날 예하 전 군대에 "군은 침묵하라!"는 지시를 내렸다.

내각은 국회에 새 내각 인준안을 제출했다. 의원들은 새 내각에 대해 사상 유례없는 격렬한 논쟁을 벌였다. 의견들이 만발했다. 그 의견들은 하나하나가 당시 현존하던 역사관들을 반영한 것이었다. 한 하원의원은 새 내각을 깡패와 살인자의 연합체이며 그 두목은 국방부 장관이라고 주장했다. 갈리페는 그러나 여유 만만했다.

"살인자? 원한다면 또 죽여주지."

왈데크 총리의 운명은, 모든 사람을 만족시켜주려고 하는 사람에게서 흔히 보게 되는 그런 것이었다. 오히려 그는 누구도 만족시키지 못했다. 15분간 할 예정이었던 그의 연설은 야유 때문에 한 시간이 지나도 끝나질 못했다. 사회주의파 각료는 공화파에게 경고했다.

이 내각은 공화국을 수호하기 위한 내각이다. 우리를 택하지 않는 것은 공화국의 반역자가 되는 것이다.

그러나 허사였다. 논란은 프리메이슨(1723년 런던에서 성립, 전 유럽에 퍼진 비밀결사. 초인종적·초계급적·초국가적 평화주의를 지향했다—옮긴이)의 거두 앙리 브리송이 연단에서 다음과 같이 외치자 비로소 가라앉았다.

나는 새 정권을 지지해달라는 게 아니다. 공화국을 지지해달라는 것이다!

나는 고발한다

이 내각이 명맥을 유지할 수 있었던 것은, 이 연설의 결과였거나 드레퓌스사건의 재심이 임박했기 때문이었을 것이다. 아무튼 의회는 11월까지 4개월간 왈데크 내각에 대한 신임 투표를 연기했다. 이 시한이 만료될 무렵이면 드레퓌스사건은 결말이 날 것이고 따라서 의회는 이 사건에 대한 책임을 지지 않을 수 있게 되는 것이었다.

왈데크 총리와 갈리페 장군은 일반 사면을 고려하고 있었다. 조레스는 재심요구파의 첨병으로서 분노를 표명했다.

"공화국의 사법권은 일반 서민만을 다스리는 것이냐?"

정부는 렌 검찰총장에게 재판을 고등법원에 의해 윤곽이 드러난 두 가지 기본적 문제에만 국한하라고 지시할 권한을 가지고 있었다. 그 두 가지란 소위 명세서 그리고 앙리와 뒤파티에 의해 변조된 '무뢰한 D'란 편지였다. 가톨릭과 국가주의 계열 신문들은 "밝혀라!" 하고 외쳐댔다. 그들은 정부가 이런저런 핑계로 드레퓌스를 무죄로 확정지으려 한다고 생각했다. 그래서 그들은 정부가 재판에 관여하지 않을 것을 강경히 요구했다.

렌의 재판에는 이런 암운이 하나둘이 아니었다. 렌의 하늘은 온통 먹구름으로 뒤덮였다. 의회에 상정된 메르시에 장군(그는 드레퓌스가 체포될 당시 국방부 장관이었다)의 체포 동의안에 대한 논의는 연기되고 말았다. 메르시에는 영향력 있는 인물로서 군인치고는 보기 드물게 융통성이 있었다. 그는 조금도 중심을 잃지 않고 재판에 스스로 대비하고 있었다. 그는 친구들에게 자기가 이번에 도무지 반박의 여지가 없는 주장을 전개할 것이며 가능하다면 이 사건을 아주 종결짓겠다고 말했다. 국가주의계 신문들은 기뻐했다.

법정은 메르시에 장군과 드레퓌스 중 택일해야 할 것이다.

이리하여 해묵은 딜레마, 드레퓌스냐 군이냐가 또다시 대두되었다. 메르시에는 곧 군이며, 드레퓌스가 무죄 판결을 받는다면 그것은 메르시에를 비롯한 참모본부의 거의 모든 참모가 공문서 위조 및 그 행사죄로 소추되어야 하며, 수다한 장군과 하급 장교들이 위증죄로 소추되어야 함을 의미했다.

언론은 메르시에의 비장의 무기를 비장시켜두질 않았다. 『르 골루아』지는 메르시에 장군 앞으로 보내는 공개 서한을 게재했다.

당신은 한 문서의 사진판 사본을 소장 중이며 렌의 법정에 그 사본을 제출할 준비가 되어 있다.

여기서 말하는 문서란 물론 위조된 명세서—그 귀퉁이에 독일 황제의 글귀가 적힌, 따라서 전쟁 방지를 위해서 황제에게 되돌려줘야 했다는 명세서를 암시하고 있었다. 그러나 이 문서는 너무나 조잡하고 터무니없는 것으로서 비밀 문서철에서 제거된 지 오래였다. 아니, 이 문서는 당초 비밀 문서철에 포함되지도 않았을 것이다. 설사 그 문서가 작성되었다 하더라도 누구에게도 신뢰감을 주지 못하는 서류로 판단되어 파기됐을 것이며, 앙리의 거짓된 증언에서만 존재했던 서류로 보는 게 좋을 것이다.

그러나 국가주의계 신문들은 신나게 떠들어댔다. '메르시에의 눈부신 일격'은 유행어가 되었다. 한 국가주의 시인은 이렇게 읊었다.

나의 얼굴을 진실의 얼굴과 마주치게 하라. 그 진실이 참혹한 얼굴이든, 은밀한 얼굴이든 상관없다. 전쟁이 초래된들 어떠리. 차라리 그것은 우리의 소생이며 구원이리라. 오 잔 다르크여! 우릴 보살펴 소서! 수치보다는 차라리 재앙을.

신문은 메르시에가 법정에서 문서를 제출하는 순간 정부가 그를 체포할 것이라고 흥분했다.

렌 법정에 앉게 될 일곱 장교에 대한 불길한 예상—메르시에측에 대한 것이든 드레퓌스측에 대한 것이든—에도 불구하고, 재심 요구자들은 낙관적이었다. 그렇지만 곤란한 문제는 하나둘이 아니었다. 예컨대, 드레퓌스의 변론을 어떻게 해야 하느냐? 그저, 착오로 유죄 판결이 내려진 무고한 자에게 착오를 바로잡을 기회가 주어진 것이므로 소극적으로 임할 것인가?

이런 변호 전략은 드망주 변호사에 의해 주창되었다. 그는 이 사건에서 정치성을 최대한 배제해서 재판을 진행하는 것이 유리하다고 보았다. 드레퓌스 가족은 방법은 여하간에 가장 만족스러운 결과가 나오는 방향을 원했다. 그러나 재심을 받게 되도록 눈부신 활동을 해준 라보리는 그 반대의 방법을 고집했고, 그 고집을 꺾기는 쉽지 않았다. 그는 드레퓌스 편이라는 이유로 박해를 받았던 졸라, 피카르 등 많은 사람을 변호해온 인물이었다. 그야말로 그는 바로 재심을 요구하는 모든 사람들의 대리인이었다. 그는 이 사건을 도덕적 원리의 문제라는 높은 차원에서 일개 형사 사건이라는 낮은 수준의 것으로 격하시켜서는 안 된다고 주장했다. 드레퓌스 가족은 할 수 없이 두 사람에게 변호를 의뢰했다.

미국의 위대한 실용주의자 윌리엄 제임스는 투철한 관심을 가지고 드레퓌스사건을 주시했다. 그의 논평은 이 사건을 보아온 대부분의 외국 지식인의 견해를 대변한다고 할 수 있다. 1899년 6월 7일, 렌의 재판이 개시되던 날 그는 헨리 휘트먼 부인에게 이런 편지를 썼다.

그렇습니다. 이제, 드레퓌스사건이라는 터널 끝에 서광이 비쳐오고 있습니다. 만일 에밀 루베 대통령이 조금만 더 강경하게 모든 악마 집단을 향해 철퇴를 가한다면, 그래서 가능한 한 그들의 세력을 제거한다면, 빗나간 프랑스는 제 길을 찾을 것입니다. 나는 이 사건이 위험 수위에 이르러 둑이 터지기 시작하는 여러 도덕적 위기 중 하나라고 봅니다. 한 가지 분명한 것은, 금세기에 프랑스가 보유할 수 있을 온갖 정부 형태 가운데 여하한 형태의 정부일지라도 현재의 민주주의 체제와 정부처럼 시련을 견디어내기는 어려울 것이라는 사실입니다.

27

렌은 가톨릭 신앙이 돈독한 브르타뉴 지방의 조용한 도시였다. 파리에서 사람들이 대거 몰려와 혼란을 일으킨 것은 숱한 외국 기자들이 쳐들어와 낯선 행동과 언어로 법석을 떤 것에 비하면 아무것도 아니었다. 렌은 일거에 정장한 신사들에게 점령됐다. 호텔마다, 식당마다, 카페마다, 길거리마다 심지어 교회까지도 이런 신사들로 가득 찼다.

주민들의 머리 위로 누구도 경멸할 수 없는 것, 즉 황금이 마구 떨어졌다(렌은 상거래의 대동맥에서 멀리 떨어진 가난한 마을이었다). 렌의 주민들은 뜻밖의 황금 소나기에 당황했고 의혹마저 느꼈다. 외국인의 말 가운데 가장 빈번하게 들리는 것은 영어와 독일어였다. 이 도시에 뿌려지는 돈이 '유대인 조직'의 것이라는 소문은 주민들에게 많은 불편을 주었다.

렌에는 수십 가구의 유대인이 살고 있을 뿐이었다. 그들은 다른 주민들과 마찬가지로 '조용히' 살고 있었다. 주민들로서는 국가주의자들이 퍼뜨린 선동 내용이 거짓말이라고 할 만한 뚜렷한 증거를 찾을 수 없었다. 만일 이 도시에 더 많은 유대인들이 살았더라면 주민들은, 평소 경험에 따라 소위 '유대인 조직'의 존재를 그렇게 쉽사리 믿어버리지는 않았을는지도 모른다. 좌우간 주민들은 국가주의자들의 선동에 완전히 겁을 먹고 말았다.

그곳 중학교의 대강당은 그 도시에서 많은 사람을 수용할 수 있는 유일한 장소였다. 그곳에서 재판이 열렸다. 음향 장치가 아주 나빴다. 증언대에서 몇 발짝만 떨어져도 목소리가 낮으면 거의 들리지 않았다. 곳곳에 헌병이 배치되어 집단적인 소요 행위에 대비했다.

심판부는 지방 주둔 부대의 단면도처럼 구성되어 있었다. 군부가 주선할 수 있는 가장 공정한 심판부 구성으로 생각되었다. 수석 심판관은 재판장이라고 불렸는데, 대령 알베르 주오가 이 직책을 맡고 있었다. 그는 은퇴를 눈앞에 둔 사람이어서, 결코 소추 내용에 각별한 호의를 보임으로써 군인으로서의 개인적 야심을 달성하려고 할 사람으로는 볼 수 없었다. 검찰관은 반대로 퇴역한 헌병장교였다. 그는 60세에 법무관 생활을 시작했으며, 자기 의견의 편협성 같은 것은 아랑곳 않고 고집과 단순함과 소박한 솔직성으로 일관한 그런 인물이었다.

재판부의 구성이 공정하다고 해서 재판 자체가 필연적으로 공정해지리라고 볼 수는 없었다. 군의 규율과 권위가 신성한 명령 체계에 의해 모든 심판관들에게 작용하고 있었고 이 저울눈은 고위 장교에게로 기울어지게 마련이었다. 다른 모든 조건이 균등하다면 장군이 대위보다 더 유리할 것이라는 것은 자명한 일이었다.

재판은 새벽 6시 정각에 어김없이 개정되었다. 개정 직후 주오 대령이 드레퓌스의 출정을 명했다.

만당의 모든 눈이 이 의혹의 인물이 등장할 출입구로 집중됐다. 사람들은 하도 오랜 세월에 걸친 사건이므로 드레퓌스란 이름을 자기 이름 못지않게 익히 알고 있었다. 아마 자신의 이름보다 드레퓌스란 이름을 더 여러 차례 불렀을 것이고, 자신의 감정보다는 드레퓌스를 둘러싼 여러 가지 감정에 휩쓸려 살아온 터였다. 그러나 막상 그 장본인의 실물을 보기는 처음이었다.

한 하사관이 드레퓌스를 호송해 왔다. 재판정에 있던 사람들 가운데는 1894년, 드레퓌스가 사관학교 연병장에서 계급을 박탈당하던 광경을 본 사람들도 있었다. 그들은 드레퓌스 특유의 꼬장꼬장한 기계적인 걸음걸이하며 군인다운 몸가짐이 여전함을 알아보았다. 그는 재판장에게 경례했다. 사람들은 그가 무릎을 휘청거리지 않고 꼿꼿이 서 있으려고 애쓰고 있음을 알 수 있었다. 겨우 39세인데도 그는 백발이 성성하고 약한 늙은이가 되어 있었다. 안경 너머 두 눈은 창백하다 못해 유령처럼 푸르게 빛났다. 그의 피부는 잘못 무두질한 가죽처럼 노랗기도 하고 갈색이기도 한 게 마치 골격에다 아교칠을 해놓은 듯한 모습이었다. 새 군복을 입고 있었지만 그의 몰골은 조금도 나아 보이질 않았다.

방청객의 대부분은 드레퓌스가 악마도 유배시 아내에게 쓴 편지들을 읽어본 경험이 있었다. 엄숙하고 냉정을 지키려 무진 애를 썼지만 그의 얼굴은 일그러졌다. 그는 방청객들을 둘러보았다. 간수와 죄수만 보다가 여느 사람을 보니 기분이 좋아진 것이 역력했다.

어느 작가는 그를 쳐다보는 사람들은 자기 자신이 몹시 소진되는 듯한 기분이었다고 서술했다.

그러나 드레퓌스는 발언의 기회가 주어지자, 예나 다름없는 어투로 말을 시작했다. 군인으로서 어울리지 않는다고 느껴지는 호소조의 이야기는 극력 피했다. 스스로에게 냉정했고 자기 자신을 객관화시켜 이야기했다. 라보리가 그의 편지들의 발췌록을 읽는 동안에도 그는 남의 이야기를 듣는 양 동요됨이 없었다. 아주 이따금씩 갑자기 음성이 달라지는 것 외엔 감정의 동요가 일어났다고 볼 만한 표시가 거의 없었다. 그 외에 그의 목소리는 무색(無色)하고 공손하고 평온했다.

시간과 장소의 우연으로 인해 이 사나이는 5년 동안이나 국내외적으로 관심과 논쟁의 초점이 되었고, 이 사나이의 몸뚱이를 놓고 그토록 거세게 충돌을 거듭한 나머지 자칫하면 프랑스는 동족상잔의 비극으로 돌입할 뻔했었다. 무고한 사람을 천하의 죄인으로 만들어버린 제도나 인간들에게 자제라든가 군인의 체통 따위는 기대할 바가 못 된다. 그의 감정은 가장 깊숙하게 유린되어 있을 것이다. 그런데도 그는 그의 육체적인 참상조차 숨기려 애썼다. 다만 이따금 눈물을 줄줄 흘렸는데, 그것은 쇠약해진 건강과 순간적인 자제력의 상실 때문이었다. 눈물을 흘려도 전혀 표정이 없어 마치 인형이 우는 것 같았다. 운다기보다는 차라리 유령 같은 두 눈에서 물이 흘러내렸다고 하는 게 정확한 표현이었다. 샤무앵은 국방부 장관에게 제출하는 보고서에서 "그의 가슴은 말이 없었다"고 했는데, 이야말로 모든 방청객의 소감을 대변해준 말이었다.

드레퓌스의 마음속엔 군의 규율과 상사에 대한 존경심이 깊이깊이 새겨져 있었다. 그를 동정하던 사람들은, 그가 장군에게 호명당하는 데 굉장한 긍지를 나타내는 걸 보고 아연실색했다. 그는 부아데프르 장군이 판사들 앞에서 장황한 연설을 늘어놓는 걸 정중한 자세로 경청했다. 장군의 연설 내용은 결국 드레퓌스가 유죄라는 취지였는데도 말이다. 정반대로, 그는 피카르(그는 단지 중령이었다)가 장군들의 말이 거짓임을 용감하게 규탄하고 드레퓌스의 무죄를 확신한다고 증언했을 때는 오히려 덫에 걸린 짐승처럼 고통스러운 눈빛을 발했다. 그 후의 그의 행동거지에 비추어 드레퓌스는 계속 법정에 앉아 있었더라면 어쩌면 스스로 유죄라고 자인해버리고 말았을는지도 모른다.

클레망소는, 그의 개인 비서가 드레퓌스가 자기에게 걸린 혐의 사실이 뭔지 잘 모르는 듯하다고 말하자 "맞다, 드레퓌스는 드레퓌스사건이 뭔지 전혀 모르는 유일한 인간이다. 드레퓌스는 드레퓌스사건의 심연에 잠겨 없어졌다"라고 대답했다. 젊은 드레퓌스 지지자 레옹 블룸은, 만일 드레퓌스가 드레퓌스가 아닌 어떤 사람이었더라면 절대로 드레퓌스 편이 아니었을 것이라고 기록했다. 혁신적인 생디칼리스트 조르주 소렐은 드레퓌스는 노예 근성이 충만한 인물이며 자신을 파멸로 이끌어간 군 참모본부의 인물들과 똑같은 심장을 가진 국수주의자라고 평했다. 한참 후 인권연맹위원장이 드레퓌스에게 재판의 역사적 의의를 이야기하자 드레퓌스는 울먹이며 항변했다.

"아닙니다. 아닙니다. 나는 일개 포병장교였고, 비극적인 착오에 의해 계급을 박탈당했을 뿐입니다. 정의의 상징이니 하는 드레퓌스는 내가 아닙니다. 그런 드레퓌스는 여러분이 창조해낸 드레퓌스입니다."

드레퓌스는 자기 자신에 대한 고등법원의 궐석재판 기록과 자기와는 일면식도 없는 에스테라지에 대한 재판 기록을 훗날 연구했는데 그 연구는 바로 위의 발언과 같은 자세에서 이루어졌다. 이상 두 재판은 그가 악마도에 유배되어 다른 사람들과의 대화가 단절된 상태에서 자신의 감정과 생각을 표현하는 능력을 서서히 상실해가던 시기에 열린 재판이었다. 그는 렌의 재판 때문에 다시 인간 세계로 돌아왔고, 이 짧은 기간 내에 인간들과 의사소통을 하는 데 익숙해지기는 결코 쉬운 일이 아니었을 것이다. 그러나 사람들은 그가 자기 자신이 처한 이루 말할 수 없이 복잡하고 고통스럽고 억울한 운명을 재빨리 간파해낼 수 있으리라고 믿었고, 사리를 객관적으로 판단해서 자신의 입장과 자기에게 주어진 기회를 헤아려 이용해주기를 기대했다.

꿈속의 꿈처럼 군법회의 재판장은 그에게 그 옛날의 낯익은 명세서를 내밀며 알아보겠느냐고 물었다. 그는 알아보지 못했다. 그 대신 마치 강철 손이 그의 목을 조르기라도 한 듯 거칠게 울음을 터뜨리며 말했다.

"거듭하지만 나는 1894년에 내가 말했던 바와 같이 무고합니다. 대령님, 나는 지난 5년 동안 모든 것을 무던히도 참아왔습니다. 또 한 번 나의 이름과 나의 자식들의 명예를 걸어 맹세합니다. 나는 죄가 없습니다. 대령님!"

그는 아내가 방청 중인 걸 알면서도, 여자관계를 암시하는 여러 가지 질문─그것이 사실이건 꾸며낸 질문이건─에 대해 당황하는 기색은커녕 냉정했다. 동료 장교들이 그를 증오하고 있다는 사실에 대해 생각하는 눈치였다.

그는 모든 질문에 정확하고 논리적인 어투로 답변했다. 그의 일거일동은 프랑스의 사활을 가름하는 깃발을 휘날리게 하거나 내리게 할 만큼 중요한 것이면서도, 정작 자기 자신에 대한 판결에는 거의 영향을 미치지 못했다. 재판의 열쇠는 메르시에 장군이 이 재판의 심리 범위를 고등법원이 타당하다고 인정한 것 이상으로 확대할 수 있느냐의 여부에 달려 있었다. 심리 범위 제한에 대해서는 좌파와 우파가 모두 반대였다. 『라 크루아』는 제한적 심리에 의한 재판을 하지 말라고 호소했다.『르 골루아』는 이렇게 썼다.

누구도 진리를 질식시키고 싶진 않을 것이다. 제한을 가하는 것은 수상한 짓이다.

그리고 클레망소는 이렇게 주장했다.

법정이 최하 수준으로 타락함을 면하려면, 모든 사람을 소환 심문해야 한다.

카리에르 검사는 그 요구를 받아들였다. 그는 재판을 제한하라는 정부의 권고에 따르지 않았다. 그래서 드레퓌스와 군, 누가 유죄인가 하는, 신문에서 야기되었던 식의 논쟁이 법정에서도 그대로 제기되었다.

메르시에는 두 번째 술책으로 비공개 재판을 생각해냈다. 그는 1894년의 1차 재판에서도 그렇게 했었다. 관련 서류들이 고등법원에 빠짐없이 전달되었음을 선서한 군의 공식적인 성명이 있었는데도 또한 이들 관계 서류들이 공개적인 기록에 발표되었는데도 메르시에는 재판을 다시 비공개로 하는 데 성공할 수 있었다.

변호인측은 치명적인 약점을 노출하고 말았다. 비공개 재판에 대해 항의하지 않았던 것이다. 그래서 대중에게 공개하는 것은 국가안보에 위협이 된다는 것을 암암리에 인정하는 결과가 되었다. 재심반대파 신문들은 자기네 쪽이 그토록 쉽게 이긴 것에 대해 오히려 얼떨떨해했다. 변호인측의 실수는 너무 중대한 것이어서 이들은 이것이 오히려 변호인측이 파놓은 함정이 아닌가 생각할 정도였다. "경계하라"고 그들의 기사는 촉구했다. 그러나 함정이 아니었다. 변호인단 내 의견 불일치의 결과였다. 드망주는 아직도 신문을 손에 든 정치인들에 의한 재판보다는 법전을 든 판사들에 의한 재판이 최선이라고 생각했다. 물론 원칙적으로 옳은 이야기였다. 그러나 그는 드레퓌스와 마찬가지로 그들 사건의 본질을 포착하지 못하고 있었다. 그는 장군들에게 양보하면서 한편으로 드레퓌스가 무죄 방면되어 명예를 회복할 가능성을 모색하고 있었다. 이쪽도 살고 저쪽도 살려주자는 것이 죽음을 다투는 투쟁에 임한 그의 자세였다.

재판장 주오 대령이 취한 드레퓌스와 그 변호인들에 대한 협박적인 태도는 그가 메르시에 장군과 검찰측 증인들에게 보인 공손한 태도와는 좋은 대조를 보였다. 이것은 방청객들과 세계 각국의 신문 독자들을 놀라게 했다. 주오 재판장은 검찰측에 최대한 유리하게 하기 위해서 군법이 자기에게 부여한 재량권을 행사한 것이었다. 그러나 그의 세련되지 못한 목소리와 행동은 재심반대자들을 속이지 못했다. 재심반대자들은 주오 재판장을 완전히 믿지 못하고 있었는데 그것은 사실 근거 있는 것이었다. 이 나이 많은 대령은 실은 드레퓌스의 무죄를 확신하고 있었던 것이다. 그는 이 사실을 끝까지, 최종 평결하는 순간까지 숨기는 데 성공했다. 그는 무죄 쪽에 표를 던졌다. 메르시에는 에스테라지가 법정에 나타나서 정상참작을 받으려고 참모본부의 가면을 벗기고 그들이 행한 거짓과 날조된 증거들을 폭로해버릴까 봐 겁내고 있었다. 재판이 시작될 무렵에 에스테라지는 검사에게 편지를 써서 어차피 렌 군법회의는 그 유대인을 무죄 방면할 것이므로 자기는 렌에 갈 의사가 없다고 했다. 그러나 이것은 그 재판을 기회로 돈을 좀 벌어보려는 계획의 첫 움직임에 불과했다.

그뿐 아니라 피고인에게 불리한 재판이 진행되도록 자극하는 것이 그로서는 가장 급한 일이었다. 그는 재판장에게 편지 공세를 펴는 한편 자신의 변호사를 통해 메르시에에게 제의와 위협을 계속했다. 그는 자기 변호사에게 다음과 같은 서신을 보냈다.

아, 저 악당들, 비열한 속물들! 만약 국수주의자들을 만나거든 내가 돈이 떨어졌다고 전해주시오……. 공스는 곧바로 수감될 거라고도 전해주시오. 아, 짐승들……. 나한테 누구를 보내주면 나는 그들에게 무슨 일이 일어날 것인지 그에게 말해주겠소. 그들이 이미 명예를 등져버렸다는 것을 내 손에 있는 서류들로 입증할 수도 있소. 그러면 그들은 끝장이오. 나는 절대 혼자 죽지 않소. 장례를 아무리 근사하게 치러준다 해도 말이오. 나는 그 명세서 작성에서의 내 역할이 무엇이었던가를 증명하는 두 통의 편지를 보관 중이오. 때가 되면 그 편지들을 내보이지 않을 수 없게 될 것이오.

메르시에는 프랑스 장군치고는 에스테라지가 생각하는 것보다 현명했다. 필적 감정의 대가이며 권위 있는 과학자인 베르티용의 도움으로 그는 에스테라지의 필적이 아닌 또 하나의 명세서를 만들었던 것이다. 피카르에게 그 필적이 에스테라지의 것이라는 그의 주장이 옳다고 말했던 베르티용은 이제 와서는 그것이 변조된 드레퓌스의 필적이라고 주장할 참이었다. 자기가 원하는 확신을 얻어내기 위해서 그럴듯한 이론을 만들어낸 과학자는 베르티용 이전에도 있었다.

재판부는 드레퓌스의 진술을 청취한 후에 일반 방청객을 퇴장시켰다. 비밀 문서를 검토하기 위해 재판정의 입구는 폐쇄되었다. 재판에서 국방부와 외무부를 함께 대표했던(이것은 양 부처 간의 완전한 합의를 강조하기 위해서였다) 샤무앵 대령은 심판관들 앞에서 비밀 서류철의 내용물을 꺼냈다. 그때 라보리는 샤무앵이 그 서류들 속에 몰래 몇 장의 다른 서류를 끼워 넣는 것을 보았다. 라보리가 이에 대한 설명을 요구했다. 샤무앵 대령은 크게 당황했다. 처음에 라보리가 그 서류들을 보려 하자 샤무앵은 반대했다. 그러다가 그는 라보리가 그 서류의 처음 페이지만 보고 다른 두 페이지를 보지 않는다는 조건으로 라보리에게 서류를 주겠다고 선언했다. 첫 페이지부터 이것이 드레퓌스 체포 후, 이탈리아대사관의 무관 파니차르디가 이탈리아 정부에 보낸 암호 전문을 뒤파티가 오역한 것임이 분명했다. 고등법원은 이미 뒤파티의 음모를 간파하고 정확한 번역문을 기록에 첨가한 바 있었다. 사실은 그 오역이 뒤파티에 대한 기소 범죄 내용 중 하나였다. 샤무앵은 실수를 사죄함으로써 모든 사람을 더욱 어리둥절하게 만들었다. 그는 변명하기를 법정에 나오기 전에 메르시에 장군을 만났는데 그가 서류를 검토해보라면서 주었다는 것이었다. 받지 말걸 괜히 받았다고 말하면서 그는 증거로 제시되는 비밀 서류철에 그 문서를 왜 살짝 끼우려 했는지에 대해서

나는 고발한다

는 일언반구의 설명도 없이 변명을 끝냈다.

법정은 이 문제를 알아보기 위해 휴정했고 그 자리에 있던 드레퓌스 지지자들은 샤무앵의 구속을 긴급히 요청하기 위해 출판업자 스토크를 대표로 뽑아 총리에게 보내기로 했다. 왈데크-루소 총리는 자기가 얼마나 곤란한 입장에 처해 있는가를 고통스럽게 설명했다. 스토크가 렌에서 그에게 오기 전에 그는 이 문제를 국방부 장관 갈리페와 협의했었다. 정부를 대표하여 출정한 장교가 재판을 오도하려다가 발각된 이 사태의 책임을 물어 샤무앵에게 가혹한 처벌을 내리자고 총리는 주장했다. 그러나 갈리페 장군은 샤무앵을 견책하는 이상의 처벌은 하지 않겠다며 만일 총리가 그 이상을 요구한다면 자기는 즉시 사임할 것이며 드레퓌스의 유죄를 확신한다는 요지의 공개 선언을 하겠노라고 잘라 말했다.

재판이 재개되자 샤무앵은 휴정 중에 갈리페에게 자신의 중대한 실수를 보고했으며 국방부 장관은 그의 사과를 받아들이고 라보리가 나머지 두 페이지를 읽도록 허락하라는 지시를 내렸다고 재판장에게 보고했다. 이 두 페이지에 기록된 암호 전문 해독 내용에서는 서로 모순되는 점이 몇 군데 발견되었다. 따라서 이것은 공식적인 해독 암호 원문 자체가 모순된 내용으로 되어 있었거나 아니면 조작된 이탈리아어 원문에 기초를 둔 것임이 틀림없었다. 여기에는 뒤파티의 오역보다도 더 심하게 드레퓌스를 유죄로 모는 내용이 들어 있었다. 사건 초기의 국가주의 계열 신문들의 해설 기사에서 인용된 것들이었다.

라보리가 일으킨 뜻밖의 이 엄청난 혼란에 당면한 메르시에 장군은, 자기는 그 서류를 파리를 떠나기 전에 뒤파티에게서 받았노라고 선언했다. 받을 당시 그것이 파니차르디 전보의 번역문임을 얼핏 알고는 있었으나 상세히 읽어보진 않았다고 말했다. 그러나 앙리의 위조 사실을 발견한 바 있고, 그 이후 자신의 이 실수를 속죄하기 위해 노력해온 장교인 퀴녜는 증언대에 서서, 애당초 1894년에 이 전문을 해독한 사람은 뮈니에라는 장교인데, 이 장교는 이 전문이 드레퓌스의 반역죄상을 명확히 드러내고 있다고 자기에게 말한 바 있다고 했다. 뮈니에는 그 후 기차간에서 변시체로 발견되었다.

그렇다면 결국 파니차르디 전문은 오랫동안 파묻혀 죽어 지내다가 드레퓌스사건에 마지막 일격을 가하기 위해 다시 살아나 법정에 제출되었다는 얘기였다.

그러나 이것은 메르시에 장군이 자기 시대의 토스카니니가 되어 연출해낸 혼돈과 혼란이라는 대오케스트라 연주의 서곡에 불과했다. 메르시에는 검찰측이 거느린 70여 명이라는 대중인단에서 단연으뜸가는 거물이었다. 이에 비해 피고인측의 증인은 20여 명에 불과했다. 레나크의 표현에 따르면 이 장군은 늙은 사자의 머리 모양을 닮았으며 자신감에 넘쳐 있었다. 그는 녹색 천으로 커버가 되어 있는 회의용 의자에 앉아 한 팔 간격만큼의 거리에서 판사들을 마주보며 그들을 상대로만 얘기하고 다른 사람들은 거들떠보지도 않았다. 증인이라기보다는 젊은 부관에게 일장 연설을 하는 노숙한 고급 지휘관 같았고 아이들을 타이르는 어버이 같았다.

메르시에는 재판장에게 발언권을 요청하는 법이 없었다. 재판 과정을 통틀어 그는 말하고 싶을 땐 서슴없이 말을 했고 마치 정신적인 원로이기라도 한 양 자유롭게 처신했다. 라보리의 폭발적인 성격과 맹렬한 공격 속에서도 그 도도한 자세는 꺾이지 않았다.

레나크는 이렇게 기록하고 있다.

> 메르시에는 단 한 번도 단 한 발짝도 물러서지 않았다. 추궁하듯 캐묻는 질문에도 독단적인 결론이나 단호한 주장으로 오히려 반격을 가함으로써 토론을 마비시켰다. 답변을 거부하기도 했고, 자기가 내세운 주장에 대한 질문을 거부하기도 했다. 시종 거만한 음성이었고 메마른 명령조였다. 눈을 반쯤 감은, 빤질빤질한 얼굴은 전혀 동요의 빛을 보이지 않았다. 시간이 갈수록 더욱 흉물스러워져서 늙은 노파나 에스파냐 주교를 연상시키는 깊은 주름살을 드러내며 말하곤 했다……. 냉소적인 그의 태도는 존경과 감탄을 받을 만했다. 범죄가 어떤 종류의 미를 창조하는 경우도 있는 것이 아닌가 하고 믿게 되는 순간조차 있었다.

메르시에는 교묘한 수법으로 프레이스태테르 대위의 증언의 효과를 유야무야시키려 했다. 프레이스태테르 대위는 1894년 드레퓌스사건의 첫 재판 때 유죄 선고를 했던 심판관 중 한 사람이었는데 그는 자기가 피고인의 유죄를 확신하게 된 증거가 바로 이 파니차르디 전보였다고 증언했다. 첫 재판의 재판장이었던 모렐 대령이 소환되었다. 대령은 선서 후, 그 당시 결코 이 전보를 읽은 바 없다고 증언했다. 그러나 프레이스태테르 대위가 끈질기게 질문을 퍼붓자 앞서 했던 증언을 번복하고 읽은 것도 같다고 애매하게 인정했다. 바로 이 미묘한 순간에 메르시에가 끼어들었다. 그는 한 통의 편지를 증거로 제시했다. 그것은 프레이스태테르 대위가 드레퓌스사건 선고 공판 직후 친구에게 보낸 서한이었다. 그 편지에서 대위는, 자기는 평결회의를 하기 위해 휴정을 선포하고 다른 심판관들과 함께 재판정을 떠나기 전에 이미 결심이 서 있었다고 적고 있었다.

라보리는 왜 메르시에는 법정에 증거 신청을 하면서 그 증거 서류들을 변호인단이 보지 못하게 명령했는가 따져 물었다.

"법에 어긋난다는 걸 장군은 몰랐단 말이오?"

메르시에는 공식적인 명령을 한 것이 아니고 고차적인 의미에서 도덕적인 당위성을 강조했을 뿐이라고 답변했다. 이 답변의 애매함에 대해—의심의 여지없이 덜 애매하도록 해보려는 의도로—그는 덧붙여서 모든 책임을 자기가 지겠노라고 말했다. 그러나 도덕적인 책임인지 법에 어긋난 명령을 내린 책임인지는 밝히지 않았다. 메르시에는 당시의 외무부 장관 아노토에게 명세서 이외의 다른 새 증거가 발견되지 않는 한 드레퓌스를 기소하지 않겠다고 약속하지 않았던가? 이것은 명세서가 최초의 증거이며 그 이전에는 아무 증거도 발견하지 못했다는 점을 명백히 인정한 것이었다.

제2국으로부터 제출된 서면 증거들은 모두 명세서보다 이전의 것들이었다. 어째서? 왜? 라보리는 따졌다. 그는 아노토에게 명세서 이외엔 아무것도 보지 못했음을 인정했는데 어떻게 해서 그 이전부터 자기 자신의 서류철에 보관된 것으로 되어 있는 서류를 뒤늦게야 발견했는가? 메르시에는 답변하기를, 자기가 아노토에게 한

이야기는 인접 강대국과 직접 관련될지도 모르는 서류들은 제출하지 않겠다는 의사 표시였을 따름이라고 했다. 한술 더 떠 메르시에 장군은 오스트리아대사관 무관 슈나이더 대령이란 사람이 1897년 11월에 작성한 보고서를 제출했다. 그 보고서의 내용은 이런 것이었다.

여기저기서 드레퓌스가 정말 반역자였다고 말하는 걸 듣게 된다. 그러나 지난 1년 동안 독일과 이탈리아 무관들조차 그걸 인정한다고 고백하지 않았다면 나는 드레퓌스의 이름을 들먹이지조차 않았을 것이다. 내게 중요한 심증을 주는 것으로『르 탕』지의 기사가 있다. 이상의 정보들이 사실에 근거를 둔 것이라 생각하며, 드레퓌스는 스트라스부르나 브뤼셀의 정보기관들과도 연계가 있는 것 같다. 독일 참모본부는 중요한 자국 내 인사들에게까지도 이 일련의 사실을 감추고 있다.

메르시에의 증언이 있자 슈나이더 대령은『르 피가로』지에 급히 항의 성명서를 게재하고 메르시에가 제출한 보고서는 날짜가 잘못된 것이라고 해명했다. 그는, 그 보고서는 드레퓌스를 유죄라고 믿었던 1896년에 쓴 것이지 1897년에 작성한 것이 아니라고 밝혔으며 또한 자기는 1897년에는 드레퓌스가 무죄라고 생각하게 되었다고 성명서에서 밝혔다. 그러나 이 같은 부분적인 부정으로 그 보고서가 심판관들에게 미친 효과를 무너뜨리지는 못했다.

계급이 자기보다 아래인 부하 장교들이 경청하는 가운데 메르시에는 드레퓌스가 왜 유죄인가를 조리 있고 유창하고 세련된 어휘들을 골라 써가며 설명했다. 드레퓌스는 늘 꼬치꼬치 캐묻는 습관이 있어서 동료들에게 따돌림을 받았고 또 서류철 가운데 1894년도에 파니차르디가 작성한 철도동원 계획에 관한 서류가 있는데, 그 당시 드레퓌스는 이 계획에 참여하여 일했다는 것이었다. 이어서 그는 드레퓌스가 폭약에 관해 연구한 적도 있었는데 그동안에 흑석류석에 관한 비밀 자료가 사라졌으며, 그 사라진 자료는 드레퓌스를 통해 인접 강대국의 수중으로 넘어갔음이 틀림없다고 주장했다. 또 다른 예로서 드레퓌스가 중화기에 관한 보고서를 작성한 바 있는데 그 보고서가 국방부에서 송두리째 없어졌다고 말했다.

변호인단은 물론 이 증언들의 대부분을 신빙성 없는 것으로 공박할 수 있었다. 예컨대 중화기에 관한 보고서는 드레퓌스가 옥중에 수감되어 있는 동안에 없어졌음을 밝힐 수 있었고, 흑석류석에 관한 비밀 자료는 드레퓌스가 폭약 연구에 가담하기 전에 분실되었음을 밝힐 수 있었다. 그 밖의 것들은 반역죄의 증거로 채택하기엔 부적당했다. 그러나 메르시에의 이 따위 진술들이 판사들에게 암암리에 미쳤을 영향은 무시할 수가 없다.

메르시에는 저 유명한 '무뢰한 D' 서한을 거론했는데, 그는 'D'가 바로 드레퓌스를 지칭한다는 건 만인이 다 인정하는 공지의 사실이라는 투로 이야기하고 있었다. 그는 고등법원 따위는 안중에도 없다는 태도로 명세서를 드레퓌스가 쓴 것은 사실이며 에스테라지는 거짓말을 했다고 주장했다. 드레퓌스가 직접 쓰지 않았더라도 그가 사주한 것만은 분명하다고 억지를 쓰기도 했다.

메르시에의 증언은 대개가 프랑스 국가안보상 너무나 위험해서 진상의 전모를 밝힐 수는 없고 아쉬운 대로 불가피한 일단을 밝힐 뿐이라는 식이었다. 한 심판관이 비밀 서류철에 들어 있었다는 그 명세서가 사본인가 아닌가 묻자 그는 '진본'이었으며 그 귀퉁이에 독일 황제의 필적이 추기(追記)되어 있다고 말했다. 그는 독일 황제의 괴벽과 형식을 무시하는 성격 그리고 격렬한 행동양식을 상기시켰다. 그는 공식적으론 부인되고 있지만 실제로 독일 황제는 비밀 요원과 친히 접촉하며 공작 내용에 관한 토의를 하고 있다고 주장했다. 그는 뻔뻔스러운 억설이랄 수밖에 없는 진술을 서슴지 않았다. 이런 뻔뻔함을 지닐 수 있는 고위 인사는 흔하지 않았다. 권력자가 필요할 때 거짓말을 하는 건 흔한 일이지만, 이토록 떡 먹듯 손쉽게, 태연자약하게 거짓말을 즐기는 위인은 찾아보기 힘든 일이었다. 법정에서 그것도 태산같이 마주 닥치는 반증의 공격을 받으면서도 말이다.

　하루 종일 계속되던 메르시에의 증언은, 파리에서 경찰이 데룰레드를 비롯한 애국파연맹의 지도자들과 왕당파 및 반유대주의자의 거두들을 검거하기 시작했다는 뉴스가 전해지자 중단되었다. 뉴스에 따르면 게랭은 샤브롤 가(街)에 있는 자택으로 도망하는 데 성공하여 자택에서 충성스러운 몇몇 부하들과 함께 바리케이드를 치고 경찰과 대치 중이라는 것이다.

　파리 경찰청장 레핀이 도처에 깔린 정보원들을 통해 쿠데타 음모를 적발했으므로 이런 사태 진전이 일어났다는 얘기가 오고 갔다. 데룰레드가 왕당파들의 압력에 굴복하여 그들과 함께 공화국을 타도하는 데 가담했으며, 거사 후의 국가 형태는 추후에 결정하기로 되어 있다는 것이었다. 양파의 합동회의는 봉기일을 8월 12일로 정했는데, 이날은 바로 메르시에의 증언일이며 렌 법정이 판결을 선고하기로 예정된 날이었다.

권좌를 노리는 이들 일파는 봉기가 점화될 때 좀더 가까이 있기 위해 브르타뉴 해안으로 물놀이를 나갔었다. 렌이 봉기의 시발지가 될 예정이었기 때문이다. 총리는 지도자급들을 검거하면 반정부 조직의 힘은 저절로 무너질 것으로 판단했다. 그는 내각의 만장일치 동의를 얻어 경찰권을 발동, 검거선풍을 일으킨 것이었다. 피검된 자들은 구속되어 법원에 의해 국가안보 교란 혐의로 재판을 받게 될 터였다. 그러나 소위 이 '애국파' 도당의 잔당을 그대로 둔 것은 큰 도박이었다.

아무튼 게랭을 제외한 반정부 음모의 지도자들은 모두 체포됐다. 반유대주의 농성자들은 장기간의 포위 상태에 대비하여 식량과 무기를 준비했다. 갈리페는 농성을 분쇄해버리자고 주장했으나 총리는 반대했다. 발데크 총리는 조만간 모두 굴복할 터인데 성급히 다스리려다가 인명 피해를 초래할 까닭이 없다고 보았다. 게랭과 그를 추종하는 14인의 반유대주의자들은 게랭의 집 발코니와 창문을 통해 그 집을 포위하고 있는 경찰들을 내려다보고 있었다.

국민들은 일삼아 이 광경을 구경했다. 샤브롤 가(街)의 이 진풍경을 보기 위해 몰려든 구경꾼이 인산인해를 이루었다. 구경꾼들은 발코니를 연단 삼아 열변을 늘어놓는 게랭의 말에 귀를 기울였다. 포위 경찰은 이것을 대수롭지 않게 여겨 구경꾼을 해산할 생각을 하지 않았다. 경찰관 중엔 아무 일도 없다는 듯이 건물 앞에 앉아『라 리브르 파롤』지를 펴 들고 읽는 사람도 있었다. 이것은 왈데크측의 명백한 실수였다. 갈리페의 주장이 옳았던 것이다.

농성은 한없이 장기화되어 정부의 권위가 실추되기 시작했다. 게랭의 속셈은 어떻게든 렌의 재판이 끝날 때까지 이대로 시간을 끌자는 것이었다. 그때가 되면 비록 지도자들은 검거됐지만 예정대로 봉기가 일어나리라고 믿었던 것이다. 처음엔 파리 시민의 여흥거리로 생각됐던 농성 구경이 점점 심각한 문제로 발전되었다. 구경꾼은 게랭을 자유롭게 만들고자 하는 거대한 우파 시위대로 변해갔다.

경찰은 이들을 강제해산시켜야 했다. 그 바람에 100여 명의 부상자가 발생했다. 40일간의 농성 끝에 게랭은 체포되었다. 게랭의 추종자들은 훈계 방면되고 음모에 연루된 혐의가 짙은 일부 장교들에 대해서도 정부는 아무런 조처도 취하지 않았다.

윌리엄 제임스는 독일 바트 나우하임에서 F.P. 기빈스 부인에게 아래와 같은 편지를 보냈다.

아직도 암담하기만 한 드레퓌스사건의 악몽이 우리 어깨 위에 걸려 있습니다. 지금도 우리는『르 피가로』의 사건 기사를 읽느라고 온종일을 소모하고 있습니다. 모든 프랑스적 현상 중에서도 이 사건 기사는 가장 문학적으로 쓰이고 편집되고 있습니다. 제1급 변호사 뺨치는 지위와 능력을 가진 숱한 증인들, 그들은 교대로 인간형의 다양함과 개성의 특이함을 한껏 보여주고 있습니다. 기사인지 소설인지 분간이 힘들 정도입니다. 에스테라지는 천하의 악당입니다. 그는 모든 비밀을 알고 있지만 제게 유리한 것만 얘기하며 전 유럽을 현혹시키고 있습니다. 피카르를 제외한 군부는 코를 꿰인 송아지처럼 그에게 질질 끌려가고 있습니다. 그는 셰익스피어적인 악당입니다. 아니, 어느 문학작품도 아직 그자처럼 지독한 허영심과 증오심의 화신을 창조해낸 바가 없습니다.

군법회의가 드레퓌스에게 유죄 선고를 해야 한다는 건 도저히 있을 수 없는 얘깁니다. 나는 아무리 봐도 이것이 진상이라고 생각합니다. 늙은 장군들은 줏대도 없이 수동적인 내통자가 돼버렸고, 솔직히 잘못을 시인하기보다는 최초에 저질러진 군부의 실수를 끝까지 얼버무리려 애쓰고 있습니다. 계급의 권위라는 것이 엄청나고 같은 군인이라는 직업적 연대의식이 막강하기 때문에 상상하기조차 힘든 현상, 즉 군법회의 심판관들이 어쩌면 상급자들의 유도에 따라 드레퓌스에게 또다시 유죄를 언도하는 불상사가 일어날지도 모릅니다……. 피카르는 정말 영웅입니다. 어느 나라에서도 그런 인물은 매우 보기 드물 것입니다. 그는 틀림없는 국방부 장관감입니다. 아마 그가 국방부 장관이 되면 군부 내에 일대 혁명이 일어나겠지요. 나는 (만일 재판부가 권한다면) 루베 대통령이 곧 드레퓌스를 사면해버릴 거라고 믿습니다. 그렇게 되면 드레퓌스와 루베 두 사람은 어느 반유대계 자객에 의해 피습될지도 모릅니다. 앞일은 아무도 알 수 없는 법이니까요.

8월 14일 또 하나의 사건이 렌의 법정을 혼란 속에 빠뜨렸다. 한 사나이가 법정으로 뛰어들어 오며 거리에서 라보리가 습격당했다고 외쳤다. 드레퓌스사건의 진행 과정에서 너무나 많은 사람들이 의문의 죽음을 당했으므로, 이 소식은 모두를 겁에 질리게 만들었다. 이 때문에 재판은 즉시 휴정되고 말았다.

28

라보리는 피카르와 또 다른 친구 한 사람과 함께 재판정으로 가는 길이었다. 그때 등 뒤에서 누군가가 총을 쏘았다. 라보리는 그 자리에 쓰러졌다. 쓰러지면서 그는 소리쳤다.

"살인자다!"

피카르와 그의 친구는 행인들에게 "살인자를 잡아라" 하고 소리치며 총을 쏜 자의 뒤를 쫓았다. 총을 쏜 자도 소리를 질러대며 달아났다.

"자, 비키시오. 비키시오. 나는 드레퓌스 지지자를 죽였소!"

그자는 어느새 번화가의 군중 속으로 사라져버렸다.

그러는 동안, 라보리를 도와주는 척하면서 한 사나이가 그의 가방을 움켜쥐었고 공문서 운반 가방도 탈취하려 했다. 그러나 라보리는 공문서 가방 위에 쓰러졌고 그의 몸뚱이가 너무 무거웠던 탓으로 그를 밀쳐낼 수가 없었다. 그는 공문서 가방을 빼내지 못한 채 도망쳐버렸다. 범인을 놓쳐버린 피카르와 친구가 라보리에게로 돌아왔다. 거리에는 한 사람도 없었다. 아무도 피를 흘리며 쓰러진 변호사를 도우려고 나서지 않았던 것이다. 마침내 의사를 불러왔다. 검진 결과 라보리의 상처는 대단한 것이 아니었다.

라보리의 가방을 훔쳐 갔다는 사실로 보아 저격은 우발적인 사고가 아니고 치밀하게 짜인 음모에 의한 것이라는 게 분명해졌다. 아나톨 프랑스는 라보리에게 이렇게 썼다.

당신은 선량한 사마리아인이 당신에게 오고 있다고 믿었소. 그러나 그는 사악한 바리새인이었소. 그는 당신을 돕는 척하면서 서류를 훔쳐 갔던 것이오.

그리고 조레스는 이렇게 썼다.

1894년에 참모본부는 드레퓌스를 파멸시키기 위해 변호인측을 억압했다. 이제 그들은 변호인들을 없애버리는 게 더 간단한 방법이라는 것을 알아냈다.

피카르가 쓰러진 라보리 옆에서 기다리고 있는 동안 메르시에 장군이 그 옆을 지나쳤다. 장군은 의기양양한 눈초리로 오랫동안 그를 쏘아보았다고 피카르는 말했다.

라보리의 등에 탄환이 박혔지만 생명에는 지장이 없다는 뉴스가 삽시간에 퍼져나갔다. 가톨릭계의 『라 크루아』지는 라보리가 부상당했다는 사실 자체를 조롱하는 오행(五行) 풍자시를 실었다. 어렸을 적부터 라보리의 친구였던 외과의가 렌에 와서 수술할 것을 주

나는 고발한다

장하자 갖가지 풍문이 나돌기 시작했다. 지방 의사인 르클뤼와 파리에서 온 의과대학 교수는 수술에 반대했다. 라보리 자신도 르클뤼의 의견을 지지했다. 그는 외과의를 친구로서 환영하면서도 그의 직업적 충고는 받아들이려 하지 않았다. 친구인 외과의는 이런 라보리의 태도를 심히 못마땅하게 생각했다.

소문은 엉뚱한 방향으로 번져나가고 있었다. 라보리가 군부와 타협하려는 변호인단측의 새 방침에 방해가 되었기 때문에 저격되었다는 것이었다. 어떤 신문들은 드레퓌스의 가족이 그를 제거하려고 저격했다고 보도하는가 하면 어떤 신문들은 내각 역시 체면을 살리는 선에서 타협하는 데 찬성하고 있었기 때문에 정부가 사람을 시켜 그를 저격한 것이라고 했다. 경찰이 정부의 비위를 맞추기 위해서 이 저격 사건에 일역을 담당했을 거라면서 경찰을 비난하는 측도 있었다. 이런 소문은 드레퓌스 가(家)에서 라보리 대신 고등법원에서 드레퓌스를 변호했던 앙리 모르나르를 변호인으로 선임하려 하자 더욱 신빙성을 갖게 되었다. 라보리는 드레퓌스 가족들의 이런 움직임에 항의했고 변호인을 바꾸면 가만히 있지 않겠다고 위협했다. 결국 8월 22일, 그는 다시 변호인으로 활동하게 되었다. 저격범과 공범자는 영영 잡히지 않았다. 그들이 '유대인 조직'의 변호사 가방에 돈이 두둑이 들어 있으리라고 생각한 지방 불량배였는지 아니면 그 가방 안에 비밀 증거가 들어 있으리라고 생각한 국가주의자였는지조차 밝혀지지 않았다.

재판장은 라보리의 쾌유를 축하해주었고 그가 메르시에 장군을 심문할 수 있도록 허락해주었다. 한편 그 무렵 재심반대파 신문들은 메르시에에 대한 실망을 나타내기 시작했다. 『로토리테』지는 그와 다른 장군들에게 다음과 같은 경고를 보냈다.

"당신들은 드레퓌스와 함께 피고석에 있소."

『르 골루아』지는 메르시에에게 보내는 공개장을 게재했다.

당신의 증언은 용감했고 충성스러웠으며 또한 빈틈없었습니다. 당신은 진실의 대부분을 말했습니다. 그러나 진실의 전부를 말하지는 않았지요. 당신은 명세서의 사진 복사판을 가지고 있고 또 그것을 렌에까지 가지고 온 걸로 우리는 알고 있습니다. 그게 사실이라면 이 사실을 확인해주십시오. 만약 사실이 아니라면 부인해주십시오.

이것은 널리 알려진 이른바 귀퉁이에 독일 황제의 메모가 적힌 명세서 진본의 사진 복사판을 가리키는 말이었다. 메르시에는 이 가짜 문서가 실제 무기로서보다는 위협으로서 한층 쓸모가 있다는 사실을 모를 만큼 둔한 사람은 아니었다. 하나의 위협으로 그것은 짙은 연막을 만들어낼 수 있었다. 그러나 증거로 법정에 제출될 경우 그것은 곧 날조라는 게 드러날 게 뻔했다. 뒤파티는 이보다 못한 일로도 체포된 바 있었다. 사실 메르시에가 체포되는 것을 국가주의자들은 별로 두려워하지 않았다. 그렇게 되면 그것은 그들로서는 봉기의 횃불이 될 것이었다. 그러나 카이사르의 머리통과 비슷한 모양을 한 이 장군은 그런 횃불이 될 생각은 없는 듯싶었다. 그는 불꽃이 아니라 교묘하게 세파를 헤쳐나가는 장구벌레였다.

라보리는 메르시에를 사정없이 다그쳤다. 그러나 장군은 미꾸라지처럼 그의 손아귀를 빠져나가 흙탕물 속으로 뛰어들어 가버리는 것이었다. 그는 드레퓌스가 체포되던 당시의 상황을 설명했다. 독일 황제가 프랑스 주재 대사를 통해 전쟁을 일으키겠다고 위협했다고 그는 말했다.

"명세서 때문에?"

"물론이죠. 바로 그 무렵 러시아의 알렉산드르 3세가 죽었고 그의 후계자가 프랑스의 동맹국으로 남아 있으려 한 것인지 매우 불분명한 상태였습니다."

"그게 명세서 때문이었단 말입니까?"

"아니죠. 물론 그 때문은 아니었어요."

이것은 새로 제위에 오른 러시아 황제 얘기였고 독일 황제 빌헬름으로 말하면 무책임하고 충동적인 행동을 잘하기로 유명한 황제였다는 것이었다. 더욱이 독일 궁정이나 참모본부에는 황제의 이런 무분별한 행동을 제어할 만한 줏대 있고 강력한 인물이 없었다는 것이었다. 그래서 항상 걱정에 싸인 채 몇 날 몇 밤을 지냈다는 것이었다. 그리고 자기는 여차하면 즉각 동원명령을 하달할 수 있도록 참모총장을 대기시켜놓고 있었다고 주장했다. 그런 상황에서 법률적 절차에 집착할 수는 없다는 것이었다. 증거를 누설함으로써 전쟁을 유발할 위험을 무릅쓸 수는 없다는 것이었다.

메르시에의 이와 같이 교묘하고 구렁이 담 넘어가는 듯한 진술도 그가 다른 사람에게 책임을 전가할 수 있는 경우에는 명료한 진술로 돌변했다. 그는 전 국방부 장관 샤를 드 프레이시네에게서 유대인 조직이 드레퓌스를 구원하기 위해 3,500만 프랑을 썼다는 증거가 있다는 얘기를 들은 적이 있다고 말했다. 라보리는 뱀에 물린 듯이 벌떡 일어나 좀 자세히 말해달라고 요구했다. 메르시에는 프레이시네에게 직접 물어보라고 답변했다. 소환되어 온 프레이시네는 아무런 증거도 갖고 있지 않았고 그 액수나 얘기의 정확한 출처를 밝히지도 못했다. 다만 외국에 영향을 미치기 위해 얼마간의 돈이 쓰였을 거라고 추측된다는 진술로 메르시에의 진술을 뒷받침했을 뿐이었다.

진술을 끝내면서 메르시에는 급소를 찌르는 발언을 했다. 그는 부드러운 어조로 말했다.

본인은 한마디만 더 첨가하고자 합니다. 이와 같이 늙도록 살아오면서 본인은 인간의 일이란 항상 잘못될 수 있다는 슬픈 체험을 얻었습니다. 졸라가 생각한 대로 내가 만약 바보라면 나는 적어도 정직한 바보입니다. 또 정직한 가문의 자손입니다……. 내 마음속에 조금이라도 의혹이 있었다면 누구보다도 먼저 여러분과 드레퓌스 대위 앞에 이렇게 선언했을 것입니다. 내가 잘못 생각하고 있었습니다. 이제야 나는 그것을 깨닫게 되었습니다. 지금까지 저질러진 이 무서운 잘못을 바로잡기 위해 인간으로서 가능한 모든 일을 하겠습니다.

드레퓌스가 벌에 쏘인 듯이 벌떡 일어났다. 그리고 장군 앞으로 한발 다가섰다. 그는 외쳤다.

"네, 장군께서는 그렇게 하셔야 합니다. 그게 장군의 의무입니다!"

메르시에는 침착하게 대답했다.

"글쎄, 난 그렇게 생각하지 않소. 내 확신은 1894년 이래 조금도 변하지 않았소. 서류철을 검토해놓고 또 대위의 무죄를 입증하기 위한 여러 사람의 노력을 살펴본 결과 내 확신은 더욱 굳어졌을 뿐이오. 그들은 드레퓌스 대위의 무죄를 입증하기 위해 수백만 프랑의 돈을 썼지만 별 성과를 거두지 못하고 있소."

장군이 증언대를 떠날 때 어느 프랑스인 신문 기자가 "살인자!" 하고 소리쳤다.

마티외 드레퓌스는 파리에 있는 조제프 레나크에게 재판의 결과가 걱정된다는 전갈을 보냈다. 외국 언론, 특히 미국 언론은 이제 드레퓌스의 무죄 방면을 기대하지 않고 있었다.

윌리엄 제임스는 바트 나우하임에서 모스 부인에게 다음과 같이 썼다.

부패라고요? 말도 마십시오. 우리가 미국에서 알고 있는 부패 정도는 아무것도 아닙니다. 뇌물이나 주는 정도는 이곳 유럽의 왕족, 귀족, 교회, 군에 깊이 구조적으로 침투해 있는 부패의 천재들과는 상대가 되지 않습니다. 이런 부패가 유럽의 모든 나라(스위스만은 예외입니다)의 상층 계급, 하층 계급을 막론하고 그 심장 속까지 파고들어 가서 어떤 일을 막론하고 복잡하게 만들어놓고 있습니다. 드레퓌스사건도 바로 그런 예 중 하나죠. 그러나 두고 보는 수밖에! 아마 이런 문제를 국제적으로 비교하는 것이야말로 가장 어린애 같은 수

작일 겁니다. 각각의 국가는 그 이상을 가지고 있는 법이고 그것은 다른 나라 사람들로서는 알기 어려운 법이죠. 각각의 국가는 그 이상과 관련해서 독자적인 방식으로 발전해가야 합니다. 이것은 그 국가 스스로 판단해야 할 문제입니다. 우리들 각자는 자기 나라 안 자신의 영역에서 자기가 할 수 있는 일을 하면 그만이겠지요. 따라서 저는 이렇게 외국에 오래 머물고 있는 게 역겨워집니다.

재심요구자들은 왈데크 총리가 직접 독일 정부에 부탁해서 명세서에 열거된 문서들을 받았는가의 여부 그리고 그 문서들이 도착한 정확한 날짜, 드레퓌스가 체포된 후에 받은 문서의 유무 등을 공식적으로 밝히라고 요구했다. 왈데크는 독일대사관을 방문했다. 드레퓌스의 무죄 방면은 프랑스의 상황과 프랑스 내각에 매우 중요한 문제라는 코멘트와 함께 왈데크 총리의 요청이 베를린으로 전달되었다. 그러나 독일인들은 프랑스의 정치 문제에 성의를 보일 하등의 이유가 없었다. 프랑스 정부는 문제가 화급하다는 점을 강조하면서 다시 회답을 요구했다. 독일의 폰 뷜로는 그 회답에서 프랑스 정부의 진실을 위한 투쟁에 경의를 표했다. 그러나 1898년 라이히슈타크에서 밝힌 것 이상은 밝힐 수 없다고 말했다. 폰 뷜로는 라이히슈타크에서 드레퓌스가 독일을 위해 일한 적이 없다고 밝힌 바 있었다.

그러나 프랑스 정부는 희망을 포기하지 않았다. 국방부 장관 갈리페 장군이 독일 황제에게 청원서를 보냈다. 청원서에서 그는 황제에게 프랑스의 평온을 회복하는 데 공헌해줄 것을 요청했다. 프랑스에 평온이 회복되면 프랑스·독일 간의 상호 이해에도 도움이 될 것이라고 그는 덧붙였다. 갈리페는 전 무관 폰 슈바르츠코펜이 베를린의 법정에 나와 증언하도록 황제가 윤허해줄 것을 바랐다. 카이저는 회답을 적어 보냈다.

"그건 나와는 상관없는 일이오. 내가 프랑스의 황제란 말이오?"

그러나 독일 정부는 먼젓번의 해명을 재확인하는 성명서를 발표했다. 독일의 어떤 기관도 드레퓌스와 관련을 맺은 적이 없다는 것이었다. 이 성명서는 프랑스 외무부 장관에 의해 즉각 렌의 법정으로 전달되었다.

드레퓌스가 유죄 판결을 받던 당시의 대통령이었던 장 카지미르-페리에는 메르시에의 주장(메르시에의 말은 증언이라고 보기가 어려웠다)을 반박했다. 전 대통령은 독일대사가 어떤 문서가 공개되면 전쟁을 일으키겠다고 위협한 적은 없었다고 분명히 말했다. 뮌스터 백작은 다만 독일대사관이 드레퓌스사건에 관련되었다는 신문 보도에 대해 항의했을 뿐이며 그 항의에 위협적인 언사는 전혀 나타나 있지 않았다고 말했다. 더욱이 이 항의도 드레퓌스의 유죄가 확정된 후에 있었지 메르시에가 주장한 것처럼 그전에 있었던 것은 아니었다는 것이었다. 이에 대해 메르시에는 날짜는 중요한 것이 아니라고 말했다. 이것은 당시 일어난 수많은 사건 중 단 하나에 불과하다고 그는 말했다.

예심판사 폴 베르튈뤼스는 증언에서 다시 앙리 소령이 어쩔 줄 몰라 하던 광경을 회상했다. 이 증인은 드레퓌스의 무죄를 주장하는 데 있어서 논리와 명료성 그리고 그 추리력이 찬양할 만했다고 조레스는 후에 썼다. 그가 증언을 끝내자 상복을 입은 앙리의 미망인이 벌떡 일어나 그에게 "배반자!" 하고 소리쳤다. 그러나 베르튈뤼스는 이것을 미리 예견하고 있었다. 그는 재판장에게 자기가 그 전날 친구에게서 받은 편지를 보여주었다. 이 편지는 재판정에서 그에게 모욕을 가하기 위해 일부러 앙리 부인을 재판정에 데리고 갈 계획이 진행되고 있다는 내용이 적혀 있었다.

이 혼란스러운 재판이 진행되는 와중에 변호인측은 드레퓌스의 유죄와 반역 행위를 입증하려는 증언 및 증거를 저지하기 위한 일관된 노력을 기울이지 못했다. 라보리가 없는 동안, 드망주는 반대 신문으로 나온 증언의 거짓과 허구성을 입증할 수 있는 많은 기회를 놓쳐버렸다. 노령으로 그의 재능과 정력이 쇠퇴했기 때문인지 군의 위신을 세워주자고 일부러 그랬는지는 분명하지 않다. 저격에서 입은 상처를 치료한 후 법정에 돌아온 라보리조차도 재판이 드레퓌스가 작전에 나가리라고 믿을 수도 있었는가의 여부, 드레퓌스가 명세서에 기재된 비밀 문서를 제공할 수 있었는가의 여부에 대한 끝없는 억측의 구렁으로 같이 빠져들었을 때 충분히 목청을 높이지 못했다.

물론 메르시에 같은 증인을 제대로 다루기란 어려운 일이다. 특히 이 사건과 같은 상황에서는 거의 불가능한 일이다. 라보리는 메르시에에게 그가 뒤파티를 시켜 첫 번째 군법회의의 심판관들에게 전달하도록 한 의견서를 왜 폐기했는지, 그 이유를 밝히라고 요구했다. 메르시에는 그 의견서가 자기 개인의 문서였기 때문에 마음대로 처분할 수 있는 자격이 있었다고 답변했다. 그러자 라보리는 그 문서가 개인 문서였다면 장군은 왜 그것을 군법회의에 전달했느냐고 따졌다. 법정에 제출된 문서의 성격을 심판관들에게 알려줄 필요가 있었다는 것이 메르시에의 대답이었다. 그렇다면 왜 그것을 폐기했는가, 그것도 하필 이 사건이 재조명되던 1897년에 와서야 폐기했는가 하고 라보리는 물었다. 절대 자기는 1897년까지 기다리지 않았노라고, 그보다 훨씬 전에 그것을 폐기하라고 명령했노라고 메르시에는 말했다.

적어도 이 사안에서만은 메르시에의 말은 맞는 것이었다. 그는 진작 명령을 내렸지만 하급자들이 명령에 복종하지 않았던 것이었다. 그의 이 명령을 앙리와 그 동료들은 메르시에가 드레퓌스사건에서 행한 불법 행위의 흔적을 지워버리려는 기도로 해석했던 것이다. 그렇다 하더라도 언제 그것을 폐기했느냐 하는 것이 왜 그것을 폐기했느냐에 대한 대답이 되는 것은 아니다. 라보리는 메르시에가 그것을 폐기한 이유를 말하지 않고는 벗어날 수 없도록 궁지로 몰아넣지 못했다.

참모장교인 알베르 코르디에 중령이 주목할 만한 증언을 했다. 그는 제2국이 명세서가 제2국에 도착한 것은 4월 아니면 5월이라고 증언했다는 사실을 알고 의심을 갖게 되었다고 말했다. 자신은 명세서가 제2국에 입수된 것은 9월이라는 것을 분명히 알고 있다는 것이었다. 코르디에는 이렇게 선언했다.

"나는 드레퓌스 대위의 유죄를 믿어왔습니다. 그러나 이제 나는 그가 무죄라고 믿습니다. 나는 그의 무죄를 절대 확신합니다."

재판은 33차례나 열렸다. 115명의 증인이 출두하여 증언했다. 메르시에와 그의 부관 로제 장군이 재판정을 좌지우지했다. 한번은 이 두 사람이 피카르를 다시 증언대에 세우고 싶어 한 일이 있는데 그들은 재판장에게 그것을 요구하지조차 않았다. 로제가 이렇게 소리 질렀다.

"피카르 씨, 증언대로 나오시오."

군에서 익힌 습관으로 피카르는 이 말에 복종했다.

의외의 증인으로 체르누스키라는 오스트리아인이 법정에 나왔다. 그는 세르비아 왕족의 후예로 이름이 널리 알려져 있었다. 그는 1894년 6월에 어느 독일 장교의 책상 위에서 프랑스군의 기밀 서류를 본 일이 있다고 증언했다. 독일 장교에게 그 출처를 물어보았더니 독일 장교는 '유대인 돼지'에게서 얻었다고 대답하더라는 것이었다. 갈리페 장군은 체르누스키가 국제적인 도박사나 스파이들과 교제하는 믿을 수 없는 인물이라는 사실을 공식적으로 법정에 통고했다.

라보리는 최후변론의 권리를 포기했다. 드레퓌스의 가족들이 그렇게 요구했던 것이다. 놀랍게도 최후변론에 나선 드망주는 재판정에 온정을 호소했다. 그는 심판관들의 관용을 바란다는 뜻을 분명히 표시했다. 바레스는 그의 태도를 고급 식당에서 일하는 웨이터에 비유했다.

논고에 나선 검찰관은 심판관들에게 주목할 만한 암시를 주었다. 법정에 제시되는 증거가 반드시 합법적인 형식을 갖춰야 하는 것은 아니라고 지적한 것이다. 이 사건에서 증거는 이것 또는 저것이라고 꼬집어 말할 수는 없지만 증거가 전체로서 도처에 깔려 있다는 것이었다. 법률은 심판관들에게 그들의 믿음이 무엇인가를 말하라고 요구할 뿐이지 어떻게 해서 그런 믿음을 갖게 되었는가를 요구하지는 않는다는 것이었다.

마지막으로 재판장은 드레퓌스에게 할 말이 있느냐고 물었다. 핏기 하나 없이 창백한 드레퓌스는 일어서서 무뚝뚝한 어조로 말했다.

"조국과 군을 향해 저는 죄가 없다는 사실만을 말하고 싶을 따름입니다. 저는 제 자녀들이 이어갈 제 이름의 명예를 되찾기 위해서 5년 동안의 몸서리치는 고통을 참아왔습니다. 저는 여러분의 정직성과 정의감에 비추어 저의 그러한 뜻이 이루어지리라는 것을 확신하고 있습니다."

"그것이 피고가 하고자 하는 말의 전부요?"

재판장이 물었다.

"네, 그렇습니다."

드레퓌스는 자리에 앉았다.

심판관들은 두 시간 동안 회의를 가진 후 그 결과를 발표했다. 표결 결과 5 대 2로 드레퓌스는 대역죄를 범했다는 평결이 내려졌다.

29

재판정은 이른바 '정상참작'을 해서 드레퓌스를 금고 10년에 처했다. 그는 불명예 퇴역식을 가질 필요는 없게 된 것이었다.

드망주는 소리 내어 울었다. 노변호사는 차마 평결 결과를 드레퓌스에게 알릴 수가 없었다. 드레퓌스는 옆방에서 판결 결과를 기다리고 있었다. 라보리가 이 소식을 알리는 짐을 혼자 감당해야만 했다. 드레퓌스는 곧 자신의 자녀들을 데려다 달라고 부탁했다. 뤼시는 그때까지도 아버지의 일을 아이들에게 비밀로 해오고 있었다. 아이들은 아빠가 먼 여행을 떠나서 앓고 있다고 알고 있었다. 드레퓌스는 자유의 몸이 될 때까지 아이들을 만나지 않을 참이었다. 그러나 10년이 지나고 나면…… 그때는 이미 아이들은 어른이 되어 있을 것이었다. 그가 아이들이 자신의 자녀로 남아 있는 동안 그들을 만나보고자 원한다면 지금 감옥에서 만나보는 수밖에 도리가 없었다.

"아내를 위로해주십시오."

드레퓌스는 라보리에게 부탁했다. 라보리는 드레퓌스가 이번 판결의 충격을 견뎌내지 못할 거라고 예감했다.

졸라는 이 판결에 대해 "강들이 그 유로(流路)를 바꾼 것 같다"고 썼다. 클레망소는 다음과 같이 썼다.

이게 정상참작이란 말인가! 이건 피고에 대한 정상참작이 아니라 심판관들에 대한 정상참작이다. 실상 심판관들은 자기네들을 위해서 정상참작을 결정한 것이다. 이것은 그들이 규율과 양심 간의 타협을 했다는 고백 이외에 아무것도 아니다……. 정의를 구현하려는 외침, 법정의 네 벽 안에서 질식되어버린 이 외침은 머지않아 전 세계를 뒤흔들게 될 것이다. 내일이면 세계 각국의 국민들은 어안이 벙벙해서 물을 것이다. 우리로 하여금 전 세계를 대표하는 정의와 공평의 챔피언이 되게 했던 그 역사적 전통 가운데 이제 남은 것이 무엇이냐고. 다음과 같은 외침이 전 세계에 울릴 것이다. 프랑스는 어디 있는가? 프랑스 사람들은 어떻게 되었는가? 그러면 정의의 훌륭한 병사 외에는 아무도 "내가 여기 있다"고 대답할 권리가 없을 것이다.

전 세계는 이 소식을 듣고 크게 분격했다. 러시아에서 미국에 이르기까지 이 결과에 충격을 받았다. 그들은 도무지 이해할 수 없었다. 전 세계의 프랑스대사관과 영사관에는 항의 데모대들이 밀어닥쳤다. 미니애폴리스에서는 거리에서 프랑스 국기가 불태워졌다. 이듬해 파리에서 열리기로 되어 있는 세계박람회를 보이콧하자는 움직임도 일어났다. 유럽 여러 나라의 수도는 물론 시카고와 워싱턴에서도 군중대회가 열렸고 이 군중대회에서는 프랑스의 것은 무엇이든 보이콧하자는 결의가 채택되었다. "프랑스는 세기의 죄악을 범했다"고 『하퍼스 뉴 먼슬리』지는 논평했으며 다른 미국 신문들의 논조도 비슷했다.

"유죄인 쪽은 드레퓌스가 아니고 프랑스다."

수석 재판관을 옵서버로 렌의 법정에 파견한 바 있는 빅토리아 여왕은 재판 결과에 큰 충격을 받고 이 가련한 희생자에게 상고심의 기회가 허용되기를 바란다는 뜻을 밝혔다.

그러나 대다수의 프랑스 사람들은 이 판결을 만족스럽게 받아들였으며 이 사건이 세계박람회의 즐거움과 이득을 망치지 않기를 바랐다. 국가주의 및 가톨릭 계열의 신문들은 즐거움을 감추지 못했다. "이것은 1870년 이래 우리가 외국인들에게 거둔 최초의 승리"라고 『르 골루아』지는 썼다.

그러나 클레망소는 행동을 제창했다.

현재의 프랑스는 국가안보도, 자유도, 생명도, 시민의 명예도 보장해주지 못하는 국가이다. 한 패거리의 집단이 우리를 억압하고 있다. 야만스러운 경비병과 한 떼의 수도사들이 정의와 평등과 법을 파괴했고 4,000년에 걸친 인류의 노력이 성취한 모든 것을 부숴버렸다. 원숭이 같은 잔재주와 거짓 설교에 속은 군중이 범죄를 묵인했을 뿐만 아니라 무관심과 비겁으로 범죄를 부채질하기까지 했다. 허명(虛名)만을 쫓는 텅 빈 머리의 장군들과 고문에만 열을 올리는 제수이트 교도들이 프랑스의 훌륭한 전통을 송두리째 파괴해버렸고 그 결과 프랑스는 어리석음과 죄악의 땅이 되었다. 그들은 우리를 조국이 없는 자들이라고 공격하고 있다. 그들은 그 뜻도 잘 모르면서 옳은 소리를 하고 있는 것이다. 그들이 우리의 고향을 빼앗아갔기 때문에 우리에게는 조국이 없다. 자, 우리 서로를 똑바로 직시하자. 우리에게 과연 조국을 탈환할 수 있는 용기가 있는가 시험해보자.

죄인을 무죄 방면하고 무고한 사람에게 죄를 주어야 그 명예가 서는 국가라도 공화국 또는 군주국이라는 이름을 가질 수 있고 또 사회주의, 제국주의 또는 민주주의 정체를 가질 수 있으며 또 의회, 시의회, 장관, 재판관, 병원, 극장 등 문명의 모든 외양을 갖출 수 있을 것이다. 이런 국가라도 철도를 부설할 수도 있고 무방비 상태의 검둥이들에게서 영토를 빼앗을 수 있으며 또 전기나 전화를 사용하고 요란하게 북을 치며 호텔에 손님을 끌 수도 있을 것이다. 그러나 이런 것들은 모두 앞으로 다가올 폭풍 속에서 먼지처럼 없어질 것이다. 사상의 굳건한 토대 없이는, 정의와 공정이라는 도덕적 토대 없이는 어떤 사회도 융성할 수 없는 것이다.

왈데크-루소 총리는 재판 결과에 승복할 수 없다는 뜻을 공공연히 밝혔다. 그러나 그는 갈리페의 강력한 반대에 부딪혔다. 고등법원이 판결을 파기하고 이 사건을 다시 군법회의로 회송할 수는 있었다. 그러나 국방부 장관 갈리페는 이렇게 경고했다.

국민의 대다수가 반유대주의자라는 것을 잊지 마십시오. 결과적으로 우리의 처지는 이런 게 될 것입니다. 즉 군 전체와 프랑스인 대부분 그리고 모든 선동가들이 한편이 되고 내각과 드레퓌스 지지자들 그리고 외국이 다른 한편이 될 것입니다.

왈데크는 이 경고를 무시하지 않았다. 적어도 그는 법적인 절차를 단축시킴으로써 정치적 혼란이 일어날 소지를 없애버리려고 애썼다. 그는 정부가 그 판결 결과에 승복하지 않는다는 것을 보여주기 위해서 드레퓌스에게 특사를 내리고 싶어 했다. 국방부 장관의 의견도 같았다. 그러나 헌법상 특사의 권한은 대통령에게 있었고 그 특사를 받아들일 것인가 또는 거부할 것인가는 드레퓌스가 할 일이었다. 왈데크는 즉각 특사를 내림으로써 그 조치가 단순한 특사 조치에 그치지 않고 법정의 판결에 대해 분개하는 제스처의 역할도 할 수 있게 되길 바랐다. 대통령 루베는 특사 조치를 그렇게 서둘러 내리는 것을 탐탁치 않게 생각하고 있었다. 대통령은 드레퓌스가 무죄 방면될 것이라고 확신한 나머지 판결이 내려지기 직전에 판결 결과가 어떻게 나오든 간에 렌 법정의 결정을 따라달라고 전국에 촉구한 바 있었다. 이제 그는 왈데크에게 일주일간 시간을 달라고 요구했다.

클레망소는 특사라는 생각 자체를 반대했다. 특사는 드레퓌스측에서 암암리에 자신의 죄를 시인하는 결과가 되며 그것은 법정에서 이제 다시는 재판을 받을 수 없다는 것을 인정하는 격이었다. 드레퓌스 지지자들은 드레퓌스뿐만 아니라 프랑스 법정의 공평한 법 적용을 위해서도 싸워온 것이었다.

'호랑이'(클레망소의 별명)는 가장 호랑이답게 노호하면서 이렇게 썼다.

드레퓌스는 무엇보다 먼저 드레퓌스 자신을 생각할지 모른다. 그것은 당연한 일이다. 그러나 우리는 야수적이고 어리석은 철권(鐵拳)에 눌려 있는, 그래서 적 앞에 무력한 조국을 생각하지 않을 수 없다. 우리가 원하는 것은 한 개인의 구원이 아니라 우리 모두의 구원이다.

조레스 역시 같은 생각이었다. 그러나 드레퓌스는 렌에서의 어려

나는 고발한다

운 순간을 버티고 난 후 정신적으로나 육체적으로나 극도로 쇠약해져 있었다. 의사들은 그가 고등법원이 항고를 받아서 판결을 기각할 때까지 과연 살아남을 수 있을까 우려를 표명했다. 조제프 레나크는 특사를 강력히 지지했다. 그와 클레망소, 조레스, 마티외 드레퓌스 등이 사회주의자이며 상무부 장관인 밀랑의 사무실에서 회합을 가졌다. 인정 많은 조레스가 의견을 굽혔다.

특사는 부분적인 복권의 성격을 갖는 것이다. 즉 특사는 인간성에 대한 선불(先拂)보상, 정의, 공평성의 완전한 회복의 전조(前兆)로 볼 수 있다.

그러나 클레망소는 요지부동이었다. 나무랄. 데 없는 중류 계급 사업가인 마티외도 의견을 굽히지 않았다. 그는 동생을 위한 클레망소의 투쟁에 크게 감동했으며 알프레드에게 사면을 받아들이라고 설득할 것을 거부하고 있었다. 마티외의 이런 태도를 보고 클레망소의 태도가 누그러졌다. "내가 만약 그(마티외)의 동생이라 해도 아마 사면을 승낙할 거야"라고 클레망소는 말했다.
마티외는 조레스가 쓴 글을 가지고 동생을 찾아갔다. 이 글은 사면을 수락할 때 발표할 예정이었다.

공화국 정부는 내게 자유를 되돌려 주었다. 명예가 회복되지 않는 한 나에게 이것은 아무 의미도 없다. 나는 내가 아직도 그 희생자가 되어 있는 엄청난 재판상의 오류를 시정하기 위해 앞으로도 계속 노력할 것이다. 나는 최종 재판의 결과로 나에게 죄가 없다는 것을 온 국민이 알게 되길 원한다. 단 한 사람의 프랑스인도 다른 사람이 범한 범죄를 나에게 덮어씌울 수 없게 될 때에야 비로소 내 마음은 편안해질 것이다.

클레망소는 이렇게 썼다.

특사는 불가피했다. 정부는 부당한 판결의 결과를 씻어내기 위해 지체 없이 특사를 내릴 수밖에 없었다. 문명 세계의 모든 양심이 그 부당한 판결에 분격하고 있었기 때문이다.

1899년 9월 19일 드레퓌스는 특사되어 감옥을 떠났다. 이틀 후 국방부 장관 갈리페 장군은 모든 장성급 지휘관들에게 다음과 같은 지시 각서를 내렸다.

사건은 이제 끝났다. 존경할 만한 군심판관들은 독자적인 판단하에 판결을 내렸다. 우리는 대통령 각하가 내린 자비로운 조치를 존중함과 아울러 그 판결에 대해서 이의 없이 승복했다. 보복 따위의 말은 이제 없어져야 할 것이다. 거듭 강조하지만 이 사건은 종결되었다.

갈리페는 내각과 상의 없이 독자적으로 이와 같은 행동을 취한 것이었다. 왈데크-루소 총리는 이와는 아주 다른 구상을 하고 있었다. 그는 정부의 다음 과제는 공화국의 적을 섬멸하는 것, 즉 군에서 군주주의를 신봉하는 장교들을 숙청하고 교회의 정치 권력을 분쇄해야 한다는 결론을 내려놓고 있었다. 그는 드레퓌스사건에서는 온건한 태도를 취해왔지만 공화국을 반석 위에 올려놓기 위해서는 좌파의 굳건한 지지가 필요하다고 생각하고 있었다. 군 고위 장교들을 숙청하고 교회의 정치적 영향력에 치명적 타격을 가하고 난 후에야, 그리고 얼마 동안의 교육을 시행하고 난 후에야, 프랑스는 드레퓌스를 복권시켜줄 만한 여유가 생길 거라고 그는 생각하고 있었다.

왈데크는 갈리페의 조치에 분격했고 그를 즉각 해임하고 싶은 충동을 느꼈다. 국방부 장관은 그의 지시 각서에서 렌의 판결을 받아들였고 심판관들에 대한 부당한 존중을 요구했으며 보복을 금지했기 때문이다. 하지만 왈데크는 군의 숙청을 위해 갈리페 장군을 필요로 하고 있었다. 그 어려운 과업을 수행하는 데는 군의 존경을 받는 인물이 필요했던 것이다. 갈리페 외에 누가 이 과업을 최소의 부작용으로, 가장 효과 있게 수행할 수 있겠는가?

천재의 예견력을 가지고 있던 졸라는 라보리에게 이렇게 써 보냈다.

싸움은 이미 끝났다고 봅니다. 그들은 이제 지저분한 방법으로 정직한 사람과 도둑에게 똑같은 특사를 내릴 것입니다.

그는 이미 이 사건에 흥미를 잃었다고 말했다. 그러나 그의 따뜻한 가슴은 그렇게 심한 고통을 겪은 무고한 사람에게 향하는 동정을 거둘 수 없었다. 그는 9월 19일 뤼시 드레퓌스에게 다음과 같이 썼다.

부인! 오늘 마침내 기적이 성취되었습니다. 2년 동안의 거대한 투쟁이 불가능을 가능하게 한 것입니다. 우리의 꿈이 실현되어 순교자가 십자가에서 내려왔습니다. 무고한 사람이 풀려났으며 남편이 집으로 돌아왔습니다. 이제 그의 고통은 끝났고 우리 가슴속의 아픔도 사라졌습니다. 견딜 수 없는 고뇌로 잠을 설치는 일도 없게 되었습니다. 오늘은 위대한 승리의 날입니다. 조용한 가운데 우리의 마음은 당신의 마음과 하나가 됩니다. 당신네 두 사람이 다시 만나는 오늘 저녁을 생각하면서 마음속 깊이 감동하지 않는 여인이나 어머니는 한 사람도 없을 겁니다. 전 세계가 사랑 속에 당신과 함께 있습니다.

많은 사람들이 드레퓌스에게 그가 감옥에서 나와 가족의 품으로 돌아오게 된 것을 기쁘게 생각한다는 내용의 편지를 보냈다. 재심 요구자들 중 거물급들도 메시지를 보냈다. 에밀 뒤클로는, 재심요구자들은 드레퓌스가 그들을 지탱해준 데 대해 감사해야만 할 것이라고 썼다.

우리는 당신과 당신의 가족에게서, 그리고 거의 상상할 수조차 없는 고통이 군인의 금욕주의와 양심을 통해 나타나 있는 당신의 거의 초인적인 편지들로부터 많은 용기를 얻은 것을 말하고 있는 것입니다.

세계 방방곡곡에서 그곳에 와서 휴식을 가지라는 초대장이 드레 퓌스에게 날아들었다. 모나코 왕에게서도 왔고 유명한 아프리카 탐험가의 아내인 스탠리 부인에게서도 왔다.

피카르는 이렇게 썼다.

> 당신이 가족의 품으로 돌아왔다니, 그 몸서리치는 악몽이 마침내 끝났다고 생각하니 참으로 즐겁습니다. 당신의 자유가 회복되기까지 나는 당신을 괴롭히는 자들과 어떤 관련이 있는 것처럼 느껴졌습니다. 나는 당신이 풀려나는 것을 보기까지 마음이 편안하지 않았습니다. 이제 남은 일은 형식에 불과합니다. 당신은 전무후무하게 전 세계 여론의 옹호를 받아왔기 때문입니다.

피카르는 드레퓌스의 가족이 그에게 못할 짓을 했는데도 이렇게 썼던 것이다. 피카르가 이 문제와 밀접히 관련되어 있는데도 드레 퓌스의 가족들은 특사 문제를 그와 상의하지 않았다. 아무리 가볍게 보아 넘기려 해도 드레퓌스는 특사를 받아들임으로써 자신의 죄를 시인한 것이었다. 따라서 피카르의 입장이 난처해졌다. 그는 혼자서 아직도 그의 마음속으로는 유일한 그의 고향인 군의 모멸과 증오를 감당하게 된 것이었다. 특사는 드레퓌스에게 자유를 주었지만 피카르에게서 논거를 앗아간 것이었다.

30

도덕적 원칙에 대한 이 소란스러운 대논쟁은 너무나 오래 계속되어왔다. 국민들은 이제 싫증을 느꼈다.

렌의 판결은 분명히 사기였다. 이 판결로써 참모본부는 체면을 유지할 수 있었다. 그러나 두 명의 심판관—한 명은 곧 군에서 퇴역할 재판장이었고 또 한 명은 독실한 가톨릭 신자였는데 그는 자기 교회의 입장을 초월해서 진실을 밝히려 했다—은 현실과 타협하지 않았다. 그러나 나머지 다섯 심판관은 현실과 타협했던 것이다. 그러나 이 다섯 명의 심판관들까지도 자기네들의 입장이 난처하다는 것을 시인한 셈이었다. 장교의 대역죄에 어떻게 '정상참작'이 가능할 수 있겠는가? 어릿광대들의 재판이나 루이스 캐럴(1832~98, 영국의 수학자이자 아동문학가—옮긴이)의 작품에 나오는 정신 나간 미친 여왕의 재판이 아니고서야 있을 수 없는 일이었다. 그러나 렌의 심판관들은 그렇게 했던 것이다. 정당한 이유 없이, '정상'이 어떤 것이라는 설명도 없이, 다만 참작할 정상이 있다는 것만 밝히면서 말이다.

그것은 법정의 목소리가 아니었다. 갈고리에 걸린 사람들, 그래서 안 그러는 척하면서 그에 항의하려고 애쓰는 사람들의 절망적인 비명이었다. 그러나 이 재판정에 의해서 참모본부는 무죄가 되었고 그 후 드레퓌스는 특사를 받았으며 국민들은 이 모든 것에 권태를 느끼고 있었다. '정상회복'이 국민들의 외침이었다. 국민들은 아무런 저항 없이 판결을 받아들였다. 어서 평온이 회복되어 세계박람회를 열 수 있게 되기를 희망했다.

싫증난 사람들은 다시 주목하라고 손뼉을 치는 사람들 때문에 짜증을 내곤 했다. 1900년 1월에 실시된 상원의원 선거에서 99명의 상원의원이 새로 뽑혔다. 이 중 각 공화파 정당들이 95석을 획득했다. 그러나 어느 공화파 정당 후보이건 간에 열렬한 드레퓌스 지지자들은 모두 낙선의 고배를 마셨다.

전국의 사정은 그렇다 치고 그럼 빛의 도시인 파리의 사정은 어떠했던가? 드레퓌스 지지자들은 그 빛이 흰빛이길 바랐다. 그 빛이 '정상'이라는 칙칙하고 모호한 회색빛이 아니었으면 하고 바랐다. 그들은 파리 시내의 선거전에서 소위 '정상참작'과 맹렬한 싸움을 벌였다.

조제프 레나크는 선거 연설에서 이렇게 외쳤다.

"지금 이 시점은 무고한 자가 응분의 보상을 받고 죄지은 자가 벌을 받는 멜로드라마의 4막과 5막 사이의 휴식 시간입니다……. 프랑스의 명예가 역사의 심판 앞에서 회복되려면 애매모호한 정상참작에 의해 교묘하게 완화되었고 또 특사에 의해서 휴지 쪽이 되어버린 렌의 판결을 최고법정의 판결에 의해 무효화해야 합니다."

국가주의자들은 레나크의 이 말에 '사건의 재개'라는 제목을 붙인 플래카드를 파리 곳곳에 내걸었다. 국가주의계 신문들은 발데크 총리와 좌익 공화파 정당들이 레나크의 연설을 부추겼다고 공격했다. 겨우 회복되려고 하던 이 나라의 평화를 유대인들이 다시 교란시키려고 발 벗고 나섰다고 이들 신문들은 떠들어댔다. 유대인들은 세계박람회를 열기 위한 '휴전'이 끝나기만을 기다리고 있을 뿐이라는 것이었다.

국가주의자들의 이 전략은 승리를 거두었다. 파리는 불랑제 시절을 생각나게 할 만큼 철저하게 공화파 정당들을 외면했다.

정부는 양측을 모두 일반 사면함으로써 드레퓌스사건을 종결지으려 했다. 루베 대통령이 드레퓌스의 특사에 동의한 것도 결국 이렇게 되리라는 계산에서였다. 왈데크는 지체 없이 이와 같은 정부의 복안을 밀고 나가고 싶었다. 그러나 이것은 도덕적으로나 정치적으로나 또 법률적으로나 그렇게 쉬운 일이 아니었다.

졸라는 그에 대한 재판이 다시 열릴 때 싸움을 재개하겠다고 선언했다. 정부는 졸라의 재판을 무기한 연기했다. 드레퓌스는 자신의 법적 복권의 기회를 박탈하지 말라는 탄원서를 총리에게 보냈다. 그는 메르시에나 그 밖의 사람들에 대한 재판을 한다면 고등법원에 낸 자신의 항소를 뒷받침할 만한 새로운 사실들이 밝혀질지도 모른다고 주장했다.

그러면 피카르의 입장은 어떤 것이었던가? 그는 사면이라는 말 자체를 역겹게 생각했다. 그의 무죄는 명백한 것이었다. 이것은 의심할 수 없는 분명한 사실인데 그런 구차한 방법으로 풀려난다는 게 못마땅했다. 왜 자기가 또 하나의 앙리, 자살을 감행할 용기마저 없는 또 하나의 파렴치한이 되어야 한단 말인가? 피카르는 드레퓌스가 특사를 받아들일까의 여부를 고의적으로 그와 상의하지 않은 것이 아니었을까 하는 의심이 들기 시작했다. 드레퓌스가 정부와 어떤 거래를 한 것이 아닐까? 특사를 받는 대가로 모든 사람에 대한 일반 사면에 반대하지 않기로 한 것이 아닐까? 드레퓌스의 가족들은 피카르가 그런 거래에 결코 응하지 않으리라는 것을 물론 알고 있었을 것이다. 그런 거래에 응한다면 피카르는 합법적으로 자신의 명예를 회복할 수 있는 길을 잃게 되는 것이었다. 이 문제가 처음 제기되었을 때 드레퓌스가 그것을 그에게 알리는 것을 '잊어버린' 것은 그 때문이 아니었을까? 피카르의 머릿속에는 이런 의혹이 꼬리를 물고 일어났다.

사실 피카르는 드레퓌스를 좋아한 적이 없었다. 이제 그는 드레퓌스에게 분노를 느끼기 시작했다. 드레퓌스는 석방되자 곧 피카르에게 감사의 편지를 보내며 만나자고 제의했다. 그러나 피카르는 영영 이에 대한 회답을 보내지 않았다.

사면 조처를 놓고 상하 양원의 각 위원회는 지루한 토론을 벌였다. 세계박람회 때문에 오랜 기간의 휴회가 선언되었다. 라보리는 일반 사면 반대운동의 선봉이 되어 있었다. 그는 마티외를 자기편으로 끌어들이려고 애썼다. 그는 드레퓌스가 특사를 받아들임으로써 자신의 사건을 종결지은 격이 되었으며 따라서 이 사건에 관련된 군소 인물들의 재판을 통해서만 드레퓌스의 법적 복권에 유용한 증거가 수집될 수 있을 것이라는 점을 지적했다. 그러나 마티외는 그의 제의를 거부했다. 그는 왈데크에게 충성을 바치고 있었다. 총리는 정세가 호전되면 드레퓌스를 완전 복권시키는 길을 찾아보겠다는 약속을 한 바 있었고 마티외는 왈데크의 지혜를 믿고 있었을 뿐만 아니라 또한 그의 선량한 의도를 신뢰했다. 왈데크가 의회에서 '죄인만의' 사면을 요청했을 때도 마티외는 역시 그의 노선을 따랐다.

라보리는 격분했다. 사면될 '죄인' 중에는 피카르도 포함되어 있었기 때문이다. 암암리에 피카르를 죄인으로 낙인찍으려는 사면이 거론되는 이 마당에 드레퓌스가 침묵을 지키다니 이런 배은망덕이 어디 있느냐는 것이었다.

드레퓌스의 가족들이 렌에서 그의 최후변론권을 빼앗던 일을 라보리는 용서할 수 없었다. 등에 총알을 맞아가며 일했는데 가만히 앉아서 늙은 드망주의 굽실거리는 변론을 듣고 있으라는 것이었다. 타협을 생활의 윤활유로 생각하고 있던 드망주는 심판관들에게 그들의 판결이 드레퓌스의 혐의 사실을 의심하는 뜻만 나타내주면 족할 거라고 말했었다. 이런 무죄의 가정 위에 드레퓌스를 무죄 방면하면 된다는 것이었다. 라보리는 드레퓌스에 대해서 이렇게 쓴 바 있었다.

개인적으로야 그가 명예의 회복보다 자유를 더 좋아한다고 해도, 그리고 다른 사람이야 어떻게 되든 상관 않고 석방에 만족한다 해도 그것은 그의 자유일 것이다. 그러나 그럼으로써 그는 인류의 공통된 유대를 지니고 사회적 책임의 아름다움을 인식하며 그의 동료들과 유대감을 나누는 인간이 아닌, 독립적이고 격리된 존재가 되는 것이다. 과거에 그가 수행했던 화려한 역할에도 불구하고 이제 그는 아무것도 대표하지 않는 존재가 되는 것이다……. '드레퓌스사건'이란 말은 이제 의미를 잃었다. 일반적인 관점에서 볼 때 이 사건은 종결되었다.

라보리에게 이제 그것은 피카르사건이었다. 피카르사건은 아직 끝나지 않았다. 이제 그는 왈데크와 드레퓌스 간에 어떤 거래가 있었다는 것을 확신하게 되었다. 그는 최후통첩을 보냈다. 마티외는 법정대리인으로 드망주와 자기 중 하나를 택하라는 것이었다.

이 내분은 국가주의자들을 즐겁게 하고 재심요구자들 간에 깊은 균열을 일으켰다. 그러나 마티외로서 드망주를 저버린다는 것은 배은망덕하는 일이었다. 이 노변호사는 그만한 변호사들이 아무도 드레퓌스의 변호를 맡으려 하지 않을 때 그 짐을 떠맡았던 사람이 아닌가? 그의 한결같은 친절은 알프레드가 유형된 직후의 몇 달 동안 어둠 속을 비치는 유일한 위안이 아니었던가? 마티외로서는 참기 어려운 상황이었다. 그는 동생이 주인공인 이 드라마를 해피엔딩으로 끝내기 위해 6년이란 세월을 바쳐왔다. 이제 그는 그 반(半)을 성취한 셈이었다. 사업가인 그에게 이 소득은 없는 것보다는 훨씬 나은 것이었다. 그런데 이제 집안싸움으로 이 반쪼가리 빵이 아무짝에도 쓸모없는 부스러기로 부숴지려 하는 것이었다.

사면을 받은 드레퓌스는 번거로움을 피해서 그의 가족과 함께 스위스로 가 있었다. 일반 사면 논쟁이 벌어지고 있는 이때 그가 초연하게 외국에 머물고 있다는 것은 비판의 대상이 되었으나 마티외는 알프레드를 불러들이지 않고 있었다. 이제 그는 동생을 프랑스로 데려와야 되겠다고 판단했다.

알프레드는 기차를 탔다. 신문들이 그의 도착을 대서특필했다. 신문에서만 떠들어댔을 뿐 역과 거리는 한산했다. 아무런 사건도 일어나지 않았다. 마티외의 말을 빌리면 파리 사람들의 이와 같은 무관심은 라보리를 대경실색하게 했다.

"어떻게 그럴 수가? 아무런 일도 없었단 말인가? 그렇다면 정말 끝장인걸."

라보리의 사무실에서 마침내 드레퓌스와 피카르가 만났다. 라보리는 드레퓌스에게, 재심요구 운동의 주도적 권한을 피카르와 자기에게 넘기고 다른 사람이나 마티외를 거기서 제외하라고 주장했다. 드레퓌스는 피카르를 좋아했다. 전술학교 시절에도 그랬고 지금은 한층 더 그를 좋아하고 있었다. 그는 피카르가 존경을 되찾기 위한 일이라면 무슨 일이라도 했을 것이다. 그러나 라보리의 제안은 잔인한 선택을 강요하는 것이었다. 드망주가 마티외로서는 배반할 수 없는 인물이듯이 마티외는 알프레드로서는 저버릴 수 없는 인물이었다. 아니, 마티외는 그에게 천배나 더 고마운 인물이었다. 그는 마티외를 포기하려 하지 않았다.

라보리는 분노를 터뜨렸다. 드레퓌스가 과연 무고한 인물인지 의심스럽다는 말까지 입에 담았다. 과연 세계를 향해 떳떳이 설 수 있는가, 자신의 죄를 덮기 위해 사람들을 이용한 것은 아닌가 의심스럽다는 극언까지 했다. 그는 피카르도 이런 의심을 품고 있다고 말했다. 그리고 그 자리에 앉아 있던 피카르도 그 말을 부인하지 않았다. 그래도 드레퓌스는 형에게 등을 돌리려 하지 않았다. 그는 어떤 사람도 저버리려 하지 않았다. 라보리도, 드망주도 그리고 누구보다도 마티외를 저버리려 하지 않았다.

그는 사무실 밖으로 걸어나갔다. 여전히 꼿꼿한 군인의 걸음걸이였다. 그러나 바깥문에 이르기 전에, 그러니까 대기실을 지나가다가 그는 졸도해 쓰러졌다. 사무실 안에서 당한 고통이 그로서는 감당할 수 없는 것이었던 것이다. 그날 저녁 그는 라보리에게 마티외는 곧 뮐루즈로 돌아가 가문의 사업을 다시 돌보게 될 예정이라는 전갈을 보냈다.

　따라서 이제부터는 제 스스로 제 일을 처리하게 될 것입니다. 제가 당신에게 느끼고 있는 깊은 감사의 정과 존경심은 당신도 잘 알고 계신 바와 같습니다. 앞으로 저는 당신의 도움이 꼭 필요합니다. 저는 당신이 저의 충고자로서의 역할을 계속 해주실 것을 거듭 부탁드리는 바입니다.

　그러나 라보리는 드망주 역시 이 문제에서 손을 떼도록 해야 한다고 고집했다.
　피카르는 왈데크 총리에게 다음과 같은 편지를 보냈다.

　이런 상황이 연장된다는 것, 즉 제가 재판도 받지 않고 무한정 이런 상태로 남아 있다는 것은 용인될 수 없는 일입니다. 저는 재판을 요구하는 바입니다. 저는 저에 대한 고발이 사기와 거짓말에 기초하고 있다는 것을 만천하에 밝힐 수 있는 기회를 요구하는 바입니다. 부당하게 고발된 사람에게 사면을 내린다는 것은 그 사람이 도덕적으로 복권될 수 있는 당연한 기회를 박탈하는 것입니다. ……사면은 저에게는 이중의 타격이 될 것입니다. 즉 사면은 제가 범한 일이 없는 중죄를 사면하는 것이 될 것이며 또한 사면은 저를 메르시에 장군과 그의 공범자들과 같은 대열에 놓는 결과가 될 것이기 때문입니다.

총리는 다음과 같은 근거 아래 사면을 주장해오고 있었다. 즉 "사면은 판결을 내리는 것도 고발하는 것도 아니며, 무죄를 선포하는 것도 유죄를 선언하는 것도 아니다. 다만 무시하는 것이다. 과거보다는 미래가 중요한 것이며 죄인들을 찾아내는 것보다는 이들을 죄인으로 만든 상황을 검토하는 것이 중요하다"는 것이었다. 양 정파의 사람들은 이 말이 내포한 암시를 이해했다. 일반 사면은 공공 생활, 교육, 군의 대규모적인 민주화를 위해 치러야 할 대가라는 것이었다. 그러나 대부분의 재심요구자들은 모두 열렬한 공화주의자들이었는데도 이와 같은 도덕적 희생이 너무 값비싸다고 생각하고 있었다.

우리는 승리를 얻지 않았던가? 적에게서 무조건 항복을 받지 않는다면 우리는 거듭거듭 승리를 위한 싸움을 해야만 하게 될 것이다.

법률적 의미에서는 왈데크가 생각하고 있는 사면은 사면이 아니었다. 사면이란 유죄가 확정된 사람들의 일부 또는 전부를 특사하는 것이다. 사면은 처벌을 면제하는 것이다. 그러나 당시 프랑스에서 논의되던 사면 대상 중 유죄 판결을 받은 사람은 단 한 사람, 드레퓌스뿐이었다. 더욱이 그는 이미 특사를 받았을 뿐만 아니라 또 다른 이유로 이 사면 논의에서는 제외되어 있었다. 정부는 드레퓌

나는 고발한다

스에게는 법적 절차에 따라 명예를 회복할 수 있는 권리를 유보해 놓겠다고 약속한 바 있었다. 대역죄는 사면에서 제외하자는 정부의 제의 속에는 드레퓌스에게 한 이 약속이 은연중에 나타나 있었다. 정부가 생각하고 있는 안(案)은 드레퓌스사건에 부수되어 일어난 모든 사법적 고발을 무효화하자는 것이었다.

재심요구파 중에서 일부는 정부의 안에 찬성하고 있었다. 역사가 에르네스트 라비스는 프랑스의 국민 생활을 계속 내전 상태로 몰아 넣을 수는 없다고 썼다. 그러나 클레망소는 요지부동이었다.

아니다. 우리는 무장해제를 하지 않을 것이다. 무장해제를 할 수도 없다. 만약 우리가 여기서 싸움을 그만둔다 해도 내일 다른 사람들 이 인류를 위한 이 영광스러운 싸움을 떠맡으려 할 것이다. 이것은 야만적 세력에 대한 이성의 싸움이며 불의에 대한 정의의 싸움이다.

클레망소는 드레퓌스와 그의 개인적 불행이라는 감정적 요소가 제거된 지금이야말로 투쟁을 정치 도의라는 좀더 광범한 분야로 확 대시킬 수 있는 때라고 생각하고 있었다. 그는 루이 아베라는 아카 데미 프랑세즈의 저명한 회원의 지지를 받았다. 루이 아베는 이제 무기를 놓자는 라비스의 호소에 대해 다음과 같이 반박했다.

우리는 범죄 행위가 처벌될 때까지, 프랑스를 위태롭게 했던 자들이 정의의 찬란한 빛 속에서 심연 속으로 처넣어질 때까지 진격을 계속 해야 한다.

이런 복잡한 상황 속에서 에스테라지가 가만히 있을 리가 없었다. 그는 그의 가장 무서운 적인 클레망소에게 편지를 보내 자기도 '호랑이'와 함께 범죄를 증오하고 장군들의 위선을 파헤치는 투쟁 대열에 참가하겠다고 나섰다. 에스테라지는 클레망소와의 비밀동맹을 제의했다. 클레망소는, 이 편지를 공표하면 에스테라지는 그의 입을 틀어막으려는 장군들에게서 돈을 받을 수 있을 것이라는 아이러니컬한 코멘트와 함께 즉시 그의 편지를 공표해버렸다.

그러나 에스테라지는 움츠러들지 않고 총리에게 다음과 같은 격렬한 편지를 보냈다.

매우 유감스러운 일입니다만 저는 클레망소라는 인간의 악의에 가득한 행동보다 더욱 충격적인 일을 할 수 있는 입장에 있습니다……. 그러나 저는 바보 같은 카베냐크와 위선자 부아데프르에게 경고했습니다……. (저는 그들에게 이렇게 말했습니다) "한때 용맹을 자랑했던 군에서 이제 비겁성이, 전장에서의 비겁성이 이제 수치스러운 것으로 생각되지 않고 있다는 것을 제가 입증할까요? 저는 장군님들께 갈리페의 비행을 말씀드리려 합니다……. 불쌍한 앙리가 늘 말했던 것처럼 두고 봅시다." 250파운드를 주겠다는 제의가 있었지만 저는 쭉 거절해왔습니다. 그러나 이제 공짜로라도 그것을 폭로하겠습니다. 이제 꺼릴 것이 없습니다. 앞으로도 그럴 것입니다. 프랑스에 가서 그 굴욕적인 심판관들 앞에 서서 그들을 저주할 것이며 증인들의 거짓 증언에 귀를 기울일 것이고 비열한 군인들의 면전에 수치스러운 진실을 내던질 것입니다. 그럼으로써 당신네들이 던져놓은 바닥 없는 진구렁 속에서 나는 깨끗한 모래알이 될 것이며 바위를 파열시키는 단단한 뇌관이 될 것입니다.

에스테라지의 이 제의는 환영을 받지 못했다.

사면을 누구보다도 학수고대하고 있는 사람들은 메르시에와 그의 공범자들이었다. 사면이 승인될지 여부가 불분명했던 동안 국가주의계 신문들과 메르시에는 사면을 요구했다. 정부가 이제 사면을 승인하는 수밖에 별도리가 없다고 판단되자 그들은 태도를 180도 바꿔서 사면은 배반 행위라고 공격했다. 그들은 불한당의 괴수인 드레퓌스가 피카르, 레나크, 졸라 등을 앞잡이로 내세워 사면운동을 펴왔다고 주장했다.

메르시에는 그의 교활성을 십분 발휘했다. 그는 왕당파와 가톨릭의 세력이 강한 브르타뉴의 조그만 선거구에서 상원의원 후보로 입후보했다. 왕년에 공화주의자였고 반(反)교회파였던 그는 왕당파와 가톨릭의 전폭적인 지지를 얻어 당선되었다.

왈데크는 재심요구파 중 사면에 반대하는 사람들의 입장에 어느 정도는 동정하고 있었다. 그 역시 드레퓌스에게 공정한 재판을 받도록 해주고 싶어 했다. 그러나 현재의 여론 풍토가 근본적으로 바뀌지 않는 한 재판을 해봐야 또 패배할 게 틀림없다고 믿고 있었다. 같은 이유로 그는 자기를 사면에서 제외해달라는 피카르의 간절한 요구를 들어주지 않고 있었다. 피카르는 군법회의에서 유죄 판결을 받을 것이고 그렇게 되면 다시 이 문제로 세상이 시끄러워질 것이었다. 왈데크는 피카르를 대령으로 승진시켜 그에게 훌륭한 직책을 주고 싶어 했다. 그러나 피카르는 그와 같이 뒷문으로 떳떳치 못하게 군에 복귀하는 것을 거부했다. 왈데크는 고위 정치인이었다. 그에게 중요한 일은 이 사건이 지속되는 한, 그러지 않았으면 분명할 좌파와 우파의 경계선이 불분명해진다는 점이었다. 이 사건만 조용해지면 그는 압도적인 다수의 지지를 확보할 수 있을 것이고 이 다수의 지지를 무기로 교회 세력 그리고 군내 반공화파 세력과 싸울 참이었다. 이 양대 세력이야말로 당초에 드레퓌스사건을 야기한 세력이었다.

왈데크는 두 가지 중요한 조치를 취했다. 그는 경찰로 하여금 성모몽소승천교단 소유인 『라 크루아』지의 사무실을 수색하도록 했다. 수색 결과 180만 프랑의 현금이 발견되었다. 이 액수는 당시로서는 거액이었으며 더욱이 그런 보잘것없는 신문사로서는 엄청난 액수였다. 더욱 의심스러운 것은 그중 120만 프랑은 모두 20프랑짜리였다는 점이었다. 이것은 종교 교단에서 재심반대 운동에 돈을 대주고 있다는 믿음을 강하게 뒷받침하는 증거였다. 왈데크의 두번째 조치는 군의 승진권을 군내의 왕당파 및 교회 패거리들에 의해 지배되고 있는 군위원회의 손아귀에서 빼앗아 국방부 장관의 권한에 포함시키는 조치였다.

클레망소는 이렇게 썼다.

이 사건이 이제 우리 나라가 그렇게 오랫동안 피해를 받아왔던 악(惡)을 드러낼 계기가 아니라는 점을 우리는 거듭거듭 밝혀왔다. 오늘로서 그런 일은 완결되었다. 지금은 우리가 우리의 결론을 끌어낼

나는 고발한다

시간이다. 우리의 결론은 '사제는 교회로, 군인은 군대로' 돌아가라는 것이다. 교회의 영향력을 제거하고 군을 민주화하려는 투쟁은 왈데크의 계획에서 하나의 개념으로 굳어져왔다.

공화파 정치인들의 눈으로 볼 때, 교회는 장교들의 반동적 정신의 본거지일 뿐 아니라 또한 전투에서 군의 비효율성의 원인이 되기도 했다. 클레망소는 계속 도덕을 강조했다. 도덕은 그의 일관된 주제였다.

나폴레옹 3세는 로마 교황의 후견인이라는 직위를 포기하기보다는 차라리 독일에 대항하기 위해서는 절대로 필요했던 이탈리아의 도움을 포기했었다고 그는 썼다. '호랑이'는 다시 이렇게 선언했다.

이 사건은 1870년 우리가 바티칸의 경비를 서주는 의무 때문에 통일된 독일과 동맹국 없이 맞서게 되었을 때 와서야 그 의미가 뚜렷하게 부각되었다. 프랑스는 패배했고 분할되었다. 그러나 교회는 그 권한이 손상되지 않았고 수도사들은 우리에게 국제 가톨릭 교회에 봉사하는 군 수뇌들을 계속 공급했다.

보불전쟁은 우리 군사 조직의 파멸을 드러내주었다. 국민들은 일치단결해서 침략과 프랑스 분할을 초래한 무능한 장군들을 규탄해야 옳았다. 그러나 그런 일은 일어나지 않았다. 그 후 뒤따른 내전은 군인들로 하여금 역사상 가장 비참한 패배를 하고 수치로 얼굴을 가린 채 돌아오는 것이 아니라 복수에 취한 승리자로서 돌아올 수 있게 해주었다. 그들은 찬양을 받았고 숭배의 대상이 되었으며 그들 앞에는 향(香)이 뿌려졌다. 그로부터 그들은 프랑스의 지배자로 군림했으며 그들에게 개선이나 개혁, 우리의 패배의 원인이 되었던 그들의 오만한 무식을 타기(唾棄)할 필요성이 있다는 사실을 결코 인정하려 들지 않았다.

31

논의가 시작된 지 1년 만인 1900년 12월 마침내 사면령이 표결에 부쳐졌다. 드레퓌스사건은 놀랄 만큼 빠른 속도로 역사의 급류 속에 가라앉는 듯이 보였다. 새 세기는 그대로 창조할 역사가 있었다.

드레퓌스는 악마도에서 쓴 일기를 출판했다. 이 책은 세계적인 성공을 거두었다. 레나크는 드레퓌스사건사(史)의 첫 권을 내놓았다. 졸라는 『진실』이라는 소설을 발표했다. 이 작품은 졸라가 생애의 최고 걸작으로 기획했으나 결과는 그렇지 못했다. 의미와 구성에서 현실이 소설가의 상상을 능가하고 있었기 때문이다. 실제 생활에서 졸라는 이 이야기의 작가라기보다는 주인공이었던 것이다. 에스테라지도 런던 주재 프랑스영사에게 자기가 제출했던 증언서를 출판했다. 끝까지 본색을 드러내기 위함이었던지 그는 이 증언서까지도 서로 다른 두 가지 판을 내놓았다.

갖가지 책들이 우후죽순처럼 나타났다가는 하나씩 하나씩 사라져갔다. 외국의 신문들도 이제 이 사건에 관한 기사를 싣지 않게 되었다. 드라마에 참가했던 인물들도 작별을 고하기 시작했다. 베르나르 라자르가 38세의 나이로 죽었다. 늙은 상원의원 쇠레르는 드레퓌스가 석방되는 것을 보지도 못하고 세상을 떠났다. 그의 오랜 친구가 곧 그의 뒤를 따랐다. 유명한 화학자로서 비요 장군에 의해 직위와 연구실을 박탈당했던 그리모가 세상을 떠난 것이었다. 그는 그의 고향인 방데 지방의 성(聖) 에르민에 돌아가 있던 참이었다. 만년의 그의 생활은 그곳의 편협한 가톨릭 교도들 때문에 매우 비참했다. 성 에르민의 몇 안 되는 공화파들조차 두 갈래로 분열되어 있었다. 죽기 얼마 전 그는 평화롭게 죽기 위해서 시골에다 집을 짓고 그곳에서 머물렀다. 명쾌하고 고상한 논리로 상대로 하여금 그가 신교도라는 말 이외에는 대답의 말을 찾지 못하게 했던 트라리외도 죽었고 '파스퇴르 연구소의 양심'이었던 뒤클로 역시 세상을 떠났다.

졸라는 여름이면 아내와 함께 메당에 가서 머물곤 했다. 1902년 9월 말 그는 파리로 돌아왔다. 파리의 그의 거처는 조그만 여관 안에 있는 아파트였다. 침실은 춥고 축축했다. 그들은 난로에 석탄불을 피웠다. 한밤중에 졸라 부인이 잠에서 깼다. 방 안의 공기가 답답했다. 그녀는 옆방에 가서 신선한 공기를 마시고 다시 침실로 돌아왔다. 졸라도 그때에는 역시 잠이 깨어 있었다. 그 역시 기분이 좋지 않았지만 종을 울려 하녀를 깨우지는 말라고 아내에게 말했다. 부부는 같은 침대를 사용하고 있었다.

이튿날 아침, 하녀는 식사 시간이 지나도 이들 부부가 나타나지 않자 문을 두드렸다. 아무 대답이 없었다. 하녀가 문을 열었다. 졸라 부인은 침대 위에서 숨을 헐떡이고 있었다. 졸라는 방바닥 위에서 사지를 쭉 뻗고 죽어 있었다.

F. 헤밍스는 그의 전기 『에밀 졸라』에서 다음과 같이 쓰고 있다.

이 갑작스러운 죽음은 즉시 의혹을 불러일으켰다. 졸라가 드레퓌스 사건에 개입한 이래, 수많은 사람들이 졸라의 피에 목말라하고 있었다. 그러나 내막은 매우 단순한 것이었다. 여름에 이 아파트 굴뚝을 수리했는데 수리공들이 연로(煙路)의 쓰레기를 말끔히 치우지 않았던 것이다. 이 쓰레기가 타는 석탄에서 나오는 일산화탄소가 나가는 길을 막았던 것이다.

수사를 해봤지만 수리를 지시했다고 시인하는 사람은 영영 나타나지 않았고 수리공들의 정체에 관한 단서도 발견되지 않았다. 분명한 것은 졸라가 차가운 밤공기를 싫어하는 프랑스인의 전형적인 성격 때문에 죽었다는 사실뿐이다. 그러나 그의 죽음이 우연한 사고로 인한 것인지 또는 계획된 살인이었는지는 아직까지도 분명하지 않다.

파리 경시청장은 드레퓌스에게 장례식에 참석하지 말아달라고 공식적으로 부탁했다. 돌발 사태가 두려웠던 것이다. 그러나 드레퓌스는 졸라에게 마지막 경의를 표해야 한다고 고집했다. 모든 희망이 죽어가고 있을 때 그의 개인적인 비극을 온 문명 세계가 참여하는 하나의 이념운동으로 끌어올린 사람이 바로 졸라였기 때문이다. 장례식을 망치는 어떤 사건도 일어나지 않았다.

클레망소는 다음과 같은 말로 졸라를 기렸다.

나는 고발한다

가장 강력한 제왕에 반항하며 그에게 경배할 것을 거부할 만큼 강한 사람은 언제나 있었다. 그러나 다수에게 저항하고 오도된 대중에 홀로 맞선 사람은 매우 드물다……. 갈기갈기 찢긴 프랑스에서 사상을 매개로 한 혁명이라 할 만했던 그 정신의 평화로운 반항에 첫 신호를 보낸 영광은 졸라에게 돌려져야 한다. 이 반항은 행동을 통한 혁명으로 발전되었다.

아나톨 프랑스가 졸라의 친지 및 동료 작가들을 대표해서 장례식 조사를 했다.

흔히 사람들은 장례식에서는 평화와 평온이라는 경건한 말만을 해야 하는 것으로 생각합니다. 그러나 여러분도 알다시피 평화는 정의 안에만 있으며 평온은 진실 안에만 있는 것입니다. 정의가 찬양할 만한 것을 찬양하라고 명할 때 나는 정의의 이 명령을 배반하지 않으려 합니다. 나는 진실을 감추지 않으려 합니다. 왜 내가 입을 다물어야 합니까? 그들, 그를 중상모략한 그들이나 침묵하라고 하십시오!

진실과 정의를 위해 졸라가 떠맡았던 투쟁을 회상할 때 나는 무고한 사람을 파멸시키려고 획책했고 그가 구원될 때 자기들은 파멸한다고 느꼈던 그 사람들에 대해서 침묵할 수가 없습니다. 졸라는 약하고 무기도 없이 대항해서 일어났습니다. 그 얘기를 하지 않고 어떻게 여러분에게 졸라의 얘기를 할 수 있겠습니까?

죽음의 장소가 명하는 평온과 경건함으로 나는 정부가 이기주의와 두려움의 손아귀에 있던 그 어두웠던 시절을 상기시키고자 합니다. 몇몇 사람들이 부정이 행해졌다는 사실을 인식하기 시작했습니다만 그 부정은 드러난 또는 드러나지 않은 어마어마한 세력들의 옹호와 뒷받침을 받고 있었습니다. 말해야 할 의무를 지닌 사람들이 침묵을 지켰습니다. 일신에 대한 두려움을 느끼지 않던 좀 나은 사람들도 자기 당파를 그 엄청난 위험에 노출시키는 것을 두려워했습니다. 엄청난 거짓말에 의해 오도되고 사악한 비방에 의해 흥분한 대중은 배신감을 느끼고 있었습니다.

암흑은 더욱 칠흑 같아졌습니다. 불안한 침묵이 계속됐습니다. 바로 이때에 졸라는 사기와 위조를 파헤치는 그 무서운 편지를 대통령에게 썼던 것입니다.

그 후에 그가 죄인들에 의해서, 공범인 죄인들의 옹호자들에게서, 갖가지 반동 세력과 연합한 정당들에 의해서 그리고 오도된 대중에 의해서 어떤 처우를 받았는가 하는 것은 여러분이 알고 계신 바와 같습니다. 여러분은 아무것도 모르고 순진한 민중이 그 추한 선동자들과 어떻게 어울렸던가를 익히 보았을 것입니다.

재판정으로 가던 졸라를 뒤쫓던 분노의 외침, 죽이겠다고 위협하던 고함소리를 들으셨을 것입니다. 이러한 외침, 이러한 고함소리는 그 지루한 재판이 진행되는 동안에도 계속되었습니다. 그 재판은 위증과 군도(軍刀)가 댕그렁거리는 소리에 의거해서 고의적인 무식을 드러내는 판결을 내렸습니다.

죄악으로 짓눌려 있던 그 시절, 선량한 시민들은 우리 조국의 운명, 프랑스의 도덕적 운명에 절망했습니다…… 정의, 명예, 영혼―모든 것이 사라진 듯이 보였습니다.

그러나 모두 구조되었습니다. 졸라는 재판의 잘못만을 폭로한 것이 아니었습니다. 그는 프랑스의 사회 정의, 공화국의 이념, 자유 정신을 질식시키기 위해 손을 잡은 모든 폭력적·억압적 세력의 음모를 백일하에 드러냈던 것입니다. 그의 대담한 언어는 프랑스를 잠에서 깨어나게 했습니다.

그의 행동의 결과는 측량하기 어렵습니다. 그의 행동의 결과로 사회 정의를 위한 운동이 되살아났습니다. 그의 언어 속에서 더욱 공명정대한 재판과 만인의 권리에 대한 더욱 깊은 통찰력에 기초한 새로운 질서가 싹텄습니다.

신사 여러분, 이런 일이 일어날 수 있는 나라는 세계에 하나밖에 없습니다. 이것이 바로 찬양받을 만한 우리 조국의 천재성입니다! 지난 세기에 정의와 공평성의 이념을 유럽과 전 세계에 전파한 프랑스의 영혼은 이렇게 아름답습니다. 프랑스는 이성의 나라이며 숙고하는 정신의 나라이며 또 공정한 판관들과 인간적인 철학자들의 나라입니다……. 프랑스에는 이제 공평성이 존재하지 않는다는 사실을 받아들이기를 거부했을 때의 졸라야말로 이런 프랑스에 걸맞은 인물이었습니다.

그가 인내하고 고통받았다고 해서 그를 동정하지 마십시오. 오히려 그를 부러워하십시오! 방대한 양의 작품 활동과 위대한 행동으로 그가 이 세계에 걸맞은 인물이었듯이 그는 또한 이 나라에 걸맞은 인물이었던 것입니다. 운명과 그의 용기가 그를 정상으로 밀어 올려 그로 하여금 한순간 인류의 양심이 되게 했던 것입니다.

32

넓은 어깨의 마티외 드레퓌스는 인자하고 헌신적인 인물이었다. 그의 희생이 아니었더라면 프랑스의 내로라하는 위대한 사상가, 예술가, 작가들의 참여에도 불구하고 도덕적·윤리적 차원에서 한 인간을 아주 소멸시키고 말았을 것이다. 마티외는 동생의 변호를 위해 증거를 찾아 헤맸다.

이제 그는 앙리 모르나르를 변호인으로 맞았다. 모르나르는 고등법원에 항소를 제기한 변호사였다. 마티외는 새로운 사실들을 발굴하여 줄기차게 모르나르에게 가져갔지만, 현명한 모르나르는 그 사실이 약점이 전무하고 결정적인 것이 아니면 소용이 없다고 역설했다. 또다시 패소한다면 그것은 종말을 의미하기 때문이었다.

마티외는 렌에서의 군법회의가 알프레드에게 유죄를 선고한 막후의 진짜 이유가 무엇인가를 캐보라는 한 친구의 충고를 받았다. 군법회의에서 두 장교는 '무죄' 쪽에 표를 던진 바 있었다. 우선 이 둘에게 접근해보는 것이 바람직했다. 고등항소법원에 의해 무죄를 주장한 그들의 입장이 확인될 수 있다면 그것은 그들로서도 기분 나쁜 일은 아닐 것이기 때문이다.

마티외는 렌을 수시로 드나들며 그 장교들의 친지들을 만나 이야기를 나눴다. 무죄 표를 던진 장교 중 한 사람은 신앙심이 두터운 인물로 랑크로 드 브레옹이란 사람이었다. 무죄 표를 던진 후 그는 친구들의 비난을 피해 은둔 생활을 하고 있었다. 마티외는 그를 만날 수 없었다. 하지만 그는 보베라는 동료 군법회의 재판관이 아래와 같은 어조로 렌의 장교클럽에서 화를 터뜨리며 항의했다는 소문을 들을 수 있었다.

주오와 브레옹은 무죄 쪽에 투표했다. 나와 나머지 사람들이 유죄 평결을 하자 주오는 마구 화를 내며 무고한 인간을 죄인으로 만든다고 열변을 늘어놓았다. 그러자 두 사람이 주오에게 자기들의 유죄 평결을 무죄로 번복하겠다고 말했다. 주오는 평결이 법에 의해 일단 내려진 이상 변경이 불가능하다면서 그 제의를 거부했다. 그러니 남은 길은 하나, 정상참작이란 재량권 행사에 의한 형벌의 감경(減輕)이었다. 정상참작 논의가 있었지만 그것도 내 뜻대로 되질 않았다. 나는 최대 벌금형을 찬성했다.

주오 대령은 퇴역 장교였다. 재판에 관해 친구들이 묻자 그는 진실을 밝히기 위해 회고록을 쓰고 있는데 그 회고록은 자기가 죽은 후에나 출판될 것이라고 말했다. 마티외는 평결을 번복하려 했던 두 사람이 누구인가 확인하고 싶었다. 한 사람 한 사람 각자의 이유에 의해 가능성이 배제되어나갔고 드디어 그 두 사람 중 하나일 것으로 지목되는 사람이 마지막으로 남았다. 주오처럼 퇴역한 장교로 비교적 입이 자유로운 모리스 메를이란 사람이었다. 그가 사는 몽펠리에 마을의 소문에 따르면 군법회의에서 드망주가 최종변론을 할 때, 그는 시종 눈물을 감추지 못했기 때문에 후에 메르시에게서 질책의 편지까지 받았다는 것이었다.

마티외로선 그에게 접근할 길이 없었다. 접촉을 포기하려 할 무렵 그는 로제 뒤마라는 시골 의사를 알게 되었다. 그 의사는 자기가 마지막 해결의 중요한 도구가 될 수 있다면 서슴지 않고 나설 생각을 가진 재심요구자였다. 수완 좋은 의사는 자연스럽게 메를과 만나 재판에 관해 이런저런 얘기를 나눴다. 오랜 군법회의 심판관 생활 가운데 피고인에게 유죄를 판결하면서 한 번이라도 양심의 가책을 받은 적이 없었느냐고 묻자 메를은 한 번도 없었다고 대답했다.

"드레퓌스사건도?"

"없었소."

메를은 분명히 대답했다.

그러나 그것은 시작에 불과했다. 뒤마는 메를을 만날 적마다 화제를 진전시켰다. 그는 메를에게 심판관들이 무슨 증거에 입각하여 군법회의가 유죄를 선고하기에 이르렀는지 가르쳐달라고 애원했다.

"메모였는가?"

"에스테라지였는가?"

"메르시에?"

"비밀 서류철?"

메를은 하나씩 하나씩 아니라고 말했다. 모두 아니라는 대답을 듣게 되자 의사는 다그쳐 물었다.

"그렇다면, 결국, 독일 황제가 드레퓌스의 이름을 귀퉁이에다 적어 넣었다는 그 두꺼운 종이에 쓴 명세서가 유죄의 증거라는 얘기요?"

이 말에 메를은 깜짝 놀라며 말했다.

"그 얘긴 하지 마시오. 아무튼 그는 유죄요. 나는 그 이상은 아무 말도 할 수 없소."

몇 주 후 그들은 다시 만날 기회가 있었으므로 의사는 그의 양심에 호소했다. 메를은 이 사건이 재심을 받게 된다면 진상을 말해주겠다고 했다.

의사는 마티외에게 렌으로 오라고 전보를 쳤다. 두 사람은 계획을 짰다. 뒤마는 메를과의 대화 내용을 편지 형식으로 적어 그 진실성을 보장하기 위해 메를의 사인을 청했다. 그러자 메를은 뒤마가 드레퓌스의 첩자라는 의심을 갖게 됐고 더 이상 뒤마와 대화를 나누지 않겠다고 했다.

이번에도 먼젓번 군법회의 때와 마찬가지로 메르시에 장군이 술책을 썼음이 분명했다. 즉 비밀리에 날조된 거짓 증거가 피고인측에 그 진부를 검사할 기회도 주지 않은 상태에서 제출된 것 같았다. 이 추측이 사실임은 후에 밝혀졌지만, 메르시에는 가장 처절한 수단으로 두 번째로 겪는 처절한 상황에 대비했던 것이었다. 그는 군부를 위대한 승리로 이끌 수도 있고 철저한 파멸로도 이끌 수 있는 영향력 있는 장군이었다. 이번 전투에서는, 그는 자신의 군부에 철저한 파멸을 초래한 셈이었다. 조레스는 바로 그 문서를 드레퓌스 변호를 위한 지렛대로 이용하려고 했다.

이 일련의 상황을 누구보다도 명료하고 박력 있게 묘사한 것이 조레스의 저서 『증거』다. 조레스는 정치라는 걸 익히 아는 사람이었다. 그는 싸움을 시작하기에 앞서 많은 공화파 인사들을 만나면서 그들에게서 얻어낼 수 있는 지지가 어떤 것인가를 가늠해보았다. 왈데크 총리는 교회 세력과의 싸움이 중요했으므로 드레퓌스 일에 신경을 쓰고 싶지 않았지만, 긍정적 반응을 보였다. 급진파인 앙리 브리송은 절대 지지를 약속했다. 그러나 그 밖의 관료들은 지지를 꺼렸다. 아직도 이 사건이 과거의 격정을 또다시 폭발시킬 수 있으며 그들의 국가주의자들에 대한 공작을 혼란시킬 염려가 있으므로 좀 기다려보자는 것이 그들의 생각이었다.

조레스는 조심스럽게 그의 공격 계획을 세웠다. 그리고 기다렸다. 전쟁을 종식시킬 기회가 오기를 기다렸다. 오래잖아 그 기회가 왔다. 한 중도파 의원이, 좌파는 사법 사건을 정치 도구화하고 있다고 비난을 퍼붓자 조레스는 서둘러 연단에 올라섰다. 두 회기에 걸쳐서 그는 독일 황제의 메모라는 메르시에의 거짓말이 어떻게 언론과 대중과 의회와 군법회의를 그릇된 방향으로 이끌어갔는지를 상세히 설명했다.

공화주의자를 외국의 앞잡이라고 낙인찍으려는 문구가 지난번 선거 포스터에 나타났다. 공화주의자는 과연 외국의 앞잡이들인가?

조레스는 외쳤다.

독일 황제를 드레퓌스사건에 끌어들임으로써 국제 문제를 국내적 필요에 악용한 것이 과연 누구인가? 우파가 아니고 누구란 말인가?

의원들은 이 사건에 관한 상세한 지식이 없던 사람들이었다. 대부분은 사실과 유리된 선입견을 가지고 있었다. 잡다한 사실들이 그럴싸하게 엮여서 형성된 그 선입견은 그들의 입장 즉 중도파라든가 공화파 또는 반공화파적 입장을 강화하는 무기로 이용되고 있었다.

그들은 조레스의 이야기에 현혹되었다. 풍부한 사색과 감정을 힘찬 목소리로 유창하게 털어놓은 다음 조레스는 마지막으로 앙리의 위조 사실 자백에 대해 말했다. 그러고는 펠리외 장군의 사직서를 읽었다.

"명예롭지 못한 국민에 대한 기만, 나는 내게 위조 문서에 근거해서 행동하라고 설득한 상사들에 대한 신뢰감을 잃었으며……"

이 대목에 이르자 브리송이 끼어들었다.

"연설 도중에 미안하지만, 내가 당신의 말을 잘못 들은 게 아니라면, 펠리외 장군의 사직서는 그 날짜가 1898년 8월 31일임이 틀림없소?"

"그렇습니다."

조레스가 대답했다.

"난 그 당시 총리였단 말이오!"

브리송은 노기를 띠며 소리쳤다.

"분명히 말하지만 내가 수반으로 있던 그 당시의 정부는 그 사직서에 관해 아는 바가 전혀 없단 말이오."

이 발언은 놀라운 효과를 일으켰다. 의사당 내의 모든 시선이 그 당시의 국방부 장관이었던 고드프루아 카베냐크에게 쏠렸다. 간암으로 쇠약해진 카베냐크는 편협한 광신자로 편견과 고집에 가득 찬 인물이었다. 그는 "이것은 모략이다!"라고 외쳤다. 분위기의 이와 같은 진행은 중대한 영향을 초래하고 말았다. 사실을 말하자면 펠리외 장군은 그의 사직서를 파리 주둔군 사령관이었던 쥐를랭당 장군에게 제출했고, 장군은 사직서의 철회를 종용했었다. 그리고 펠리외는 이 종용에 따라 사표를 철회했다.

사실이 어쨌든 간에 문제는 앙리가 자백한 바 있는 위조 이외에 또 위조가 있음이 펠리외 장군의 사직서에서 밝혀진 점이었다. 조레스는 이 점을 강조하면서 참모본부와 군법회의를 감사해봐야 한다고 제의했다. 급진파는 의회가 드레퓌스 열풍에 과열될 걸 두려워하여 이에 반대했다. 그러나 의회는 타협안을 가결했다. 그것은 만일 청원이 들어온다면 국방부를 감사하는 데 반대하지 않는다는 결론이었다.

청원은 즉각 들어왔다. 드레퓌스는 국방부 장관을 상대로 청원을 냈다. 그는 소위 황제의 메모라는 것이 위조된 것임을 주장하고 이를 뒷받침하는 뜻에서 세르비아 왕족의 후예인 오스트리아인 체르누스키를 위증 혐의로 조사할 것을 요구했다.

공화주의자들에 대한 조레스의 권고에도 불구하고—조레스는 그들에게, 드레퓌스가 법률상 반역자로 취급되는 한 그들은 정치적으로 약자의 입장을 면치 못할 것이라고 경고했었다—공화주의자들은 소심한 나머지 어리석게도 자리를 떨치고 일어설 생각을 못했다.

국방부가 자체 조사에 나섰다. 뜻밖에도 문서 보관 책임자 펠릭스 그리블랭이 전폭적인 협조를 아끼지 않았다. 그는 흩어져 있던 앙리의 위조 문서들을 주워 모았다. 상상하지 못할 만큼 많은 위조 문서들이 나타났다.

문서철에는 파니차르디 서신이 있었는데, 별 의미가 없는 이 서신에도 그 유령 같은 이니셜 'D'가 들어 있었다. 실은 이것도 앙리의 위조 작품으로서 원래는 'P'였던 것이다.

그리블랭은 준비해뒀던 것처럼 알려진 것은 물론, 알려지지 않았던 위조 문서들도 깡그리 공개했다. 그리블랭이야말로 드레퓌스사건의 그릇된 면을 완전히 알고 있는 사나이였다. 그러나 그는 철저한 반드레퓌스파였다. 그는 앙리의 위조 행위를 당연한 행위로 여겼던 사나이였다. 그가 앙리의 위조 문서들을 숨김없이 공개한 것은 그것에 대한 거의 신앙에 가까운 확신에서였다.

그건 그렇다 치고 군인의 충성심은 누구 또는 무엇을 위해 바쳐지는 것일까? 드레퓌스사건이라는 딜레마와 관련되어 우리는 상반된 입장의 두 인간형을 발견한다. 하나는 피카르다. 그는 군인의 충성심이란 군이란 제도의 도덕적 존재, 목적에 합당해야 한다고 믿은 사람이다. 도덕적 정신이 결여된 군대란 시체와 같은 존재이며 따라서 이런 군대는 충성을 요구할 자격이 없다는 것이다. 또 하나는 폰 슈바르츠코펜이다. 그는 독일대사관 무관이었는데, 레나크에 따르면 1901년 말까지 좀처럼 입을 열지 않았다. 장군으로 승진한 그는 베를린의 한 병원에서 죽음이 임박해오던 무렵인 1917년에야 비로소 혼미 상태에서 프랑스어로 진상을 고백하기 시작했다. 그의 아내가 들은 대로 옮긴 바에 따르면 그는 이렇게 말했다.

나는 고발한다

프랑스인들아, 들어봐라. 드레퓌스는 죄가 없다. 모두가 가짜이고 모략이다. 그에겐 터럭만큼도 잘못이 없다.

그는 그해에 세상을 떠났다.

그의 회고록은 소위 메모와 관련해서 드레퓌스의 완벽한 무죄와 에스테라지의 명백한 유죄를 밝히고 있는데, 1930년에서야 겨우 출판이 됐다. 폰 슈바르츠코펜은 스스로 죄악을 범하면서까지 그의 군대에 충성을 바쳤다.

국방부 장관은 드레퓌스의 재심청구서에 드레퓌스가 조사한 새로운 증거들을 첨부하여 1904년 3월에 최고재판소에 제출했다. 고등법원은 심리 미진의 여지를 완전히 없애기 위해 증인 신문을 다시 하기로 결정했다.

또 한차례의 행진 — 과거부터 현재에 이르는 증인과 증거의 행렬이 시작되었다. 5년 전 렌의 재판, 그보다 2년 먼저 있었던 졸라의 재판, 의기양양했던 에스테라지 재판 그리고 1894년에 있었던 드레퓌스에 대한 첫 재판, 이 모든 재판의 증인 신문이 새로 시작되었다. 축 늘어진, 시체같이 보이는 늙은 증인들이 차례로 등장했다. 어언 10년의 세월이 흘렀으니 그럴 수밖에 없었다.

증인들은 10년 전의 충성심을 아직까지 간직하고 있진 않았다. 개중에는 조기 퇴역 또는 강제 제대 당한 후 시골에서 앙앙불락하는 자들도 있었다. 그리고 그들이 싫어하고 업신여기던 정당이 이제는 정권의 임자였다. 그들은 몸이 늙었듯 마음도 이젠 변했고 그들 생애의 지위도 전과 같지 않았다. 그러나 정작 변해야 할 것은 불변이었다. 그들은 자동인형처럼 조금도 변함없이 같은 증언을 했다. 노병은 죽지 않고 단지 사라질 뿐이라는 노래가 있지만, 그 노랫말처럼 그들의 음성은 매우 쇠약해졌어도 내용의 진정성이 여하간에 그들은 명예로웠고 지금도 명예로운 증언자임을 자처했다.

다만 몇 사람의 증인은 판사, 검사, 변호사 그리고 국방부가 다함께 깜짝 놀랄 새로운 증언을 서슴지 않았다. 퀴네, 그는 앙리의 위조 행위를 제일 먼저 간파한 장교였다. 그는 장장 열 시간 동안 폭포수처럼 증언을 쏟아냈다. 그는 모두를 비난했다. 판사, 검사, 국민대중 모두가 진실을 두려워했다고 비난했다. 그는 당시의 외무부 장관 델카세가 서류를 위조했다고 말했다. 그리고 체신청은 외무부의 이 위조 행위를 숨기기 위해 거짓 전보를 꾸몄다고 말했다. 그는 현 국방부 장관 앙드레 장군도 비난했다. 앙드레 장군과 그의 참모들이 앙리의 위조 문서를 뒷받침하기 위해 거짓 서류철을 작성했다는 것이었다. 재판부는 퀴네의 증언이 착란에 가까운 흥분 상태에서 행해진 것이었지만 억측이나 의혹의 여지를 남기지 않기 위해 앙드레 국방부 장관을 소환했다. 국방부 장관은 샤무앵 대령을 대리 출석시켜 모든 문서는 1899년 이후 지금까지 조금도 변함없이 그대로 보존돼왔다고 변명했으나 퀴네에게는 통하지 않았다.

뒤파티는 사흘간 내리 증언을 했다. 그 역시 행정부의 두 개 부처가 서류를 위조했다고 비난했다. 'D'라는 이니셜 대신 'P'라는 이니셜이 든 이른바 파니차르디 서한은, 그의 증언에 따른다면 최근의 위조품이었다.

그는 자기가 첫 번째 군법회의 심판관들에게 전달했던 그 악명 높은 의견서를 알아보지 못했다. 그가 자기 자신의 초안을 가져다가 서류철에 있는 원본과 비교해보도록 허용되었다. 그는 처음으로 메르시에 장군이 드레퓌스에게 더욱 결정적으로 죄를 씌우기 위해 자신의 초안을 고쳤다는 사실을 알게 되었다. 그러나 그의 태도는 흔들리지 않았다. 그는 베르티용이 발견한 새로운 증거 때문에 자기는 드레퓌스의 유죄를 이제 확신하게 되었다고 말했다.

법정은 이 인체측정학자의 최근의 발견이라는 것을 들어보기로 했다. 베르티용은 명세서의 오른쪽 끝이 잘려 있고 드레퓌스가 자기 집에서 쓴 편지도 똑같이 한쪽이 잘려 있다고 증언했다. 드레퓌스가 체포될 때 집에서 압수된 압지 역시 똑같이 한쪽 끝에 자른 자국이 있다는 것이었다. 재판정은 세 명의 명성 있는 전문가들을 불러 베르티용의 증언을 검증하기로 했다. 수학자 푸앵카레, 아카데미 프랑세즈의 종신 사무장인 다르부, 소르본의 과학대학장인 다펠 등이 베르티용의 이론을 검증했다. 천문대에서는 원래 달 사진을 찍기 위해 제작된 정밀기계를 이들에게 빌려주었다. 그러나 이런 전문가들과 달 측정 기계로도 베르티용의 복잡한 이론을 따라갈 수 없었다.

장성들과 전직 장관들 한가운데서 문득 뚱뚱한 바스티앙 부인이 나타났다. 드레퓌스사건 이후 독일대사관의 인원 감축에 따라 그녀는 밀려나고 말았다. 이제 휴지통을 뒤지는 일이 불가능하게 된 것이었다. 그녀는 구호금에 의지해서 살고 있었고, 그로 인해 유대인 드레퓌스를 저주하고 있었다.

법정은 참을성 있게 마지막 신화에 도전했다. 과연 두꺼운 종이에 쓰인 그 명세서의 원본이라는 서류가 존재했던 것일까? (서류철에 있는 얇은 종이에 쓰인 명세서는 그 사본에 불과하다는 게 진본이 있다고 주장하는 사람들의 얘기였다.) 진본이 존재했다 하더라도 과연 그 귀퉁이에 드레퓌스에 관해 언급한 독일 황제의 메모가 있었던 것일까? 그리고 이 모든 게 사실이라 하더라도 과연 전쟁을 일으키겠다는 독일대사의 위협에 따라 원본의 사진 복사판을 만든 다음 원본은 독일에 반환되었을까? 법정은 다시 1894년 당시 대통령이었던 카지미르-페리에와 두 명의 전 외무부 장관을 불러 증언을 들었다. 그들은 독일대사였던 뮌스터 백작과의 대화에서 그런 서류가 언급된 적은 없으며 뮌스터 백작은 다만 신문의 무분별한 보도에 항의했을 뿐이고, 더욱이 위협을 한 일은 없을 뿐더러 그 항의도 드레퓌스가 유죄 판결을 받고 난 이후에 있었다고 증언했다.

아무도 그 사진 복사판을 본 적이 있었다고 인정하려 들지 않았다. 메르시에 장군을 불러 물어보았고 또 대중집회에서 그 원본을 인용한 적이 있는 하원의원 밀부아도 불러 물어보았다. 메르시에 장군은 자기는 전 베를린 주재 프랑스 무관인 스토펠 대령에게서 그것에 관해 들은 일이 있다고 증언했다.

이미 팔순 노인이 된 스토펠이 소환되었다. 그는 그것을 본 적은 없지만, 어느 법정의 재판관 못지않게 믿을 만한 어떤 사람에게서 그것에 관해 들은 적은 있다고 말했다. 그러나 그는 그 사람의 이름을 밝히기를 거부했다. 그 사람이 황제의 메모를 불러주었다는 사실을 그는 부인하지 않았다. 그러나 그 사람은 기억을 더듬어 불러주었으므로 자기는 그 정확성을 보장할 수는 없다는 것이었다. 메르시에 장군은 궁지에 몰리고 또 지친 나머지 자기는 개인적으로는 그 문서의 존재를 믿은 적이 없었다고 갑자기 진술을 바꿨다. 언론인들도 그들의 정보의 출처를 밝히기를 거부하거나 또는 다른 사람에게서 그 서류에 관해 들었다면서 그 사람의 이름을 댈 뿐이었다. 팔레올로그는 자기는 그 얘기를 앙리에게서 들었다고 말했다. 앙리는 이 얘기를 에스테라지를 비롯한 다른 사람들에게도 한 적이 있었다. 에스테라지는 그 얘기를 듣고 얼굴에 웃음을 띠었었다. 아마 이것이 앙리가 이 위조 문서를 없애버린 이유였을 것이다. 이 문서가 그가 보관했던 문서들보다 더 허무맹랑했으리라는 것은 분명한 사실이었다.

조사는 마침내 종결되었고 이 사건은 최고재판소의 3부 합동심의에 넘겨졌다. 이 사건에 관한 보고를 하도록 임명된 두 명의 판사는 어마어마한 서류뭉치를 보고 아연실색했다. 그중 한 사람은 건강상의 이유를 들어 보고의 임무를 사퇴했다. 마지막으로 클레망 모라스 판사가 이 짐을 떠맡았다. 때는 1906년 5월이었다. 정부와 법정은 선거 뒤로 재판을 연기했다. 선거 결과는 다시 좌파 연합의 압도적인 승리였다. 국가주의자, 교회파, 반유대주의자들은 패배의 고배를 마셨다.

마침내 최고재판소에서 재판이 열리는 날이 되었다. 1906년 6월 18일이었다. 담비 가죽으로 가장자리를 두른 법복을 입은 최고재판소의 3부 판사들이 자리를 잡고 앉았다. 발로-보프레 판사가 재판장이었다. 경찰은 별다른 예비 조치를 취하지 않았다. 법정에는 군중이 밀려들지도 않았다. 드레퓌스의 가족과 오래전부터 드레퓌스를 지지해온 몇 사람이 나왔을 뿐이었다. 나머지는 이 중요한 법정 판결에 호기심을 가진 변호사들이었다. 국가를 대표한 마뉘엘 보두앵이 앞에 놓인 책상 위에 두툼한 답변서 원고를 놓고 앉아 있었다. 그는 여덟 차례의 재판에 걸쳐 이 답변서를 낭독할 예정이었다. 그의 옆 한쪽에는 이 사건의 보고를 담당한 모라스 판사가 자리를 잡고 있었고 다른 편 옆에는 드레퓌스의 변호인인 모르나르, 드망주가 앉아 있었다. 라보리는 방청인으로도 나오지 않았다.

렌의 판결을 파기한다는 것은 이미 내려진 결론이나 다름없었다. 그러나 청중은 끝까지 긴장했다. 하나의 의문이 재판정에 출석한 사람들뿐 아니라 정부까지도 괴롭히고 있었다. 이 법정이 이 사건을 군법회의로 되돌려 보낼 것인가 또는 스스로 최종 결정을 선포할 것인가 하는 의문이었다. 만약 군법회의로 되돌려져서 그 군법회의가 다시 최고민간법정에 반(反)하는 판결을 내린다면 그 결과는 예측하기 어려웠다. 정부는 군부의 조직과 그 사법기관을 철저히 재정비하도록 강요받을지도 모르며 그렇게 되면 군의 능률과 국가의 안보가 위협받을지도 모르는 일이었다. 그렇게 되면 드레퓌스 사건은 다시 전 국민의 마음을 뒤흔들게 될지도 모른다. 확실히 이것은 우려되는 사태였다.

마티외 드레퓌스가 얼른 일어나서 피카르를 반겼다. 피카르는 화해하려는 마티외의 이와 같은 행동을 신경질적인 제스처로 물리쳤다. 마티외는 머쓱해져서 동생과 제수가 있는 곳으로 돌아갔다. 드레퓌스 부인은 이렇게 될 것을 예상하고 피카르를 반기러 나오지 않았던 것이다.

보고를 담당한 판사는 법률적인 관점에서 볼 때, 드레퓌스도 또 다른 어느 누구도 전혀 범죄를 저지르지 않았을지도 모른다고 말했다. 피카르가 언젠가 지적한 바와 같이 명세서는 문서를 나열한 것일 뿐이지 그 문서 자체를 전달한 것은 아니라는 것이었다. 또한 문서가 실제로 전달되었다는 증거도 없다는 것이었다. 또 설사 전달되었다 하더라도 명세서에 열거된 문서들은 가치가 없는 것이라는 것이었다. 그중 일부는 명세서가 쓰이기 전에 프랑스 또는 독일의 군사 잡지에 게재된 바 있고, 나머지도 기밀이 아니라는 것이었다. 이 문서들은 2급 비밀도 못 된다는 것이었다. 방청객들은 어리둥절해서 바라보았다.

이 드라마에 관한 모든 것이 현실이 아니었단 말인가? 모두가 아무런 이유도 없이 아무것도 아닌 것에 대한 거짓과 위조 문서로 짜인 허구에 불과했단 말인가? 그저 한바탕 악몽이었단 말인가?

적과 접촉을 갖는다는 사실만으로도 처벌의 대상이 될 수 있었다. 그러나 에스테라지가 말했듯이(이 말만은 진실이었다) 그와 그의 공범자들은 독일인들을 혼돈시키려는 애국적인 행동으로서 무가치한 서류 또는 날조된 서류를 독일인들에게 팔았다고 하지 않았던가?

일부 사람들은, 그중에서도 특히 클레망소는 12년 동안이나 온 나라를 뒤흔들었던 동족 간의 싸움이 아무런 구체적인 토대가 없는 추상적인 이념의 투쟁이었다는 데서 묘한 아름다움을 느꼈다. '호랑이'는 드레퓌스라는 인간이 운명에 의해 그가 수행하도록 선택되었던 역할에 매우 부적합한 인물로 입증된 사실에 대해 자기 동료들처럼 실망을 느끼지도 않았다. 그는 이렇게 말한 바 있었다.

"이렇게 되는 게 오히려 낫지. 적어도 우리가 개인적인 동정 때문에 이 싸움에 뛰어들었다고 비난할 사람은 아무도 없을 테니까."

드레퓌스의 변호사인 모르나르는 드레퓌스사건에 작용한 편견에 대해 설명했다. 편견이 판단 기능뿐만 아니라 지각 능력까지 마비시켰다고 했다. 편견이 현실을 선입관에 맞게 왜곡시켰다는 것이었다. 이 편견이 정직한 사람들로 하여금 아무런 반성도 없이 부정직한 행동을 하도록 했다는 것이었다. 그는 이런 사람들을 열거했다. 전술학교의 시험관이었던 본퐁은 유대인이 참모본부에 들어간다는 것이 싫어서 드레퓌스에게 나쁜 점수를 주었다. 전술학교의 교장이었던 르블랭 드 디온은 이 불공평한 행위를 적발하고도 점수를 고쳐줄 것을 거부했다. "그 유대인은 자신의 명예를 회복했다"는 말로 그는 이 사건을 종결지어버렸다. 방송 장군은 수습참모를 비밀리에 관찰하는 임무를 맡은 일이 있었는데 바르달 대령은 그에게 이렇게 경고했다.

"잘 살펴보십시오. 그들 중에 유대인이 한 명 있습니다."

로제 장군은 드레퓌스에게 가상된 사실에 의거한 병참 계획을 세우는 과업을 맡긴 적이 있었다. 드레퓌스는 현실적인 데이터에 의거한 계획을 세워보는 것이 더 좋지 않겠느냐는 의견을 제시했다. 로제는 이것을 머릿속에 기억해두었다. 왜? 드레퓌스가 유대인이었기 때문이다. 다보빌은 명세서의 필적이 드레퓌스의 필적과 비슷하다는 사실을 발견했다. 상데르는 자기 이마를 찰싹 때리면서 "내가 왜 그 생각을 못했던가?" 하고 말했다. 드레퓌스가 자기가 혐의를 받고 있다는 사실을 미처 알기도 전에 그의 운명은 결정되었던 것이다. 그의 이름을 언급하는 것만으로써 그는 유죄로 판명된 것이었다. 뒤파티는 드레퓌스의 손이 떨리는 것을 보았다고 상상했다. 그러나 뒤파티가 드레퓌스의 손이 실제로는 떨리지 않는 것을 보았을 때, 그것은 더욱 큰 유죄의 증거가 되었다. 범죄로 단련되었으니까 손이 떨리지 않는다는 것이었다.

『라 리브르 파롤』지가 유대인에 의한 반역죄가 저질러졌다고 쓰자 사람들은 그 진부를 입증할 증거 같은 걸 따지기에 앞서 무조건 흥분했다. 훗날 진범이 드러나고 그 진범이 범행을 자백했는데도 사람들은 유대인을 욕했다. 사람들은 에스테라지를 매수했다. 그는 꼭두각시가 된 것이다. 외국 세력의 앞잡이가 되어 정보를 제공하는 행위에 대해 프랑스 법은 유기징역형을 과하고 있었는데, 범인이 유대인으로 결정되어 있었던 관계로 그들은 이를 대역죄로 취급, 종신유배형을 과했다. 그 비인간적인 환경으로 해서 이름조차 악마의 섬인 남아메리카의 오지 악마도는 드레퓌스를 벌주기 십상인 유배지로 생각되었다. 유배당한 자의 아내에겐 남편을 따라 유배지로 가서 함께 살 특권이 부여되는 게 관례였는데도 드레퓌스 부인에겐 이 특권이 거부되었다.

부당했던 과거는 지나가고 사필귀정의 날이 왔다. 1906년 7월 12일 최고재판소는 렌 군법회의의 유죄 판결을 오판이라고 파기해 버렸다. 최고재판소는 드레퓌스를 유죄로 할 하등의 증거도 없으므로 재심의 여지도 없이 지금까지의 모든 유죄 판결이 무효라고 판시했다. 또한 최고재판소는 드레퓌스가 형사보상금 청구권 행사를 포기했다고 밝히고, 이러한 최고재판소의 판결 내용을 파리와 렌에 게시하고 관보 및 드레퓌스가 지정한 50개 신문에 공고하되 그 비용은 재무부가 부담한다고 선언했다.

발로-보프레 재판장은 이러한 판결 내용에 대해 추호의 의심도 생길 수 없을 정도로 상세하게 재판 경위를 담화로 발표했다. 읽는 데 한 시간이나 걸리는 장문이었다. 이로써 사건은 종결된 것이었다.

정부는 지체 없이 드레퓌스와 피카르의 복권 절차를 밟았다. 정부는 드레퓌스를 소령으로 승진시키고 레지옹 도뇌르 훈장을 수여하기로 하는 안을 의회에 제출했다. 사건만 아니었던들 드레퓌스는 중령은 족히 되었을 것이었기 때문에 드레퓌스는 승진 제의를 달갑게 생각지 않고 은퇴를 택했다. 피카르는 순조롭게 승진했을 경우의 계급, 즉 준장으로 승진 복직되었다.

바로 이튿날 상하 양원은 '프랑스의 양심을 해방하는 뜻에서' 두 장교의 프랑스 육군 복귀 동의안을 투표에 부쳤다. 하원의원 중 반대자는 겨우 26명뿐이었다. 상원에 회부되자 메르시에 장군이 일어나 항의를 늘어놓았다. 그는 최고법원이 편파적이었다고 주장했다. 여기저기서 일어나는 고함소리 때문에 메르시에는 발언을 끝마칠 수가 없었다.

레지옹 도뇌르 훈장 심의회의는 "비견할 데 없이 가혹한 희생을 치른 군인에게 적합한 보상으로서" 드레퓌스에게 훈장을 수여하기로 만장일치로 가결했다.

1906년 7월 22일 사관학교의 작은 연병장에서 비공개로 사열식

나는 고발한다

이 베풀어졌다. 몇몇 친구만이 초대되었다. 이날을 위해 가장 열심히 싸웠던 대부분의 사람들은 초대장을 받지 못했다. 피카르가 창문을 통해 이 광경을 보고 있었고, 다른 창문 앞에서는 드레퓌스 부인이 지켜보았다.

드레퓌스는 한시 반에 도착해서 몇 명의 장교들과 잡담을 나누었다. 트럼펫 소리가 요란했다. 대위 한 명이 드레퓌스를 에스코트했다. 드레퓌스는 정장을 하고 있었다. 그 둘은 두 줄로 도열해 선 프랑스 중기병(重騎兵) 사이로 활발하게 걸어갔다.

갑자기 드레퓌스의 얼굴이 상기되었다. 순간적으로 드레퓌스는 현실을 잊고 12년 전 바로 이 교정에서 계급을 박탈당하던 치욕의 과거로 돌아간 것이었다. 그 악몽은 너무나 생생하고 아픈 것이어서 현실의 기쁨으로도 도저히 씻어낼 수가 없었다. 그는 전신을 부르르 떨며 현기증을 느꼈다. 그러나 아무도 이를 눈치채지 못했다. 그는 기계처럼 규칙적으로 엄격하게 걸었다. 그것은 그에게 동정을 느끼는 사람들을 곤혹케 하는 걸음걸이였다.

질랭 준장이 도열한 병사들 앞을 지나 걸어와서 그의 칼을 빼 들었다. 그리고 그 앞에 드레퓌스가 섰다. 트럼펫이 네 번 울렸다.

"공화국 대통령의 이름으로 그리고 본관에게 부여된 권한에 기초하여 본관은 그대 드레퓌스 소령에게 레지옹 도뇌르 훈장을 수여한다."

장군은 이렇게 선언하고 칼로 드레퓌스의 어깨를 세 번 건드렸다. 장군은 드레퓌스의 검은 망토 깃에 십자가를 꽂아주고 양 볼에 가볍게 입을 맞췄다. 그리고 이렇게 말했다.

"그대는 과거 내 사단에 소속돼 있었지. 나는 오늘 이 행사를 주재하게 된 걸 무상의 기쁨으로 생각한다."

식의 종료를 알리는 트럼펫이 울렸다. 만장의 프랑스인들은 외쳤다.

"프랑스군 만세! 진실 만세!"

장군과 드레퓌스는 나란히 차렷 자세로 군대를 사열했다. 외빈들이 몰려와 드레퓌스에게 악수를 청했다. 갑자기 소년이 뛰어나와 드레퓌스를 껴안았다. 그의 아들 피에르였다. 드디어 드레퓌스의 눈에서 눈물이 흘러내렸다.

그는 무개차에 올라탔다. 양옆엔 그의 형 마티외와 그의 아들 피에르가 따랐다. 그들은 교정을 벗어났다. 그들은 깜짝 놀랐다. 자발적으로 모여든 20여 만 명의 환영 인파가 거리에서 그들을 기다리고 있었기 때문이다. 모두의 얼굴에 행복과 기쁨이 넘쳐흘렀다. 모두 모자를 벗어 들고 드레퓌스에게 경의를 표했다.

"드레퓌스 만세! 정의 만세!"

창백하던 드레퓌스의 얼굴에 미소가 떠올랐다. 그는 감사와 기쁨에 차서 번쩍 손을 들어 흔들었다.

에필로그

1914년 두려운 적 독일이 드디어 공격해왔다.

대혁명의 상속자임을 자처하는 공화파들은, 드레퓌스사건 이후 처음으로 잡음 없이 프랑스 정부를 이끌어갔다. 프랑스인들은 하늘의 명령이라도 받은 듯 사명감에 차서 무기를 들고 국방에 나섰다. 가톨릭도, 불가지론자도, 프로테스탄트도, 유대인도, 우파 통합국가주의자도, 좌파의 혁신적 생디칼리스트도 이의 없이 공화파의 지시에 따랐다.

교회와 군부는 굳건한 자세로 첫째 믿음을, 둘째 국가 방위를 다짐했다. 프랑스는 비상한 용기와 커다란 희생으로 독일의 처음이자 운명적인 빠른 대공격을 저지했다. 세계의 여론은 프랑스 편이었다. 신·구 여러 우방국들은 제각기 군대와 탄약과 식량을 원조하여 독일 제국주의에 대항하는 프랑스를 도왔다.

3년에 걸친 전쟁 끝에 제정 러시아가 먼저 무릎을 꿇었다. 동부전선이 붕괴되자 독일군은 전력을 서부 전선에 집중하고 프랑스에게 마지막 일격을 가하려 했다. 프랑스인의 사기가 비틀거리고 사명감이 흔들릴 무렵 '호랑이'라 불리는 노정치가 조르주 클레망소가 등장했다.

그는 장군들에게서 통수권을 위양받은 후, 우방국들이 그의 통합 지휘권을 인정하도록 강경히 요구했다. 그리고 패배주의적인 정치가들을 투옥 또는 유배시키면서 그의 불굴의 투지를 국내, 우방국 그리고 적국 독일에게까지 과시했다. 그에겐 오직 승리가 있을 뿐이었다. 그는 말했다.

"나는 파리의 앞에서 싸우겠다. 나는 파리의 뒤에서도 싸우겠다. 파리는 독일에게 함락될지도 모른다. 그래도 나는 전쟁을 포기하지 않을 것이다. 나는 루아르에서 싸울 것이고, 가론 강에서 싸울 것이며 최악의 경우엔 피레네 산중에서라도 싸울 것이다. 혹시 피레네에서도 쫓겨난다면 우리는 바다에서라도 싸워야 한다. 평화를 바라는 우리의 염원은 언제까지라도 결코 꺾이지 않을 것이다!"

1918년 11월 11일 대포의 일제 사격이 울리는 가운데 파리는 온통 기쁨으로 가득 찼다. 이날 국회의사당에 꼿꼿이 선 클레망소는 그의 수수께끼 같은 몽골인풍의 얼굴을 드러낸 채 검은 장갑을 낀 오른손에 전보 쪽지를 쥐고 있었다. 그는 손을 떨지도 않았으며 목소리에도 떨림이 없었다. 그것은 독일이 강화를 요청하는 전보문으로 알자스-로렌을 반환할 용의가 있음을 밝히고 있었다. 라 마르세예즈가 전에 없이 우렁차게 울려 퍼졌다. 공화국은 열강으로서의 프랑스의 지위를 되찾은 것이었다.

복권되고 1년 후 알프레드 드레퓌스는 현역에서 은퇴하여 그의 아내 뤼시와 가정 생활로 돌아갔다. 1908년 그는 졸라의 유골을 팡테옹에 이장하는 의식에 참석했다. 이때 그레고리라는 반유대계 신문 기자가 그에게 두 발의 총격을 가했으나, 다행히 팔을 스치는 경상으로 끝났다. 그레고리는 재판에 회부되었으나 배심원은 무죄 판결을 내렸다. 순간적으로 비정상적인 심리 상태에서 저지른 범죄, 소위 프랑스인들이 말하는 격정범으로 간주되었기 때문이다. 프랑스인들은 격정범에 대해 관대하기로 이름이 나 있다.

이 저격사건 후 세계적인 여배우 사라 베르나르는 드레퓌스에게 아래와 같은 편지를 보냈다.

당신은 또 고통을 당하셨고, 우리는 또 울어야 했습니다. 그렇지만 이제는 정말 더 이상의 고통도 울음도 없을 것입니다. 진실의 깃발은 죽음의 지하 감방 속에서 신음하던 당신의 손에 쥐어졌고, 울부짖는 야수들의 머리 위 높직이서 휘날리기 시작했습니다. 순교자님, 이제 고통은 끝입니다. 주위를 보십시오. 멀리 그리고 가까이, 모두가 당신 편이며 당신을 위해 비겁과 거짓과 망각과 싸우려는 사람들입니다. 그중 한 사람이 저 사라 베르나르입니다.

1914년 소집령이 스위스에 있던 드레퓌스에게도 전달되었다. 처음에 그는 파리 요새의 북부 지역에 배속되었다. 그 후 그는 두 차례의 피비린내 나는 전투를 치렀다. 슈맹 데 담 전투와 베르됭 전투였다. 1918년 9월 그는 중령으로 승진했고 레지옹 도뇌르 훈장을 받았다.

1930년 6월 1일 그는 독일 하노버에서 온 편지를 받았다. 편지의 발신인은 루이제 폰 슈바르츠코펜 부인이었다. 편지 내용은 이러했다.

존경해 마지않는 드레퓌스 씨 귀하.

죽은 제 남편 보병 사령관 막스 폰 슈바르츠코펜 장군의 일기를 별도의 봉투에 넣어 보내드립니다. 이 일기는 『드레퓌스에 관한 진실』이란 제목으로 슈베르트페거 대령이 출판한 것입니다.

이 책을 보내드리는 것은 남편의 뜻과 일치한다고 믿습니다. 남편은 당신을 희생의 제물로 만든 그 괴상한 재판에 늘 유감을 품고 있었습니다. 그러나 그의 일기에 명백히 서술되어 있는 대로, 여러 가지 이유로 그분은 재판에 나가 증언할 수가 없었습니다.

오랜 투병 생활 끝에 1935년 7월 11일 알프레드 드레퓌스는 조용히 숨을 거두었다.

에스테라지는 런던의 빈민굴에서 구차한 말년을 보냈다. 너절한 하숙집에 기거하며 낮에는 종일 자고 밤이면 거리로 산보를 나섰다. 한 달에 한 번씩 그는 우체국에 가서 등기우편을 수령했다. 그 우편물 속엔 돈이 들어 있었다. 송금자가 누구인지는 아무도 몰랐다. 그는 장 드 부알몽 백작이란 가명을 사용했다. 이 가명은 잉글랜드 하펜던 마을에 있는 그의 묘비에 새겨져 있다. 그는 1923년에 죽었다.

선량한 마티외 드레퓌스는 제1차 세계대전 통에 아들과 사위를 몽땅 잃었다. 그는 1930년 심장마비로 죽었다.

피카르 장군은 1908년에 클레망소 내각의 국방부 장관이 되었다. 그는 군부의 개혁자가 될 것이라고 기대되었으나 실제로 그런 업적을 남기지는 못했다. 아프리카에서 그의 생명을 위협함으로써 그로 하여금 변호사에게 글을 써서 맡기게 했던 운명이 마침내 그를 찾아왔다. 1914년 1월 그는 낙마 사고를 당해 머리를 다쳤으나 대단치 않았으므로 이튿날 평상시나 다름없이 출근하여 집무했다. 그러나 오후가 되자 그는 졸도하고 말았다. 그리고 1월 19일에 세상을 떠났다.

조레스는 피카르의 죽음에 부쳐 이렇게 썼다.

"운명의 착오라든가 인생행로의 옳고 그름이 무슨 관계이겠는가? 인생에 의미를 주는 것은 찬란하고 열렬한 몇 시간만으로 족한 것을……."

에필로그

대중의 집단히스테리와 지식인의 역할

| 옮긴이의 말 |

　드레퓌스사건은 서양사를 크게 장식하면서 정치·경제·사회·문화 여러 측면에 걸쳐 엄청난 파문을 던졌다. 이 사건은 박진감 있는 인간 드라마였으며 역사 발전의 과정과 그 단면을 극명하게 드러내주는 사건이었다.

　유대인 집안 출신의 드레퓌스 대위가 스파이로 몰린다. 그는 군법회의에서 유죄 판결을 받고 남아메리카의 고도(孤島)로 유형된다. 그러나 진실을 추구하는 양식인들의 죽음을 무릅쓴 용기 그리고 끈질긴 행동 끝에 억울한 누명을 벗게 된다.

　줄거리로 볼 때 그것은 하찮은 사건에 불과하다. 그러나 이 줄거리는 드레퓌스 개인의 입장에서 본 줄거리일 뿐 이 사건에는 여러 복잡다기한 요소들이 작용한다.

　무엇보다도 이 사건에서는 진실과 허위의 문제가 부각되었다. 여기서 진실은 하나의 당위로서가 아니라 싸워서 찾아야 할 구체적인 행동으로 제시된다. 드레퓌스라는 유대인 대위가 허위 사실에 의해 대역죄의 무거운 죄명을 썼고 대다수의 프랑스 국민과 언론이 이 허위를 진실로 받아들인다. 드레퓌스는 유형되고 어느덧 이 사건은 국민의 기억에서 사라져간다.

그러나 진실에 충실한 한 인간에 의해 이 사건은 다시 점화된다. 그는 피카르 소령이다. 군내에서도 가장 장래가 촉망되던 젊은 장교였던 그는 개인적으로는 드레퓌스를 좋아하지 않았지만, 무고한 사람이 억울한 죄를 쓰고 고통을 당하는 것을 그대로 둘 수 없다는 신념 때문에 자신의 장래와 안전까지 내걸고 상관들과 충돌한다. 그의 점화로 이 사건은 다시 사람들의 주의를 끌게 된다. 양심적인 공화주의파 정치인, 문인, 법률가들이 드레퓌스를 위해 활동했다. 이들이 이른바 '재심요구자'인 것이다.

이 재심요구 운동은 졸라에 의해 획기적인 전기를 맞는다. 당대의 대작가가 진실을 외치며 나섰던 것이다. 『로로르』(L'Aurore: 여명)지에 「나는 고발한다!」(J'Accuse!)라는 제목으로 그가 발표한 공개장은 재심요구 운동에 결정적인 힘을 주었고 그 후 그는 재심요구파의 중심인물이 된다. 그러나 진실을 위한 투쟁은 가시밭길이었다. 프랑스를 뒤흔들고 전 세계의 이목을 집중시키는 수년간의 치열한 투쟁 끝에 진실은 겨우 허위를 물리칠 수 있었던 것이다.

둘째로, 이 사건은 법의 문제, 공정한 재판의 문제를 부각시켰다. 드레퓌스가 종신유형의 처벌을 받은 법정은 법이 제 역할을 하지 못하고 정치적 영향력이 더 강하게 작용한 법정이었다.

무고한 사람이 처벌되지 않고 진실이 허위를 누를 수 있기 위해서는 공정한 재판이 보장되어야 한다. 드레퓌스사건이 진행되던 19세기 말의 프랑스는 공정한 재판제도의 확립을 놓고 일대 홍역을 치른 것이다.

셋째로, 드레퓌스사건은 안보와 인권 사이에서 야기되는 문제를 제기하고 있다. 프랑스는 1870년 보불전쟁에서 독일에 비참한 패배를 당한 후 알자스-로렌 지방을 독일에게 빼앗겼다. 독일에 대한 국가의 방위가 모든 것에 우선해야 한다고 주장되던 때였다. 독일을 막고 나아가서 독일에게서 받은 모욕을 갚아주기 위해서는 강력한 군을 육성해야 하고 모든 일이 군 위주로 처리되어야 한다는 사고방식이 지배적이었다. 개인의 인권을 부르짖는 것은 현실을 모르는 이상주의라고 인식되었다. 이들에게 드레퓌스라는 유대인이 억울하게 누명을 쓴 것쯤은 문제가 되지 않았다. 일개인 때문에 군의 위신이 실추되고 나아가 방위력을 약화시킬지도 모르는 위험을 무릅쓸 수는 없다는 것이 드레퓌스의 재심을 반대하는 사람들의 주장이었다.

그러나 재심요구자들은 달랐다. 그들은 프랑스의 토대, 프랑스 방위의 기초는 공화국의 이념을 구현하는 데 있다고 믿었다. 공정한 재판, 정의, 진실, 인권의 존중에 토대하지 않고는 굳건한 방위는 결코 구축될 수 없다는 것이 이들의 신념이었다.

그리하여 드레퓌스라는 유대인 대위는 프랑스혁명의 이념을 상징하는 인물이 되었다. 전국이 재심요구파와 재심반대파로 양분되었다. 재심요구파는 공화주의자, 양심적인 법률가, 문인 등으로 구성되었고 재심반대파는 프랑스혁명의 이념에 반대하여 구질서의 회복을 주장하는 군주주의자, 교회 세력 등이었다. 프랑스는 근 10년 동안 이 양대 세력의 치열한 격전장이 되었다. 재심요구파가 완전한 승리를 거둔 것은 20세기에 접어들어서였다.

드레퓌스는 구속된 지 12년 만에 완전한 복권을 하게 된다. 한 시대를 소용돌이치게 만든 이 거대한 드라마가 궁극적으로는 진실을 추구하는 양심 세력의 승리로 끝났다는 것이 드레퓌스사건이 우리에게 안겨주는 또 하나의 감격이라 하겠다.

서양의 역사와 동양의 역사, 프랑스의 역사와 한국의 역사는 각기 서로 다른 전개 과정 또는 특성을 지니고 있을 것으로 생각된다. 그러나 역사의 창조, 역사의 발전에는 궁극적인 진실이 엄존한다. 그것은 보편성이라고 해도 좋을 것이다. 역사의 장(場)은 다르지만 그 원리는 같은 논리와 사상에 근거하고 있지 않을까 하는 것이 나의 신념이다.

지나간 시대의 일이지만 드레퓌스사건은 오늘 우리 현실과, 우리 가슴에 와 닿는다. 드레퓌스사건을 오늘을 사는 동시대인들과 같이 읽게 된다는 사실은 즐거운 일의 하나가 아닐 수 없다.

찾아보기

나는 고발한다

드레퓌스사건과 집단히스테리

지은이 니홀라스 할라스
옮긴이 황의방
펴낸이 김언호

펴낸곳 (주)도서출판 한길사
등록 1976년 12월 24일 제74호
주소 413-120 경기도 파주시 광인사길 37
홈페이지 www.hangilsa.co.kr
전자우편 hangilsa@hangilsa.co.kr
전화 031-955-2000~3 **팩스** 031-955-2005

부사장 박관순 **총괄이사** 김서영 **관리이사** 곽명호
영업이사 이경호 **경영이사** 김관영
편집 백은숙 노유연 김지연 김대일 김지수 김영길
마케팅 서승아 **관리** 이주환 문주상 이희문 김선희 원선아
디자인 창포 **CTP 출력 및 인쇄** 예림 **제본** 예림

제1판 제1쇄 1998년 4월 10일
개정판 제1쇄 2015년 8월 10일
개정판 제2쇄 2019년 9월 16일

값 17,000원
ISBN 978-89-356-6939-4 03920

● 이 도서의 국립중앙도서관 출판시도서목록(CIP)은 서지정보유통지원시스템 홈페이지(seoji.nl.go.kr)와
국가자료공동목록시스템(www.nl.go.kr/kolisnet)에서 이용하실 수 있습니다.
(CIP제어번호: CIP2015014895)